전남대학교 인문학연구원 HK+가족커뮤니티사업단 연구총서 · 4
가족커뮤니티와 다성적 주체론

본 저서는 2018년 대한민국 교육부와 한국연구재단의 지원을 받아 수행된 연구임 (NRF-2018S1A6A3A04042721)

전남대학교 인문학연구원 HK+가족커뮤니티사업단 연구총서 · 4

가족커뮤니티와 다성적 주체론

우마 크리슈난 · 류도향 · 김지영 · 김미선 · 조상현 · 조호연
정희원 · 아담 브런 · 한의숭 · 한우리

한국문화사

『가족커뮤니티와 다성적 주체론』을 발간하며

전남대학교 인문학연구원은 2018년 〈초개인화 시대, 통합과 소통을 위한 가족커뮤니티인문학〉이라는 주제로 HK+사업 국가전략 분야에 선정되어 총 7년간 인문기반 다학문·융복합 연구를 수행하고 있습니다. 이를 위해 본 연구원에서는 문학, 사학, 철학뿐만 아니라 사회학, 생활복지학, 통계학 등 다양한 분야의 연구자들이 공동으로 아젠다 연구를 진행해왔으며, 그 성과를 연구총서 시리즈로 꾸준히 출판하고 있습니다. 이 책은 전남대학교 HK+가족커뮤니티사업단이 연구총서 1권 『가족주의와 가족의 경계들』과 연구총서 2권 『가족의 재의미화, 커뮤니티의 도전』, 그리고 연구총서 3권 『역동하는 관계와 가족커뮤니티』를 발간한 이후 진행한 2022년 국내학술대회 〈여성 주체의 재발견〉과 2022년 국제학술대회 〈다성적 주체론 모색〉에서 발표된 원고들을 엮어낸 결과물입니다.

공공성, 정의, 평등에 대한 무시와 공격이 사회적 문제로 대두된 현재 우리 사회는 다양한 주체들을 연결하는 집단적·연대적 주체에 대한 진지한 탐구를 요청하고 있습니다. 이를 위해 다양한 주체들이 구성되는 다성적 현장에 접근함으로써 얻을 수 있는 지적 통찰에 우선 주목하고자 합니다. 본서의 1부에서는 다성적 주체와 연대라는 실천의 문제를 철학적 측면에서 탐색하고자 했습니다. 2부에서는 개인-남성 주체론에서 벗어나 여성 주체를 중심으로 다성적 주체의 현장을 살펴보고자 했습니다. 마지막 3부에서는 영상 및 문학 등의 형식으로 다양하게 재구성된 국내·외의 다성적 주체론에 주목하고자 했습니다. 이를 바탕으로 다성적 주체들의 경험과 성찰에서 비롯된 다양한 변화의 역량을 탐색하고,

더 나아가 과거와 현재를 아울러 통찰함으로써 대안적 연결 정치를 추동하기 위한 단서들을 모색할 수 있을 것으로 생각됩니다.

  최근 세계를 휩쓴 코로나는 물론 이 순간에도 여전히 진행 중인 전쟁 그리고 이로 인한 전지구적 혼란과 변화는 인간 문명의 취약성을 고스란히 드러내고 있습니다. 그러나 이 혼란은 그동안 배제되고 무시되었던 여성, 아동, 약자, 장애인, 비인간에 대한 사회적 관심 또한 환기시켰습니다. 이 과정에서 우리는 공동/통, 나눔, 돌봄, 그리고 연대와 네트워크를 통한 모두의 주체화라는 시대의 의제와 마주하게 되었습니다. 이러한 사회 분위기는 억압과 배제를 가로질러 다양한 주체들이 소통하고 번역하는 형식을 끌어내고자 하는 본서의 기획 의도와 맞닿아 있습니다. 필자들은 물론, 본서의 발간에 도움을 주신 모든 분께 이 지면을 빌려 진심으로 감사의 인사를 전합니다.

전남대학교 인문학연구원장
정미라

차례

『가족커뮤니티와 다성적 주체론』을 발간하며 ——————————— 5

제1부 다성적 주체론 _ 9
우마 크리슈난 ——— 다성적 주체의 목소리로 글로벌 연대 만들어내기 ——— 11
- 문화적 기억의 담론, 문해 서사, 사회적 실천을 통하여 -

류도향 ——— 관계적 주체와 '함께-말하기'의 조건 ——————— 33

제2부 다성적 주체의 현장 _ 55
김지영 ——— 17세기 인조(仁祖) 가족의 갈등 양상과 세 왕실 여성의 주체성 — 57
김미선 ——— 한국전쟁기 어머니의 사망과 기억의 젠더정치 ————— 97
- 민간인 학살 노근리사건을 중심으로 -

조상현 ——— '국제부인데이'의 기념과 망각 ————————— 131
조호연 ——— 근세 북부 베트남 여성의 종교적 헌납 활동, 허우(Hậu, 后)에 관한 재검토 ————————————————————— 165

제3부 다성적 주체론의 재구성 _ 221
정희원 ——— 이란 여성 작가의 한 계보 ————————— 223
- 포루그 파로흐자드에서 쉬린 네샤트까지 -

아담 브런 ___ 좀비 아버지, 주권적 딸 ————————— 259
- 심청 신화로 보는 한국 좀비 영화 -

한의숭 ——— 여성의 주체되기와 살아남기 ————————— 291
- 〈방한림전〉을 중심으로 -

한우리 ——— 우리의 '퀴어한' 검둥이 ————————— 321
- 여성-되기의 정치성 -

제1부
다성적 주체론

다성적 주체의 목소리로 글로벌 연대 만들어내기
- 문화적 기억의 담론, 문해 서사, 사회적 실천을 통하여 -

우마 S. 크리슈난[*]

(번역: 이현경)

1. 서론

이 논문을 시작하며 우크라이나 전쟁이 발발하면서 세계 여러 곳의 집권 세력과 사회가 경험하고 있는 불안정한 상황에서부터, 넓게 보면 지구상의 모든 곳에서 다양한 형태와 방식으로 존재하는 물리적, 정신적, 정치적 소요로 정의 내릴 수 있는 지구 온난화에 이르기까지 코로나 감염증 대유행 이후 우리 모두가 목격하고 있는 전 지구적 상황의 몇 가지 예시를 들어보려고 합니다. 이러한 상황은 우리 모두에게 공통분모인 것 같습니다. 세계의 한 지역에서 일어나는 일이 다른 모든 지역에까지 직간접적으로 영향을 미치는 것은 분명한 사실입니다. 흥미롭게도, 이러한 불안은 우리가 현재의 현실과 미래를 바라보는 시각에 영향을 미치며 여러 방식으로 우리의 삶에 스며듭니다. 이것은 인간으로서 우리 모두가 연결되어 있고 지구라는 아름다운 행성에 속해 있다는 것을

---

[*] 미국 켄트주립대학교 교수

깨닫기 때문에 발생합니다.

우리 모두가 상호 연결되어 있는 방식에 대해 언급하며 저는 지구상의 다른 지역에서 각각 개인적인 상실을 경험하고 목격한 학생들의 두 가지 이야기로 이 서문을 시작하려고 합니다.[1] 하나는 저의 우등 프로그램 수업에서 소개된 것이고 다른 하나는 인도에 있는 한 학생의 이야기입니다.

무슨 일이 있었는지 모르겠습니다. 어머니는 열이 매우 치솟아서 타이레놀 복용과 냉찜질을 계속했지만 열이 내리지 않았습니다. 호흡이 어려워지기 시작하자 아버지와 저는 어머니를 급히 병원으로 옮겼습니다. 저는 어머니가 들것에 실려 가는 것을 보았습니다. 우리는 마스크를 겹겹이 쓰고 밖에서 대기하라는 지시를 받았습니다. 간호사들은 우리가 병원에 들어갈 수 없다고 말했습니다. 집에 가거나 병원 밖에서 기다리면 전화로 연락해줄 것이라고 말했습니다. 그 다음으로 벌어진 일은 몇 시간 후 어머니가 세상을 떠났고 그녀가 코로나 바이러스에 감염되었다는 이유로 시신을 인계해주지 않겠다는 말을 들은 것이었습니다!! 어떻게 이런 일이 있을 수 있느냐는 생각이 가장 먼저 들었습니다. 어머니는 불과 몇 시간 전까지 살아있었습니다; 내 어머니인데 제가 보고 싶은 것은 당연했습니다. 분노, 노여움, 허무함, 절망, 이해불가의 상황 속에서 마음이 텅비

---

[1] 이 글은 2022년 12월 10일 대한민국 광주에서 열린 전남대학교 인문학연구원의 국제학술대회 〈다성적 주체론 모색〉에서 발표한 기조발표의 내용을 수정한 것입니다.
이 발표문은 또한 2022년 9월 22일 켄트 주립대학교에서 열린 제2차 대학원 콜로키움 기조발표인 〈5.4 학살: 역사, 유산, 지속 가능성-학생 집단 형성에 있어 문화적 기억의 역할〉의 연장선상에 있습니다.

어버렸습니다. 저는 벌떡 일어나 마음의 공허함을 깨닫고서는 울음을 터뜨렸습니다. 그렇게 눈물을 흘렸습니다. 그리고 나는 더 이상 눈물이 나오지 않을 때까지, 그리고 어머니가 다시 돌아오지 않을 것을 깨달을 때까지 울었습니다. 나는 어머니를 영원히 잃고 말았습니다.

우등프로그램의 학생의 이야기, 2020년 11월

열이 솟구치는 와중이라 정확히 기억나지는 않지만 저는 화장실이나 아니면 다른 어떤 곳으로 걸어가고 있었습니다. 섬망 상태에 빠지거나 이미 그러한 상태에 있다는 것을 알고 있었지만 무슨 일이 일어나고 있는지 확신을 할 수는 없었습니다. 가슴이 무겁고 숨쉬기가 어려웠습니다. 저는 이미 후각과 미각을 잃은 상태였습니다. 제가 살 수 있을지 아니면 죽게 될지 확신이 서지 않았습니다. 제 속에서 무슨 일이 일어나고 있는지 확신하지 못했습니다. 그들이 왜 나를 병원으로 데려가지 않았는지나 내가 병원에 있었는지 여부도 마찬가지였습니다. 왜 부모님이 제 주위에 없었을까요? 무슨 일이 일어나고 있는 거지? 사람들의 얼굴도 보이고 목소리도 들리는데 잘 모르겠는걸? 저는 밀쳐지고 멍이 들었습니다. 역시나 확신할 수가 없었어요. 왜 아무도 나를 도와주지 않는 거지? 난 죽고 싶지 않아!! 살려주세요! 신이 있다면 도와주세요- 살려주세요!!

4일 후, 저는 병원에서 퇴원했습니다. 결국 살아남은 것입니다!! 저의 남자 형제들이 그렇게 말했어요!! 트라우마와 뒤섞인 안도감!! 속삭이는 목소리가 들립니다! 사람들이 나에게 말하지 않은 것이 있다고요! 슬퍼하는 소리가 들립니다!! 언니가 소리 죽여 우는 소리가 들리고 또 사흘이라는 시간이 지나고 나서야 사람들이 나에게 말해줍니다. 부모님 두 분이 모두 돌아가셨다니요, 어떻게 이런 일이 일어날 수 있을까요! 이제 저는 그냥 죽고 싶어요. 내가 왜 살아야 하나요. 왜 신은 나를 데려가지 않은 걸까요! 슬픔이 나를 감싸고 나를 흔들어댑니다. 나는 어떻게 살아갈는지요? 완전한 어둠이었습니다. 나는 울고 비명을 지르지만 아무것도 그들을 되돌려줄 수는 없을 겁니다. 내가 왜 살아남았죠? 더는 살고 싶지가 않아요!

인도 첸나이, 한 학생의 이야기, 2020년 8월

이 두 개의 짧은 이야기에서처럼 코로나바이러스 감염증 대유행 기간 동안 우리 모두는 전 세계의 사람들 비애로 가득 찬 트라우마를 경험하는 광경을 목격했습니다. 그러나 이는 또한 다성적 주체성, 문화적 기억 내러티브, 그리고 위의 두 학생이 대유행 직후에 실천했던 것처럼—읽기와 쓰기라는—사회적 관습의 방편을 보여주는 것이기도 합니다. 이들이 기록한 내용은 어떤 방식으로든 이들이 처음에 맞닥뜨린 충격과 깊은 슬픔을 극복하는 것이나 여전히 도움이 필요한 다른 사람들을 돕기 위한 노력에 도움이 되었습니다. 개인의 트라우마에서 집단적 트라우마로 전이하는 과정은 가족 공동체 내부에서의 개인적인 상실을 감당하는 것은 물론, 전 세계에 걸쳐 일어난 사람들의 죽음에 대해 이해할 수 있도록 해준 것입니다.

학생들이 겪은 상실의 목격자였던 저는 다른 무엇보다도 이들에게 마음의 준비가 될 때면 언제든 자신의 감정에 대해 글을 쓰고 그것을 나에게 들려줄 것을 권했습니다. 몇 달이 지나고 "두 사람 모두 고통을 견딜 수 없다고 말한다"는 공통점을 발견한 저는 결국 두 사람 모두 코로나의 피해자라는 측면에서 대화를 통해 위안을 얻을 수 있을 거라는 생각에 이르렀습니다. 이 과정에서 두 사람이 기술의 매개로 국경을 넘은 친구가 된 점은 주목할 만한 부분입니다. 현재 이들은 현재 인간의 죽음 그 이후에 초점을 맞춘 전 세계 학생들의 트라우마 서사를 주제로 책을 집필하고 있습니다. 그들의 이야기는 개인적인 서사이지만 다성적 목소리의 파토스를 기록하는 데에 중요한 역할을 합니다. 구술역사와 그 충격적 경험을 역사적 문헌으로서 기술하는 것은 불필요해 보일 수 있지만 "그럼에도 모두 조사관들은" 피해를 입은 당사자들을 "끊임없이 방문하여" "그들의 이야기를 듣고 기록했는데 그 까닭은 모든 이야기가 꽃처럼 아름답고 소중했기 때문"(24)이었다는 『광주 오월 민중항쟁 사료 전집 영문 번역』(2023)에서의 송기숙의 증언은 위에서 언급한 중요성을 잘 보여줍니다. 이러한 서사는 또한 "트라우마란 인간 존재의 불가분한 부분이다. 다양한 형태를 취하지만 누구도 비껴가지는 않는다"는 것을 드러냅니다(Epstein 2013; p. 1).

이 대목에서 우리는 왜 기록을 할까? 라는 의문이 떠오릅니다. 그리고 독자로서 우리가 그러한 문해 서사를 읽고, 보고, 동화함으로써 무엇을 얻는 것인지에 대해서도 궁금해집니다. 이러한 구술사와 서사의 저변에는 오래 전에 일어났던 사건에 대한 향수를 불러일으키는 재현이 자리하며 우리를 "우울한 과거에" 가두며 "심지어 충격적인 사건/들을 병적으로 미화하기도" 합니다(Yeon-Min, K., & Grotjohn, R, 10).

그러나 존 L. K가 2018년 『하버드 리뷰』에서 다음과 같이 강조했듯이 이와 같은 질문을 던지는 것은 중요한 일입니다. "모든 질문의 원천은 경이로움과 호기심, 기쁨을 느끼는 능력입니다. 우리는 대화의 마법이 부분의 합보다 더 큰 전체를 만들어낸다는 믿음으로 질문을 던지고 응답합니다. 우리의 삶과 일에서 지속적인 개인적 참여와 동기 부여를 위해서는 질문하고 대답하는 변화의 기쁨을 항상 염두에 두어야 합니다."(33)

그리고 이러한 맥락에서 특히나 과거의 상실, 비극, 폭력, 갈등 등에 대한 구술 증언이 기술되고 있는 만큼, 위의 질문들은 진중하게 다뤄져야 합니다. 저는 이 질문들이 작가들에게 트라우마에 대한 다성적 주체의 목소리가 어떻게 공동체의 불안과 개인적 및 인간적 차원의 상실, 정치적이고 시민적 차원의 부정의에 대해, 그리고 이러한 텍스트가 왜 필요한지에 대해 지각하고 드러내고 논쟁할 기회를 준다고 믿습니다. 또한 독자들에게 역사 수업을 통해 더 나은 미래를 향해 나아갈 수 있게 합니다. 질문들은 우리가 이전 세대가 맞닥뜨렸던 문제들을 인지하고 그것이 현세대와 후세대가 공동의 글로벌 문제에 대한 해결책을 찾는 데에 미치는 영향을 인식하도록 만듭니다. 더 나아가 문화적 기억 담론, 문해 서사, 사회적 실천을 통해 트라우마와 인간의 고통을 표상할 수 있는 프레임이 되어주고, 우리로 하여금 현재와 미래에 비추어 과거를 기억할 수 있게 해줍니다. 논의를 계속하기 전에 다성적 주체라는 용어의 정의와 그것이 우리 삶에서 표상하는 바를 이해하는 것이 필요할 것입니다.

2. 다성적 주체론과 표현

20세기의 저명한 문학 이론가인 미하일 바흐친(Mikhail Bakhtin)은 그의 저서 『도스토옙스키 시학의 문제점』(Problems of Dostoevsky's Poetics)에서 음악에서 자주 사용되곤 하는 다성(polyphony)라는 용어를 여러 개의 목소리(multiple voices)로 정의내립니다. 그는 도스토옙스키의 소설이 세 가지 특징을 가지고 있다고 주장합니다. 1) 등장인물들은 다양한 목소리를 가지고 있는데 2) 이것들은 절대로 하나의 관점으로 합쳐지지 않으며, 3) 절대로 작가의 목소리에 예속되거나 종속되지 않습니다. 바흐친은 캐릭터가 진화함에 따라 고유한 관점, 접근 방식에 대한 굳건한 근거와 더불어 자신의 생각에 대한 단단한 내러티브 기반을 가진 고유한 목소리를 가지게 되면서 독자로서 우리가 화자의 목소리를 식별해낼 수 없게 된다고 믿었습니다. 그래서 작가로서의 역할이 캐릭터를 통제하지 못하는 상황 변화를 맞이하게 되는데, 캐릭터가 오히려 저자의 영향으로부터 독립적으로 분리되어 스스로의 편에 서는 자율적인 모습을 보이게 되는 것입니다.

바흐친의 접근 방식과 다성적 주체에 대한 그의 분석에서 가장 흥미로운 점은, 저의 논지에서도 중요하게 등장하는 두 가지 특성인 의식과 대화 방식(내적 및 외적)으로서 이들이 여러 생각을 본질적으로 연결한다는 점입니다. 인간 정신의 중요한 구성 요소인 의식은 캐릭터가 자신만의 분석적 사고방식, 자신과 타인과의 관계를 통해 진화함에 따라, 그리고 화자가 자신의 생각에 침투하는 것을 원천봉쇄함으로써 드러납니다. 두 번째로 이들이 일련의 대화를 통해 자신의 생각을 끊임없이 성찰한다는 점을 들 수 있습니다. 듣는 사람을 향해 내뱉는 단어나 문장은 듣는 이들이 특정한 방식으로 그들의 말에 반응하도록 하는 수사학적 근거를 마련해줍니다. 그러나 캐릭터는 이 교환 과정 속에서 듣는 사람의 말을 들을 준비가 되어 있기도 하고 때로는 그렇지 않기도 합니다. 어떤 면에서 "이것은 끊임없이 다른 의식과의 경계에서 살아가는 의식입니다"(로빈슨, 2011).

『대화적 상상력』(The Dialogical Imagination)에서 바흐친은 "의식은 독

립적인 관념적인 삶을 그것을 둘러싼 이질적인 담론의 세계 속에서 일깨운다"라고 설명합니다(1981, 45). 도스토옙스키의 소설에 등장하는 인물들에게 생각하는 방식을 추구하는 것이나 주고받는 말을 통해 자신의 생각을 분명하게 표현하는 것을 가능하게 해주는 것은 대화의 방식입니다. 이것은 독자인 우리에게도 논쟁이 진전되는 방식을 알아볼 수 있게 해줌으로써 특정한 개념의 이면에 자리하고 있는 진실을 분석하고 이해할 수 있도록 합니다. 바흐친에 따르면 이것은 하나의 의식이 다른 모든 형태의 사고를 지배함에 따라 화자가 자신의 캐릭터를 꼭두각시처럼 손에 들고 조종하게 되는 단일한 사고방식과 정반대의 양상을 보입니다. 우리는 때로 화자가 자신의 사고 과정이 주목을 받고 등장인물의 사고방식은 간소화되기를 원하는 까닭에 소설 속에서 화자의 사고방식과 일치하지 않는 관념들이 무시되고 텍스트에서 언급되지 않는다는 것을 깨닫게 됩니다. 바흐친은 이종언어(heteroglossia)[2]를 다음과 같이 규정합니다: "일단 소설 속에 통합되면 다른 사람의 언어로 된 다른 사람의 담화로서 작가의 의도를 누그러진 방식으로 표현하는 데에 사용된다. 이러한 발화는 이중적인 목소리의 담론이라는 특수한 종류의 발화를 구성하게 되며…그 동안 이러한 두 목소리는 대화적으로 상호 연결되고…실제 대화로 이어지며…절대로 고갈되지 않는다(324-26)."

바흐친은 또한 모든 형태의 단일 사고 과정과 정확하게 획일화된 형식의 표현이 지닌 폐쇄성에 저항하며 문맥을 그 나름의 상황에 맞게 이

---

[2] 다른 언어, 발화의 장르 및 방언의 병치를 지칭하는 이종언어는 바흐친이 서로 다른 말하기 방식의 다양성과 서로 다른 언어 간의 관계의 본질을 설명하는 데 사용하는 용어입니다. 언어의 관념적 특성, 다양한 담론과 화법 장르의 이질적 맥락을 다시 한 번 반영하면서 통시적, 공시적으로 이중적인 발화를 형성합니다. 따라서 발화의 맥락은 언제나 대화화된 이질언어입니다(Holloway & Kneale, 2009).

해하도록 허용하는 것이 다성적 주관적 접근의 풍부함이라고 믿었습니다. 로빈슨(2011)이 주장하듯 바흐친에게 있어 그의 등장인물은 의미에 대한 경쟁을 통해 진실을 찾고 "응답, 참여 및 헌신을 통해" 진리를 확립합니다. 자신의 공간에서 특정 맥락을 탐색함으로써 일상의 현실에서 생각을 표현할 수 있습니다. 이것은 하루 종일 자기 자신, 가족, 동료, 이웃 및 다른 많은 사람들과 대화를 나누는 것과도 같습니다. 로빈슨은 바흐친에게 대화주의가 전체 사회 세계, 즉 "끝없이 이어지며 다층적 목소리를 내며 대화적인 전체로서 도래하는 세계이자…스스로를 표현하는 능력과 대상을 개념화하는 능력을 모두 똑같이 갖춘 많은 세계들의 세계"를 이해하는 열쇠라고 믿습니다.

실제적으로 어디에서 이러한 표현을 볼 수 있으며 그로부터 무엇을 배울 수 있는지에 대해서는 의문이 생깁니다.

여기에서 우리가 실생활에서 이러한 상황을 보게 되는 지점과 이들이 다성적인 목소리임에도 불구하고 조화롭고 유려한 존재로 간주되곤 하는 현상의 두 가지 예를 제시하고자 합니다. 맥락의 의미를 이해하는 데에 특수성을 부여하는 공통성과 개별성을 드러내는 것은 이러한 예시들 속의 주관적 표현들입니다.

첫 번째 예시는 음악 분야에서 오케스트라가 청중을 위해 음악 작품을 연주할 때를 들 수 있겠습니다. 이 음악가들의 목표는 단순히 즐거움에 있는 것이 아니라 청중에게 상황과 갈등, 철학, 생각, 그리고 인간의 감정을 드러내는 것입니다(Juslin 2013, Gabbreilson 2002). 비록 각각의 악기에는 모양, 음색, 음높이 및 기타 등등의 많은 차이가 있지만 이들은 주체성을 가지고 함께 모여 지휘자와 함께 협업하고 청중을 위해 연주합니다. 모든 악기들이 공유하는 유일한 공통점은 이들이 곡이나 음악을 인간의 감정으로서 표현한다는 것이며 그래서 연주가 끝난 후 청중은 할 말을 잃고 혼이 나간 듯 매혹되는 것입니다.

우리가 매일같이 다성적 주체성을 목격하게 되는 또 다른 예는 자연에서 찾아볼 수 있습니다. "새들의 노래"(Bird Song)라는 제목의 유튜브 비디오에서는 8시간 동안 새들이 야생에서 지저귀고 수다를 떠는 모습을 볼 수 있는데 비디오를 보거나 듣는 관찰자의 입장에서는 이것이 새들이 노래하는 것으로 더 인식이 됩니다. 더욱 흥미로운 것은 지난 4년 동안 330만 명의 시청자가 이 영상을 보았다는 것입니다. 3만 명이 "좋아요"를 눌렀고 전 세계적으로 천명 이상이 이 동영상에 댓글을 달았습니다. 각 댓글은 자연의 소리에 존재하는 아름다움과 그 소리로 인해 삶에 평화와 조화를 느꼈다는 것에 대해 이야기하고 있습니다. 사람들이 목격하고 이야기하는 것은 불협화음이나 목소리의 불일치가 아니라 평화롭고 영적인 새들의 음악에 대한 것이었습니다.

『대화적 상상력』에서 바흐친은 우리가 일상에서 찾아볼 수 있는 다른 예로, 우리가 하루 종일 다른 사람들에게 말을 건네는 일상적인 행동을 언급합니다. 그는 이것을 "실용적인 정보의 참여 전달"(339)의 목적으로 사용되는 이질언어로 보아야 한다고 주장합니다. 우리가 다양하고 가지각색인 대화에 참여하는 목적은 우리의 생각을 전달하기 위해서일 뿐만 아니라 다른 사람의 말을 듣고 다른 사람의 이야기를 전달하기 위한 것이기도 합니다. 그러나 우리가 주목해야 할 것은 우리가 다른 사람들과의 사이에 유지하고 있거나 과거에 그랬던 이야기들이 왜곡을 막기 위한 목적으로 원래의 틀 속에서 맥락화 되고 틀이 잡혀 있었다는 점입니다. 그는 또한 우리가 다른 사람에게 우리의 메시지를 전달하고 소통하는 것은 수사적 표현과 장르를 통해서라고 주장합니다. 그 다음으로 이러한 수사적 움직임은 "다른 사람의 발화를 전달하는 다양한 방식들을 연구하기 위한 풍부한 자료를 제공"해주는데, 흥미롭게도 우리가 우리의 고유한 언어와 정체성을 인식하는 것은 다른 사람의 주체성을 통해서 이루어지는 일입니다.

더 나아가, 위의 예시들에서 등장하는 오케스트라나 새들의 노래와 같은 예는 바흐친이 제시한 바, 종내에는 독특하고 단일한 것의 재현을 위해 융합되는 다성적 주체의 목소리로 제시하게 됩니다. 이것은 우리가 특히 트라우마에 대한 서사와 같이, 상이하지만 유사하기도 한 타인의 문화적 기억(그들의 맥락에 맞게 구성함으로써)에 대해 읽거나 쓸 때 인식하게 되는 대상입니다. 그리고 그것들은 우리가 국경을 넘어, 국가를 넘어, 대륙을 넘어 미래 세대를 위한 서사를 현실적인 방식으로 형성하는 방식에 중요한 역할을 합니다.

3. 트라우마와 문화적 기억 담론

미국 심리학 협회에 따르면 "트라우마란 사고, 강간, 자연 재해와 같은 끔찍한 사건에 대한 감정적 반응입니다. 사건 직후의 충격과 현실 부정은 일반적으로 나타나는 반응입니다. 장기적인 반응으로는 예측불능의 감정 변화, 플래시백, 대인 관계 긴장, 그리고 두통이나 메스꺼움과 같은 신체적 증상이 있습니다." 그러나 트라우마 담론은 또한 화자가 자신의 외상적 경험을 어떻게 판단하는지를 드러내는 방편으로서 언어와 언어적 표현이 사용되는 방식을 지칭합니다. 더 나아가 화자의 언어는 충격적인 사건과의 근접성에 따라 어느 정도 바뀔 여지가 있습니다 (Matei 2013; Pickering & Keightley 2009).

일반적으로 트라우마와 문화적 기억 담론은 우리에게 주어진 시간, 장소, 기간에 무슨 일이 일어났는지와 그 이후의 수십 년 또는 수백 년 동안 어떤 영향이 이어졌는지를 드러내어 보여줍니다. 서사 방식은 조금씩 변할 수 있지만 전하고자 하는 메시지는 같습니다. 이를 강조하기 위해 1970년 5월 4일 켄트 주립대학교에서 일어난 일과 1980년 5월 18일 광주에서 일어난 일을 예로 들어보도록 하겠습니다. 루이스와 헨슬리(Lewis and Hensley 1978)에 따르면 1970년 5월 4일 오하이오 주 방위군이 켄트 주립 대학 시위대 군중에게 발포를 감행하여 켄트 주립대 학생 4명이 사망하고 9명이 부상을 입었습니다. 발포의 효과는 폭발적이었습니다. 이 사건은 전국적인 학생 시위를 일으켜 그 결과로 수백 개의 대학이 휴업에 들어갔습니다. 주 방위군이 대학에 들어온 이유는 학생들이 미국의 베트남 전쟁 개입에 반대하고 정부의 노선 변경에 맞서는 대규모의 반전 시위가 있었기 때문입니다.

10년 후인 5월 18일, 우리는 대륙을 건너 광주에서 정부의 계엄령에 항의하는 유사한 봉기가 일어나는 것을 목도하였습니다. 시위로 인해 유발될 수 있는 폭력을 진압하고자 군부대가 전남대학교에 배치되었습니다. 그러나 그 과정에서 200명이 넘는 학생과 민간인이 목숨을 잃었습니다(카치아피카스 2000).

이 비극과 트라우마를 목격한 사람들과 나중에 그것을 들어 알게 된 이들은 다음과 같이 적고 있습니다.

나는 내 기억 속에서 총소리가 장난감 총과도 같았다고 생각했던

5월의 첫 번째 주말을 잊지도 용서하지도 않을 것이다…나는 계속 그게 공포탄일 거라고 생각했다…하지만 내가 도망치기 위해 뒤를 돌아보았을 때 내 등 뒤에 서 있던 소년의 얼굴이 폭발해 살덩어리와 피로 흩어졌다.

바바라 베커 아게이트, 생존자 1970.

48년의 시간이 지나고 우리는 여전히 기억한다: 1970년 이후 매년 5월 4일 언론에서는 총격 사건에 대한 보도가 있었습니다. 퓰리처상을 수상한 사진 속에서 14세의 메리 앤 베키오(Mary Ann Vecchio)가 스무 살 난 제프리 밀러(Jeffrey Miller)의 몸 위로 무릎을 꿇고 앉아 고통과 불신의 표정을 한 채 팔을 쭉 뻗은 모습은 늘 등장하곤 합니다. 우리의 마음을 드러내는 상징적인 이미지이지요. 고통과 불신. 이것이 미국인가? 미국이 어쩌다 이렇게 되었나요? [. . .] 이것은 골똘히 생각해서 떠올릴 만한 것도 아닙니다. 나는 지금도 그 날의 매 순간을 기억하거든요.

리타 드레고네트, 생존자, 1970.

[. . .] 심하게 맞아도 집에 오기 전까지는 어디가 아픈지조차 몰랐습니다. 집에 도착하자마자 온몸에 힘이 빠지더니 그때부터 통증이 시작됐어요. 손가락이 부어오르고 온몸이 쑤셨습니다. 적십자병원에 갔는데[. . .] 그곳엔 가족들을 찾는 사람들이 있었습니다. 혹시 가족을 찾을 수 있을까 싶어 병원을 찾은 이들은 시신으로 변한 가족을 발견하고는 의식을 잃거나 울부짖었습니다.

이희승, 2023, p.64

아버지는 당신의 고향이 광주라는 것이나 1980년에 그곳에서 무슨 일이 있었는지에 대해 한 번도 말씀하신 적도 없습니다. 한강(Han Kang)의 『소년이 온다』를 읽고 비로소 저는 1980년의 광주에서 벌어진 항쟁이 치른 대가와 우리 부모님 세대가 짊어진 마음의 부담을 이해하기 시작했습니다 [. . .] 항쟁을 직접적으로나 간접적으로나 어떻게 경험했는지와는 무관하게 5.18의 유령은 당신 주위를 맴돌 방법을 찾아냅니다.

배한나, 2020.

이러한 비극을 문화적 기억 담론의 관점에서 바라보는 것은 이러한 사건들이 통합된 보편적인 현상이 아님에도 하나의 보편적인 현상이라는 점을 강조합니다. 이들은 다양한 텍스트와 맥락의 결합이며 사람들이 의미를 구성하는 방식이기도 합니다(Shi-Xu 2005, 61; Assman 2011; Crawford 2013). 시쉬(Shi-Xu)는 굼퍼즈(John J. Gumperz, 1982)의 논지를 인용하며, 모든 담론에서 "적절한 발화로 간주되는 언어의 사용과 규범 및 그러한 사건에 대한 정의는 문화마다, 맥락마다 다르다"고 보았습니다. 이것이 또한 드러내는 것은 담론이 담론의 다양성과 같은 다성적 방식으로 보아야 한다는 것입니다. 이에 대해 워프(Whorf, 1956)는 세부 언어마다 다른 세계관을 구현하게 되며 마찬가지로 "서로 다른 담론은 서로 다른 경험과 현실을 구현"(62)하기 때문이라고 밝혔습니다. 그리고 이것은 어떤 면에서 문화적 담론이 상황에 따라 다 다를 수는 있지만, 다문화적 관점을 통해 서로 연결되고 의미를 만들기 위한 노력을 기울여야 한다는 것을 학자들에게 상기시켜 주기도 합니다. 이것은 철학, 이론, 방법 및 깨달은 점 등에 대한 문화 간의 지적인 대화와 소통을 통해 이루어질 수 있습니다(63). 이를 통해 우리 모두는 생존을 위해 협력하고 소통해야 한다는 것에 동의하게 됩니다.

4. 트라우마와 문해 서사

트라우마와 관련한 진술은 다양한 방식을 차용하지만 그 중 글쓰기가 가장 대중적인 표현 방식일 것입니다. 1970년 5월 4일이나 1980년 5월 18일, 2001년 9월 11일, 2022년 10월 29일과 같은 때에, 또는 2020년 코로나 바이러스 감염증 대유행 기간 동안에 무슨 일이 일어났는지, 언제, 왜 그 일이 일어났는지와 더불어 그 영향을 기술하는 문해 서사는 꾸준히 양산되어 왔습니다. 우리는 이러한 풍부한 텍스트의 생산에 대해 의문을 제기할 수도 있겠지만 흥미로운 점은 이러한 텍스트 자체가 여러 가지 질문을 제기하고 왜 우리가 이를 전 인류의 차원에서 해결해야 하는지에 대해 묻고 있다는 점입니다. 이 텍스트들은 인류의 관념, 개인에서 집단으로의 맥락, 혹은 그 반대의 맥락에서 우리가 더 안전한 미래를 향해 나아가는 방법과 그 당위성에 대해서 이야기합니다.

켄트와 광주에서 일어난 두 비극의 경우, 항쟁의 목격자이거나, 항쟁에 참여했거나, 또는 다른 사람들을 통해 그것에 대해 듣거나 읽은 사람들, 그리고 과거와 현재에 다양한 출처나 매체를 통해 그것을 본 사람들이 눈앞에서 그 사건을 목도한 이들과 일정 부분 동일한 트라우마를 경험했습니다. 시간이 지남에 따라 기억의 실제 환경은 기억 속의 장소로 대체되고(노라, 1989) 감정의 강도는 여러 세대에 걸쳐 다양한 방식으로 변화합니다. 한 세대에서 다른 세대로 전해지는 과정에서 트라우마 서사가 변화할 가능성은 있지만 정치적 관념에 따라 인간의 생명이 위협

받는 상황에 대한 이해만큼은 변하지 않는 경향을 보입니다. 다니엘리(1998)는 이러한 유형의 세대 간 전승이 인류 역사의 필수적인 부분이며 이것이 "말과 글, 몸짓 언어로 전승되고 심지어 침묵 속에서도 전승되며 그 역사는 인류만큼 오래된 것이다. 그것은 모든 사회, 문화 및 종교의 구전 및 기록 역사에서 떠올려지고, 암시되고, 기록되고, 조사되었다"(2)고 주장합니다.

이 두 가지 충격적인 사건은 텍스트, 회고록, 일반 서적, 목격자 진술, 비디오, 구술사, 디지털 아카이브, 신문 기사, 블로그 포스팅, 오디오 녹음, 특별 주제 컬렉션, 박물관 전시 등 다양한 방식으로 표현되었고 지금도 여전히 이야기되고 있습니다. 1970년 5월 4일의 디지털 웹사이트를 방문하면 켄트 주립대학이 다음 세대를 위해 위의 모든 형태를 통해 그 이야기를 생생하게 간직하고 있다는 것을 발견할 수 있습니다. 따라서 "문화적 기억은 텍스트, 구전 전통, 기념물, 의식 및 기타 상징을 통해 한 세대에서 다음 세대로 전달되는 과거에 대한 구성된 이해입니다 (내셔널 지오그래피 백과사전)."

현재와 미래 세대가 그들의 "자유, 독립 및 집단의 안전"을 유지하기 위해 이러한 유형의 트라우마를 "'피 속을 걸어가는' 서사로 개념화"하도록 하는 것이 이러한 서사적 표현의 방식입니다(Resende & Budrey 2014). 또한 힐쉬베르거(Hirschberger, 2018)는 더 나아가 개인의 기억이 집단적 기억과 결합할 때 집단이 현재와 미래의 정체성을 재정의할 수 있게 되고 새로운 의미를 찾고 공동체를 지원과 "세대를 초월한 집단적 자아의 구축"을 모색할 수 있는 토대를 마련해준다고 보았습니다. 서사로 엮어진 다중의 목소리를 통해 가해자는 그들이 저지른 "역사적 범죄"의 과오를 직시하고 책임을 받아들이며 바로잡을 방법을 찾을 수 있습니다. 힐쉬베르거는 또한 그러한 집단적 트라우마 서사가 공동체에게 다음과 같은 것들을 허용한다고 주장합니다. 1) "공동체 보존을 위협하는 요소에 맞서 문화적으로 형성된 교훈과 전통"을 전달합니다. 또한 2) 존재와 관련한 고민을 극대화하고 트라우마를 의미의 상징 구조 속에 각인시키도록 하는 위협의 전통을 보여주며, 3) 집단적 자아감을 조성하고, 4) 집단 응집력과 동일시를 유도하고, 5) "건설적인 방식으로 과거를 기억"하는 수단을 제공하며, 최종적으로 6) 집단적 트라우마가 중심이 되어 공동체를 하나로 묶고 공동체가 그들이 처한 사회적 환경을 이해하도록 돕는 수단이 되도록 하는 공동체 정체성을 형성합니다. 따라서 다양한 장르, 매체 및 방법의 내러티브는 문화적 기억을 생생하게 유지하는 데 중요한 역할을 합니다.

5. 트라우마와 사회적 실천

바흐친은 "위대한 소설적 이미지는 창작이 완료된 순간 이후에도 계속 성장하고 발전하는데 그들은 탄생한 날과 시간에서 멀찍이 떨어진 다른 시대에 창의적으로 변형될 수도 있다(422)"고 결론을 내립니다. 그리고 이러한 이미지가 어떻게 계속 성장하고 발전하는지 분석하고자 한다면 우리가 찾게 되는 답은 바로 우리가 따르고 있는 사회적 실천일 것입니다. 이것은 교실에서 텍스트를 가르치거나 가족 및 친구들과 그것에 대해 토론하거나, 또는 학회에서 발표를 하는 형태일 수도 있고, 스토리텔링, 그림 또는 기타 무수한 형태의 다른 방법들일 수도 있습니다. 사회적 실천은 이처럼 다양한 형태의 서사 또는 공유 시스템을 통해 과거의 사건이 현재와 미래에도 생생하게 간직되도록 만듭니다.

사회적 실천이란 일반적으로 지역 사회 및 공동체의 사람들이 개인적으로, 또는 집단적으로 수행하는 일상적인 행동을 의미합니다. 개인은 지속성 있는 활동을 통해 공동체의 일부가 되고 소속감과 집단 정체성을 갖게 되기도 합니다. 또한 공동체의 세계관과 "역사 및 기억에 대한 인식"과도 연결되어 있습니다(UNESCO; Reckwitz 2002). 제가 뭄바이 다바왈라(Dabbawalas)에 대한 민족지학적 연구를 수행하며 발견한 것은 사회적 실천으로서의 문해력이 어떤 형태로든 미래 세대를 위한 문화적 담론을 유지하는 힘을 가지고 있다는 것입니다(Street 1984; Krishnan 2014). 이것은 또한 1) 새로운 지식을 생성할 수 있는 토대를 제공하여 과거에서 현재까지의 다성적 목소리를 통합하고 활용할 수 있도록 하며, 2) 새로운 사고방식을 만들고 프로젝트의 성공과 문제 해결을 위한 새로운 방법을 제시하며, 3) 가족에서 공동체의 대의에 이르기까지 개인적 차원을 넘어 공동체의 맥락에서 생각하도록 만듭니다.

6. 결론

이 글의 서두에 코로나바이러스 감염증과 관련된 서사를 통해 우리 모두가 어떻게 서로 연결되어 있는지를 이야기하며 시작했습니다. 어떤 면에서 그것들은 이 글의 결론이기도 합니다.

프리드먼(Thomas Friedman 2005)은 『세계는 편평하다』(The World Is Flat)에서 우리 모두가 인정하고 싶지 않더라도 지구촌에 속해 있다고 주장했습니다. 코로나 바이러스 감염증의 대유행은 그의 주장이 넓은 의미에서 옳았다는 것을 증명했습니다. 이미 일어난 비극과 트라우마는 우리 모두에게 각인되어, 살아 있음에 감사하고 인간으로서 서로를 지원

할 수 있음에 감사하게 합니다. 그러나 전염의 시대 이후 우리는 타고난 본성에 따라 우리는 모두 우리가 마주했던 것들을 잊어버리고 다시 한 번 불안과 트라우마를 만들어내는 과거의 방식으로 돌아갔습니다.

우리는 도시, 국가, 나라, 국경을 넘어 도움과 공감을 호소하는 다성적인 목소리가 불가사의한 방식으로 수백만 명의 생명을 앗아간 바이러스에 맞서는 인간적 연대의 기반을 만들었던 것을 잊어버렸습니다. 우리는 이 바이러스가 나타난 원인이 무엇인지, 어디에서 왔는지, 기원이 무엇인지, 어떻게 이동하고 퍼졌는지, 증상이 무엇인지, 치료하지 않으면 결국 사망에 이르는 원인이 무엇인지 알아내기 위해 치열하게 매달렸고, 대답을 찾지 못한 많은 질문들 앞에서 최종 해결책을 찾으려던 우리 모두는 혼란에 빠지고 말았습니다.

그러나 정말 놀라운 것은 인간이 지닌 바로 그 타고난 본성이야말로 문제에 대한 해결책을 찾을 수 있는 사고 능력에 결합되어 있다는 사실입니다. 다성적인 목소리는 다시 한 번 화음을 내고 세계는 함께 모여 전 지구적 메시지를 만들어냈으며, 우리 모두 "나"에서 전 세계를 망라하는 "우리"로의 전환을 이루었습니다. 우리는 최선의 방법으로 수치들을 연구하고 공유하고 계획하고 솔루션을 구상하고 시작하고 개발하고 협력하고 제조하고 전달하고 생명을 구했지만 이 일련의 작업은 무엇을 위한 것이었나요? 다시 한 번 외상을 안기려고? 다시 한 번 더 혼란을 일으키기 위해서 일까요?

인간의 본성과 성향에서 흥미로운 것은 코로나바이러스 감염증 대유행과 같은 알려지지 않은 공동의 적에 직면했을 때 우리 모두는 글로벌 연대로 협력하고 서로를 자신이라 여기며 공유하고 봉사한다는 점입니다. 그러나 그러나 재난이 종식되고 나면 우리는 오래 전의 정체성으로 돌아가고 맙니다. "우리"에서 "나"로 말입니다.

이제 떠오르는 질문은 우리 앞에 놓인 지구 온난화부터 시작해 해결해야 할 문제가 산적한 상황에서 모두가 머리를 맞대는 생각의 방식을 저해하는 것은 무엇일까 하는 점입니다.

전남대에서 "다성적 주체론의 모색"라는 주제로 기조 발표를 해달라는 요청을 받았을 때 떠오른 생각들을 이야기해보았습니다. 다성적이라는 용어를 분석하여 그것을 자연과 우리의 삶, 우리 자신과의 관계, 우리의 가족과 동료들, 사회, 국경 우리의 국내와 국제적 관계와의 상호 작용의 관점에서 바라보면 소통과 대화, 협업의 융합이라는 복잡다단한 양상이 나타납니다. 이것은 우리가 연대를 달성할 때까지, 우리가 동의하지 않거나 다시 동의하는 것에 합의할 때까지 국경을 넘어 추구하고 확립하고 퍼뜨릴 가치가 있는 시각입니다. 문화적 기억 담론, 문해 서사 및 사회적 실천은 우리가 이것을 성취할 수 있는 방법들 중 하나입니다.

질문은 다시 우리가 이야기를 시작한 지점으로 돌아갑니다. 어떻게 만들어나가고 전파해야 할까요?

이를 위해 저는 이 발표의 몇 달 전에 켄트주립대에서 기조발표를 마치며 읊었던, 모든 것이 다음의 글귀로 시작하는 짧은 시를 되뇌어 보려고 합니다.

> 한 번에 하나의 비전,
> 한 번에 한 가지 생각,
> 한 번에 한 마디씩,
> 한 번에 하나의 벽,
> 한 번에 한 단계 씩…

인용문헌

미국 심리 학회. (날짜 미상).『트라우마』. 2022년 11월 2일 조회. https://www.apa.org/topics/trauma

J. 아스만.『문화적 기억과 초기 문명: 쓰기, 기억, 정치적 상상력』. 케임브리지: 케임브리지 대학 출판부, 2011. DOI:10.1017/CBO9780511996306.013.

자연의 소리풍경. 새들의 노래: 숲에서 노래하는 새들의 8시간(영상). (2018년 8월 4일) https://proartinc.net/shop/long-relax

크로포드, A.「지난 세대가 경험한 트라우마가 후손들에게 영향을 미치다: 캐나다 누나부트 이누이트의 이야기와 역사적 트라우마」.『다문화 정신의학』. 0.0 (2013): 1–31.

다니엘리 Y. 편저.『트라우마의 다세대 유산에 대한 국제 편람』. 뉴욕: 플레넘 프레스, 1998.

프리드먼, T. L..『세계는 평평하다: 21세기의 간략한 역사』. 뉴욕: 파라, 스트로스 앤드 지루, 2005.

가브리엘슨 A.「지각된 감정과 느낀 감정: 같은가, 다른가?」.『음악 과학』. 2001-2002 특별호(2002): 123-47.

휠쉬베르거 G.「집단적 외상과 의미의 사회적 구성」.『프론티어: 심리학: 성격과 사회심리학』. DOI: 10.3389/fpsyg.2018.01441

할로웨이, J.와 닐, J.『인문지리학 국제 백과사전』. (2009). 2022년 9월 22일 조회 https://www.sciencedirect.com/referencework/

홀퀴스트 M. (편저).『대화적 상상력: M. M. 바흐친의 4개의 에세이』. (C. 에머슨과 M. 홀퀴스트 번역). Austin: University of Texas Press, 1981.

홀츠. G.「사회적 실천 생성」.『인공 사회 및 사회 시뮬레이션 저널』. 17.1 (2014): 17 DOI: 10.18564/jasss.2333

저슬린, P.N.「일상의 감정에서 심미적 감정으로: 음악적 감정의 통합 이론을 향하여」.『물리학 생명계』. (2013). DOI: 10.1016/j.plrev.2013.05.008

카치아피카스, G.「광주항쟁을 기리며」.『사회주의와 민주주의』. 14:1 (2000): 85-107. DOI: 10.1080/08854300008428256

크리슈난, U. "점심 도시락의 문해력: 다바왈라의 보이지 않는 문해력." P. 토마스 & P. 타카요시 편저.『실천하는 문해력: 개인적, 공적 글쓰기와 작업』. 뉴욕: 루틀리지.

북스, A. W. & 존 L. K.「질문의 놀라운 힘」.『하버드 비즈니스 리뷰』. 2013년 5-6월. http://hbr.org/2018/05/the-surprising-power-of-questions.

마테이, M.「트라우마 담화의 언어적 기제」.『프로세디아 – 사회 및 행동 과학』. 92. (2013): 517-22. DOI: 10.1016/j.sbspro.2013.08.711.

노라. P.『기억과 역사 사이: 기억공간』『표현』. 26(1989): 7-24. DOI: https://doi.org/10.2307/2928520

피커링, M. & E. 키틀리.「트라우마, 담화 및 의사소통 제한」,『비판적담론연구』. 6.4 (2009): 237-49, DOI: 10.1080/17405900903180970

레크비츠, A.「사회적 실천 이론을 향하여」.『유럽 사회학 저널』, 5.2(2002): 243-63.

헤젠지, E. & D. 부프리테 (편저).『국제 관계에서의 기억과 외상: 이론, 사례 및 논쟁』. 뉴욕: 루틀리지, 2014.

로빈슨, A. "바흐친 이론: 대화주의, 다성성과 이종언어." 2011년 7월 29일. https://ceasefiremagazine.co.uk/in-theory-바흐친-1/

시쉬.『담화에 대한 문화적 접근』. 뉴욕: 팔그레이브 맥밀란, 2005.

스트리트, B. V.『이론과 실천의 문해력』. 뉴욕: 케임브리지 대학출판부, 1984.

유네스코: 무형 문화 유산. (날짜미상). 사회적 실천, 의식 및 축제 행사. 2022년 10월 18일 조회. https://ich.unesco.org/en/social-practices-rituals-and-00055

김연민 & 그로찬, R (편저).『광주 오월 민중항쟁 사료 전집 영문 번역: 다양한 장소에서의 증언들』. 광주: 전남대학교 출판부, 2023.

관계적 주체와 '함께-말하기'의 조건[*]

류도향[**]

1. 서론

한국사회에서 세대, 성별, 계층, 이념 갈등 문제가 심각하게 불거지고 있다.[1] 갈등은 민주주의 사회의 자연스러운 현상이지만, 갈등이 혐오와 차별의 문화로 자리잡고, 고립과 단절을 심화하는 여러 사회지표들은 우리에게 일종의 경고음을 울리는 것 같다.

이 글은 갈등을 소통의 계기로 전환하고 다양성과 차이를 포용할 수

---

[*] 이 글은 「관계적 주체와 '함께-말하기'의 조건」(『인문학연구』 Vol.61, no.3, 통권 128호, 2022, 57~77쪽)을 수정 보완한 것임.
[**] 전남대학교 인문학연구원 교수
[1] 최근 리서치기업 엠브레인이 전국 만 19세~59세 성인남녀 1000명을 대상으로 한 "2022 사회적 갈등 및 공동체 의식 관련 인식조사"에 따르면 한국 사람의 81.9%가 한국사회 갈등 수준이 양적으로나 질적으로나 매우 심각하다고 답했다. 우리 사회에서 갈등이 심각한 분야로는 '남녀 간의 성별 갈등'(57.2%(2021) → 54.8%(2022), 진보/보수 간의 이념 갈등(42.2%(2021) → 45.8%(2022), 부의 양극화로 인한 갈등(54.2%(2021) → 44.0%(2022), 여야 간의 정치적 갈등(34.6%(2021) → 42.4%(2022)의 순서로 나타났다(https://blog.naver.com/mkresearch/222829642558).

있는 주체의 가능성을 탐문한다. 즉 원주민-비장애인-이성애자로 가정된 주체의 관습적 질서를 비틀고 틈새를 벌리면서 복수의 자발적인 주체들이 함께 말할 수 있는 조건을 묻고자 한다. 이는 온갖 차이를 두려움 없이 발화하고 다르게 살아갈 수 있는 대안사회의 잠재력을 발견하는 일이기도 하다.

이러한 문제의식으로부터 필자는 이종적, 이질적 개체들이 차이를 존중하며 연대하는 '관계적 주체화'가 필요하다고 주장하며, 이를 해러웨이(Donna J. Haraway, 1944~)의 '반려종'(companions species) 개념을 통해 해석한다. 관계적 주체는 타자의 타자성을 추상적이고 관념적인 차원에서 인정하는 것이 아니라, 내 삶의 일부인 '소중한 타자성'(significant otherness)[2]의 계기를 일상적 차원에서 반성하고 체화하는 수행적 주체를 가리킨다(2장. 관계적 주체 : 소중한 타자성).

보다 구체적으로 관계적 주체의 상호작용은 '함께 말하기'의 수행성으로 이뤄진다. 여기서 함께 말하기는 '혼자 말하기'(지배와 명령)나 '혼자 듣기'(침묵과 판단)의 동일성에 대항하는 '비동일성의 말하기'로, 너와 나의 차이를 새롭고 우발적인 방식으로 번갈아 설명하고 번역하는 대화다. 단일한 언어 규범과 서사 규칙에서 벗어나는 이질성과 특이성을 소통하기 위해서는 이성적이고 합리적인 의사소통으로 환원되지 않는 물질적·감성적·정동적 차원에서 수행적 대화 행위가 필요하다. 필자는 이성과 충동, 언어와 몸짓, 주체와 비체가 협응하는 함께 말하기를 '먹기', '놀기', '응답하기'의 일상적 실천으로 유형화시킬 것이다(3장. 함께

---

[2] 도나 해러웨이, 『해러웨이 선언문 – 인간과 동물과 사이보그에 관한 전복적 사유』, 황희선 옮김, 책세상, 2019, 126쪽(Donna Haraway, *The Companion Species Manifesto: Dogs, People, and Significant Otherness*, Prickly Paradigm Press: Chicago, 2003, p.8)

말하기 : 먹기, 놀기, 응답하기).

관계적 주체는 개개인의 의지나 노력으로 관철되는 것이 아니라, '공통적인 것'(the common)을 창조하는 특이한 만남과 관계 맺기를 통해 촉발된다. 다시 말해 타자를 진정으로 환대할 수 있는 주체의 역량은, 자유롭고 안전한 공통장을 매개로 발현될 수 있다. 공통장의 만남은 신체적 생산의 장치들을 활성화시키면서 삶의 잉여가치를 창출하고 다른 이들과 생명성을 나누는 방식을 새롭게 욕망하게 한다. 나아가 이런 신체 활동과 욕망들은 관계를 억압하고 차별하는 경계들에 저항하면서 자본-권력-이해관계의 영토를 살아 움직이도록 재배치하는 효과를 낳는다(4장. 관계적 주체화를 위한 공통장).

2. 관계적 주체 : 소중한 타자성

20세기 이후 현대철학(포스트모더니즘, 후기구조주의)은 합리적·자율적·자발적이라고 가정된 이성 주체의 허위를 폭로하고, 동일자가 아닌 타자에 우위를 둔 새로운 주체성과 주체화 방식을 천착해왔다. 그 중에서도 특히 페미니즘 이론은 주체됨 또는 인간됨을 박탈당한 특이한 존재들에 대해 탐문해왔다.[3] 페미니즘 이론에서 '여성'이라는 범주는 남성 중심의 합리적 지식체계와 비판적 거리두기를 하면서 타자의 목소리를 포착하고 인식하기 위한 도구로 이해될 수 있다.

예를 들어 해러웨이가 1985년에 발표한 「사이보그 선언」은 급진적인 여성 범주의 사용을 보여준다. 이 선언은 "여신이 되느니 차라리 사이보

---

[3] 로지 브라이도티, 『포스트휴먼』, 이경란 옮김, 아카넷, 2015, 69쪽 참조.

그가 되겠다"⁴는 한 문장으로 집약될 수 있다. 여기서 사이보그는 낭만적 사랑의 뮤즈이자 남성들의 찬미를 한 몸에 받았던 여신으로부터 탈주하는 새로운 주체의 모델이다. 이 모델은 여성 동질성의 해체를 넘어 젠더, 인종, 국가, 계급의 이분법 구도를 벗어나 경계 위반과 이질적 융합의 잠재력을 가진 잡종의 형상물로 고안된 것이다.⁵

사이보그는 모순 속에서 살아가고, 평범한 활동이 이루는 자연문화에 주의를 기울이며, 자기가 자기자신을 낳는다는 험악한 신화에 반대한다. 또한 존재의 필멸성을 삶의 조건으로 포용하면서, 그 모든 우연적 규모에서 세계를 실제로 채우고 있는 창발적이고 역사적인 잡종체들의 존재에 민감하다.⁶

그러나 21세기에 이르러 해러웨이는 눈부시게 발전한 과학기술이 자본의 첨병이 되어 인간 사회와 지구생태계를 위기에 빠뜨리고 있다는

---

4 해러웨이가 제안한 사이보그는 당시 미국의 시대적 상황을 배경으로 한다. 1980년대 미국은 소련의 핵공격에 대비한 능동적 방어체계인 '스타워즈(Star Wars)' 프로젝트, 즉 '전략방위구상(SDI)'을 추진하고 있었는데, 사회주의 페미니즘은 과학기술을 매개한 국가주의적, 남성주의적 지배전략에 반대하며 대립각을 세웠다. 해러웨이는 사회주의 페미니즘이 여전히 남성/여성, 과학/신화, 국가/개인, 전쟁/평화와 같은 이분법적 구도에서 벗어나지 못하고 있다고 비판적 문제의식을 가지고 있었다. 그녀는 저 이분법 구도를 깨뜨리는 새로운 페미니즘 전략으로 사이보그를 고안한다. 도나 해러웨이, 『유인원, 사이보그, 그리고 여자』, 민경숙 옮김, 동문선, 2002, 325쪽.
5 해러웨이는 사이보그가 "사회적·육체적 실재의 지도를 그리는 허구"이자 "매우 유익한 짝짓기를 제안하는 상상적 자원"이라고 말한다. 해러웨이, 『유인원, 사이보그, 그리고 여자』, 268쪽.
6 도나 해러웨이, 『해러웨이 선언문 – 인간과 동물과 사이보그에 관한 전복적 사유』, 120쪽, 128쪽.

진단 하에, 사이보그가 더 이상 경계를 탈주하며 위험한 상상력을 자극하는 주체 형상이 아님을 통찰한다.[7] 하여 그녀가 「사이보그 선언」 이후 18년 뒤 2003년에 출간한 「반려종 선언」에서 새롭게 제안한 주체 모델이 '반려종'[8]이다. 그녀는 함께 살고 있는 카옌 페퍼(Cayenne Pepper)라는 개와의 관계를 사례로 들면서, 자신이 반려종으로 공구성된 경험을 이야기한다. 우리는 여기서 사이보그보다 한단계 더 나아간 관계적 주체화 모델을 찾을 수 있다.

그녀와 카옌은 매일매일 신체 접촉을 통해 세포와 살의 단위에서 침투·혼합되고, 그들 사이에 무수히 많은 시간과 관계 맺음을 통해 복잡

---

[7] 그녀에 따르면 사이보그와 반려종은 둘 다 종의 경계를 넘나드는 범주 이탈자로서 이분법적 개념 범주의 구도를 파기하는 비판적 형상으로 기능한다. 하지만 그녀는 21세기 생명과학과 유전공학의 발달과 함께 창궐한 기술생명정치 또는 생명권력의 덤불을 통과하기 위해 반려종인 개 주체가 새롭게 탐사되어야만 했다고 밝힌다. 도나 해러웨이, 『해러웨이 선언문 - 인간과 동물과 사이보그에 관한 전복적 사유』, 120쪽, 127쪽 참조.

[8] 해러웨이에 따르면 "반려종은 반려동물보다 크고 이질적인 범주다. 인간의 삶을 지금과 같은 모습으로 만들고 반대로 인간의 삶을 통해 구성되기도 한, 쌀이나 꿀벌, 튤립 및 장내 세균층 같은 유기체적 존재자들을 다 포함하는 범주가 되어야 하기 때문만은 아니다." 그녀는 반려종 범주를 다음 4개의 층위에서 매우 복잡하고 역사적인 범주라고 설명한다. 첫째, 반려종은 진화생물학과 최근까지 전개된 발생생물학의 의미에서 공진화하는 기계-유기의 혼합체를 의미한다. 둘째, 반려종은 아리스토텔레스의 "종" 개념을 따르자면 친척이 될 수 있고 될 수 없는 것 사이의 차이를 함축하는 말이다. 셋째, 천주교에서 빵(그리스도의 몸)과 포도주(그리스도의 피)를 영어에서 두 종(species)을 상기해보면, 반려종은 물질적인 것과 기호적인 것이 유형적으로 결합된 산물을 뜻한다. 넷째, 종이라는 단어는 어원적으로 돈, 정금, 금, 똥, 오물, 부라는 의미를 함축한다. 이런 의미를 새겨볼 때 반려종은 화려한 상품 문화와 욕망의 관습, 동물을 순종의 주체로 길들이는 관리 기술, 그것과 결부된 불평등한 노동을 지시하기도 한다. 도나 해러웨이, 『해러웨이 선언문 - 인간과 동물과 사이보그에 관한 전복적 사유』, 134~135쪽; 최유미, 『해러웨이, 공-산의 사유』, 도서출판 b, 2020, 32~33쪽 참조.

한 역사성을 형성하고 있다.[9] 또한 둘은 태초부터 인간 진화의 공범자로 살아온 개들의 공동-역사와 전 세계의 상징 및 설화에 기록된 인간과 개의 이야기를 배경으로 자연문화의 심층부에서 유구하게 연결된 관계이기도 하다. 다시 말해 그녀와 카옌의 관계는 주체/객체의 이분법 구도 하에 상대를 소유하는 관계가 아니라, 신체-정신, 물질-기호, 자연-문화 사이에서 유동하는 일시적 매듭점이자 다양한 관계적 사건들의 배치(agencement)로서 서로에게 침윤되고 중첩되어 공명하는 관계라 할 수 있다.[10]

해러웨이는 '나'라는 투명한 자기의식으로 환원될 수 없는 복잡한 타자성의 계기들을 주체화의 과정으로 받아들일 때, 각각의 종들이 전체도 아니고 부분도 아닌 패턴을 이루는 반려종의 삶을 선택할 수 있다고 말한다.[11] 즉 '나'라는 존재가 이질적 관계와 결부된 필멸의 흐름 속에서 불순하고 유한하게 살아가는 조건을 자각할 때, 타자성의 계기를 나를 구성하는 일부로 인정할 수 있다는 것이다.

그녀가 말하는 소중한 타자성의 관계는 상대방을 단순히 이성과 의식의 차원에서 소중하게 여기는 것이 아니라, "화학적으로 세포마다 DNA 속에 새겨진 심층의 시간, 그리고 좀 더 냄새나는 흔적을 남기는 최근의

---

9   도나 해러웨이, 『해러웨이 선언문 - 인간과 동물과 사이보그에 관한 전복적 사유』, 124쪽.
10 그녀는 창조성을 세계의 궁극자의 범주로 간주했던 화이트헤드(Alfred North Whitehead, 1861-1947)의 과정철학의 개념들을 빌려와 반려종을 주체의 내면으로 환원될 수 없는 관계와 역사의 장으로 이해한다. 해러웨이, 『해러웨이 선언문 - 인간과 동물과 사이보그에 관한 전복적 사유』, 124쪽 참조; 김영진, 『화이트헤드의 유기체 철학 : 위상적 세계에서 펼쳐지는 미적 모험』, 그린비, 2012 참조.
11 도나 해러웨이, 『해러웨이 선언문 - 인간과 동물과 사이보그에 관한 전복적 사유』, 124쪽 참조.

행위들로 이루어지는 시간 속에서"[12] 타자와 신체매개적으로 공구성되고 공진화하는 것을 의미한다.[13] 신체매개적이라는 말은 해러웨이의 표현을 빌려오자면 "신체적 생산의 장치"(the apparatus of bodily production)를 통해 인식하고 실천하는 것, 즉 자신이 신체-정신의 이분법을 넘어선 "물질적-기호의 행위자"(material-semiotic actor) 또는 "물질적-기호적 발생적 연결점"(material-semiotic generative nodes)이라는 인식 하에 관계를 새롭게 맺는 것이다. 따라서 관계적 주체는 '소중한 타자'라는 기호 아래 상대방과 지속적으로 관계 맺기 훈련을 하는 주체, 즉 오랜 시간에 걸쳐 타자와 함께 느끼고 상상하며 말하는 법을 실험하고 개발하면서 자기중심적인 몸의 습관과 태도를 개조(restructure)하고 개형(reform)하는 수행적 주체여야 한다.

해러웨이는 세속의 취약한 행위자들이 타자를 자신의 공구성적 존재로 받아들이고 덜 폭력적인 방식으로 함께 살아가는 것, 다시 말해 타자와 함께 윤리적으로 살아갈 방법을 찾는 것이야말로 우리 시대의 과제라고 외친다. 하지만 그녀도 고백하는 것처럼 이종적인 것들과의 동거가 아름답고 아늑한 것은 아니다. 그것은 다변적이며 위태롭고, 마무리되지 않으며, 서로에게 길들여지는 대가를 요구한다. 이는 천국과 지옥을 오가는 각고의 인내를 요구하는 일이다. 그렇다면 반려종의 삶을 살아내는 것은 실제 현실에서 어떻게 가능한가?[14]

이에 대해 해러웨이가 분명한 해답을 주지는 않는다. 다만 그녀는 "방

---

12 도나 해러웨이, 『해러웨이 선언문 – 인간과 동물과 사이보그에 관한 전복적 사유』, 126쪽 참조.
13 도나 해러웨이, 『유인원, 사이보그, 그리고 여자』, 359쪽.
14 도나 해러웨이, 『해러웨이 선언문 – 인간과 동물과 사이보그에 관한 전복적 사유』, 160, 161쪽.

법이 중요한 것이 아니라 … 환원 불가능한 차이를 넘어 이루어지는 소통"에의 의지가 핵심이라고 말한다.[15] 즉 반려종의 삶에는 보편적 방법이 없고, "유한한 관계가 드러내는 모든 세부 사항을 낱낱이 실감하면서 타자를 만나"고 "친밀한 타자를 더 잘 알기 위해 끝없이 노력하는 과정"이 관건이라는 것이다.

오히려 우리가 그녀에게 배울 수 있는 점은 반려종의 삶을 사는 데 있어 올바른 질문을 던지는 방법이다. 그녀는 '나는 누구인가?', '너는 누구인가?'를 묻는 대신에, '이 관계 안에서 나와 네가 어떻게 새롭게 출현하는가'를 항상 다시 질문하라고 제안한다.[16] 이는 나와 너를 주체/객체 이분법 가운데 어느 한쪽으로 고정시키는 것이 아니라, 서로에게 배태되어 끊임없이 독특성과 차이를 낳는 반려종으로 바라보는 관점과 태도의 방향전환으로 이해될 수 있다.[17]

해러웨이가 구체적으로 설명하지 않은 부분을 우리는 버틀러(Judith Butler, 1956~)의 주체화(subjectivation) 개념을 통해 보충 설명해볼 수 있다. "이 관계 안에서 누구와 무엇이 출현하고 있는가"라는 질문은 주체(또는 그것의 대립항인 객체)가 투명한 자기의식을 갖지 않고 항상 변형된

---

[15] 도나 해러웨이, 『해러웨이 선언문 - 인간과 동물과 사이보그에 관한 전복적 사유』, 176쪽.

[16] 도나 해러웨이, 『해러웨이 선언문 - 인간과 동물과 사이보그에 관한 전복적 사유』, 177쪽.

[17] 김 상 옹방쿵, 「비판과 주체화 : 주체에 대한 푸코와 버틀러의 관점」, 류희철, 박준호 옮김, 『문화과학』 102, 문화과학사, 2020; 조주영, 「'취약성' 개념을 통한 상호주관적 인정관계의 재구성: 인정에 대한 버틀러의 논의를 중심으로」, \mil Y- 30, 한국여성철학회, 2018; 이현재, 「도시민을 위한 인정윤리의 모색: 헤겔, 호네트, 버틀러를 중심으로」, 『한국여성철학』 23, 한국여성철학회, 2015; 김애령, 『őX 윤리: 주체와 타자, 그리고 정의의 환대에 대하여』, 봄날의 박씨, 2020, 215쪽 이하 참조.

다는 것을 전제한다. 즉 주체 내부에 스스로 통제하지 못하는 타자성의 계기들(언어 규범, 신체, 그리고 나의 말을 듣고 답하는 타인)이 내포되어 있음을 인정하고 자신이 타자를 통해서만 설명될 수 있다는 자기 한계를 받아들일 때에만, 우리는 타자와 공존하는 주체화의 연습을 지속할 수 있다.

3. 함께 말하기 : 먹기, 놀기, 응답하기

해러웨이는 타자에 대한 윤리적 관계를 "타자성에 대한 지속적 관심이라는 가늘고 섬세하며 질긴 실로 뜨개질한 편직물"[18]과 같다고 비유한다. 즉 그녀가 말하는 관계의 윤리는 원칙이나 이념에 토대를 두지 않고, 함께 옷을 짓듯이 일상을 함께 살아가는 가느다랗고 섬세한 수행적 행위들을 통해 구체화되는 것이다. 필자는 그 행위들을 '함께 말하기'로 정식화하려고 한다.

우리는 대화할 때 일방적으로 혼자 말하거나 들어야 하는 입장에 처하곤 한다. 혼자 말하는 쪽은 대화를 가장한 지시나 명령을 내리고, 듣는 쪽은 자기만의 판단과 해석을 하면서 다르게 생각하는 부분에 대해서는 침묵한다.[19] 두 입장은 상반되는 것처럼 보이지만 자기중심적이고 자기 동일성을 유지한다는 점에서 다르지 않다.

---

18 도나 해러웨이, 『해러웨이 선언문 - 인간과 동물과 사이보그에 관한 전복적 사유』, 178쪽.
19 푸코에 따르면 전통적으로 권위적인 지배 권력이었던 '말하기의 권력'은 근대에 이르러 '듣기의 권력'으로 바뀌었다. 과거의 지배자는 명령을 내리고 듣도록 강요하는 위치에 있었다면, 근대 지식 권력은 의사, 교육자, 재판관의 자리에서 고백을 요구하고, 듣고 해석하고 평가한다는 것이다. 듣기의 권력은 그 말을 해석하는 힘으로, 해석을 통해 규정하는 힘으로서 작동한다. 김애령, 『듣기의 윤리: 주체와 타자, 그리고 정의의 환대에 대하여』, 봄날의 박씨, 2020, 210쪽 참조.

함께 말하기는 혼자 말하기와 혼자 듣기의 자기중심성을 무너뜨리는 타자 지향적 말하기로서, 반려종으로 살아가는 데 반드시 요구되는 상호작용이다. 이런 대화는 나와 너의 이질성과 특이성을 삭제하지 않기 때문에, 이해할 수 없는 말의 파편들을 새롭고 우발적인 방식으로 번갈아 설명하고 번역하는 과정을 필요로 한다. 벤야민(Watler Benjamin)의 말을 빌려오자면 우리가 폭력의 상태에서 벗어날 수 있는 가능성은 타자와의 완전한 소통이 아니라, "전달가능성"(Mitteilbarkeit)을 심화시키는 '번역의 힘'에 있다.[20] 즉 함께 말하기는 동일한 언어와 유사한 상황맥락을 전제하지 않은 채, 이질성과 접촉하고 특이성에 의한 변모를 감수하면서 서로의 교착과 불통을 상호이해하고 상호변화하는 과정에 다름 아니다.

이것을 달리 표현하자면 '자국어로 말하기'에 대비되는 '외국인처럼 말하기'를 하는 것이다.[21] 전자가 말 거는 자/듣는 자가 동일한 개념과 범주를 교환하면서 이해 가능한 생각과 이데올로기를 재현하는 대화라면, 후자는 말 거는 자/듣는 자가 동일한 의사소통 수단을 공유하지 않은 상태에서 서로에게 끊임없는 번역과 대항 번역을 요구하는 외국인인 것처럼 말하는 대화다.[22]

---

[20] 주디스 버틀러, 『비폭력의 힘-윤리학 정치학 잇기』, 김정아 옮김, 문학동네, 2021, 166쪽 참조.

[21] Naoki Sakai, *Trasnlation and Subjectivity : On "Japan" and Cultural Nationalism*. Minneapolis: Unicersity of Minnesota Press, 1997, 3p.; 산드로 메자드라, 브렛 닐슨, 『방법으로서 경계』, 남청수 옮김, 갈무리, 2021, 407~408쪽에서 "균질언어적 말하기"와 "이종언어적 말하기"를 참조.

[22] Naoki Sakai, *Trasnlation and Subjectivity : On "Japan" and Cultural Nationalism*. Minneapolis: Unicersity of Minnesota Press, 1997, p.8; 산드로 메자드라 · 브렛 닐슨, 『방법으로서 경계』, 남청수 옮김, 갈무리, 2021, 409쪽 재인용.

인류 역사에서 지배자들은 피지배자의 저항을 방지하고 복종을 강화하기 위해 언어적·문화적 장벽을 세우는 전략을 사용해왔다. 즉 다른 언어권과 문화권에 속한 노동자를 선별해 모아놓음으로써 조직화와 저항을 원천적으로 봉쇄하는 것이다. 하지만 이런 지배와 통제의 상황에서도 '외국인처럼 말하기'가 수행된 역사적 사례들이 있다. 서로 다른 언어를 사용하는 노동자 집단에서 만들어진 피진 영어(Pidigin English)[23] 같은 새로운 방언들은 외국인들이 스스로 발명한 공통언어다.

트레이븐이 쓴 소설 『죽음의 배』는 제국주의 시절 분할과 지배 책략에 맞선 노예, 죄수, 막노동꾼, 선원들과 기타 해상 노동자들로 이뤄진 "잡색 선원 집단"의 이종언어적 말하기를 다음과 같이 기록하고 있다.

> 함께 살고 함께 일하는 과정에서 선원들 각자는 동료들이 하는 말을 습득 하게 된다. 그렇게 두 달 정도 지나면 배 위에서의 모든 사람들은 모든 선원들이 공통적으로 이해하는 300개 정도의 단어들에 대한 지식을 얻게 된다.[24]

이들이 발명한 공통언어는 모국어나 민족 언어, 혹은 논리적 문법을 재현하는 일반적인 언어 모델과는 다른 것으로서, 사람들이 함께 생활하고 함께 일하는 관계의 수많은 실천을 통해 습득한 상황적 지식이자 투쟁과 협동을 통해 타자에서 타자에게로의 번역을 구현한 결과물이다.[25] 이처럼 함께 말하기는 이해와 소통의 한계 지점에서 표정과 몸짓,

---

23 다른 언어권의 사람들 간 의사소통을 위해 단순화된 회화용 영어를 뜻한다.
24 산드로 메자드라·브렛 닐슨, 『방법으로서의 경계』, 398~399쪽.
25 산드로 메자드라·브렛 닐슨, 『방법으로서의 경계』, 399쪽.

다양한 목소리의 겹쳐짐과 중계, 공동의 경험과 수행적 행위들로 구성되는 말하기다. 이는 필연적으로 단일한 언어 규범과 서사 규칙으로 파악되지 않는 맥락, 뉘앙스, 선체험, 기억, 복잡한 역사적 계기를 포함한다. 따라서 함께 말하기는 합리적 의사소통과 담론적 언어의 한계를 넘어, 이성과 충동, 언어와 몸짓, 주체와 비체, 과거와 현재의 협응 속에서 나와 너의 존재론적 차이를 온몸으로 공명하는 총체적 소통을 지향한다. 필자는 물질적·감성적·정동적 차원에서 타자의 타자성과 소통하는 일상의 수행적 실천으로 먹기, 놀기, 응답하기를 제안한다.

첫째는 함께 먹기다. 해러웨이에 따르면 반려종은 공통된 이념이나 가치체계를 공유하는 공동체가 아니라, 함께 밥을 먹는 행위를 통해 공구성된 '식구'(食口, messmates)다.[26] 여기서 함께 먹는다는 것은 단순히 주체가 음식물을 섭취하고 영양분을 흡수해서 자기를 보존하는 것만이 아니라, 가장 근본적인 특이성의 진원지인 신체의 차원에서 타자들과 교류하고 소통하는 것을 의미한다. 함께 먹을 때 우리는 세포계의 이질적인 유전 메시지를 상호전달하고 서로 다른 생체리듬과 면역계를 조율한다. 나아가 우리는 누구와 무엇을 어떻게 먹느냐에 따라 서로를 양육하고 함께 살고 죽는 방식을 만들어간다.

또한 우리는 먹으면서 박테리아와 세균, 식물과 동물, 토양과 바다와 같은 생태계의 공생발생적 그물망에 연결되면서 다층적인 조직의 부분적 연결점이 된다. 즉 함께 먹는 이들은 전체도 부분도 아닌 직물 패턴과 같은 물질적 관계성 속에서 이종들의 삶에 참여하는 협동체가 되는 것이다. 이런 의미에서 해러웨이는 "배가 고파지기, 먹기, 부분적으로 소

---

[26] 도나 해러웨이, 『해러웨이 선언문 –인간과 동물과 사이보그에 관한 전복적 사유』, 333쪽.

화하기, 부분적으로 동화하기, 부분적으로 변형하기"[27]가 다른 종들과 상호작용하는 전형적인 반려종의 행위라고 말한다.

함께 먹는 행위를 반복적으로 수행하면서 켜켜이 쌓은 몸의 공통기억들은 논리적·담론적 언어로 환원시킬 수 없는 총체적 소통의 근본언어가 된다. 따라서 우리는 어떤 공동체와 사회의 식사 문화를 살펴봄으로써, 그 내부 작용의 역동과 관계성의 본질을 포착할 수 있다. 이를테면 한국사회에서 대세가 된 '혼밥', '혼술'은 함께 말하기의 근원적 불가능성을 드러내는 징후로 읽힐 수 있다.

둘째는 함께 놀기다. 놀이는 노동, 휴식과 구분되는 제3의 행위영역으로, 생산과 재생산으로 환원되지 않는 능동적이고 창조적인 활동을 뜻한다. 우리는 놀이를 할 때 특별한 목적 없이 자발적으로 무언가를 행하고, 생산과 재생산의 법칙으로 환원될 수 없는 새로운 규칙성, 물질적 상태, 타자와의 상호작용의 방식을 만들어낸다. 우리는 일로 만나는 관계가 아니라 놀이를 할 수 있는 관계에서 "옛것을 재배열하고, 새로운 것과 새로운 느낌과 행동 양식을 제안하고, 갈등하고 협력하면서 함께 얽힐 수 있는…가장 강력하고 다양한 활동"[28]을 벌일 수 있다. 놀이의 과정은 사회적 법칙에서 벗어난 초월과 자유를 표현하고 통상적 개념으로 말할 수 없는 새로운 차원을 개방하는 특징이 있다.

놀기는 두 사람이 마주 앉아 실을 손가락에 걸고 실 모양을 바꾸는 실뜨기 놀이처럼 참여자들 간에 주고받고, 밀고 당기는 능동성과 수동성

---

27 도나 해러웨이, 『트러블과 함께하기- 자식이 아니라 친척을 만들자』, 최유미 옮김, 마농지, 2021, 117쪽.
28 도나 해러웨이, 『트러블과 함께하기- 자식이 아니라 친척을 만들자』, 207쪽.

의 상호작용을 전제한다.²⁹ 한번은 능동자가 되었다가 한번은 수동자가 되어 상대방과 패턴을 이어가는 과정의 일부가 되는 것이다. 그 과정 속에서 잠정적으로 주체/객체의 이분법이 사라지고 대상과 비의도적, 비도구적으로 만날 수 있는 가능성이 열린다.

놀이하는 자는 그가 참여하는 놀이에 영향을 미치지만, 동시에 그 자신이 놀이에 의해 함께 만들어진다.³⁰ 놀이에 적응하는 것은 유사한 패턴을 형성하면서도 환경과 참여자와 상황 맥락에 따라 매번 이질적이고 차이나는 놀이의 리듬을 타는 것이다. 따라서 누군가와 함께 논다는 것은 경쟁이나 위계적 질서 바깥에서 나와 너의 유사성 또는 차이를 즐기며, 나아가 자아의 동일성을 깨뜨리고 너에게 나를 내맡길 수 있다는 것을 의미한다. 다시 말해 함께 논다는 것은 소중한 타자성의 관계를 가능케하는 깊은 수준의 소통이라고 할 수 있다.

셋째는 함께 응답하기다. 해러웨이는 반려종에게 요구되는 윤리적 태도로 무엇보다 응답-능력(response-ability)³¹을 강조한다. 응답-능력은 대상에 '반응'할 수 있는 능력으로, 이는 전통윤리의 타자의 고통에 대한 책임(responsibility)과 구분되는 다종 간의 관계 맺기의 방식이다.³² 그녀는 반응성의 차원에서 관계의 책임은 인간 주체에게만 있는 것이 아니라, 사물과 생명체들의 다양한 규모의 시공간에서, 즉 인간의 몸과 비인

---

29 최유미, 『해러웨이, 공-산의 사유』, 69쪽 참조.
30 군터 게바우어·크리스토프 볼프, 『미메시스: 사회적 행동, 의례와 놀이, 미적생산』, 최성만 옮김, 글항아리, 2015, 190~191쪽 참조.
31 도나 해러웨이, 『해러웨이 선언문 -인간과 동물과 사이보그에 관한 전복적 사유』, 316쪽.
32 현남숙, 「D. 해러웨이의 다종적 생태정치: '함께-되기'와 '응답-능력'을 중심으로」, 『한국여성철학』 35, 한국여성철학회, 2021, 90쪽 참조.

간의 몸 안과 밖에서 발생할 수 있다고 본다.[33]

이때 응답-능력은 종의 위치에 따라 차이가 있고 관계맺음의 양상에 따라 달라질 수 있다. 해러웨이는 상황적 지식을 통해 젠더, 인종, 계층 등의 위치성을 가정했듯이, 반려종의 함께-되기에서도 맥락과 상황에 맞는 위치성의 응답이 중요하다고 강조한다. 즉 상대와 내가 어떤 관계성 속에서 배치되어 있는가에 따라 반응하는 것도 매번 다를 수밖에 없다는 것이다. 예를 들어 인간과 개의 이종적 만남에서 인간은 개가 알아들을 수 있는 몸짓, 행동, 태도로 반응하는 방법을 배워야 한다. 만약 폴짝폴짝 뛰는 강아지가 알아들을 수 있는 방식으로 존경과 신뢰를 전달하지 못한다면 "앉아"라는 명령어를 가르치는 훈련은 성공할 수 없다.

응답한다는 것은 타자의 관점에서 이루어지는 반응이기 때문에 주체적 행동의 정지와 수동성의 계기를 갖는다. 그러나 응답은 타자를 통해 느끼고 상상하며 말하는 법을 실험하고 개발하면서 자기중심적인 몸의 습관과 태도를 변형한다는 점에서 매우 능동적이고 주체적인 능력이기도 하다. 따라서 응답을 통해 상대방에게 길들여지고 반려종이 되는 것은 그 자체가 "관계적 실천"[34]이라 할 수 있다.

4. 관계적 주체화를 위한 공통장

우리는 3년여 코로나 국면을 통과하면서 급격하게 비대면과 익명적 만남에 익숙해졌다. 코로나로 공동체 해체의 위기는 가속화되고, 갈등

---

[33] 도나 해러웨이, 『트러블과 함께하기- 자식이 아니라 친척을 만들자』, 38~39쪽 참조.
[34] 도나 해러웨이, 『해러웨이 선언문 -인간과 동물과 사이보그에 관한 전복적 사유』, 182쪽.

과 혐오의 사회 문제를 해결할 수 있는 문화적·주체적 역량도 소진된 것처럼 보인다. 우리가 코로나를 딛고 새로운 공동체를 창조해가야 한다면, 다양성과 차이를 포용할 수 있는 관계적 주체의 가능성을 모색해야 한다.

관계적 주체는 이념적이고 자기동일적인 자아를 유지하는 대신에, 타자와 함께 생생한 감각을 향유하며 자신의 변화를 감내하는 열린 주체다. 이때 감각의 향유는 단순한 자기향유에 그치지 않고, 특이한 존재인 타자와 마주침을 통해 자기를 갱신하고 자아의 경계를 재설정하는 상호작용으로 나아가게 한다. 자기와 같은 것을 반복하는 "정체성에 기반을 둔 사랑"이 아니라, "낯선 사람에 대한 사랑, 가장 먼 것에 대한 사랑, 타자성에 대한 사랑"이 일상정치의 획기적인 사건을 일으킬 수도 있다.[35] 이런 잠재적 가능성에 대한 희망을 놓지 않을 때, 우리는 타자를 아끼고 배려하는 윤리적 실천에 기꺼이 참여할 수 있다.

하지만 관계적 주체화는 개개인의 의식과 실천만으로는 가능하지 않다. 불안과 두려움 없이 자기를 표현하고 관계의 실험을 감행할 수 있는 안전한 공간이 보장되지 않을 때, 누구도 강고한 자아의식과 자기동일성을 깨뜨리기 어렵기 때문이다. 필자는 관계적 주체화를 위해서, 물리적 공간이자 동시에 소통과 담론의 장으로 작동하는 공통장이 필요하다고 본다.

공통장의 한 가지 사례를 최근의 페미니즘 활동 영역에서 발견할 수 있다. 한국 사회에서 여성은 (젠더, 계급, 세대, 인종, 민족 등을 교차하는) 이데올로기를 뒤흔드는 문제적 위치성을 갖고 있다. 하나의 중심적인 위

---

35 안토니오 네그리·마이클 하트, 『공통체-자본과 국가 너머의 세상』, 정남영·윤영광 옮김, 사월의 책, 2014, 265쪽.

치에서 조직화할 수 없는 여성은 통상적인 의미에서 (사회적) 관계를 잘하는 주체가 아니라, 기존 사회에서 통용되지 않는 새로운 언어와 관계 방식을 끊임없이 발명하는 시끄러운 주체로 보인다. 다양하게 분화된 페미니즘 활동이 불편하고 도발적인 타자의 문제를 가시화한 것은, 한국사회에서 새로운 관계성의 지평을 확장하는 데 크게 기여했다.

필자가 보기에 페미니즘 시위[36]와 인터넷 커뮤니티 문화, 퀴어 축제 등에서 여성적 말하기는 우연하고 비일관적인 방식으로 매우 다성적인 성격의 공통장을 형성하였다. 하나의 주체로 정의할 수 없는 여성'들'은 낙태, 탈코르셋(여성의 화장, 헤어 스타일 등 사회가 주입한 여성성에 반대하는 운동), 4B(비연애, 비섹스, 비혼, 비출산), 성범죄, 퀴어 등 비대칭적 젠더 체제의 일상을 의제화하면서 기존의 공적 정치 영역에서 이성적이고 합리적으로 말하던 방식과 차별화된 말하기를 수행하였다. 이런 말하기는 차이를 통일의 과정으로 보는 주류적 말하기에 대한 저항으로, 함께 말하기의 가능성을 보여주었다. 물론 한국의 페미니즘 운동은 기존의 제도적 정치의 시각에서 볼 때 위험하고 불온해 보이기까지 한다. 또한 배타적인 여성 범주(생물학적 여성)를 주장하는 일부 영(영)페미니스트 또는 소비사회의 대중 미디어를 기반으로 차별과 혐오의 문화와 복잡하게 얽혀든 '포스트-페미니즘'은 지배 체계의 의미망과 맞물려 또 다른 배제와

---

[36] 예를 들어 '여성'이라는 단일 의제로 국내에서 열린 사상 최대 규모 집회 기록을 돌파한 혜화역 시위는 경찰 추산 1만 명, 주최측 추산 1만 2천명의 여성이 모였다. 김해원, 박동숙, 이재원, 정사강, 강혜원, 백지연, 「5월 19일, 여성들은 혜화역에 어떻게 모였나? = '불법촬영 편파수사' 규탄시위의 의제화와 조직화 과정을 중심으로」, 26(4), 『언론과 사회』, 사단법인 언론과 사회, 2018 참조. 김민정에 따르면 이 시위 이전의 대한민국의 여성 운동이 엘리트 중심의 대리자 운동이었다면 '혜화동 시위'는 직접행동주의적 요소를 보여준다. 김민정, 「2015년 이후 한국 여성운동의 새로운 동향」, 『정치정보연구』 23(2), 한국정치정복학회, 2020 참조.

종속의 기제가 될 위험도 있다.

하지만 페미니즘 담론은 기존의 지배적이고 가부장적인 사회 체제에서 번역되지 않는 소수자의 목소리와 복수의 몸짓, 일상적 실천의 장으로, 즉 "다양한 특이성들이 마주치도록 촉진"[37]하는 공통장으로 이해될 필요가 있다.

이 불온한 공통장은 각자에게 소중한 타자성(고양이, 기계, 크립, 생명, 사물, 지구…)의 계기를 인정하고, 낯선 관계를 실험하고 다양화하는 급진적인 주체 실험의 무대가 되어 주었다. 나아가 여성이라는 대문자의 동질성조차 거부하면서 사회적 담론 질서를 교란하는 사건들을 일으켰다. 이런 실험과 사건들은 매우 불안정하고 일시적인 성격을 갖지만, 바로 그 때문에 기존 사회의 지배질서와 언어체계를 재생산하지 않는 새로운 배치와 공통적인 것을 구성하는 힘을 갖는다.

페미니즘이라는 화두를 통해 우리 사회는 타자의 타자성을 매우 구체적으로 실감하고 몸으로 부딪치며 새롭게 인식할 수 있었다. 페미니즘은 살면서 무엇이 인정 가능하고 그렇지 않은 관계인지를 규정하는 언어 규범에 따라 행동하지 않고, 불편하고 힘든 일을 발화하고 문제 제기함으로써, 우리에게 다르게 살 수 있는 가능성을 상상하도록 해주었다. 이런 문제 제기가 새롭고 우발적인 방식으로 번갈아 설명되고 번역되는 자유로운 공통장에서 관계적 주체는 연습되고 훈련될 수 있다.

다시 말해 관계적 주체화는 개개인의 의지나 노력을 넘어, 기존의 공고화된 자본-권력-이해관계의 영토를 살아 움직이도록 재배치하는 공통장을 조건으로 지속될 수 있다. 공통장은 함께 말할 수 있는 공간이자,

---

[37] 안토니오 네그리·마이클 하트, 『공통체-자본과 국가 너머의 세상』, 267쪽.

특이성들의 부단한 출현과 상호작용이 일어나게 함으로써 관계적 주체를 배양하는 사회문화적 환경이 된다.

관계적 주체들의 공통장은 앞에서 언급한 페미니즘의 축제와 담론장에만 국한되지 않는다. 마을과 동네에서 지역민들의 활동, 장애인 권리 투쟁, 평화와 환경 운동 등 다양한 영역에서 우리는 사회적 주류 언어로 이해될 수 없는 이종언어적 말하기의 사례를 찾아볼 수 있을 것이다. 진정한 의미에서 공통적인 것의 생산은 소위 '정상적'이라고 간주된 주류적 공간 안에서 이뤄질 수 없다. 공통장은 불평등하게 분배되는 말하기의 조건을 변화시킬 때 출현하는 제3의 영토로, 차이를 존중하며 연대하는 급진적 평등사회를 가시화한다. 우리는 공통장에 참여함으로써 지배적 질서에 의해 편협하게 규정된 주체성 그 이상의 신체적 생산 장치들을 활성화하고 저마다 다른 주체화의 욕망을 표현할 수 있다. 이는 특일한 '질'을 가진 살아있는 관계맺기를 촉진하여, 함께 말하기에 참여하는 후속 사건들을 생성시킬 것이다.

참고문헌

[자료]
군터 게바우어 · 크리스토프 볼프, 『미메시스: 사회적 행동, 의례와 놀이, 미적 생산』, 최성만 옮김, 글항아리, 2015.
김애령, 『듣기의 윤리: 주체와 타자, 그리고 정의의 환대에 대하여』, 봄날의 박씨, 2020.
김영진, 『화이트헤드의 유기체 철학 : 위상적 세계에서 펼쳐지는 미적 모험』, 그린비, 2012.

도나 해러웨이, 『유인원, 사이보그, 그리고 여자』, 민경숙 옮김, 동문선, 2002.
도나 해러웨이, 『트러블과 함께하기- 자식이 아니라 친척을 만들자』, 최유미 옮김, 마농지, 2021.
도나 해러웨이, 『해러웨이 선언문 -인간과 동물과 사이보그에 관한 전복적 사유』, 황희선, 책세상, 2019.
로지 브라이도티, 『포스트휴먼』, 이경란 옮김, 아카넷, 2015.
산드로 메자드라·브렛 닐슨, 『방법으로서 경계』, 남청수 옮김, 갈무리, 2021.
안토니오 네그리, 마이클 하트, 『공통체-자본과 국가 너머의 세상』, 정남영·윤영광 옮김, 사월의 책, 2014.
주디스 버틀러, 『비폭력의 힘-윤리학 정치학 잇기』, 김정아 옮김, 문학동네, 2021.
최유미, 『해러웨이, 공-산의 사유』, 도서출판 b, 2020.
Naoki Sakai, Trasnlation and Subjectivity : On "Japan" and Cultural Nationalism. Minneapolis: University of Minnesota Press, 1997.
https://blog.naver.com/mkresearch/222829642558.

[논저]

김 상 옹방쿵, 「비판과 주체화 : 주체에 대한 푸코와 버틀러의 관점」, 류희철, 박준호 옮김, 『문화과학』 102, 문화과학사, 2020, 299~326쪽.
김민정, 「2015년 이후 한국 여성운동의 새로운 동향」, 『정치정보연구』 23(2), 한국정치정보학회, 2020, 59~88쪽.
김해원, 박동숙, 이재원, 정사강, 강혜원, 백지연, 「5월 19일, 여성들은 혜화역에 어떻게 모였나? = '불법촬영 편파수사' 규탄시위의 의제화와 조직화 과정을 중심으로」, 『언론과 사회』 26(4), 사단법인 언론과 사회, 2018, 85~139쪽.
이윤종, 「페미니즘의 확장성을 지향하며」, 『문화과학』 제104호, 2020 겨울호, 문화과학사, 23~48쪽.
이현재, 「도시민을 위한 인정윤리의 모색: 헤겔, 호네트, 버틀러를 중심으로」,

『한국여성철학』 23, 한국여성철학회, 2015.

조주영, 「'취약성' 개념을 통한 상호주관적 인정관계의 재구성: 인정에 대한 버틀러의 논의를 중심으로」, 『한국여성철학』 30, 한국여성철학회, 2018, 35~59쪽.

현남숙, 「D. 해러웨이의 다종적 생태정치: '함께-되기'와 '응답-능력'을 중심으로」, 『한국여성철학』 35, 한국여성철학회, 2021, 79~106쪽.

제2부
다성적 주체의 현장

17세기 인조(仁祖) 가족의 갈등 양상과 세 왕실 여성의 주체성[*]

김지영^{**}

Ⅰ. 머리말

김선곤은 「이조초기 비빈고(妃嬪考)」(1963)에서 "일국의 국모(國母)로서 궁내사(宮內事)를 주관하며 국왕을 내조하는 비(妃)가 정치적 사회적으로 어떠한 위치에 놓여 있으며, 이들이 국사에 미치는 영향은 어떠하며 또 그들의 정신생활 및 사생활은 어떠하였을까"를 규명하고자 하였다. 조선 초기 왕실 여성의 주체성을 탐색하고자 한 최초의 연구를 마무리하며, 그는 결언 후반부에 다음과 같이 적었다.

> 엄격한 규율 하에서 피동적으로 오로지 과묵, 맹종의 생활을 영

---

* 이 글은 2022년 7월 '여성 주체의 재발견'이라는 주제로 열린 전남대 인문학연구원 HK+가족커뮤니티사업단 · 한국여성사학회 공동 학술회의 발표문을 기초로 하여 『여성과 역사』38(2023)에 실린 논문을 일부 수정 보완한 것임. 당시 유익한 토론을 해주신 이미선 선생님께 진심으로 감사드린다.
** 성균관대학교 동아시아학술원 한국학연계전공 초빙교수
1 김선곤, 「이조 초기 비빈고」 『역사학보』21, 역사학회, 1963, 33쪽.

위해야 하는 비빈들에게 주체성이란 기대 밖의 일이며 따라서 이들의 정치적 사회적 역량 및 영향력을 알아보려는 것은 도로(徒勞)였다.[2]

김선곤이 한국에서 여성사 연구가 본격적으로 진행되기도 전인 1960년대 초에 조선시대 여성의 주체성을 기대하며 왕실 여성인 '비빈(妃嬪)'에 주목할 수 있었던 이유는 무엇이었을까? 조선의 국모(國母)인 왕비와 앞으로 국모의 자리에 오르게 될 왕세자빈, 남성 관료집단과 동일하게 높은 품계를 가진 왕의 후궁은 다른 신분의 여성에 비하여 피동적이지 않고, '능동적으로', 과묵하지 않고 '자신의 생각을 말하며', 맹종하지 않고 '자신의 뜻을 관철시키는' 주체적인 여성의 삶을 살 것이라고 판단했기 때문으로 보인다.

그로부터 40여 년 후 변원림은 『조선의 왕후』(2006) '서문'에서 "정치의 일선에 선 왕의 배필로서 왕비의 생활이 정계와 왕궁 내의 암투와 음모 사이에서 얼마나 살벌하고 불안한 생활이었는지 상상하기 어렵지 않다"고 하며, 정치인으로서 살벌한 왕비의 생활은 남편과 아들들을 조종하며 정쟁에 능동적으로 참여하여, 여인으로서의 사생활과 정치인으로서의 생활을 구별할 수 없는 일생을 보냈다고 해석하였다.[3] 즉 왕후에 관한 연구는 역사를 움직인 정치가로 일생을 보냈던 여성의 생활과 활동에 대한 연구가 되어야 하며, 왕실 여성의 정체성을 정치를 하는 직업여성으로 볼 것을 주장한 것이다. 변원림은 정치하는 직업여성인 왕비로서의 역할을 주체적으로 수행한 대표적인 사례로 '여군(女君)' 순원왕후(純元王后, 1789~1857)를 주목하였고, 그녀의 권력욕을 중심으로 19세기

---

2   김선곤, 「이조 초기 비빈고」, 65쪽.
3   변원림, 『조선의 왕후』, 일지사, 2006, 9-10쪽.

정치사를 재조명하였다.[4]

40여 년의 시차가 존재하지만, '왕실 여성'의 정체성에 대한 두 역사학자의 상반된 견해는 조선시대 여성의 삶과 주체성에 관한 한국 역사학계 내 양 극단의 시각을 오롯이 반영하고 있다. 실제 1990년대까지 조선시대 여성을 유교적 가부장 질서의 희생자로 주로 부각시켰다면, 2000년 이후에는 유교적 가부장 질서 안에서 조선 여성들이 누린 자율성의 틈새 속 조선 여성의 주체성을 주목하는 경향성도 포착된다.[5]

조선 사회의 최상층부 신분 집단에 속하는 왕실 여성에 관한 연구는 2010년을 전후한 시기에 전성기라고 일컬었을 만큼 상당히 활발하게 진행되었다.[6] 2010년 이후 왕실 여성 가운데서도 수렴청정의 형식으로 공식적인 정치활동을 수행했던 대왕대비(大王大妃)의 정치적 역량과 위상, 이를 둘러싼 공사(公私) 논의,[7] 왕비의 생애주기에 따른 지위의 변화 과정에 초점을 맞춰 여성 정치가로서의 주체적 역할이 강조되었다.[8] 왕과 대비의 '관계'에 입각하여 양자의 의도와 요구에 따른 상호작용을 포착하여 권력 기반이 약한 왕이 대비의 상징적 권위에 기댄 사례 연구도 주목된다.[9] 그리고 가족 감정이 당대의 권력 구조와 긴밀하게 맞물려 있다는

---

4 변원림, 『순원왕후의 독재와 19세기 조선사회의 동요』, 일지사, 2012.
5 정해은, 「조선시대 여성사 연구 동향과 전망, 2007~2013」『여성과 역사』19, 한국여성사학회, 2013, 33쪽.
6 구체적인 연구성과에 관하여는 정해은, 「조선시대 여성사 연구 동향과 전망, 2007~2013」, 43-48쪽 참조.
7 임혜련, 「19세기 수렴청정의 공과 사」『역사와 현실』93, 한국역사연구회, 2014, 61-91쪽.
8 하여주, 「인조~현종 대 장렬왕후의 생애와 지위 변화」『여성과 역사』28, 2018, 153-174쪽.
9 김한신, 「인조 즉위 이후 권력 장악과 인목대비의 위상」『동양학』86, 2022, 73-92쪽.

것, 이러한 맞물림을 통해 가족 감정이 생산, 유지되거나 혹은 종종 억압, 축소, 은폐되기도 함을 밝히기 위해 왕실 가족인 소혜왕후와 영빈 이씨의 가족 서사를 사례로 분석한 연구도 등장하였다.[10]

왕실 가족 구성원의 가족 관계와 권력의 상호관련성, 가족 감정과 권력의 맞물림, 생애주기에 따른 여성 주체의 가족 내 지위 변화에 관한 최근의 논의는 사회문화적 구성물로서의 가족에 주목함으로써 왕실 여성의 주체성을 포착할 수 있는 무대로서의 가능성을 보여준다. 특히 역사적, 지역적, 계층적 맥락에서의 가족사 연구는 가장 오래된 새로운 역사로 2000년 이후 한국 역사학계에서 일상생활사, 미시사, 여성사가 가족사 연구와 결합하면서 풍부하고 다양한 가족 이야기가 만들어지고 있다.[11] 이와 같은 새로운 역사 쓰기의 흐름 속에서 왕실 여성의 행위성을 드러내는 주요 방식으로 조선시대 왕실 가족의 역사를 재구성할 필요성이 제기된다.

이 논문에서는 궁궐 안에서 왕과 함께 거주하는 사람들을 '왕실 일원'이나 '왕실 구성원'[12]이라는 모호한 표현을 써서 지칭하는 대신 '왕실 가

---

[10] 김세서리아, 「조선 왕실 여성의 가족 감정과 젠더 권력-소혜왕후와 영빈이씨의 경우를 중심으로-」『동양철학』54, 2020, 33-57쪽.

[11] 정용숙, 「'서유럽 특수성'에서 비교문화연구로-서구의 가족사 연구」『역사비평』104, 역사비평사, 2013, 244-265쪽; 이정선, 「가족사, 가장 오래된 새로운 역사-한국 근현대 가족사 연구의 현황과 과제-」, 『역사비평』104, 역사비평사, 2013, 266-286쪽 참조.

[12] 원창애는 왕실 족보를 활용하여 왕실의 친족 의식과 계보 연구를 진행하면서 왕자군, 공주·옹주, 종친, 의빈 등을 1차 왕실 구성원으로, 외손과 복친(服親)의 범위를 넘어선 국왕의 원친(遠親)과 왕후의 친족 등을 2차 왕실 구성원으로 범주화하여 논의를 진행하기도 하였다. 이는 왕실 구성원이라는 용어 자체가 지시하는 사회적 범주가 상당히 모호하고 광범위함을 드러내 준 대표적인 사례에 해당한다. 원창애, 『조선왕실의 계보와 구성원』, 세창문화사, 2018, 13쪽 참조.

족' 또는 '왕실 가족 구성원'이라는 보다 명확한 용어를 사용하고자 한다. 왕실 가족은 왕과 혼인 관계와 혈연(또는 양자 관계)으로 결합된 사람들로 구성된 사회 집단을 의미한다. 왕실 가족은 기본적으로 왕과 혼인 관계로 맺어진 왕비와 혈연으로 맺어진 자녀로 구성된다. 또한 왕의 후사를 넓히고, 왕비의 내치를 돕는 왕의 후궁이 포함된다. 이들은 왕과 함께 궁궐에 거주하는 것이 허용된 왕의 가족 구성원이다. 또한 왕실 가족은 왕위를 계승한 사람이 누구이냐에 따라 인조 가족, 효종 가족, 현종 가족, 숙종 가족 등으로 나누어 개별 가족사를 재구성할 수 있다.

본 연구에서는 가족 갈등과 여성의 주체성 문제를 살펴보기 위해 왕실 가족인 인조 가족을 사례로 선정하였다. 인조 가족의 가족간 갈등 관계 속에서 행위 주체로 등장하는 왕실 여성은 인조의 큰며느리 소현세자빈 강씨, 계비 장렬왕후 조씨, 후궁 귀인 조씨이다. 세 명의 왕실 여성 가운데 소현세자빈 강씨는 그녀의 비극적인 죽음으로 일찍부터 대중적인 관심뿐만 아니라 연구 대상으로 주목받았다.

김남윤은 소현세자빈 강씨의 삶이 조선 여인이 겪은 병자호란이라는 참혹한 전쟁의 실상을 잘 드러내 주기 때문에 그녀의 전쟁 경험을 중심으로 피란 생활, 볼모 생활, 또 환향의 비극을 고찰하고 있다.[13] 박주는 소현세자빈이 볼모 생활 후반부에 경제활동에 적극적이었다는 점에 주목하여 소현세자빈을 현실을 비관하지 않고 위기를 기회로 삼았던 총명하고 강인한 리더쉽을 가진 주체적인 여성으로 재조명하였다.[14] 김남윤

---

[13] 김남윤, 「조선여인이 겪은 호란, 이역살이, 환향의 현실과 기억-소현세자빈 강씨를 중심으로-」『역사연구』17, 2007, 73-94쪽.
[14] 박주, 「조선후기 소현세자빈 강씨의 리더십에 대한 재조명」『한국사상과 문화』62, 2012, 202-227쪽.

과 박주의 연구가 소현세자빈의 전쟁 경험과 위기 속에 발현된 주체적인 리더쉽을 조명했다면, 이왕무는 소현세자의 급서 이후 진행된 강빈 옥사의 발단부터 신원에 이르는 과정을 따라가며 왕실 가족사의 비극을 심층 분석하고 있다.[15] 그는 강빈 옥사를 전쟁과 혼란 속에서 약화된 제왕권을 강화하려는 인조의 계획적인 의도였거나, 심리적 불안 상태에서 일어난 일로 해석하였다. 그러나 이왕무의 연구는 '강빈 옥사'에 치중하다 보니 가족 갈등의 행위 주체가 인조와 소현세자빈 강씨로만 좁혀지는 한계를 보였다. 김우진은 1718년(숙종 44) 3월 숙종의 결단으로 이뤄진 강빈의 신원과 그 정치사적 의미를 탐색하는 과정에서 강빈 옥사와 연관된 후궁 조씨의 영향력을 주목하였다.[16]

인조의 계비 장렬왕후 조씨의 생애와 정치적 역할에 관하여는 김인숙과 하여주의 연구가 있다. 김인숙은 인조와 그를 둘러싼 여성 가족 구성원에 관한 지속적이고 깊이 있는 연구를 진행하여 단행본 『화살 맞은 새 인조대왕』(2018)을 출간한 바 있다.[17] 그녀는 일찍이 장렬왕후의 별궁 유폐 사건을 인조의 정치적 목적과 연결 지어 해석하였다.[18] 또한 하여주는 장렬왕후의 생애과정을 따라가며 인조의 계비에서 효종의 어머니, 또 현종의 할머니로 왕실 가족 내 지위가 변화하며 그녀의 위상 또한 달라지고 있음을 밝혔다.[19] 반면 인조 후궁 귀인 조씨의 삶을 조명한 연구

---

15 이왕무, 「소현세자빈 강빈의 옥사와 신원」, 『역사와 담론』69, 2014, 110-142쪽.
16 김우진, 「숙종의 소현세자빈 강빈 신원과 그 의미」, 『조선시대사학보』83, 2017, 249-280쪽.
17 김인숙, 『화살 맞은 새 인조대왕』, 서경문화사, 2018.
18 김인숙, 「인조의 계비 장렬왕후 별궁 유폐고」, 『한국인물사연구』5, 2006, 129-128쪽.
19 하여주, 「인조~현종 대 장렬왕후의 생애와 지위 변화」, 『여성과 역사』28, 2018, 153-174쪽.

는 현재 없다.

이 글에서는 전쟁과 반정의 혼란한 시대였던 17세기 조선 사회에서 왕실 가족인 인조 가족의 사례를 통해 가족 갈등과 왕실 여성의 주체성 문제를 논의해 보고자 한다. 국왕 인조의 가족 구성원간 갈등의 양상을 살펴보기 위해 왕실 가족 구조 내 신분과 지위가 서로 달랐던 세 왕실 여성의 주체적 삶을 중심으로 인조의 가족사를 재구성할 것이다. 먼저 인물이나 사건 중심으로 진행된 기존 연구의 토대 위에 궁 안을 잘 다스릴 책임이 있는 계비 장렬왕후 조씨, 왕세자빈 강씨가 각각 남성 최고 권력자인 가부장 인조와 갈등을 일으키게 된 계기와 갈등의 과정, 갈등의 결과를 가족사적 측면에서 검토하고자 한다. 그리고 다음으로 후궁 귀인 조씨가 궁 안을 다스리는 여성 권력자의 부재라는 틈새를 포착하여 일시적으로 권력을 획득하고, 향유하는 과정을 생존 전략이라는 관점에서 조명해 보고자 한다. 이를 통해 그녀가 인조의 충실한 내조자라는 자아 정체성을 가지고 인조의 총애를 얻어 자신의 권력 기반을 다졌으며, 후궁 가운데 가장 낮은 지위에서 사회적 지위를 지속적으로 높여 나간 주체적 여성이었음을 드러내고자 한다.

II. '불순(不順)한' 큰며느리 소현세자빈 강씨와 인조의 갈등 양상

조선 왕실에서 왕세자빈의 지위에 올랐다가 그 지위를 잃은 사례는 총 8사례이다.[20] 그 가운데 소현세자빈 강씨(1611~1646)는 시아버지 인조가 서인(庶人)으로 폐한 후 극형에 처한 유일한 사례로서 주목된다.

---

20 변원림, 『조선의 왕후』, 일지사, 2006, 51-65쪽 참조.

이 장에서는 큰며느리 소현세자빈 강씨가 자신의 생각을 주체적으로 말하고 감정을 솔직하게 드러내면서 시아버지 인조에게 '불순(不順)한' 며느리로 낙인 찍히기 까지 전개된 갈등 국면을 중심으로 소현세자빈의 주체적 삶을 재구성해 보고자 한다.

1627년(인조 5) 12월, 인조는 승지 강석기(姜碩期)의 둘째 딸인 16세의 금천 강씨가 인조 가족의 맏며느리가 되어 처음 입궁했을 때 유순(柔順)한 며느리를 서인 명문가 출신에서 얻었음을 공식적인 교서를 통해 온 백성에게 알렸다.[21] 사실 2년 전 인조는 큰아들을 왕세자로 책봉하고, 7월에 윤의립(尹義立)의 딸 파평 윤씨를 왕세자빈으로 간택하고자 했다. 그러나 반정공신들은 서인(西人) 집안 출신이 아닌 동인(東人) 집안 출신 왕세자빈을 간택하려는 인조의 뜻에 찬성할 수 없었다. 왜냐하면, 인조반정 초에 반정공신들이 모여 '국혼을 잃지 말자[無失國婚]'고 비밀스럽게 맹약했기 때문이다.[22] 특히 인조반정의 1등 공신인 이귀(李貴)와 김자점(金自點) 등이 윤의립의 서족(庶族) 조카 윤인발(尹仁發)이 이괄(李适)의 난에 가담하여 처형당하였다는 이유로 강하게 반대하였다.[23] 왕세자의 국혼을 둘러싼 군신 간의 갈등 속에서 왕세자의 국혼은 2년 동안 미뤄줬고, 이때 비로소 강석기의 딸로 정해진 것이다.[24]

기존 연구들은 병자호란이 인조와 소현세자 부부 사이의 갈등을 촉발한 사건으로 설명한다.[25] 그러나 인조 가족의 가족 간 갈등은 전쟁

---

21 『인조실록』 17권, 인조 5년 12월 27일(경신).
22 이건창 지음, 이근호 옮김, 『당의통략(黨議通略)』 지만지, 2008, 57쪽.
23 김세은, 「1627년(인조 5) 소현세자의 가례와 《[소현세자]가례도감의궤》」 『소현세자가례도감의궤』, 서울대학교 규장각한국학연구원, 2006, 3-5쪽 참조.
24 『인조실록』 17권, 인조 5년 9월 29일(임진).
25 소현세자에 관한 기존 연구는 이명제, 「소현세자 서사의 탄생과 역사 속의 소현세

이 발발하기 전 인조의 정비이며 소현세자의 모후인 인열왕후(仁烈王后, 1594~1635)의 갑작스런 죽음이 더 근본적인 원인으로 작용하였음을 인식할 필요가 있다. 내조자로서 인열왕후의 위상을 표현할 때 자주 언급되는 '십난(十亂)'은[26] 왕비 인열왕후의 인조반정에서의 역할과 인조반정 후 궁 안에서의 역할이 얼마나 크고, 중요했는지를 상징적으로 나타내는 용어이다.[27] 조선 왕실 최고의 내조자 시어머니 인열왕후의 '내치(內治)' 덕분에 왕세자빈 강씨는 입궁 후 10여 년 동안 가족 구성원 간에 큰 갈등 없이 원만한 가족생활을 유지할 수 있었다.[28]

1637년(인조 15) 1월, 27세의 세자빈 강씨는 전쟁통에 강화로 피신한 왕실 가족 중 가장 서열이 높았다. 내명부의 수장이었던 시어머니 인열왕후가 1년 전에 노산(老産)으로 갑자기 승하하면서 세자빈 강씨의 웃전인 왕실의 여성 어른이 없었기 때문이다. 세자빈 강씨는 명실상부한 내·외명부의 수장으로써 절체절명의 위기를 처음으로 마주하였다.

세자빈 강씨는 강화도 수비 책임자 검찰사 김경징(金慶徵)에게 고함을 치며 통솔력을 발휘하기 시작했다. 청군이 강화성으로 쳐들어왔고 성을 나가 바다를 건너 피하고자 했으나 일이 여의치 않았다. 그녀는 겨우 10개월 된 원손만이라도 살리기 위해 내관 김인(金仁)과 서후행(徐後行)에게 믿고 맡기는 결단력을 보여주었다. 당시 송국택(宋國澤)과 민광훈(閔光

자」, 『역사와 현실』 125, 한국역사연구회, 2022, 193-232쪽 참조.
[26] 십난(十亂)은 중국 주 나라 무왕이 통치를 잘 할 수 있도록 보좌한 10명의 인물을 가리킨다. 김인숙, 「4장 조선 왕실 최고의 내조자 인열왕후」, 141-142쪽 참조.
[27] 김인숙, 「4장 조선 왕실 최고의 내조자 인열왕후」, 134-161쪽 참조.
[28] 인조의 정비 인열왕후의 내조와 내치에 관하여는 김인숙, 「4장 조선 왕실 최고의 내조자 인열왕후」, 134-161쪽 참조.

勳)을 포함한 원손 일행은 바다를 무사히 건너 강화도 교동으로 갔다가[29] 충청도 당진으로 몸을 피할 수 있었다.[30]

왕비 인열왕후의 국상 중에 설상가상으로 전쟁이 발생했고, 조선은 청과의 전쟁에서 참혹하게 패하였다. 그 결과 소현세자 부부는 인열왕후의 삼년상도 마치지 않은 상황에서 후계자 수업을 받던 궁궐을 갑작스레 떠나 청나라가 마련해준 심양관에서 볼모의 신분으로 8년이라는 긴 시간을 견뎌 내어야 했다.

1644년(인조 22) 심양에 있던 소현세자빈의 조선행은 소현세자가 청 황제에게 소현세자빈의 사정을 소상히 아뢰었기 때문에 가능하였다. 1643년(인조 21) 11월 28일 소현세자가 아뢴 당시의 사정은 심양에서 조선에 보낸 장계에 다음과 같이 기록되어 있다.

> 대조(大朝)께서 오랫동안 병환 중에 계시니 돌아가 탕약을 시중드는 일이 하루하루가 다급합니다. 제왕이 이토록 유념하시니 감읍해 마지않습니다. 다만 빈궁이 들어온 지 7년인데 아직 한번 도 나가지 못하였습니다. 상의 기후가 미령하시나 귀성하지 못하였고, 곤전을 다시 모신 일이 있었어도 아직 뵙지 못하였습니다. 또 사사로운 정으로 말하면 접때 부친상을 당하였으나 아직 곡하고 제사하는 예를 펴지 못하였고, 모친의 병이 오래도록 낫지 않아도 가 뵐 길이 없었습니다. 이제 함께 다녀오도록 허락한다면 더욱 다행하기 그지

---

29 『인조실록』 34권, 인조 15년 2월 5일(을해); 2월 18일(무자).
30 김남윤, 「조선여인이 겪은 호란, 이역살이, 환향의 현실과 기억-소현세자빈 강씨를 중심으로-」 『역사연구』 17, 2007, 『인조실록』 34권, 인조 15년 2월 18일(무자).

없겠습니다.[31]

청은 소현세자가 소현세자빈과 함께 가는 것을 허락하는 대신에 원손과 둘째 아들인 제손(諸孫) 및 인평대군 부인이 들어오는 조건을 내밀었다.

소현세자빈의 볼모 살이 7년 만에 성사된 조선행은 결코 쉽지 않은 결정이었다. 그 목적 또한 세 가지로 분명했다. 첫째, 병환 중인 시아버지 인조에게 직접 문안을 드리고, 둘째, 1638년(인조 16) 겨울에 입궁한 시어머니 장렬왕후에게 큰며느리로서 첫 인사를 드리는 것이었다. 셋째, 친정을 방문하여 1643년(인조 21) 6월 13일에 돌아가신 소현세자빈의 부친 강석기의 궤연(几筵)에 곡하고, 또 그로 인해 상심한 병든 모친을 뵙고 위로하는 것이었다.

1644년(인조 22) 1월 20일 오시(午時)에 소현세자 부부 일행이 한양 궁궐에 도착했다. 왕세자빈은 심양생활 7년 만에 시아버지 인조에게 직접 문안을 여쭐 수 있었다. 이때 소현세자빈은 사친의 상중이었으므로 임시로 검은 치마저고리를 입도록 예조에서 품정하였다.[32] 다음으로 소현세자빈 자신보다 13살이나 어린 21세의 시어머니 장렬왕후에게도 큰며느리로서 첫인사를 드렸다. 마지막으로 궁궐 밖 친정으로 가 홀로되신 친정어머니를 뵐 차례였다. 그러나 소현세자빈 강씨는 시아버지 인조의 전혀 예상치 못했던 반대에 부딪쳤다.

2월 9일 영의정 심열(沈悅), 좌의정 김자점(金自點), 우의정 이경여(李敬興)가 한마음으로 인조에게 "세자빈이 이역에서 나그네로 붙여 있다

---

31 심양관 저, 김남윤 역해, 『심양장계: 1637~1643년 심양에서의 긴급 보고』, 아카넷, 2014, 524-529쪽.
32 『인조실록』 44권, 인조 21년 12월 10일(경오).

가 뜻밖에 어버이의 상을 만났는데 슬픈 마음으로 궤연에 임하고 또 모친을 살펴보는 것이 인정이나 예의로 보아 폐할 수 없는 일"이라고 하며, 세자빈이 어버이를 찾아 뵙고 심양으로 떠날 수 있도록 해달라고 아뢰었다. 그러나 인조는 "과인이 지금 재변이 참혹하고 민심이 안정되지 않은 것을 걱정하느라 법 밖의 예나 외람된 거조는 생각이 미칠 틈이 없다"라고 하며 허락하지 않았다.[33] 인조는 큰며느리 강씨가 궁 밖 친정집에 가서 조문하고 모친을 병문안하는 것을 '법 밖의 예'이고, '외람된 거조'라고 판단했다.

다음날 대신들이 인조에게 세자빈 강씨의 친정 방문을 허락해 줄 것을 다시 진달하였으나 엄중히 물리쳐 대죄하며 면직을 청하기에 이르렀다. 인조는 "내가 옛 규례를 고집해 지키는 것은 뒤 폐단이 있을까 염려해서이다"라고 하며 안심하고 사직하지 말라고 타일렀다.[34] 인조는 큰며느리 강씨를 친정집에 가지 못하게 막으며 자신이 고집한 것은 뒤 폐단을 염려한 조치라고 설명하였다.

3일 후 2월 13일이 되자 인조는 소현세자 부부가 조선 땅에 더 머물기를 청하여 심양으로 떠나는 날짜를 다시 19일로 미뤘다. 소현세자는 심양부터 동행한 청의 장수들에게 24일로 더 미뤄주는 것이 어떠한지 넌지시 묻기도 하였다. 소현세자빈 부부는 심양으로 출발할 날짜를 조정하며 인조가 며느리 소현세자빈의 친정 방문을 허락해 주길 간절히 기다렸다. 3일 동안 더 기다렸으나 친정 방문은 성사되지 못했다. 그리고 2월 16일이 되자 소현세자 부부는 예정되었던 19일에 떠날 준비를 하기 시작하였다. 큰아들 내외가 심양으로 떠나기 이틀 전 17일 인조는 "세자

---

33 『인조실록』 45권, 인조 22년 2월 9일(무진).
34 『인조실록』 45권, 인조 22년 2월 10일(기사).

빈이 지금 침을 맞고 있는 중이므로 모레는 형편상 떠나기 어려울 듯하니, 이 뜻을 대신에게 말하라"고 전교하였다.[35] 2월 16일에 세자빈이 침을 맞았으나 외정에서는 알지 못하였고, 17일에 약방 관원들이 소현세자 부부에게 문안을 하였다. 소현세자빈은 "비록 침을 맞고 있으나 대단치는 않다"라고 답하였다. 몸은 아프지만 19일에 심양으로 떠나는 것이 어렵다는 시아버지의 뜻을 따르지 않고 예정대로 떠나겠다는 의미였다. 결국 돌아가신 아버님과 병환 중에 계신 어머님을 찾아뵙지 못하는데 불편한 궁 안에 더 이상 머물 이유가 없다고 판단했던 것으로 보인다. 다음날 18일 왕세자의 궁속들이 19일 내일 떠나는데 빈궁께서 편찮으시니 늦추자고 청할지를 왕세자에게 여쭙자, 왕세자는 안부만 묻는 것이 좋겠다고 하였다. 그리고 2월 19일 아침 사시(巳時)에 왕세자가 궁을 출발하면서 인조와 장렬왕후 양전에 하직단자를 올리고, 대명전 뜰에서 하직 인사를 올렸다. 세자빈의 행차는 이보다 조금 일찍 궁을 출발하였다.[36]

시아버지 인조가 며느리의 병을 걱정하며 더 머물기를 청했음에도, 떠나기로 예정된 날 일찍이 궁을 떠나 심양을 향했던 소현세자빈 강씨와 시아버지 인조의 냉랭한 기운을 감지할 수 있다. 소현세자빈은 전쟁으로 7년을 어쩔 수 없이 떠나있던 궁으로 잠깐 돌아와 약 1달 동안 궁 안에 머물렀을 뿐인데 친정 방문 문제로 시아버지 인조와 며느리 소현세자빈의 사이가 벌여 졌다.

친정 방문 문제로 둘 사이의 의견이 처음으로 충돌한 이 사건은 시아

---

35 『승정원일기』 87책, 인조 22년 2월 17일(병자).
36 김동준·김남기·정길수·박해당·나종면, 『역주 소현심양일기4·소현을유동궁일기』, 민속원, 2008, 36쪽.

버지와 큰며느리 사이에 갈등이 시작되었음을 가시적으로 잘 드러내 주고 있다. 인조도 큰며느리의 태도가 변한 시점을 '심양을 왕래한 뒤로부터'라고 하며 당시를 이렇게 회상하였다.

> 강씨가 소시에는 별로 불순한 일이 없었는데, 심양을 왕래한 뒤로부터 갑자기 전과 달라졌다. 지난해 심양에서 왔을 때 그의 아버지 상(喪)에 가려고 하였으나 허락을 하지 않았기 때문에 그때에 자못 불손한 기색이 있었다.[37]

인조는 대신들의 간청에도 뒤 폐단이 있을까 염려하면서 왜 옛 규례를 고집해 가며 소현세자빈의 친정 방문을 강하게 반대했던 것일까? 소현세자빈의 아버지 강석기는 1640년(인조 18) 윤1월 20일부터 2년여 동안 우의정으로 국정을 이끌고 있었다.[38] 그 당시 정국은 최명길(崔鳴吉)·신경진(申景珍)·심기원(沈器遠)·심열(沈悅)에서 강석기로 이어지는 정치세력과 홍서봉(洪瑞鳳)·이성구(李聖求)·김자점(金自點)으로 이어지는 정치세력 사이에 권력 다툼이 진행되고 있었다.[39] 1642년(인조 20) 2월 18일 우의정이었던 강석기는 그 자리에서 내려왔고,[40] 6월 13일 죽었다. 강석기의 후임으로 10월 13일 심기원이 우의정에 임명되었다.[41] 그러나 1년 후 1643년(인조 21) 10월 21일 좌의정 심기원은 대사헌 홍무적(洪茂績)

---

37 『인조실록』 47권, 인조 24년 2월 7일(갑신).
38 『인조실록』 40권, 인조 18년 윤1월 20일(임인).
39 인조대 후반 정치세력의 동향에 대해서는 오수창, 「인조대 정치세력의 동향」『한국사론』13, 서울대학교 국사학과, 1985, 99-113쪽 참조.
40 『인조실록』 43권, 인조 20년 2월 18일(무오).
41 『인조실록』 43권, 인조 20년 10월 13일(경술).

의 탄핵을 받았다. 즉 인조는 정국의 변동과 함께 민심이 안정되지 않은 민감한 시기에 소현세자와 소현세자빈이 궁 밖으로 나가는 것을 막았던 것으로 해석된다.

불편한 몸으로 궁을 떠난 다음 날인 20일부터 소현세자빈은 아프기 시작하였다. 21일에는 병세가 상당히 악화되었다. 26일까지도 차도가 없었고, 소현세자는 문안하는 신하들에게 참으로 걱정스럽다고 표현할 정도였다. 3월 6일 소현세자빈의 탄일에 신하들이 문안하니 빈궁의 증세가 다소 나아졌다고 하면서 떡과 찬을 하사하였다. 3월 8일 소현세자빈의 병세가 호전되자 소현세자가 감기 기운을 보이다가 3월 11일에 평안하다고 할 정도로 차도를 보였다. 3월 14일 심양 관소에서 봉림대군의 딸이 태어난 지 몇 달 만에 심양에서 오다가 죽었다는 소식과 원손이 감기가 들어 편치 않고, 인평대군도 병환이 있다는 소식이 들려왔다. 그로부터 10일 후인 3월 24일에 소현세자 부부는 심양관소에 도착하였다.[42] 소현세자 부부가 심양에 도착하기 3일 전 조선 땅에서는 3월 21일 인조의 청에 대한 미온적 태도에 불만을 품은 심기원의 역모 사건이 일어났다.[43]

유교적 가족관계에서 가장 중요시했던 부자 사이의 윤리는 부자유친(父子有親)이다. 아버지와 아들 사이 또는 시부모와 며느리 사이의 '친함'의 관계를 유지하기 위한 메커니즘으로 일상적 차원에서 '조석 문안(朝夕問安)'의 실천을 가장 중요시하였다. 병자호란 후 볼모로 청에 붙잡혀 있던 소현세자 부부는 조석 문안이 현실적으로 불가능한 '비정상적 상황'

---

42 김동준·김남기·정길수·박해당·나종면, 『역주 소현심양일기4·소현을유동궁일기』, 민속원, 2008, 48쪽.
43 『인조실록』 45권, 인조 22년 3월 21일(기유).

에서 그 친함을 유지하는 것은 쉽지 않았다. 특히 소현세자에게 있어 친어머니의 죽음은 부자지간의 소원한 관계로 인해 야기된 갈등을 조정할 갈등 조정자의 부재를 의미하였다. 남편 소현세자의 예기치 못했던 죽음 이후 남편의 장지 선택과 차기 왕위계승권자의 교체 과정에서 극도의 갈등 관계에 놓였던 시아버지 인조와 소통해야 했던 며느리 소현세자빈 강씨의 어려움은 더 컸다.

북경에서 영구 귀국한 소현세자의 급서 후 남편의 장지를 선정하는 과정에서도 소현세자빈은 자신의 견해를 주장하면서 시아버지 인조와 충돌하였다. 당시 술관들은 소현세자의 장지로 모두 영릉(英陵)[44] 동쪽 홍제동(弘濟洞)을 제일 좋다고 하였으나, 인조는 길이 멀고 폐가 크다고 하여 효릉(孝陵)[45]의 등성이를 쓰라고 명하였다. 그런데 소현세자빈이 인조의 뜻을 따르지 않고 제일 좋은 장지인 홍제동을 쓰자고 인조에게 다시 청하였다. 그러나 인조는 윤허하지 않았다. 그 와중에 소현세자빈의 오빠 강문명(姜文明)이 "장사지낼 자오(子午)가 대충(對沖)되어 원손에게 불리하다"라고 최남(崔楠)에게 한 말이 화근이 되었다. 최남으로부터 이 말을 들은 김자점 등이 후일 자기에게 죄가 돌아올까 염려하여 곧바로 빈청에 모여 다른 산으로 바꾸어 자리 잡기를 청하였는데, 인조가 노하여 김자점을 책망하기에 이르렀다. 그런데 제조 등이 또 날을 다시 가리자고 청하자 인조가 크게 노하여 그 배후를 심문한 후에 "강문명으로 하여금 날을 가리게 하라"고 하교하였다. 1645년(인조 23) 5월 16일 사관은 소현세자의 장지를 둘러싼 소현세자빈과 인조의 의견 대립으로부터 세

---

[44] 경기도 여주에 조성한 세종대왕과 소헌왕후의 능.
[45] 경기도 고양시 서삼릉에 있는 인종과 인성왕후의 능.

자빈 강씨의 화가 싹텄다고 적고 있다.[46]

남편 소현세자의 무덤으로 영릉 동쪽 홍제동을 쓸 것을 간청한 며느리 소현세자빈의 의견을 시아버지 인조는 또다시 윤허하지 않았다. 소현세자빈은 포기하지 않고, 오빠인 강문명을 통해 대신들을 움직여 자신의 뜻을 관철시키고자 하였다. 그러나 오히려 인조가 크게 화를 내면서, 둘 사이 갈등의 골은 깊어졌다.

소현세자빈과 인조의 갈등은 갑작스런 국본(國本)의 교체 과정에서 최고조에 달하였다. 소현세자가 갑자기 죽은 상황에서 다음 후계자인 국본을 확고히 하는 것은 왕실과 국가의 안정을 위해서 필수적인 과정이었다. 지평 송준길(宋浚吉)이 먼저 나서서 원손의 위호를 정할 것을 상소하였다.[47]

원손으로 국본을 정하자는 상소에 묵묵부답으로 일관하던 인조는 1645년(인조 23) 윤6월 2일 대신 및 정부의 당상과 육경, 판윤, 양사의 장관을 인견한 자리에서 왕가의 종통을 교체할 뜻을 내비치고 이를 논의하도록 하였다.[48] 6월 15일 소현세자의 장례를 마치고,[49] 27일 졸곡제를 지낸 지[50] 4일 만에 벌어진 일이었다. 또한 인조가 소현세자의 상에 조위(弔慰)하기 위해 조선에 온 청의 칙사 일행과 창경궁 양화당에서 접견하

---

46 『인조실록』 46권, 인조 23년 5월 16일(정유).
47 『인조실록』 46권, 인조 23년 5월 20일(신축).
48 『인조실록』 46권, 인조 23년 윤6월 2일(임오).
49 『인조실록』 46권, 인조 23년 6월 15일(병인).
50 『인조실록』 46권, 인조 23년 6월 27일(무인). 동궁일기에는 졸곡제를 지낸 후 시강원의 관원들이 창경궁에 있던 소현세자빈에게 단자로 문안하였는데 그녀는 "오늘은 더욱 망극하다"라고 답하였다고 기록하고 있다. 김동준·김남기·정길수·박해당·나종면 역주, 『역주 소현심양일기 4·소현을유동궁일기』, 민속원, 258쪽 '6월 27일' 동궁일기 참조.

기 이틀 전이었다.[51] 왕가의 갑작스런 종통 교체 논의에는 영의정 김류(金瑬), 좌의정 홍서봉(洪瑞鳳), 영중추부사 심열(沈悅), 낙흥부원군 김자점(金自點), 판중추부사 이경여(李敬輿), 우찬성 이덕형(李德泂), 병조판서 구인후(具仁垕), 판윤 허휘(許徽), 공조판서 이시백(李時白), 이조판서 이경석(李景奭), 예조판서 이식(李植), 좌참찬 김수현(金壽賢), 호조판서 정태화(鄭太和), 우참찬 김육(金堉), 부제학 이목(李楘), 대사간 여이징(呂爾徵) 등 모두 16명의 신하들이 참석하였다.

영중추부사 심열의 말처럼, '종통은 매우 중대한 것이니 가벼이 의논할 수 없었다.'[52] 영의정 김류는 "계해년 반정의 거사와 남한 산성 출성의 일이야말로 어찌 비상한 조처로서 모두가 종사의 대계를 위한 것이 아니겠습니까. 그렇기 때문에 신은 성상을 받들고 의심 없이 그런 일을 했었습니다. 그러나 지금은 신민들의 기대가 모두 원손(元孫)에게 이미 붙여졌는데도 전하의 하교가 이러하시니, 이는 필시 궁중(宮中)의 일로서 바깥 사람이 미처 알 수 없는 것이 있는 듯합니다. 그러니 만일 상의 뜻이 이미 정해졌다면 신이 어찌 감히 그 사이에서 가부를 논할 수 있겠습니까"라고 아뢰었다.

원손의 계승권을 무리하게 박탈하여 바꾸고, '장성한 임금[長君]'의 자격을 갖춘 봉림대군으로 교체하여 대통을 계승케 한 결정이 이 날 군신회의에서 정해졌다. 이는 적적상승(嫡嫡相承), 곧 적자(嫡子)에서 적손(嫡孫)으로 계승하는 종법(宗法)의 순리에 어긋나는 것이었다.[53] 이는 인조의 결단으로 인조-소현세자-원손으로 이어지는 왕위 계승 라인을 인조-효

51　『인조실록』 46권, 인조 23년 윤6월 4일(갑신).
52　『인조실록』 46권, 인조 23년 윤6월 2일(임오). 심열의 의견.
53　이영춘, 『조선후기 왕위계승 연구』, 집문당, 1998, 179쪽 참조.

종(前봉림대군)-현종으로 교체한 '비상조치'였다. 조선 후기 효종-현종-숙종으로 이어지는 삼종혈맥이 탄생하는 순간이었다.

영의정 김류가 언급한 것처럼, 갑작스런 종통교체는 바깥 사람이 미처 알 수 없는 '궁중의 일'과 깊은 연관이 있었다. 그 궁중의 일은 바로 인조와 소현세자빈 사이의 가족 갈등을 의미한다.

그로부터 2개월 후인 8월 20일 봉림대군의 왕세자 책봉 준비를 진행하던 중 궁중에서 저주 사건이 발각되었다. 이때 인조는 소현세자빈 강씨의 궁녀 두 사람을 내옥에 안치하였는데, 모두 고문을 받고 죽는 사건이 발생하였다. 그 가운데 상궁 최씨는 원손의 보모였다. 그리고 나서 원손이라는 칭호를 그대로 쓴 관리들을 치죄하도록 하였다.[54]

인조는 그 당시 소현세자빈 강씨가 했던 행동을 다음과 같이 묘사하고 있다.

> 그가 완전히 돌아온 뒤로는 의기양양하였고, 지난해 가을에 그의 여종 몇 사람이 죄를 지어 축출을 당하자 지극히 가까운 곳에 와서 큰소리로 울부짖으면서 성내고 통곡하기까지 하였다. 그리고 그날 저녁부터 문안을 드리지 않았으니, 며느리가 되어서 어찌 감히 이와 같이 할 수 있겠는가.[55]

인조와 소현세자빈 사이의 갈등이 점점 고조되는 사이 1645년(인조 23) 9월 27일에 봉림대군을 왕세자로, 부인 장씨를 세자빈으로 책봉하는

---

54 『인조실록』 46권, 인조 23년 8월 20일(기해).
55 『인조실록』 47권, 인조 24년 2월 7일(갑신).

의식인 책례가 창경궁 명정전에서 행해졌다.⁵⁶

『인조실록』을 통해서 우리는 권력자 인조의 목소리만 들을 수 있다. 강빈의 목소리는 인조를 통해서나 또는 강빈의 옥사에 연루되어 죄인 심문을 받은 궁인들의 심문 과정에서 겨우 들을 수 있을 뿐이다.

1646년(인조 24) 4월 17일 소현세자빈궁의 궁인 인숙(나이 30세)의 진술 속에서 문안을 거스른 일에 관한 소현세자빈 강씨의 목소리를 들을 수 있어 주목된다.

> 성상께서 문안을 받지 않는다면서 말하기를, '비록 망극한 일 때문에 문안하는 예절을 하루■■(결락됨)했지만, 어찌 이 때문에 끝내 문안하는 예절을 받지 않을 줄 알았겠는가?' 했습니다. 심양에 있을 때나 여기에 있을 때나 번번이 다른 사람에게 모함을 받았다고 말했습니다. 이른바 불순했다고 하는 말은 이것입니다.⁵⁷

인조는 며느리로서 문안을 드리지 않았다고 하였으나 소현세자빈은 자신의 큰아들이 왕위계승에서 제외된 망극한 일로 문안하는 예절을 하루 하지 않았고, 그 뒤로는 인조가 며느리의 문안을 거절한 것이라고 말하였다.

인조 가족 내 시아버지 인조와 며느리 소현세자빈 사이의 갈등을 조정해 줄 조정자인 계비 장렬왕후는 소현세자빈 보다 13살이나 어린 시어머니였다. 새로 들어온 왕비는 내명부의 수장이라는 명목상의 권위만 있을 뿐, 사실 궁궐 내 입지가 며느리 왕세자빈 자신보다 더 열악할 수밖

---

56 『인조실록』46권, 인조 23년 9월 27일(을해).
57 김우철 역주, 『추안급국안:인조 24(1646)』17, 흐름, 2014, 257-261쪽.

에 없었다. 반면 후궁 조씨는 내명부 수장의 부재 가운데 인조의 총애를 배경으로 자신의 궁궐 내 권력을 확보해 나갔다. 그 과정에서 인숙의 진술에 드러나는 바와 같이 인조의 후궁 조씨는 '모함'을 통해 시아버지 인조와 큰며느리 세자빈 강씨 사이의 갈등 조장자의 역할을 수행했다.

소현세자빈 강씨가 시아버지 인조와 불화하며 인조를 향해 울부짖으며 성내고 통곡하며 내뱉었던 말은 구체적으로 알 수 없다. 그러나 소현세자빈은 소현세자가 죽은 이후 차기 왕위계승권자였던 원손을 낳고 기른 맏며느리로서 지위와 권력을 잃지 않기 위해 시아버지 인조와 대립하는 과정에서 했던 강씨의 말과 행동으로 인해 인조가 며느리 강씨를 심하게 미워했던 것은 분명하다. 그 정도가 심하여 인조는 며느리를 나중에는 '개새끼[狗雛]'라 표현했을 정도였다.[58] 시아버지와 며느리 사이의 비틀어진 관계는 회복이 불가능하였던 것이다. 그녀를 동정하는 당시 신하들의 시선에서는 남편을 잃고 아들도 왕위계승자가 되지 못하게 되면서 자신의 지위도 잃은 채 어린 아이들을 데리고 곧 궁궐을 떠나야 할 불쌍한 한 과부에 지나지 않았지만 말이다.[59] 두려움에 찬 인조의 눈에 자신이 죽고 어린 원손이 왕위에 오르면 '불순한' 며느리 강씨는 대비로서 종묘사직을 분명 위기에 빠뜨릴 상당히 '위험한(danger)' 여성이었다.

소현세자빈 강씨는 시아버지와의 갈등 중에도 자신이 '역강(逆姜)'이 되어 사사될 것이라고는 생각지 않았던 것 같다. 그러나 1645년(인조 24) 3월 15일 시아버지 인조를 독살하려 했다는 의심을 받고 소현세자빈 강

---

[58] 김우진, 「숙종의 소현세자빈 강빈 신원과 그 의미」『조선시대사학보』83, 2017, 254쪽 참조.
[59] 『인조실록』47권, 인조 24년 2월 3일(경진); 2월 6일(계미); 2월 7일(갑신); 2월 20일(정유).

씨는 폐출되어 사사되었다. 소현세자빈의 교명과 죽책·인·장복 등을 거두어 불태우던 날 사관은 또한 다음과 같이 기록하고 있다.

강씨는 성격이 거셌는데, 끝내 불순한 행실로 상의 뜻을 거슬려 오다가 드디어 사사되기에 이르렀다. 그러나 그 죄악이 아직 밝게 드러나지 않았는데 단지 추측만을 가지고서 법을 집행하였기 때문에 안팎의 민심이 수긍하지 않고 모두 조숙의에게 죄를 돌렸다.[60]

Ⅲ. 계비 장렬왕후의 '불안한' 지위와 부부 갈등

장렬왕후(1624~1688)는 인조의 계비이다. 1638년(인조 16) 10월 26일 인천 부사 조창원(趙昌遠)의 딸 양주 조씨가 삼간택에서 인조의 계비로 간택되었다. 그녀는 당시 심양에서 볼모살이 중이라 비어있던 어의동 봉림대군의 궁가(宮家)에서 1달 조금 넘게 별궁 생활을 하였다.[61] 1638년(인조 16) 12월 3일 유교식 혼례의 하이라이트인 친영행렬을 따라 입궁하여 유시(오후 5~7시)에 인조와 동뢰연을 치렀다. 장렬왕후는 가례를 마친 다음날 내명부와 외명부의 진하를 받았다.[62] 인조의 첫 부인 인열왕후의 후임자가 된 15세의 어린 계비 장렬왕후가 3년 동안 공석이었던 중궁전의 새로운 주인, 즉 내명부와 외명부의 수장임을 공식적으로 알리는 행사였다. 그러나 당시 계비였던 장렬왕후의 지위는 인조의 태도로 인하

---

60 『인조실록』 47권, 인조 24년 3월 15일(임술).
61 한국학중앙연구원 장서각, 『장렬왕비가례계제사등록』, 2017, 72쪽, 무인년(1638) 10월 26일 기사 참조
62 한국학중앙연구원 장서각, 『장렬왕비가례계제사등록』, 2017, 109쪽, 무인년(1638) 12월 4일 기사 참조. 인조는 권정례로 백관의 진하를 받지 않았다.

여 그 출발부터 불안할 수밖에 없었다.

인열왕후와 부부 관계가 상당히 좋았던[63] 인조는 사실 계비를 새로 들이는 것을 처음엔 거부하였다. 1637년(인조 15) 3월 27일 대신들은 "막중한 종묘에 주부(主婦)가 없어서도 안 되며 수 많은 백성에게 국모(國母)가 없어서도 안 됩니다. 병란으로 인하여 지금까지 실천하지 못하여 곤위를 오래도록 비워두어서 진실로 매우 미안해" 하며 인조에게 재혼을 간청하였다. 그러자 인조는 "국가에 있어서 계비는 예로부터 해독은 있으나 유익함은 없었다. 나는 이러한 해독이 있는 일을 하여 자손과 신민들에게 폐를 끼치고 싶지 않다. 삼년상의 제도도 매우 중대하여 자애하는 아비로서 생각하여야 할 것이기에 나는 이미 재취하지 않겠다고 뜻을 결정하였다"라며 완강하게 거부하였다.[64] 그러나 인조는 그 해 겨울, 12월 22일 '왕후 자리가 오랫동안 비어있어서 신하의 심정이 모두 걱정스럽고 답답하니 비를 책봉하지 않으면 안됩니다'라는 대신의 간청에 마지못해 계비 간택을 승낙한 것이다.[65]

인조는 "중대한 일이므로 단지 용모만 보고 취하는 것은 마땅치 않고, 쉽사리 말하기 곤란하다"고 하며 장차 자신의 부인이 될 계비 간택에도 직접 간여하였다.[66] 영의정 최명길(崔鳴吉)도 심양에서 돌아와 인조를 접견하는 자리에서 인열왕후가 왕비로 있었던 13년 동안 공손하고 검소한 덕이 시종 한결같았다고 하며, 새로 책봉하는 왕비는 나이가 매우 어리

---

63 인조가 조강지처인 인열왕후를 어떻게 생각했는지 국장도감에 하교한 내용을 통해 파악할 수 있다. 『인조실록』 32권, 인조 14년 2월 3일(무인).
64 『인조실록』 34권, 인조 15년 3월 27일(병인).
65 한국학중앙연구원 장서각, 『장렬왕비가례계제사등록』, 2017, 34쪽, 정축년(1637) 12월 22일 기사 참조. 『승정원일기』 62책, 인조 15년 12월 22일.
66 『인조실록』 36권, 인조 16년 1월 10일(갑술).

니 초기에 잘 인도해야 한다고 아뢰었다.[67]

　장렬왕후가 계비로 인조 가족의 새로운 가족 구성원이 되었을 당시 궁 안에 살고 있던 인조 가족은 인조와 후궁 장씨, 후궁 조씨와 그녀가 1637년(인조 15) 겨울에 낳은 인조의 늦둥이 고명 딸 옹주(후일의 효명옹주)뿐이었다. 인조의 정비 인열왕후가 낳은 아들들은 모두 혼인하였으며, 첫째 소현세자 부부는 둘째 봉림대군 부부와 함께 심양에 볼모로 끌려간 상황이었다. 인평대군은 13세인 1634년(인조 12) 11월 27일 혼인 후 부인 동복 오씨와 함께 궁 안에서 인조 가족과 살다 인열왕후가 죽고, 삼년상을 마친 후 장렬왕후가 계비로 입궁하기 전에 궁 밖 궁가로 출합(出閤)한 상태였다. 인평대군 부부는 1638년(인조 16) 8월 이후에 출합한 것으로 보이며, 그 후 궁가에서 살았다. 인평대군과 복천부부인 오씨의 장남 복녕군(福寧君)은 1639년(인조 17) 2월 9일에 태어났으니, 궁궐 밖으로 출합한 다음 해 첫 자녀를 낳았을 것으로 추정된다.[68]

　장렬왕후가 인조의 계비가 되어 내명부의 수장으로 입궁할 당시 인조의 후궁은 2명이었다. 인열왕후의 출산을 앞두고 1635년(인조 13) 8월 16일에 간택 후궁으로 입궁한 지 3년이 조금 넘은 인조의 후궁 장유(張留)의 딸 숙의(종2품) 장씨는 인조와의 사이에서 아이를 낳지는 못하였다.[69] 반면 1630년(인조 8) 즈음 인열왕후 소속 궁인으로 입궁하여 43세인 인조와의 사이에서 딸을 낳고 후궁 반열에 오른 종4품 숙원 조씨가 인조의 총애를 받고 있었다. 숙의 장씨와 숙원 조씨는 인조와 장렬왕후 조씨와

67　『인조실록』 37권, 인조 16년 11월 22일(경진).
68　김지영·김방울·나영훈·임민혁·최연우 역주, 『17세기 조선 왕실 가족의 혼례: 가례등록·명안공주가례등록』, 한국학중앙연구원 출판부, 2022, 45쪽.
69　『인조실록』 31권, 인조 13년 8월 16일(계사).

의 가례를 기념한 은전으로 1638년(인조 16) 12월 21일 각각 정2품 소의와 정4품 소원으로 승품되었다.

소의 장씨와 달리 소원 조씨는 인조의 계비 장렬왕후 조씨가 입궁 한 다음 해인 1639년(인조 17) 10월 17일 왕자(후일의 숭선군)를 낳았다. 소원 조씨는 계비 장렬왕후의 입궁 이후에도 변함없이 인조의 총애를 받았다. 1640년(인조 18) 8월 27일 소의 장씨는 종1품 귀인으로, 소원 조씨는 정3품 소용으로 승품되었고, 1641년(인조 19) 조씨는 왕자(후일의 낙선군)를 낳았다.

자녀를 낳지 못한 나이 어린 계비 장렬왕후의 왕실 가족 내 지위는 상당히 위축될 수밖에 없었다. 특히 인조는 신하들이 계비 간택 논의를 처음 꺼낼 때부터 선조의 계비 인목왕후의 사례를 의식하였고, 계비가 자녀(특히 아들)를 낳는 것을 의식적으로 피할 수 밖에 없었던 것으로 판단된다. 반면 인조의 늦둥이 자녀를 셋이나 낳은 후궁 조씨의 위세는 점점 커질 수밖에 없었다.

사실 어린 나이에 계비로 입궁한 장렬왕후가 겪는 어려움은 유교적 가족제도의 변화와 맞물려 조선 후기 계비들은 예외 없이 경험할 수밖에 없는 구조적 모순이기도 하였다. 유교적 가족제도가 정착되면서 가족 내 처첩의 구분과 차별이 심화되어 갔다. 이에 따라 왕의 정비가 죽으면 새로 왕비를 간택하지 않고 간택 후궁 반열에 있던 여성들 가운데서 왕비를 선발하였던 조선 초기의 왕실 관행이 사라지게 되었다. 중종 때 장경왕후(章敬王后, 1491-1515) 사후 후궁 가운데서 왕비를 선발하지 않고 계비를 들이기 시작하면서 왕의 나이와 상관없이 15~16세 어린 계비가 입궁하게 되었다.[70] 왕실 내명부를 직접 다스려야 하는 어린 계비는 명목상의 위계는 높으나 인생의 연륜과 경험은 적을 수 밖에 없었다. 그녀보다 먼저 입궁하여 내명부의 반열에 오른 나이 많은 후궁들을 다스리는 것이 사실상 쉽지 않은 가족 구조였다.

한편 심양에 볼모살이 하던 소현세자 부부가 함께 조선에 다녀간 후 얼마 지나지 않은 1644년(인조 22) 3월 21일 심기원 역모 사건이 일어났을 때 권억(權澺)의 공초에서 "주상은 미령하고 세자는 심양에 계시는데 혹시 상께서 불행한 일을 당할 경우 우선 중전에게 수렴청정하도록 청하고"라는 내용이 나오기도 하였다.[71] 역모 사건에서 중전이 언급되는 불편한 상황인데, 인조의 전폭적인 지지도 없는 상황에서 내명부를 장악하기에도 역부족이었던 계비 장렬왕후 조씨는 입궁 8년차 23세의 나이로 결국 병을 얻게 되었다.

1645년(인조 23) 2월 심양에서 소현세자 가족이 모두 귀국한 후 2개월 후인 4월에 소현세자가 급서하는 국가적 위기 사건이 발생하였다. 소현세자의 장례를 준비하는 과정에서 인조와 소현세자빈의 갈등 관계가 점점 더 악화되어 갔다. 윤6월 2일 인조가 일방적으로 왕위계승권자를 소현세자빈의 큰아들이 아닌 인조의 둘째 아들 봉림대군으로 교체하며 가족 갈등은 최고조에 달하였다.

장렬왕후는 처음에는 인조와 소현세자빈 사이의 갈등을 조정하고 중재하는 역할을 했던 것으로 보인다. 그러나 궁 안에서 저주 사건이 발생

---

[70] 계비 간택의 계기에 관하여는 이미선, 「중종 후궁 희빈 홍씨의 생애와 행보-기묘사화를 중심으로-」『여성과 역사』26, 한국여성사학회, 2017, 171-197쪽; 이순구, 「조선 초기 후궁에서 왕비되기의 변화과정과 희빈 홍씨」『한국계보연구』11, 한국계보학회, 2022, 287-319쪽 참조.
[71] 『인조실록』45권, 인조 22년 3월 21일(기유).

하고, 소현세자빈이 고립되어 가는 과정에서 장렬왕후는 며느리 소현세자빈 강씨의 편에 섰던 것으로 보인다. 그 과정에서 인조와 장렬왕후 또한 갈등관계로 돌아섰고, 결국 인조는 장렬왕후의 병을 빌미로 별궁에 유폐(幽閉)시켰다.[72]

1645년(인조 23) 10월 9일 인조는 장렬왕후를 다음 달 보름 이후로 경덕궁(후일의 경희궁)으로 옮기도록 명하였다. 그에 앞서 외간에 내전이 본시부터 풍병을 앓아 온데다, 후궁 조씨의 이간질로 인하여 딴 방에 별거하고 있다는 말이 떠돌았으나 궁중의 비밀스런 일이어서 알고 있는 자가 없었는데, 이 해 8월에 인조가 어의 최득룡(崔得龍) 등을 불러다 "내전이 지난해부터 병을 얻어서 오랫동안 낫지 않고 있으니 약 처방을 의논하라" 하였고, 당시 약방 도제조 김류, 제조 김육 등이, 의녀 연생을 들여 보내어 진맥을 한 다음 약 처방을 의논하게 하였던 일이 있었다. 그 뒤로 사사로이 내관을 보내어 경덕궁 단명전을 수리하면서 정원에는 숨겼는데 이때 처음 인조가 장렬왕후와 별거할 뜻을 알았다고 설명하고 있다.[73]

후궁 조씨의 이간질로 별거 중이라는 소문이 돌 정도로 인조와의 부부관계는 악화되었다. 왕위계승권자 교체문제를 둘러싸고 소현세자빈 강씨와 계비 장렬왕후 조씨가 협력 관계인 반면 인조와 후궁 조씨와는 갈등관계를 형성하며 궁 안 인조 가족은 분열되면서 긴장이 고조되었다.

사실 장렬왕후 조씨와 소현세자빈 강씨의 친정 집안은 평산 신씨 신흠(申欽)의 자녀들과 각각 긴밀한 인척 관계를 맺고 있었다. 정묘호란 때

---

[72] 『인조실록』 47권, 인조 23년 11월 2일(경술). 김인숙, 「인조의 계비 장렬왕후 별궁 유폐고」 『한국인물사연구』 5, 2006, 129-158쪽 참조.
[73] 『인조실록』 46권, 인조 23년 10월 9일(정해).

신흠은 당시 좌의정으로서 인조의 뜻을 따라 소현세자를 수행하여 전주까지 함께 피란하였는데, 이 때 어린 소현세자를 가까이에서 보필한 인연도 있었다. 신흠의 둘째 아들 신익전(申翊全)은 장렬왕후의 언니와 혼인하였고, 둘째 딸은 장렬왕후의 작은 아버지 조계원(趙啟遠)과 혼인하였다. 그리고 신흠의 넷째 딸은 소현세자빈 강씨의 오빠인 강문성(姜文星)과 혼인하였다. 즉 장렬왕후의 작은 아버지 조계원과 강문성은 동서지간이었고, 장렬왕후의 언니는 강문성에게 처남인 신익전의 부인이 된다.[74]

장렬왕후의 작은 아버지 조계원은 인조의 특명으로 1641년(인조 19) 3월에 심양에 있던 소현세자의 세자시강원 보덕에 제수되기도 하였다.[75] 그 해 9월에 청의 요구로 명나라 금주(錦洲) 전투에 소현세자를 시종하면서 생사고락을 같이 하였다.[76] 그는 소현세자 급서 후 봉림대군으로 세자가 교체되고 나서 1645년(인조 23) 10월 16일에 무인 남승원(南承元)이 무고한 역모 사건에 수원 부사로서 이름이 오르기도 하였다.[77] 즉 장렬왕후와 소현세자빈 두 집안 사이에 평산 신씨 집안을 매개로 인척 관계가 형성되었고, 인조와의 갈등 속에서 장렬왕후와 소현세자빈 강씨가 정치적 입장을 같이하며 협력하고 연대할 수 있었던 것이다.

결국 인조는 병을 핑계로 장렬왕후를 별궁에 유폐하기에 이르고, 자신의 유고시 대비로서 권력을 행사할 수 있는 계비 장렬왕후와 왕세자빈 강씨를 각각 고립시키는데 성공하게 된다. 장렬왕후는 인조의 총애

---

74 김인숙, 「7장 두 번째 왕비 장렬왕후」, 272-274쪽 참조.
75 『인조실록』 42권, 인조 19년 3월 21일(병신).
76 『인조실록』 42권, 인조 19년 9월 7일(경진).
77 『인조실록』 42권, 인조 23년 10월 16일(경진).

를 한 몸에 받고 있던 후궁 조씨와의 주도권 싸움에서 패배하고 23세에 남편에게 버림받아 별궁에 유폐되었다.

Ⅳ. 후궁 귀인 조씨의 생존 전략과 권력욕

인조의 후궁 귀인 조씨(?~1651)는 경상우도 병마절도사 조기(趙琦)의 서녀이다. 조씨는 1630년(인조 8) 7월 2일 행 부호군(行副護軍) 이명준(李命俊)이 올린 소장 중 궁 안을 다스리는 것[內修]에 대한 다섯 가지 조목 가운데 첫 번째 조목인 궁금(宮禁)을 엄히 할 것에 관한 내용에 그 이름이 처음으로 등장한다.[78] 이명준의 소장에는 궁중에 새로 들어온 여시(女侍)가 있는데 조기와 김두남(金斗南)의 첩의 딸이고, 예선한 것이 아닌 이상, 반드시 부정한 길을 인연하여 나왔을 것이니 궁 밖으로 내 치라는 내용이 적혀 있었다.

조씨는 김두남의 서녀와 같이 인조의 시녀로 입궁하였으나 조씨가 특히 인조의 총애를 받고 있었던 것으로 외간에 소문이 난 상태였다. 그리고 조씨는 인열왕후의 형부인 정백창(鄭百昌)이 진납(進納)한 것으로 알려져 있었다. 당시 인조는 얼자(孽子)와 천인(賤人)이 복역하는 하찮은 일에 신하들이 간여하는 것에 대하여 괴이한 일이라고 하였고, 궁중에서는 본디 빈첩(嬪妾)으로 대한 적이 없다고 하면서 언근(言根)을 조사해 엄히 다스리도록 하였다.

조씨를 인조에게 헌납한 것으로 알려진 정백창은 인조의 첫 번째 부인인 인열왕후의 언니의 남편이다. 입궁 당시 조씨가 인조의 호감과 총

---

[78] 『인조실록』 23권, 인조 8년 7월 2일(기묘).

애를 받을 수 있었던 것은 사실상 그의 입궁을 허락하고, 인조의 총애를 허용한 인열왕후의 묵인 하에 가능하였다.

　인열왕후는 1627년(인조 5) 정묘호란 때 강화도에서 피난하고 환궁 한 후 병세가 날로 심각해졌다. 1628년(인조 6) 인열왕후는 여섯 번째 출산을 하여 아들을 낳았으나 그 아들은 1629년(인조 7) 8월 28일에 9개월 만에 사망하였다. 당시 6살이었던 어린 용성대군도 같은 해 11월 8일 천연두를 앓다가 죽었다.[79] 조기의 서녀 조씨는 인열왕후의 거듭되는 임신과 출산, 어린 아들들의 죽음으로 심신이 병약해진 사이인 1630년(인조 8)에 인열왕후의 궁인으로 입궁하여 인조의 총애를 받기 시작하였다.

　또한 병약한 인열왕후의 출산을 앞두고 1635년(인조 13) 3월 11일 예조에게 숙의 간택을 명하였고,[80] 8월 16일 장유(張留)의 딸을 숙의(淑儀)로 삼았다.[81] 숙의 장씨는 양반가 출신의 간택 후궁으로 입궁하였다. 장씨는 숙의를 시작으로 소의(인조 16.12.21), 귀인(인조 18.8.27)으로 승품되었다.

　반면 궁인 출신으로 후궁의 반열에 오른 조기의 딸 조씨는 계비 간택을 위한 금혼령을 내리고 5일 후인 1637년(인조 15) 12월 27일 숙원으로 봉작하였다.[82] 간택 후궁인 장씨와 신분이 다른 조씨는 그 보다 낮은 품계를 밟으며 승품되었다. 인열왕후 처소의 궁인으로 입궁한 조씨가 효명옹주 출산 후 공식적인 후궁의 반열에 올랐다는 사실은 중요하다. 그리고 인조의 계비를 들인 경사를 축하하며 간택 후궁인 장씨와 같은 날

79　김인숙, 「인조비 인열왕후의 내조와 실패한 육아」 『한국인물사연구』 18, 2012, 225-227쪽.
80　『인조실록』 31권, 인조 13년 3월 11일(신유).
81　『인조실록』 31권, 인조 13년 8월 16일(계사).
82　신명호, 『조선공주실록』, 역사의 아침, 2009, 156쪽.

숙원 조씨 또한 소원으로 승품되었다.[83] 그녀는 또한 아들 둘을 더 낳으며 왕실 가족 내에서 지위를 지속적으로 높여 나갔다.[84]

봉림대군을 새로운 왕세자로 책봉한 후에 조씨는 소의로 승품되었다. 이 사실을 기록한 날 사관은 다음과 같이 인조 가족 간 가족 관계와 불화, 그리고 조씨의 성품에 대하여 상세히 기록하고 있다.

> 숙원 조씨를 소의로 삼았다. 세자 책봉 후에 으레 있는 은전이다. 이때 중전 및 장숙의가 모두 사랑을 받지 못하고 소의만이 더더욱 총애를 받았으며, 또 성품이 엉큼하고 교사스러워서 뜻을 거슬리는 자를 모함하기가 일쑤이므로 궁중에서 두려워하지 않는 사람이 없었다. 그 중에서도 소현세자빈 강씨가 가장 미움을 받아 참소와 이간질이 날이 갈수록 더 심하였는데 강문성이 귀양가게 되자 사람들이 모두 강씨에게 화가 미칠 날이 멀지 않았음을 알았다.[85]

이 기록을 통해 알 수 있는 것은 인조의 총애를 한 몸에 받는 후궁 조씨는 왕실 여성들에게 두려움의 대상이었다는 점이다. 당시 내명부의 수장이었던 계비 장렬왕후 조씨와 후궁 조씨보다 품계가 더 높은 숙의 장씨는 인조의 총애에 기댄 그녀의 권력을 통제할 수 없었던 상황이었다. 특히 왕실 여성 가운데 인조의 후궁 조씨와 소현세자빈 강씨와 갈등이 극심하였고, 후궁 조씨의 참소와 이간질이 시아버지 인조와의 관계를 더욱 악화시켰다. 권력욕이 강한 후궁 조씨는 궁 안에서 자신의 권력

---

83 『인조실록』 37권, 인조16년 12월 21일(기유).
84 이미선, 『조선왕실의 후궁』, 지식산업사, 2021, 294-297쪽 참조.
85 『인조실록』 46권, 인조 23년 10월 2일(경진).

을 확보하기 위해 '참소와 이간질, 그리고 모함'으로 갈등 조장자로서의 역할에 충실했던 것으로 보인다. 이는 또한 인조의 뜻을 받드는 내조자로서 후궁 조씨가 자신의 권력을 강화하고 유지하는 생존 전략이기도 하였다.

궁중의 고사에 밝고 익숙했던 궁인 애란(愛蘭)을 절도(絶島)에 유배한 사건을 통해 왕실의 두 여성이 애란을 사이에 두고 초기 반목하는 모습 또한 포착된다.[86]

> 궁인 애란은 궁중의 고사에 밝고 익숙했으므로 상 및 중전과 세자궁이 모두 그를 신임하였다. 그 후 조숙원이 처음 궁중에 들어왔을 적에 애란이 또한 궁중의 일을 주관하였으므로, 그와 모자 사이 같이 친하였다. 그런데 조씨가 상의 총애를 받음에 미쳐서는 강빈과 서로 불화하게 되자, 상이 애란에게 명하여 세자궁을 감시하게 하였다. 그러나 애란이 가장 강빈의 신임을 받으므로, 이 때문에 조씨가 강빈을 매우 미워하여 항상 그를 중상모략하려 하였으나 적절한 기회를 얻지 못했다.

궁 안에서 후궁 조씨의 행보가 가시화되면서 인조의 가족 관계에 변화를 가져왔다. 인조 가족의 가족간 갈등은 후궁 조씨에 대한 인조의 지나친 총애로부터 시작되었다. 앞선 실록의 기사는 후궁 조씨의 등장으로 인한 가족관계의 균열과 권력관계의 변화 양상을 포착할 수 있는 중요한 실마리가 된다. 인열왕후의 죽음 이후부터 계비 장렬왕후가 입궁

---

[86] 『인조실록』 46권, 인조 23년 7월 22일(신미).

하기 전까지 내명부의 수장이었던 왕세자빈 강씨와 시아버지의 후궁 조씨 사이의 갈등이 먼저 시작된 상황이었다.

한편 심양에 있던 왕세자 부부가 부재한 궁궐 안에는 인열왕후의 빈 자리를 놓고 신분과 지위가 다른 두 명의 왕실 여성이 내명부의 주도권을 놓고 경쟁을 벌이고 있었다. 새로 입궁한 계비 장렬왕후와 인조의 총애를 받던 조씨간의 갈등이 시작된 것이다.

왕실 내명부의 수장인 왕비와 차기 계승권자인 왕세자빈의 부재로 공백 상태나 다름없는 궁 안에서 조강지처를 갑자기 잃고, 전쟁에 속수무책으로 패하여 권위가 실추되어 한껏 위축되고 병약한 인조의 곁을 지키며 왕의 총애를 한 몸에 받으며 권력을 쥘 기회를 포착한 여성이 바로 조씨였다. 남한산성에서 궁으로 돌아오던 1637년(인조 15) 겨울 조씨는 효명옹주를 낳아 인조에게 큰 기쁨을 안겨주었다. 그리고 1639년(인조 17) 숭선군, 1641년(인조 19) 낙선군을 출산하였다. 인열왕후 사후 인조는 후궁 조씨로부터 2남 1녀의 자녀를 얻었다. 인조의 총애에 힘입어 후궁 조씨가 초기에 권력 기반을 안정적으로 확보할 수 있었던 것은 그녀의 자궁가족[87]이 있었기 때문이다. 조씨는 인조의 늦둥이 자녀들을 연이어 출산함으로써 후궁으로서의 지위를 지속적으로 높일 수 있었다.

인조의 후궁은 모두 4명이었다.[88] 앞에서 언급한 장씨와 조씨 외에도

---

[87] 자궁가족(uterine family)은 시집온 젊은 여성이 자녀를 낳아 남편의 집안에 자신의 핏줄을 더하고 자식들과의 친밀한 관계를 통해 가족 내 세력을 형성하는 것을 의미한다. 따라서 후궁 조씨가 왕실 가족 내 가장 낮은 지위에서 자녀를 낳으며 지속적으로 자신의 지위를 높이고 세력을 형성하는 과정을 표현하기 위해 사용하였다. 이 용어는 미국의 인류학자 마저리 울프(Margery Wolf)가 1972년에 대만 가족을 연구하며 처음 사용하였다.

[88] 이미선, 『조선왕실의 후궁』, 지식산업사, 2021, 493-494쪽 참조.

숙의 나씨, 후궁 이씨가 더 있었다. 실록에 따르면, 후궁 이씨는 상궁 이씨로 공식적인 후궁의 반열에 오르지는 못한 승은을 입은 상궁으로 추정된다. 그녀의 여종인 애향이 총애를 독차지하고 있던 조씨를 저주한 사건이 벌어졌으나, 사관은 조씨가 스스로 저주하여 이씨를 모해한 것이었다고 기록하고 있다.[89]

인조의 총애를 받던 후궁 조씨는 계비 장렬왕후를 별궁에 유폐시키는 데 성공하고, 소현세자빈 조씨가 사사됨으로써 일정 기간 동안 내명부를 장악할 수 있었던 것으로 보인다. 그러나 『대명률직해』에는 처와 첩은 귀천의 정해진 명분이 있어서 바꿀 수 없으므로 처를 첩으로 삼고 첩을 처로 삼으면 예의 상법(常法)을 어지럽힌 것이 된다고 하였다. 인조는 숙종과 같이 인현왕후를 내쫓고 희빈 장씨를 왕비로 삼지는 않았지만, 인조 가족 내 처첩의 질서라고 하는 유교적 상법은 이미 어지럽혀진 상황이었다. 그렇지만 그녀의 권력을 제어할 수 있는 왕실 여성이 존재하지 않았다. 새로 책봉된 왕세자와 왕세자빈 장씨 또한 인조가 승하하여 효종이 왕위에 오르기 전까지 그녀의 위세에 눌려 지낼 수밖에 없는 처지였다.[90]

장렬왕후는 자신을 별궁으로 내쳤던 남편 인조가 승하한 후에야 종법상의 아들인 효종의 호명과 함께 대비의 자격으로 환궁할 수 있었다. 왕실의 최고 어른이 되었지만, 이미 손상된 지위를 온전히 회복하는 과정은 쉽지 않았던 것으로 보인다.[91]

---

89 『인조실록』 44권, 인조 21년 4월 17일(경진).
90 한상권 외 옮김, 『대명률직해』2, 한국고전번역원, 2018. 제6권 호율(戶律) '혼인' 109조. 처와 첩의 차례를 잃음(妻妾失序), 116-118쪽 참조.
91 하여주, 「인조~현종 대 장렬왕후의 생애와 지위 변화」, 『여성과 역사』 28, 한국여성사학회, 2018, 153-174쪽 참조.

1651년(효종 2) 11월 23일 인조의 후궁 귀인 조씨가 장렬왕후와 효종을 비롯하여 인평대군까지 저주한 사건이 벌어졌다.[92] 장렬왕후가 효명옹주의 여종으로 귀인 조씨의 총애를 받아 숭선군의 첩이 되었던 영이(英伊)를 불러서 꾸짖던 중에 조씨의 저주 사실이 발각되었다. 영이의 공초에 의하면 "조씨가 매번 '자전이 나를 구박하기를 어찌 이리도 심하게 하는가'"라고 말하였다고 한다.[93] 조귀인 저주사건이 발생한 지 20여 일 만에 귀인 조씨는 '역적'이 되어 자진하였다.[94] 인조의 총애와 지지에 기대어 발현되었던 후궁 조씨의 권력은 그 권력자의 죽음과 함께 흔들릴 수밖에 없었다. 17세기 조선 사회에서 신분에 맞지 않게 권력을 탐했던 후궁 조씨의 추락은 어쩌면 예견된 것이었는지도 모른다.

인조 승하 후 2년째 되던 해 효종을 내세워 인조의 총희였던 후궁 조씨를 사사하고, 희대의 악녀로 각인시키는데 자신의 권력을 주도적으로 행사한 사람은 왕대비 장렬왕후 조씨였다.[95] 그녀의 나이 비록 28세였지만, 그 사이 극심한 가족 갈등 속에 별궁 유폐(幽閉)라는 치욕적인 경험을 통해 성숙해지고 노련해진 여성 정치가로 변신한 왕실의 최고 어른인 왕대비가 되어 있었다. 자신을 내쳤던 남편 인조와 달리 효성 지극한 종통상의 아들 효종이 그녀를 전폭적으로 지지해 주고 있었다. 그녀 또한 대비로서 효종의 곁에서 종통상의 약점을 가지고 왕위에 오른 효종의 든든한 권력 기반이 되어 주었다.

---

92 김세봉, 「효종초 김자점 옥사에 대한 일연구」『사학지』34, 2001, 126~133쪽 참조.
93 『효종실록』 7권, 효종 2년 11월 23일(정유).
94 『효종실록』 7권, 효종 2년 12월 14일(정사).
95 『효종실록』 7권, 효종 2년 11월 23일(정유); 12월 14일(정사).

V. 결론

　인조 가족의 사례는 17세기 조선 사회에 살았던 세 명의 왕실 여성이 직면했던 가족간 갈등 관계 속에서 여성 스스로 주체가 되기 위해 선택했던 내치와 내조의 구체적 실천 양상은 여성의 신분과 처지에 따라 달라질 수 있음을 보여준다. 세 왕실 여성이 각각 주체가 되려는 '몸부림' 속에서 가족간 갈등을 피할 수 없었다. 왕실 가족 내 신분과 지위가 달랐던 세 여성의 주체 되기 과정은 '안'을 차지하기 위해 목숨을 건 권력 투쟁이었다.

　본 연구는 전쟁과 반정의 혼란한 시대로 일컬어지는 17세기 조선 사회에서 왕실 가족인 국왕 인조 가족의 가족 갈등 사례를 통해 왕실 여성의 주체성 문제를 논하고자 하였다. 왕실 가족 구조 내 지위와 역할이 서로 달랐던 세 왕실 여성이 가족 갈등 속에서 권력을 매개로 각각 주체적으로 대응하는 과정을 중심으로 인조 가족의 역사를 재구성하였다. 전쟁의 패배로 인한 인조 가족의 이산(離散), 왕위계승권자인 소현세자의 갑작스런 죽음, 종통(宗統) 교체와 같은 중요한 정치적, 사회적 변화의 국면마다 인조의 가족 구성원들이 각자 권력을 유지하고, 획득하고, 강화하는 과정에서 가족 갈등은 점점 고조되었다. 이와 같은 '비일상적 상황' 속에서 시아버지 인조와 대립하며 주체적으로 자신의 목소리를 낸 소현세자빈 강씨는 '불순한 며느리'로 낙인찍혔다. 그리고 그녀는 자신의 지위를 잃고 궁에서 쫓겨나 사사(賜死) 되었다. 계비 장렬왕후 조씨는 어리고 자녀가 없는 계비라는 불안한 지위로 인하여 가족 간 갈등을 조정하고 중재하는 역할을 수행하는데 어려움이 있었다. 또한 부부 갈등 중에 남편의 뜻을 따르는 대신 며느리 소현세자빈과 연대함으로써 그 갈등은 깊어졌다. 이에 인조는 자신을 내조하지 않는 부인 장렬왕후를 병을 핑계로 별궁에 유폐(幽閉)하였다. 그녀는 4년 동안 사회적 죽음을 경험해야 했다. 반면 인조의 후궁 귀인 조씨는 궁 안을 다스리는 여성 권력자의 부재 속에서 인조의 총애를 얻어 효명옹주를 낳았다. 계비의 입궁 이후에도 인조의 지속적인 총애로 숭선군과 낙선군을 낳고 왕실 가족 내 지위를 높이고, 권력 기반을 확보할 수 있었다. 그녀는 자신의 능력으로 획득한 권력을 유지하기 위해 계비 장렬왕후와 소현세자빈 강씨와 지속적으로 갈등하며 인조의 내조자로서 입지를 강화하였다. 그러나 인조가 죽자 일시적으로 주어진 권력과 지위는 유지되지 못하고, 왕대비가 되어 돌아온 장렬왕후에 의해 결국 사사되었다.

인조는 자신을 활에 상처를 입은 새에 비유했다. 한번 화살을 맞고 다친 새는 활만 보아도 놀라고 두려워 한다는 의미이다.[96] 순종적인 내조자로서의 역할을 거부하고 가부장 인조에게 자신의 목소리를 낸 며느리 세자빈 강씨와 아내 왕비 조씨는 결국 죽음과 내쫓김이라는 파국을 맞이해야 했다. 반면 상처 입은 새 같이 두려움에 휩싸인 인조의 충실한 내조자였던 후궁 조씨는 인조가 살아있는 동안 일시적이지만 내치의 중심이 되어 권력을 행사할 수 있었다. 그러나 후궁 조씨의 권력은 처첩간 지위의 분별을 중요시하는 유교적 질서를 거스르며 성취한 불완전한 것이었다. 결국 여성 최고 권력자인 왕대비 조씨의 재등장으로 그녀 또한 죽음을 맞이함으로써 인조 가족의 갈등은 비극으로 끝이 났다.

결론적으로 왕실 가족 내 갈등 조정자인 왕비와 왕세자빈의 부재, 어린 계비의 갈등 조정자로서의 구조적 한계, 남성 권력자의 총애를 배경

---

[96] 김인숙, 『화살 맞은 새 인조대왕』, 서경문화사, 2018, 5쪽 참조.

으로 한 갈등 조장자인 후궁의 선을 넘은 권력욕이 복합적으로 작용하여 왕실 여성 가족 구성원 내 권력 구조에 혼란이 야기되고, 이로 인해 가족 간 화목이라는 균형 관계가 깨어지는 결과를 가져 왔다.

참고문헌

『인조실록』, 『효종실록』
김동준 · 김남기 · 정길수 · 박해당 · 나종면, 『역주 소현심양일기4 · 소현을유동궁일기』, 민속원, 2008.
김우철 역주, 『추안급국안:인조 24(1646)』17, 흐름, 2014.
김인숙, 『화살 맞은 새 인조대왕』, 서경문화사, 2018,
김종수 · 김남윤 · 신하령, 『역주 소현동궁일기 2』, 민속원, 2008.
김지영 · 김방울 · 나영훈 · 임민혁 · 최연우 역주, 『17세기 조선 왕실 가족의 혼례: 가례등록 · 명안공주가례등록』, 한국학중앙연구원 출판부, 2022.
변원림, 『순원왕후의 독재와 19세기 조선사회의 동요』, 일지사, 2012.
변원림, 『조선의 왕후』, 일지사, 2006.
신명호, 『조선공주실록』, 역사의 아침, 2009.
심양관 저, 김남윤 역해, 『심양장계: 1637~1643년 심양에서의 긴급 보고』, 아카넷, 2014.
원창애, 『조선왕실의 계보와 구성원』, 세창문화사, 2018.
이건창 저, 이근호 역, 『당의통략(黨議通略)』, 지만지, 2008.
이미선, 『조선왕실의 후궁』, 지식산업사, 2021.
이영춘, 『조선후기 왕위계승 연구』, 집문당, 1998.
한국학중앙연구원 장서각, 『장렬왕비가례계제사등록』, 2017.
한상권 외 옮김, 『대명률직해』2, 한국고전번역원, 2018.
김남윤, 「소현세자빈 강씨의 심양관 생활」, 『역사연구』24, 2013.

김남윤, 「조선여인이 겪은 호란, 이역살이, 환향의 현실과 기억-소현세자빈 강씨를 중심으로-」 『역사연구』17, 2007.
김선곤, 「이조 초기 비빈고」 『역사학보』21, 역사학회, 1963.
김세봉, 「효종초 김자점 옥사에 대한 일연구」 『사학지』34, 2001.
김세서리아, 「조선 왕실 여성의 가족 감정과 젠더 권력-소혜왕후와 영빈이씨의 경우를 중심으로-」 『동양철학』54, 2020.
김세은, 「1627년(인조 5) 소현세자의 가례와 《[소현세자]가례도감의궤》」 『소현세자가례도감의궤』, 서울대학교 규장각한국학연구원, 2006.
김우진, 「숙종의 소현세자빈 강빈 신원과 그 의미」 『조선시대사학보』83, 2017.
김인숙, 「인조비 인열왕후의 내조와 실패한 육아」 『한국인물사연구』18, 2012.
김인숙, 「인조의 계비 장렬왕후 별궁 유폐고」 『한국인물사연구』5, 2006.
김한신, 「인조 즉위 이후 권력 장악과 인목대비의 위상」 『동양학』86, 2022.
박주, 「조선후기 소현세자빈 강씨의 리더십에 대한 재조명」 『한국사상과 문화』62, 2012.
이명제, 「소현세자 서사의 탄생과 역사 속의 소현세자」 『역사와 현실』125, 한국역사연구회, 2022.
이미선, 「중종 후궁 희빈 홍씨의 생애와 행보-기묘사화를 중심으로-」 『여성과 역사』26, 한국여성사학회, 2017.
이순구, 「조선 초기 후궁에서 왕비되기의 변화과정과 희빈 홍씨」 『한국계보연구』11, 한국계보학회, 2022.
이왕무, 「소현세자빈 강빈의 옥사와 신원」 『역사와 담론』69, 2014.
이정선, 「가족사, 가장 오래된 새로운 역사-한국 근현대 가족사 연구의 현황과 과제-」, 『역사비평』104, 역사비평사, 2013.
임혜련, 「19세기 수렴청정의 공과 사」 『역사와 현실』93, 한국역사연구회, 2014.
정용숙, 「'서유럽 특수성'에서 비교문화연구로-서구의 가족사 연구」 『역사비평』104, 역사비평사, 2013.
정해은, 「조선시대 여성사 연구 동향과 전망, 2007~2013」 『여성과 역사』19, 한국여성사학회, 2013.

하여주, 「인조~현종 대 장렬왕후의 생애와 지위 변화」 『여성과 역사』 28, 한국여성사학회, 2018.

한국전쟁기 어머니의 사망과 기억의 젠더정치
- 민간인 학살 노근리사건을 중심으로 -[*]

김미선[**]

Ⅰ. 들어가며

1. 문제제기

노근리사건은 한국전쟁 초기인 1950년 7월 26일부터 29일까지 5일 동안 충청북도 영동군 황간면 노근리 경부선 철로 일대(영동읍 하가리와 황간면 노근리)에서 미군의 공중폭격과 지상총살에 의해 피난민이었던 민

---

[*] 이 논문은 2022년 6월 17일 한국여성사학회와 전남대학교 인문학연구원 HK+가족커뮤니티연구단이 공동으로 개최한 학술대회 〈여성주체의 재발견〉과 2023년 1월 26일 이화여자대학교 한국여성연구원이 개최한 여성과 평화 학술대회 〈'증언' 이후 군'위안부'연구가 제기하는 여성학적 질문들〉에서 각각 발표되었다. 학술대회에서 유익한 토론을 해주신 소현숙 동아대 젠더·어펙트연구소 교수님, 김현경 서울여대 교양대학 교수님, 그리고 김은실 이화여대 명예교수님께 감사드린다. 본 글은 "어머니의 사망에 의한 가족 위기와 기억의 젠더정치: 한국전쟁기 민간인 학살 노근리사건을 중심으로", 『한국여성학』, 제39권 제3호, 2023년도에 실린 글을 수정, 보완한 글임.

[**] 이화여자대학교 한국여성연구원 학술연구교수.

간인이 희생된 사건이다. 이 민간인 학살 사건은 1990년대에 한미 양국 정부의 진상조사가 이루어지면서 상당한 관심을 받았다. 한미관계가 중요한 한국현대사에서 미군에 의한 민간인 학살이 문제화되는 것은 오랜 세월 동안 쉽지 않았다. 하지만 피해생존자와 유족의 지난한 진상규명 활동과 1999년 AP통신의 보도 등에 힘입어 2004년에 희생자 심사 및 명예회복을 위한 '노근리사건특별법'이 제정되는 성과를 거두었다. 이어서 2010년에는 노근리국제평화재단이 설립되고, 2014년에는 노근리 평화공원이 조성되었다. 이러한 과정에서 여성 피해생존자들 역시 진상규명과 피해사실을 알리기 위해 증언하거나 위령제 등 기억화 과정에 참여해왔다. 이처럼 한국전쟁의 경험은 전쟁기 경험만을 의미하지 않으며 재난과 참화로 경험되었던 전쟁이 구체적인 의미를 갖게 되는 것은 국가와 사회 차원의 애도 작업 속에서 가능하다(소영현, 2022: 13).

하지만 노근리사건의 기억을 통한 역사적 의미화가 남성 피해생존자와 유족 및 관계자들에 의해 주도되면서 젠더 차원의 피해는 드러나지 않았다.[1] 남성 주체에 의한 기록은 남성중심적이거나 가부장적 시선을 내포한다. 이로 인해 노근리사건에서 발생한 여성의 피해와 희생은 기억화 과정에서 제대로 논의되지 않았다. 지금까지 노근리사건을 다룬 연구들(방선주, 2000; 박선원, 2001; 정진성, 2001)은 노근리사건의 실체적 진실을 규명하고 사건에 의한 인명피해, 상처와 후유증 그리고 트라우마 등을 밝히는 데 집중했다. 노근리사건을 비롯해 전쟁 및 학살 피해는

---

[1] 노근리사건에 대한 기록은 피해생존자인 정은용과 그의 아들인 정구도(현재 노근리국제평화재단 이사장) 등 남성들에 의해 주로 이루어졌다. 정은용은 장편실화소설 『그대, 우리의 아픔을 아는가』(1994, 다리미디어)를, 정구도는 『노근리시간의 진상과 교훈』(2002, 두남)과 『노근리는 살아있다: 한국과 미국, 70년 역사전쟁의 생생한 기록』(2020, (사)노근리국제평화재단)을 발간했다.

주로 남성의 사망에 집중하면서 여성의 사망은 가시화되지 않았다.

한국전쟁기 여성의 사망과 관련한 논의가 이루어지지 않은 것은 전쟁에 의한 피해를 아버지, 남편, 아들 등 남성의 사망과 이로 인한 부재로만 이해했기 때문이다. 여성은 살아남은 존재로 여겨지면서 전쟁의 고통을 극복해온 전쟁미망인이 많은 관심을 받았다(이임하, 2010). 이로써 한국전쟁과 여성에 관한 연구들은 전쟁으로 인한 남성의 부재가 가족 내 여성, 특히 어머니의 역할에 어떤 영향을 미쳤는지에 초점을 두었다. 그 결과 여성은 가부장적인 권력에 도전하는 주체로 형성되기도 하지만 역설적으로 가부장적 가족 관계를 유지하는 역할을 했음이 드러났다(소현숙, 2021a: 362-363). 이러한 연구 경향으로 한국전쟁 동안 여성, 특히 어머니의 사망은 논의되지 못했다.

이러한 가운데 한국전쟁을 전후(前後)로 발생한 민간인 학살에서 여성의 피해를 처음으로 주목한 김상숙(2021)은 "학살된 대다수의 여성이 젠더사이드나 페미사이드에 의해 희생된 것은 아니"지만, "남성이 전쟁의 의사결정권이자 전투원의 다수를 차지하는 상태에서 대다수 비전투원인 여성 피살자는 얼마나 되는지, 그들은 왜 학살됐으며, 여성의 피해는 남성의 피해와 어떻게 다른지, 그 효과는 무엇인지 밝히는 것은 한국전쟁 연구라는 측면뿐 아니라 젠더폭력 관련 과거사 연구라는 측면에서도 필요하다(김상숙, 2021: 63-64)"고 강조한다. 특히 소현숙(2021b)은 노근리사건에서 여성과 아이 그리고 노인이 피해자의 70% 정도를 차지한다고 밝힌 바 있다. 하지만 한국전쟁기 민간인 학살인 노근리사건에서 어머니의 사망이 발생한 사실과 그 맥락이 논의되지 않음으로써 제대로 애도될 수 없는 여성의 전쟁 경험이 되었다. 다시 말해 전시 어머니의 죽음은 "애도될 수 없는 '삶/죽음', 발화할 수 없는 '과거/기억', 언어화되지 못한 '고통/목소리'"(소영현, 2022: 11)라고 할 수 있다.

이러한 점에서 본 연구는 노근리사건에서 어머니의 사망이 발생한 맥락을 드러내고 어머니의 사망으로 인한 가족의 위기 속에서 성 역할에 어떤 변화가 나타났는지를 다룬다. 이어서 피해생존자들의 성별에 따라 어머니의 부재를 생애사적으로 어떻게 의미화했는지를 살펴보고자 한다.[2] 민간인 학살에 의한 어머니 사망의 맥락과 그것이 초래한 가족의 변화와 이를 둘러싼 기억의 정치를 살펴보는 것은 민간인 학살을 포함한 한국전쟁에 대한 젠더연구로서 중요한 의미를 갖는다.

2. 연구과정과 연구방법 : 생애구술사

이 연구는 2020년에 노근리국제평화재단에서 구술채록 사업을 통해 노근리사건의 피해생존자와 유족의 삶과 생애를 처음으로 수집한 구술자료를 중심으로 분석한다.[3] 구술참여자의 선정과 면담 진행은 노근리국제평화재단이 담당했으며, (사)노근리사건희생자유족회의 의견을 수렴했다. 섭외 과정에서 건강이 안좋거나 구술채록을 거절한 사례는 제외되었다. 6명으로 구성된 공동 연구진[4]은 구술자료 수집을 위해 준비

---

[2] 정진성(2001)은 노근리사건과 관련해 미군에 의한 강간과 같은 여성 대상의 젠더폭력이 발생했다는 기록이 있으며, "2000년경 피해자-진상조사단-자문위원단 면담자리에서는 대량학살 자체가 부인되고 있는 시점에서 피해자 대책위원회에서는 여성 피해문제까지 거론하여 문제의 중심이 분산되는 것을 우려하고 있는 것으로 보인다(446)"고 언급했다. 그러나 노근리사건에서 젠더폭력 발생과 관련한 자료나 증언이 확인되지 않은 관계로, 이에 관한 논의는 추후 과제로 남긴다.

[3] 구술채록사업의 결과물은 『노근리사건 생존피해자와 유족들의 구술기록(1-3)』(노근리국제평화재단, 2020)으로 발간되었다.

[4] 구술채록사업에는 충청북도 영동군 지역의 역사교사 2명도 함께 했다.

모임을 갖고 노근리사건에 대한 이해를 높혔으며 공통 질문지를 마련했다. 질문지의 내용은 한국전쟁 이전 상황과 노근리사건에 의한 피해 상황, 사건 이후의 삶과 생애, 현재 생활 및 건강 등을 중심으로 구조화되었다. 그러나 구술 면담의 질문은 구술참여자의 기억과 반응에 따라 유동적으로 조정되었다. 구술채록에 참여한 구술참여자는 총 30명(남성 16명, 여성 14명)으로, 피해생존자는 17명, 유족은 13명이었다. 구술 횟수는 1회 진행한 경우가 21명, 2회는 8명이었다. 1회 면담이 많은 이유는 기억의 제약과 구술을 통해 자신의 생애를 드러내는 것에 대한 생소함 때문이었다. 본 연구자는 3명(사례 1, 2, 7)의 여성 피해생존자들의 구술채록을 진행하면서 어머니의 사망이 공통적이며 어머니의 부재를 생애사적으로 주요하게 의미화하는 것을 주목할 수 있었다. 이에 어머니의 사망을 중심으로 노근리사건에 의한 피해의 젠더적 측면을 학술적으로 논의할 필요성을 느꼈다. 이러한 문제 의식 하에, 분석 자료로 공동 연구진이 채록한 5명의 다른 사례들도 추가로 포함한다.

〈표 1〉 구술참여자 특성

사례 번호	구술참여자 정보[5]	사건 당시 나이와 가족의 피해 상황, 사건 이후 가족 관계의 변화
1	정영희, 여 (1940년생) 피해생존자	- 10살, 어머니와 동생 사망, 남동생과 본인 부상 - 아버지가 재혼했으며 새어머니는 6살인 아들을 데려왔으며 이후 5명의 동생을 낳았음. 부상당한 남동생이 함께 성장했음.
2	전영희, 여 (1939년생) 피해생존자	- 11살, 할아버지, 어머니, 동생 등 5명 사망, 할머니와 본인 부상 - 아버지가 재혼했으며 새어머니는 6명의 자녀(아들 4명, 딸 2명)를 낳았음.
3	안민혁, 남 (1954년생) 유족	- 조부모, '큰어머니'(아버지의 전처), 삼촌 사망 - 자녀가 없던 아버지는 재혼을 했고, 재혼가족에서 태어나 성장했음.
4	정영은, 여 (1943년생) 피해생존자	- 8살, 어머니 사망, 철도국에 근무하던 큰오빠는 사상 문제로 노근리사건과 무관하게 한국전쟁 당시 사망함 - 아버지가 재혼하지 않았음.
5	김홍진, 남 (1931년생) 피해생존자	- 19살, 어머니와 남동생 2명, 여동생 사망, 본인 부상 - 아버지는 재혼하지 않았음.
6	김기진, 남 (1944년생) 피해생존자	- 6살, 〈사례 5〉 김홍진의 동생으로 막내아들이었음. - 노근리사건 당시 사망한 어머니의 품에서 살아남음.
7	조승연, 여 (1944년생) 피해생존자	- 6살, 아버지와 어머니, 언니, 오빠 2명, 동생 사망, 본인 부상 - 부모가 모두 사망했으며 나이 차이가 많은 오빠가 돌봐줌.

---

5   여기서 사용한 구술참여자의 이름은 가명으로, 소현숙(2021b)의 연구 논문에서 사용한 가명을 동일하게 반영했다. 구술참여자는 피해생존자 혹은 유족으로 지칭한다. 피해생존자는 학살 현장에 있었으나 생존한 사람을, 유족은 가족 구성원이 학살 과정에서 사망하거나 피해를 입은 사람을 뜻한다. 피해생존자는 학살 현장에서 가족 구성원이 사망한 경우가 많기 때문에 피해생존자인 동시에 유족인 경우도 적지 않다. 그리고 희생자 혹은 피살자는 학살로 인해 죽임을 당한 사람을 뜻한다.

사례 번호	구술참여자 정보[5]	사건 당시 나이와 가족의 피해 상황, 사건 이후 가족 관계의 변화
8	이진주, 여 (1957년생) 유족	- 시어머니의 친정어머니가 노근리사건으로 사망 - 시어머니가 노근리사건으로 고아가 된 후 성폭력의 위협으로 16살에 서둘러 결혼함.

II. 기존 논의 검토와 해석의 틀

1. 한국전쟁과 민간인 학살에서 여성의 피해에 대한 논의

여성의 전쟁 경험이 본격적으로 논의된 것은 2000년대 이후 구술사 연구를 통해서다. 한국전쟁에 대한 여성의 경험, 즉 피해는 남성 가족 구성원이 사망하고 전쟁 이후 살아남은 자로서 여성의 삶을 주목하는 연구가 대부분이었다. 전쟁미망인과 좌익 관련 여성 유족 연구들은 가족을 잃고 살아남은 여성들이 어떻게 생계를 유지하고 가족을 재건했는지에 주목했다(이령경, 2003; 염미경, 2005; 이임하, 2010). 또 다른 민간인 학살사건인 제주4·3에 관한 여성 연구도 사별한 여성인 '홀어멍'의 피해 경험을 생애사적으로 분석하는데 집중했다(이정주, 1999).

한국전쟁 전후(前後) 시기에 발생한 여성에 대한 민간인 학살과 전시 성폭력 문제를 다룬 연구는 매우 드물다(김상숙, 2022: 101). 그나마 제주 4·3을 중심으로 군인에 의한 성폭력과 한국전쟁기 군경에 의한 여성의 전시 성폭력 피해를 다룬 연구가 있다(김귀옥, 2012; 김은실, 2018). 김은실 (2018)은 제주 4·3에 의한 여성들의 성폭력 피해에 대한 말할 수 없음에 주목하고 여성의 발화를 들을 수 있는 청자에 의한 듣기가 가능하기 위해서는 사회적 듣기의 장이 필요함을 강조한 바 있다. 한국전쟁기 미군에 의한 민간인 학살인 노근리사건을 젠더·장애의 측면에서 처음으로 조명한 소현숙(2021b)은 미군 사격으로 심각한 부상과 장애를 얻은 여성 피해생존자가 결혼 후 남편에 의한 가정폭력을 겪었지만, 진상규명운동에 참여하면서 자신의 장애를 설명할 수 있는 언어를 획득하고 사회적 지지를 얻게 됨으로써 전쟁에 대해 '말하는' 역사적 주체가 되었음을 밝혔다.

최근 들어 전시 피해로서 여성의 죽음에 대한 관심이 나타나고 있다. 한국전쟁 전후로 민간인 학살에서 여성의 사망과 성폭력 문제를 연구한 김상숙(2021)은 민간인 학살에 의한 피해에서 가족 단위와 임산부 및 영아가 동반된 학살 사례가 두드러지며 여성의 피해가 컸음을 밝혔다. 이어진 후속 연구(2022)에서는 연좌제에 기반한 학살에서 전시 비전투원인 여성들이 남성 가족 구성원을 대신해 학살, 즉 '대살(代殺)'을 당하거나 전시 성폭력을 겪었음을 문제시했다. 특히 '대살(代殺)'이라는 여성 학살은 궁극적으로 여성 역시 적(敵) 공동체의 주요 구성원으로 여겨짐으로써 전시의 부수적 피해가 아님을 강조한다. 따라서 비전투원인 여성의 학살을 논의하는 것은 한국전쟁에 대한 젠더폭력 연구의 일환으로 전개되어야 한다고 강조한다. 즉 전쟁 피해의 젠더에 대한 질문은 전쟁을 경험한 삶이 아니라 전쟁이 여성으로서의 삶에 미친 영향에 대한 이해로 전환되어야 한다(소영현, 2022: 57).

2. 1950년대 어머니의 성 역할에 관한 기존 연구 검토

지금까지 한국 가족에 대한 여성주의 연구는 핵가족 내 불평등한 성별 분업과 권력 구조를 문제시하는 것을 시작으로, 가족 내 여성의 경험을 드러내고 이론화했으며 정상가족 개념에 대한 비판과 가족의 가부장성을 드러내고 이를 쟁점화해왔다(이재경, 2022). 이러한 가운데 어머니로서 여성의 성 역할에 대한 역사적 맥락에 따른 변화와 모성 이데올로기의 역사적 구성에 관한 측면이 중요하게 논의되었다.

여성의 한국전쟁 경험을 다룬 연구들은 전쟁에 의한 가족의 변화와 경제적 위기 속에서 어머니의 역할에 초점을 두었다(염미경, 2005; 함인희, 2006; 안태윤, 2007; 함인희, 2013; 김귀옥, 2013). 남성이 부재한 가족을 이끌었던 어머니의 경험을 다룬 연구들은 가부장적인 가족 질서의 재건이 강하게 요청되던 전후 사회에서 여성의 재혼이 결코 쉽지 않았음을 강조하면서, '억척어멈'으로 담론화된 전쟁미망인의 삶과 생애에 관심을 두었다(이임하, 2010; 김현선, 2011; 김은경, 2020; 김효정·박언주, 2018). 특히 김은경(2020)은 한국전쟁 전후 시기인 1940년대 중반부터 1960년대 초반까지 한국 여성의 모성은 자녀를 직접 보호하고 돌보는 일을 중시하지는 않았지만 자녀교육에 의지가 높아 교육비를 마련하는데 많은 노력을 기울였다고 밝혔다. 생계노동의 참여율이 높았던 어머니들은 모성에서 생계노동과 돌봄노동이 분리되지 않았으며 생계노동이 모성 실천에 중요하게 위치했다고 강조한다. 전쟁으로 생계노동에 참여한 기혼여성이 증가하면서 이들은 며느리보다 어머니 역할의 증대와 함께 어머니 정체성의 강화가 나타났다고 강조한다. 이처럼 한국전쟁과 가족, 특히 여성의 경험을 다룬 연구들은 전쟁 이후 여성의 모성 실천이 강화되었으며, 생계노동은 모성의 일부로 이해되었다고 지적한다.

한편 전후 재혼여성의 경험을 드물게 다룬 나성은(2015)은 전쟁으로 남편이 사망하면서 재혼한 여성이 아내 및 어머니로서의 지위가 생애 전반에 걸쳐 갈등의 축을 이루며 불안정하게 형성되는 과정을 보여준다. 재혼이 안정적인 아내의 지위를 보장해주지 못할 뿐 아니라 자녀들을 위한 평생에 걸친 노동은 특히 아들을 향한 모성적 실천으로 소진되었다고 강조한다. 따라서 부계중심적 가족질서에서 재혼한 어머니로서의 모성적 실천은 한계에 직면했다고 지적한다.

이처럼 전쟁미망인이든 재혼한 여성이든 가족 내 여성의 경험은 주로 모성(motherhood) 혹은 어머니노릇(mothering) 개념을 통해 논의되었다. 특히 가족 내 어머니의 위치는 성 역할 즉, 성별분업(gender division of labor)이 가부장적 젠더규범에 기반해 가족 내에서 어떻게 구성되었는지와 매우 밀접하다. 하지만 전쟁 혹은 학살과 같은 역사적 사건으로 발생한 어머니의 부재와 이로 인한 가족 변화, 성 역할 분배의 문제, 그리고 자녀에게 미친 영향이 무엇인지를 다루는 논의는 이뤄지지 않았다. 가족 연구와 여성노동 연구에서 배제되어 식모 연구가 공백이 된 것을 문제화한 정승화(2015)는 여성의 가족 경험과 노동 경험이 밀접하게 뒤얽혀 교차하며 빈곤한 노동자나 농민 가족은 해체와 재구성을 반복하며 모성의 지위는 불안정함을 주목해야 한다고 강조한다. 이에 대한 관심이 부재한 채 정상가족 위주의 모성 연구는 한계적이라고 지적한다. 권귀숙(2014) 역시 제주4·3 연구에서도 사건 전개 과정과 그 이후에 나타난 가족 해체 및 재형성 등 가족의 변화와 여성노동에 대한 논의가 충분하게 이루어지지 못했다고 지적한다. 이러한 지적은 한국전쟁과 민간인 학살에 의한 어머니의 죽음으로 인해 가족의 해체와 재편 속에서 가족 내 성 역할의 변화와 불안정한 모성에 대한 젠더 논의가 요청됨을 의미한다.

따라서 본 연구는 노근리사건에서 어머니의 죽음과 가족 내 부재를 성역할을 중심으로 논의함으로써 한국전쟁기 민간인 학살에 의한 피해와 희생을 젠더 차원에서 밝히고자 한다.

III. 피난(避難)의 성별화 과정과 어머니의 사망

충청북도 영동읍 주곡리와 임계리에 살던 주민들은 1950년 7월 23일부터 25일까지 미군에 의해 남쪽으로 피난을 인솔 받았다. 7월 26일에 황간면 서송원리에 도착한 피난민들은 경부선 철도를 따라 걷다가 공중폭격을 당해 1차 피해를 입었다. 살아남은 피난민들은 노근리 쌍굴다리로 피신했으나 이날 오후부터 7월 29일까지 약 70여 시간 동안 미군에 포위된 채 총격을 받으면서 2차 피해를 입었다. 이 사건으로 심사를 통해 인정된 희생자는 총 226명(사망 150명, 행방불명 13명, 후유장애 63명)이다. 하지만 실제 피해자는 훨씬 더 많은 것으로 알려져 있다.

지금까지 피해 실태는 발생 과정과 그로 인한 희생 장소, 희생 일자를 중심으로 희생자 유형(사망자, 행방불명자, 후유장애자)과 성별 및 연령 정도 등이 밝혀졌다.[6] 이러한 방식으로 학살의 피해를 접근하는 것은 가족 관계에서의 성 역할이 드러나지 않아 여성의 사망이 어떠한 맥락 속에서 발생했으며 특히 어머니의 부재가 가족의 재구성과 자녀의 생애에 미친 영향 등을 드러낼 수 없다.[7]

여성의 전쟁 피해, 특히 어머니의 사망이 그 동안 주목을 받지 못한 것은 부계중심의 가족질서에서 여성의 지위가 종속적·주변적 위치에

---

[6] 노근리평화공원 누리집에는 간략한 피해 신고 현황이 소개되어 있다(https://yd21.go.kr/nogunri/html/sub04/040301.html, 최종검색일 2023년 9월 18일).

[7] '노근리사건희생자 심사 및 명예회복 실무위원회'가 2009년에 발간한 『노근리사건 사실조사 증언청취록』에는 가족의 피해 상황에 대한 피해생존자와 유족의 증언이 포함되어 있다.

있기 때문이다. 노근리사건으로 피해를 입은 농촌의 두 마을인 주곡리와 임계리 주민들은 친족-마을공동체 사회였으며, 부계가족주의를 따르는 남성 중심 공동체였다. 아내를 잃은 아버지의 재혼으로 재편된 가족에서 사망한 어머니의 존재는 쉽게 망각 및 삭제될 수 있었다. 더욱이 1990년대가 지나서야 본격화된 진상 규명 과정에서 노근리사건으로 오래 전에 사망한 전처와 자식의 죽음을 문제화하기는 쉽지 않았을 것이다. 재혼한 아버지에게서 태어난 아들인 〈사례 3〉 안민혁은 노근리사건으로 사망한 조부모와 삼촌 그리고 아버지의 전처인 '큰어머니'의 제사를 지낼 때마다 아버지는 어머니가 준비한 '큰어머니'의 제사밥을 내동댕이치며 '왜 죽은 사람의 제사를 지내냐'고 화를 내 집안이 시끄러웠다고 기억한다. 이는 함께 사는 아내가 '전처'의 제사를 준비하는 것에 대한 미안함을 드러내는 방식일 수도 있지만, 재혼을 했기 때문에 기억해서는 안되는 혹은 기억할 필요가 없는 존재임을 뜻한다. 〈사례 2〉 전영희의 아버지는 노근리사건으로 어머니가 사망한 후 재혼을 했다. 아버지의 재혼 후 태어난 자식들은 아버지의 산소 옆에 '큰어머니'(아버지의 전처)가 아닌 자신들의 어머니를 모시는 묘지를 마련하고자 했다. 전영희의 친어머니는 재혼으로 재편된 가족에서 배제, 즉 망각될 수밖에 없었다.

특히 〈사례 8〉 이진주의 시어머니는 노근리사건으로 가족이 모두 사망해 고아가 되었는데 전쟁이 끝나고 마을 남성들에 의한 성폭력의 위협을 느껴 16살의 어린 나이에 결혼했다. 결혼을 하기 전 집안에 '양자(養子)들이기'를 통해 남은 재산을 주고 부모의 제사를 지내도록 했다. 이는 부계중심의 가부장적 가족 질서가 지배하는 전후 한국사회에서 결혼한 딸이 부모의 제사를 지내는 것이 어려울 뿐더러 법도에 어긋난다고 판단했기 때문이다.[8] 이처럼 민간인 학살로 인해 사망한 희생자의 성별은 의례를 통한 기억의 과정에서 차이가 나타났다. 제주4·3의 경우, 직계 자녀가 부재한 희생자 남성은 결혼 유무와 관계없이 '양자들이기'를 통해 의례가 이루어짐으로써 죽음에 대한 기억이 이루어져 왔다. 하지만 피해자가 미혼 및 이혼 여성이거나 어린 아이들은 의례 대상자에서 제외되면서 이들에 대한 기억의 배제가 나타났다(김석윤·현혜경, 2019).

그렇다면 미군에 의한 민간인 학살인 노근리사건의 희생자, 즉 피살자 중에서 여성 비율이 결코 적지 않았던 이유는 무엇일까? 우선 남성들이 가족을 남겨두고 혼자 몸으로 피난을 떠났기 때문이다. 한국전쟁은 사상과 이념간의 정치적 갈등에 기반해 전개되면서 남성의 위치는 훨씬 더 위태로웠다. 군인으로서 참전 유무를 떠나 남성들의 생명과 안전은 위협을 받았다. 미군에 의한 인솔로 마을 전체가 피난을 가면서 가족 전체가 피난을 떠나기도 했지만 가족 내 남성들이 먼저 피난을 떠나는 경우도 적지 않았다. 이는 부계 중심의 가족 질서에서는 집안의 대(代)가 할아버지에서 아들로, 그리고 손자를 통해 이어짐으로써 남성의 목숨과 안전을 지키는 것은 매우 중요하게 여겨졌기 때문이다. 〈사례 4〉 정영은의 오빠는 노근리사건이 발생하기 이전에 이념문제로 위험에 처할 것을 우려해 미리 피난을 떠났다가 사망했다. 이처럼 미군의 소개령으로 마을 사람들이 피난을 떠날 당시 이미 피난을 간 남성들이 적지 않았다.

미군의 소개령에 의해 피난을 강요받은 마을 사람들은 노근리 쌍굴다

---

[8] 노근리평화공원에는 2009년에 희생자묘역이 마련되어 유가족이 동의한 유해에 한해 묘역에 이장했다. 유연묘 28기와 무연묘 3기(시신을 수습하지 못한 성인 남녀, 아동)의 묘역이 들어서 있다. 시신을 이장하지 못한 희생자는 합동분묘를 만들었다(「충청신문」, 2009.6.23.).

리 안에 4일 동안 갇혀 있으면서 미군의 기총 사격을 당했다. 미군은 피난민 속에 인민군이 포함되어 있다고 판단하고 총격을 가했다고 한다. 기동성이 있는 남성들은 노근리 쌍굴다리 안에 피해 있다가 미군의 총격을 피해서 탈출을 시도했다. 하지만, 여성들은 어린 자녀들과 노인을 보살펴야 했으며 심신이 쇠약한 노인들은 탈출할 수 없어 총격에 그대로 노출되었다(소현숙, 2021b: 206). 〈사례 1〉 정영희의 가족과 친인척 중에서 큰아버지, 아버지, 사촌 오빠들 등 남성 가족 구성원들은 노근리 쌍굴다리에서 피난을 떠나 살아남았다.

굴 안에 있으믄 다 죽는다. 남자들이라도 뒷산으로 (가서) 피하자고. 그래가지고 아버지, 오빠들. 뒷산이 있잖아요? 옛날에는 흰옷을 입으면 밤에도 허옇게 보이잖아. 그러니까 옷을 벗고 뒷산으로 피해가지고. 아버지하고 큰아버지, 오빠들은 거기서(노근리다리) 그렇게 피해가지고 살았잖아(〈사례 1〉, 정영희).

〈사례 1〉 정영희는 여성의 피해가 남성보다 많다고 언급하며, 그 이유로 노근리 쌍굴다리에서 남성들이 피난을 떠났기 때문에 남아있던 피난민 중에는 여성이 더 많았다고 강조한다. 쌍굴다리에서 도망친 남성들은 '독골(도골)'이라고 불린 이웃 마을인 '도동리'로 피난을 갔다. 당시 복숭아가 많이 열려서 '독골'이라고도 불린 이 마을은 행정구역 상 노근리 사건이 발생한 영동군 황간면에 속한 바로 옆 마을이었다. 〈사례 2〉 전영희의 아버지 역시 노근리다리에 가족들과 함께 피신해 있다가 미군의 총격이 지속되면서 혼자 탈출했다.

걸어가다가, 거기가 저 노근리여, 지금 노근리. 하이, 막 철로 위로 올라가라고 또 그라는 거야. 아카시아나무 가시가 얼마나 많은데. 그래가지고 철로에 다 올라갔다. 우리 소도 있었거든, 같이 먹을 거 싣고 이러고 갔는데. 먹을 것도 준비를 안 해 와가지고 엄마가 (나 보고) 젖을 멕일라고 물 좀 떠오라고 하더라고. 그래 철로에 가서 물을 떠가지고 바가지를 들고 딱 돌아서는데, 하늘에서 비행기가 막 돌고 시커먼 재가 막 날라 댕기고. 엄마 있는 데로 쫓아오는데, 이상하지 왜? 막 쫓아가다 멈춰섰는데, 우리 식구가 안 보여. 엄마가 첫 번째 폭탄에 맞은 거야, 머리를. 애기는 막 울고. 우리 고모도 안 보이고, 할머니도 안 보이고 아버지도 안 보이고(《사례 2》, 전영희).

전영희의 가족은 어머니를 비롯해 할아버지, 작은아버지 내외, 동생 등 5명이 사망했으며 할머니와 전영희는 부상을 당했다. 하지만 전영희 아버지는 혼자 피난을 가서 살아남았다. 이와 같이 노근리사건에서 여성들에 비해 남성들의 피해가 상대적으로 적었던 것은 노근리 쌍굴다리 안에 있다가 가족 모두 죽기보다는 남성들만이라도 도망쳐 살아남기로 결정한 결과였다. 〈사례 4〉 정영은은 어머니가 "아버지 혼자라도 살아야지, 다 죽으면 어떡하느냐고. 막 도망가라고"해서 아버지가 살아남았다고 기억한다. 아내이자 어머니였던 여성들은 부계중심의 전통적인 가족질서 하에서 남성들만이라도 살아남아 가족의 대를 이어야 한다고 여겼다. 물론 새색시인 아내를 두고 떠나지 못해 함께 남아 있다가 부부가 모두 사망한 〈사례 2〉 전영희의 작은아버지와 어머니의 경우도 있다. 그러나 적지 않은 남성들이 참혹한 총격 속에서 탈출을 시도해 살아남을 수 있었다.

여성들이 남성들처럼 노근리 쌍굴다리에서 피난을 가지 못한 것은 학살 현장을 도망치더라도 또 다른 위험에 놓일 가능성이 상당히 높았기 때문이다. 가족을 떠나 혼자 몸이 된 여성들은 우선 미군은 물론 인민군, 국군 등 남성들에 의한 성폭력이라는 위협에 언제든지 노출될 수 있었기 때문이다. 〈사례 2〉 전영희는 인민군을 만나면 총살을 당할 우려가 있어 여성들이 피난을 가지 않았다고 말하기도 했다. 이외에도 남성들은 한밤 중에 도망을 치면서 흰색의 무명저고리가 보일까봐 옷을 벗고 이동했다. 하지만, 여성들은 남성들처럼 치마저고리를 벗고 가파른 산을 넘어 도망치는 것은 거의 불가능에 가까웠기 때문이다. 여성들이 도망을 치는데 신체적인 힘이 부족한 것도 있지만, 가부장적인 사회에서 여성의 몸은 가족이 아닌 다른 남성에게 노출되어서는 안 된다는 젠더 규범이 강하게 작동했기 때문이다. 이처럼 여성이 가족과 떨어져서 혼자 이동하는 것은 총살, 성폭력, 그리고 젠더 규범을 벗어나는 것으로 여겨져 전쟁이라는 예외적인 상황임에도 불구하고 상당히 부정적으로 이해되었다.

여성들이 노근리 쌍굴다리에서 많은 희생을 입은 또 하나의 이유는 자녀와 시부모 등 가족을 돌봐야만 하는 여성의 성 역할 때문이었다. 더욱이 어머니들은 학살 현장에서 어린 자녀만이라도 살리기 위해 아이를 품에 안고 사망한 경우가 많았다. 〈사례 1〉 정영희의 어머니는 사망했지만 엄마 품에 안겨있었던 막내딸은 살아남았다. 〈사례 6〉 김기진 역시 사건 당시 4살이었는데 그의 어머니는 사망했지만 자신을 품에 안고 있던 어머니 덕에 살아남았다. 〈사례 4〉 정영은의 아버지는 혼자 피난을 떠나 살아남았지만 가족들과 쌍굴다리 안에 있던 어머니는 총격으로 부상을 입었고 이후 제대로 치료를 받지 못해 얼마 지나지 않아 사망했다. 이처럼 한국전쟁기 미군에 의한 노근리사건에서 여성의 사망이 적지 않았던 것은 전쟁이라는 위기 상황에서도 부계중심의 가족질서 속에서 성별에 따른 성역할과 젠더규범이 피난의 방식에 영향을 미쳤기 때문이다.

Ⅳ. 사망한 어머니의 성 역할을 대체한 여성들

노근리사건에 의한 어머니의 사망과 이로 인한 가족 내 어머니의 부재는 성별분업에 기반한 부계중심의 가족질서를 따르는 가족에 심각한 위기를 초래했다. 살림과 자녀 양육 등 돌봄을 수행한 어머니의 부재로 초래된 가족 내 성별분업의 문제는 또 다른 여성에 의해 대리·대체되었다.

우선 살아남은 가족 구성원 중에서 딸이 어머니의 부재를 대신해 살림을 떠맡았다. 8살에 노근리사건을 겪은 〈사례 4〉 정영은은 아버지, 오빠, 남동생 등 남성 가족 구성원을 위해 식사와 빨래를 도맡아했다. 전쟁으로 남한 경제가 피폐해진 상황에서 매끼 식사를 준비하면서 배고픔을 해결하는 것은 고되고 힘들었다. 정영은은 틈이 날 때마다 나물을 뜯고 메뚜기를 잡아 반찬을 만들기도 했다. 농사일을 하는 아버지에게 새참을 날랐으며, 아버지를 도와 담배농사·누에치기·밭농사도 거들었다. 또한 큰오빠가 사상 문제로 사망한 뒤 새언니가 4명의 자식이 딸린 유부남과 재혼하면서 시댁에 맡긴 어린 조카(딸)도 보살펴야 했다.

가족 내 부재하는 어머니의 성역할을 대신한 정영은이 가장 힘들었던 것은 아버지의 수발이었다. 정영은의 아버지는 집안일과 자녀 돌봄에는 무관심했으며 죽은 어머니를 그리워했다. 아내를 잃은 슬픔에 잠긴 장영은의 아버지는 술을 즐겼으며 이불에 오줌을 싸는 등 기행(奇行)을 일

삼았다고 한다.

> 아버지는 문 앞에 자고 나는 뒤에서 잤거든. 이불을 이렇게 따로 해가지고. 그라면 머리맡에 요강을 놔뒀는데, (아버지가) 술 취해가지고 그냥 엎드려가지고 요대기(이불) 위에 (오줌을) 누는 거야. 쏴 혀, 소리가. 그러면 내가 기겁을 하고 인나가지고(일어나서) 요강을 갖다가 대고. 요대기는 뭐 이미 다 젖고. 그래가지고 그런 걸 겪을라카니 신경이 저것 해갖고. 밤에 잠도 제대로 못 자겠더라고. 이불 빨래도 해야하고. 아버지가 두루매기 바지저고리 입잖아. 잔치에 가면 술 먹느라고 하루 종일 있다 와. 그라면 그날 한번 갔다 오면 (한복을) 다 빨아야 돼. 가마솥에다가 삶아가지고 뭐 이래가지고 풀 해가지고 (방망이로) 두드려가지고 바지저고리를 꼬메고(〈사례 4〉, 정영은).

정영은은 아버지가 한복저고리를 입고 다녔기 때문에 외출에서 돌아온 아버지의 바지저고리를 매번 빨고 다듬어야만 했다. 정영은의 아버지는 아내를 잃은 자신의 상처로 고통스러워하기 바빴고, 어린 나이에 어머니를 잃은 딸을 제대로 돌보지 못했다. 정영은은 어머니의 부재를 슬퍼할 겨를도 없이 아버지를 돌보느라 힘겨운 십 대 시절을 보내야만 했다. 아버지의 폭력적이고 기이한 행동을 감당하기 어려워 고통스러운 날들을 보낸 나머지 자살을 하고 싶을 정도였다고 한다. 아버지의 수발을 들고 온갖 집안일과 농사일을 하느라 남자형제들처럼 학교도 다니지 못했다. 결국 정영은은 결혼할 때까지 아버지는 물론 남자형제 등 남성 가족구성원을 보살폈다. 이처럼 어머니가 수행한 성 역할은 성별분업에 기반해 가족 내 또 다른 여성인 딸이 대신했다. 딸들은 어머니의 성 역할을 떠안으면서 노근리사건으로 겪은 상처를 보듬고 치유할 수도 없었다. 아내가 사망한 뒤 생계는 물론 가사노동과 돌봄 역할까지 아버지가 수행한 경우도 있었다(소현숙, 2021b). 하지만 아내가 사망한 남편들은 아내의 성 역할을 자신이 대신하기보다는 자녀들을 방치하거나 오히려 자녀, 특히 딸로부터 보살핌을 받는 경우가 있었다. 〈사례 2〉 전영희와 〈사례 4〉 정영은은 어머니의 부재 속에서 아버지의 사랑 없이 외롭게 자랐다고 말한다. 어머니가 없는 부녀 혹은 부자가정에서 아버지는 양육능력이 부재한 채로 머물렀다.

가족 내 어머니의 부재는 어린 여아들에게도 돌봄 역할을 하도록 했는데, 학살 현장에서 사망한 어머니를 대신해 이들은 젖먹이 동생을 보살피기 시작했다. 〈사례 1〉 정영희는 남동생이 미군의 총격으로 턱이 없어지는 모습을 바로 옆에서 지켜봐야만 했다. 학살 현장에서 10살의 나이에 겪은 충격에서 벗어나기도 전에 사망한 어머니의 젖을 빨던 어린 여동생을 보살폈다. 〈사례 9〉 조승연도 마찬가지였다. 군인이었던 큰오빠를 제외하고 조승연의 부모와 작은 오빠 2명이 사망했고, 갓난쟁이 동생과 조승연 단둘이 살아남았다. 마을 사람들은 조승연에게 함께 피난 온 가족이 모두 사망해 어린 동생을 돌보기 어려우니 학살 현장에 버리고 집으로 돌아가자고 했다고 한다. 하지만 조승연은 젖먹이 동생을 등에 업고 마을 사람들을 따라 집으로 돌아왔다.

> 피난민들이 짚을 갖다가 불을 때. 불을 때면은 나락이, 불이 붙은 거는 튀밥이 톡톡톡톡 튀어서 나와. 그럼 내가 거기서 튀밥을 요래 주워가지고 하하, 동생 입에다 넣어주고 하던 생각나. 그런데 겨

울이 되고 춥고 이러니까 피난민들이 지내가고. 전에는 홀타리(울타리)가 있었어. 나무 있지, 왜? 가지가지 있는 나무, 이렇게 다 이래 홀타리를 하잖아. 그거라도 뜯어다가 (불을) 때서 방을 뜨시게 할낀데, 어려서 모르니까. 큰집에도 큰아버지도 총을 맞아가지고 부상을 입어서 거시기 하셨고. 오빠들은 다 아랫녘으로 (피난) 가 있었고. 낙동강 다리가 끊어(져)가지고 바로 못 오셨지. 하이구 그래가지고서는 우리 오빠가 군인 가서 휴가 오는 날, 내 동생이 죽었어. 집을 지면은 나무가 이래, 서까래 나무가 세워진 게 있었어. 그거를 붙들고 울고 있으니까, 뒷집 할아버지가 "아무개야, 왜 우냐" 그래. 그래서 내 동생 이름이 남곽이야. "남곽이가 죽었어요" 하니까 "너희 오빠 저~기 온다. 저~기 온다." (…) 어째 그날 그렇게 죽었는가 몰라, 내 동생. 오빠가 휴가 오는 날에(〈사례 9〉, 조승연).

〈사례 9〉 6살 조승연은 살아남은 간난쟁이 동생을 집에 데려왔지만 간난 동생에게 먹일 것을 마련해 주는 법도, 불을 때서 방을 따뜻하게 하는 법도 몰랐다. 어른들의 돌봄을 받아야 할 나이였지만 오히려 어린 여동생을 돌보기 위해 애를 썼다. 조승연은 마을 사람들이나 친인척으로부터 도움을 받을 수도 없었다. 마을 사람들 역시 노근리사건으로 가족이 해체되거나 생계를 유지하는 것조차 어려운 상황이었기 때문이다. 한국전쟁 이후 경제적 빈곤과 이념적 갈등 속에서 친인척관계는 물론 마을 공동체는 심각하게 와해된 상태였다. 이러한 상황에서 조승연의 어린 동생은 큰오빠가 군대에서 휴가를 나오던 날 사망했다. 큰오빠는 같은 마을에 살던 큰집에 조승연을 복귀하기 전에 맡겼다. 하지만 조승연은 큰집에서 지내면서 제대로 된 보살핌이나 교육의 기회를 얻지 못했을 뿐 아니라 그녀의 큰아버지와 큰어머니는 동생 부부의 집과 땅을 팔아 재산을 가로챘다. 이처럼 노근리사건 이후 어머니가 부재하는 가운데 여성인 딸들은 살림을 하고 돌봄 역할을 하며 어머니가 맡았던 성 역할을 대신했다. 이와 달리 남성인 아들들은 비록 농사일을 돕기도 했지만 학교를 진학하는 등 더 많은 자원과 기회를 가질 수 있었다. 이는 전쟁에 의해 가족이 위기에 처하더라도 가족 구성원의 성별에 따라 그 영향이 달랐음을 보여준다.

한편 아내를 잃은 아버지들은 가족 내 어머니가 수행한 성 역할을 재혼을 통해 집안에 다른 여성을 들임으로써 대체했다. 전후 한국사회에서 여성을 대상으로 작동한 모성 이데올로기의 강화는 유자녀 전쟁미망인의 재혼을 통제했다. 하지만 어머니의 모성이 강조되면서 가족주의를 더욱 강화시켰고, 이는 아내가 사망한 남편이 '정상가족'을 구성하기 위해 재혼을 선택하는 배경이 되었다고 볼 수 있다. 노근리사건의 피해생존자 중에서도 아내를 잃은 남편들은 유자녀 기혼 여성 혹은 미혼 여성과 재혼한 경우들이 있다.[9] 〈사례 1〉 정영희와 〈사례 2〉 전영희의 아버지는 전쟁이 끝나고 오래지 않아 재혼을 했다. 남성들에게 재혼은 전쟁의 피해를 회복하는 가장 일차적이고 우선적인 행위였다. 재혼을 통해 재편된 가족에서 새어머니는 가사노동과 돌봄노동을 담당함으로써 사망한 여성의 성 역할을 대체했다.

재편된 가족에서 여성의 성역할 중에는 임신과 출산이 매우 중요한 부분을 차지했다. 〈사례 3〉 안민혁은 신혼에 노근리사건으로 조부모와 아내를 잃었던 아버지가 월남한 아내와 재혼해 태어난 아들이다. 노근

---

[9] 이러한 현실에 비해 전후 재혼가족에 관한 논의는 미흡하다.

리사건으로 가족을 잃은 아버지와 월남하면서 가족을 잃은 어머니가 서로 만나 결혼을 했는데, 이 부부는 한국전쟁에 의한 가족의 죽음으로 외로움을 크게 느껴 15명이나 되는 아이를 가졌다고 한다. 안민혁의 어머니는 10명의 자녀를 낳았으며 자라면서 2명이 사망해 8명의 자녀를 키웠다. 이는 한국전쟁 이후 재편된 가족에서 아내 혹은 어머니에게 요구된 중요한 성 역할 중에는 임신과 출산을 통해 가족을 '정상화'하는 것이었음을 보여준다. 이와 같이 아내의 사망으로 발생한 기혼 남성의 가족 위기는 재혼을 통해 해소되었으며, 새로 맞이한 아내는 자녀를 낳음으로써 사별한 남성의 '정상성'을 회복시켜주었다. 또한 재혼 여성들은 가사노동과 돌봄노동은 물론 생계노동을 하면서 가족의 위기를 해소시켰다.

　노근리사건으로 인한 어머니의 부재라는 가족의 위기는 아버지의 재혼을 통해 부계혈통을 중시하며 성별이분법에 기반한 가부장적인 가족 질서를 재건함으로써 해결되었다. 또한 전쟁에 의한 가족의 경제적 위기는 딸과 아들 사이의 자원을 더욱 불공평하게 분배하면서 부계중심의 가부장적인 가족 질서를 유지 및 재생산했다. 이러한 과정 속에서 여성, 즉 아내이자 어머니의 죽음은 아버지의 재혼을 통해 재편된 가족에서 비가시화되고 망각에 이른다. 이에 어머니로서의 죽음은 흔적도 기록도 없는, 죽음으로 애도되지 않는 전쟁 경험과 피해가 되었다.

V. 어머니의 부재와 기억의 젠더 정치

　다른 여성이 어머니가 수행한 성 역할을 대체하면서 사망한 어머니의 죽음은 비가시화되고 망각되었다. 하지만 피해생존자의 구술에서 어머니의 부재는 특정한 방식으로 서사화되었다. 이는 어머니의 죽음과 이로 인한 피해가 구술참여자의 삶과 생애를 관통하며 커다란 영향을 미쳤기 때문이다. 그러나 어머니의 죽음으로 인한 부재가 구술을 통해 기억되는 방식은 피해생존자의 성별에 따라 차이가 나타난다.

먼저 여성 피해생존자인 딸들은 어머니의 부재 그 자체를 자신의 삶과 생애를 설명하는 핵심적인 것으로 위치시켰다. 여성 피해생존자들에게 어머니의 부재가 중요한 의미를 차지한 것은 어머니를 대신해 성 역할을 실천하면서 어머니의 빈자리를 크게 느꼈으며 새어머니의 등장으로 갈등적인 가족관계를 경험하면서 재편된 가족 속에서 주변적 위치에 놓였기 때문이다. 구술참여자들은 아버지가 새어머니를 대신해 자신과 친밀하지도 않았으며 돌봄 역할을 제대로 하지 못했을 뿐 아니라 교육기회와 같은 지원도 제대로 하지 않았다고 말한다. 이로 인해 어린 나이에 어머니가 사망한 여성 피해생존자들은 아버지에 대한 강한 원망과 불만을 드러냈다.

〈사례 4〉 정영은은 아내를 잃은 아버지에 의한 정신적 스트레스와 정서적 폭력에 시달리면서 자살 충동을 느낄 만큼 힘들고 불안정한 유년기를 보냈다고 한다. 어머니가 만들어 줘야만 입을 수 있었던 치마저고리 대신에 오빠가 입던 기성복을 물려 입으며 어린 시절을 보내면서 심리적으로도 위축되었다고 설명한다. 〈사례 1〉 정영희 역시 재혼한 아버지에 대한 서운함과 아쉬움을 강하게 드러냈다.

누가 엄마라고 부르면 그게 그렇게 부럽더라고. 엄마, 누가 엄마!라고 부르면 그렇게 부럽더라고. 엄마가 최고여. 엄마가 최고여, 진짜야. 아버지는 아무 소용도 없어. 지금도 봐, 계모들 하는 거 봐, 지금도. 어쨌든 남자는 헛일이야. (…) 나는 아버지라는 존재가 싫어. 아버지한테도 많이 혼났기 때문에 싫어. (새엄마가) 이르기는 그렇게 일러. 이르면 아버지가 가만히 있어. 막 우리를 뭐라고 하지. 그렇게 살았기 때문에 아버지가, 엄청 존재가 싫어. 지금도 아버지한테 정이 없어(〈사례 1〉, 정영희).

〈사례 1〉 정영희의 아버지는 시내에 있는 가게에서 건어물 장사를 하면서 대부분의 시간을 집밖에서 보냈다. 정영희는 아버지가 자신의 태어난 생일조차 기억 못할 정도로 자신에게 무심했다고 기억한다. 그리고 정영희는 가게와 떨어진 농가에서 배 다른 형제들과 지내면서 새어머니한테 구박을 당하며 힘들게 어린 시절을 보냈다고 말한다. 즉 여성 피해생존자들은 친어머니의 부재 속에서 아버지 혹은 새어머니로부터 돌봄과 사랑을 충분히 받지 못했다고 한다.

재혼가족에 속한 여성 피해생존자는 새어머니와 지내면서 자신의 존재 기반이 사라진 것은 물론 주변적 존재가 되었다고 말한다. 여성 피해생존자였던 딸들은 눈치를 보느라 항상 억눌리고 위축된 생활을 했다고 한다. 이는 아버지의 재혼으로 '정상가족'에 편입되었으나 아버지는 자녀에게 무관심했으며 새어머니와의 관계는 불안정했음을 뜻한다. 재혼가족에서 재혼 여성은 물론 전처의 자녀들 역시 지위가 불안정했음을 알 수 있다. 재혼가족이 모두 동일한 경험을 한 것은 아니지만 가족의 재편 속에서 갈등적 가족관계가 발생했음을 보여준다.

그러니까 이렇게 잘 나가고 잘 사는 사람들 보면, 막 내 자신이 싫은 기여. 저 사람한테 내가 말을 해서, 저 사람이 나를 좋아할지. 그러니까 내 자신을 막 이렇게 밀쳐놓는 거야. 내 자신을, 그냥(〈사례 1〉, 정영희).

〈사례 1〉 정영희는 새어머니의 눈치를 받으며 어렵게 자랐다고 어린 시절을 기억하고, 재혼한 아버지에 대한 원망과 함께 부재한 어머니에 대한 그리움을 강하게 드러냈다. 재혼한 아버지는 전처와의 사이에서 태어난 자신에게 보살핌은 물론 교육의 기회도 제공하지도 않았다는 것이다. 아버지는 자신과 새어머니와의 사이에서 발생하는 갈등을 중재하지도, 그렇다고 공부할 수 있는 기회를 제공한 것도 아니었다고 한다. 즉 여성 피해생존자들은 부계중심의 재편된 가족 질서에서 주변화되고 배제되면서 불안정한 가족 관계를 경험했다고 설명한다.

여성 피해생존자들은 새어머니는 물론, 새어머니가 낳은 배 다른 형제들과도 친밀한 관계를 형성하는데 어려움을 겪었다고 한다. 이는 새어머니가 낳은 동생들과는 나이 차이가 많이 났기 때문에 돌봄과 보살핌을 제공해야 하는 일방향인 관계에 가까웠기 때문인 것으로 보인다. 〈사례 2〉 전영희의 아버지는 전쟁이 끝나고 1년 뒤 재혼을 했고 6명의 자녀를 얻었다. 전영희는 결혼 전까지 새어머니를 도와 살림을 하고 배 다른 동생을 돌보았다고 한다. 〈사례 1〉 정영희 역시 아버지가 재혼해 동생들을 낳았으며, 새어머니를 도와 집안 살림을 하고 농사일을 도왔지만 학교에 보내주지는 않았다고 한다. 재혼을 통해 여러 명의 자녀를 낳은 새어머니는 전처 자식인 전영희가 딸로서 자신이 떠맡은 살림과 육아를 도와주는 것이 당연하다고 여겼을 것으로 보인다.

이러한 유년 시절을 보낸 여성 피해생존자들은 결혼 후 친정과의 관계가 소원해졌다고 한다. 아버지의 무관심 그리고 새어머니와 배 다른 동생들과의 관계가 친밀하지 않았기 때문이다. 특히 아버지가 사망한 뒤로는 친정식구인 새어머니와 배 다른 동생들과의 관계가 거의 단절에 이르렀다고 한다. 〈사례 2〉 전영희는 아버지가 사망한 후 재산 분배과정에서 배제되었으며, 새어머니의 부고조차 배 다른 동생들로부터 듣지 못했다고 한다. 이처럼 아버지가 재혼한 여성 피해생존자는 '정상가족'의 구성원이었지만, 아버지, 새어머니, 배 다른 동생들과 안정적인 관계를 맺지 못하면서 재편된 가족관계에서 소외감과 고립감을 느끼며 주변적 정체성을 강하게 가졌음을 알 수 있다. 이처럼 노근리사건 이후 가족의 변화 속에서 안정적인 가족관계를 갖지 못하면서 노근리사건에 의한 정신적, 심리적 피해, 즉 트라우마를 치유하는 것은 더욱 어려웠음을 쉽게 예측할 수 있다.

따라서 〈사례 1〉 정영희, 〈사례 2〉 전영희, 〈사례 4〉 정영은과 같은 여성 피해생존자들에게 어머니의 사망은 애정과 보살핌이라는 성 역할을 담당한 존재의 부재로 이해되었다. 그리고 이들은 노근리사건 이후 어머니의 부재와 아버지의 재혼을 통해 재편된 가족의 일원으로 포함되었지만 새로운 가족 관계에서 주변화되고 배제된 경험을 통해 오히려 어머니에 대한 사회적 규범과 모성 이데올로기를 적극적으로 수용하면서 어머니의 존재와 역할에 강한 의미를 부여하게 되었다. 자신이 부모에게 받지 못한 애정과 친밀함, 돌봄, 교육의 기회 등을 자녀들에게는 최선을 다해 제공하고자 노력했다고 말하는 점에서도 잘 드러난다.

〈사례 1〉 정영희는 농사를 짓는 남편과 결혼해 아들 하나 딸 셋을 낳았다. 결혼 초에는 남편이 둘째 아들이지만 시어머니를 모시고 살았다. 시집살이는 물론 사람 좋고 남들에게 베푸는 것을 좋아하는 남편 때문에 가정 형편은 항상 넉넉하지 못했다고 한다. 하지만 정영희는 자녀들에게 교육의 기회를 제공하고자 열심히 농사일을 했으며, 자녀들과도 친밀한 관계를 유지하고자 노력했다고 한다.

> 그러니까 육이오사변 때문에 내 인생이 망친 거지, 한마디로. 내가 엄마하고 살았으면 공부도 하고 그랬을 텐데. 그게 한이 되지. 딴 게 한이 된 게 아니여(〈사례 1〉, 정영희).

정영희는 친어머니가 노근리사건으로 사망하지 않았더라면 자신에게 공부를 시켜줬을 거라고 여긴다. 그러면서 어머니에게 받지 못한 사랑과 돌봄, 특히 교육의 기회를 제공하기 위해 자식들에게 만큼은 최선을 다했다고 강조한다. 아버지가 재혼한 여성 피해생존자들은 전쟁 이전에 다니던 학교를 다니지 못하는 경우가 많았으며, 상급학교인 중학교로의 진학은 엄두도 내지 못했다. 배움의 기회를 제대로 갖지 못한 여성 피해생존자들은 이후 직업을 얻거나 결혼을 하는 데에도 제약을 받았다. 1학년 때 노근리사건을 겪은 〈사례 4〉 정영은은 아버지가 교회에 나가는 것을 반대해 교회에 나가 한글을 배우는 것을 중단해야만 했다. 여성 피해생존자들이 배움의 기회를 갖지 못한 것에 대한 아쉬움과 억울함은 아버지에 대한 불만과 함께 자녀에게 사랑과 돌봄을 제공하는 친어머니가 부재했기 때문이라고 여긴다. 또 정영은은 어머니의 부재로 사랑을 받아본 경험이 부재했기 때문에 자식들에게 사랑을 제대로 주지 못했다고 설명하는 근거로 설명된다. 따라서 이들에게 노근리사건의 피해는 어머니의 부재로 나타나지만, 궁극적으로는 유년 시절의 사랑과 돌봄 그리고 교육 기회의 부재로 의미화되었다. 어머니라는 존재는 자식에게 맹목적인 사랑과 돌봄, 그리고 지원을 아끼지 않을 것이라는 강한 믿음을 갖고 있음을 잘 보여준다. 이처럼 여성 피해생존자들은 어머니의 부재를 자신의 삶을 설명하는 맥락으로서 중요하게 설명한다.

　이와 달리 남성 피해생존자는 어머니의 부재를 기억함에 있어서 구체적인 경험을 드러내지 않거나 어머니의 부재가 자신의 생애에 큰 영향을 미치지 않은 것으로 서사화한다. 남성 피해생존자인 〈사례 1〉 정영희의 남동생은 구술채록에 대한 요청을 거절했는데, 이는 어머니의 사망과 죽음에 대한 정서적 대면에 대한 저항 혹은 거절로써 볼 수 있다. 가부장적인 사회에서 남성은 자신의 감정, 특히 슬픔이나 고통과 같은 감정을 드러내는 것이 남자답지 못한 것으로 여겨지기 때문이다. 〈사례 6〉 김기진은 노근리사건이 발생한 당시의 상황에 대해서만 구술을 한 뒤 어머니가 부재한 가운데 성장한 유년 시절과 생애에 관해서는 구술을 거절했다. 어머니의 부재를 경험한 어린 시절을 감정적으로 대면하는 것이 여전히 쉽지 않았기 때문이다. 〈사례 6〉의 형인 〈사례 5〉 김홍진은 자신의 생애를 구술하면서 어머니의 부재를 언급하지 않은 채 노근리사건 이후 살아온 삶의 여정을 구술했다. 이는 자신의 삶을 부재한 어머니를 중요하게 고려하지 않고 개별적이고 독립적인 존재로 의미화함을 뜻한다. 이러한 남성 피해생존자의 구술 서사 방식은 어머니의 죽음과 부재에 대한 의도된 망각을 통해 자신의 상처와 고통을 비가시화하며 어머니에 대한 기억을 억압하는 것이자, 성별에 따른 성역할의 차이로 인해 어머니의 부재를 다르게 의미화함을 보여준다. 이러한 구술 서사 방식은 결국 어머니의 죽음과 어머니 부재로 인한 피해를 비가시화하는 결과를 낳는다.

　이와 같이 결혼을 통해 자신의 가족을 구성한 여성 피해생존자는 어머니와 동일한 성역할을 수행하면서 살아온 자신의 생애를 설명하는 데 어머니의 부재를 매우 중요한 것으로 위치시킨다. 그리고 가족에 대한 유대감과 애정을 드러냄으로써 강한 모성과 어머니됨을 실천하고자 했음을 보여준다. 반면에 남성 피해생존자는 어머니에 관한 구술을 회피하거나 어머니의 부재가 자신의 삶에 커다란 영향을 미치지 않은 것으로 드러낸다. 이처럼 피해생존자의 구술을 통해 삶의 여정을 주목하는 것은 전쟁 피해가 특정 사건이나 특정한 시기의 손상으로 한정하지 않는 시야를 확보하고, 피해자의 생애에 걸친 총괄적 영향의 차원에서도 파악할 수 있도록 한다(소영현, 2022: 16).

VI. 나오며

지금까지 한국전쟁기 충북 영동군에서 발생한 민간인 학살인 노근리사건에 관한 연구는 피살자의 성별, 즉 여성인 어머니의 사망이 가시화되지 않았으며, 이로 인해 가족 내 성역할과 함께, 피해생존자의 성별에 따라 사건이 어떤 영향을 미쳤는지, 즉 피해의 의미가 어떻게 다르게 의미화되었는지를 고려하지 않았다. 이러한 문제의식 하에, 본 연구는 노근리사건에서 여성의 희생이 컸던 젠더적 맥락과 어머니의 부재로 인한 가족의 위기, 특히 어머니의 성 역할 문제가 어떻게 해결되었는지를 살펴보았으며 피해생존자의 생애를 서사화하는 과정에서 어머니의 부재가 어떻게 의미화되었는지, 즉 기억되는지를 드러내고자 했다. 이를 통해 노근리사건에 의한 피해의 구체적인 내용과 그것이 갖는 역사적 의미를 젠더 차원에서 밝히고자 했다.

연구 결과, 미군에 의한 민간인 학살인 노근리사건에서 피난의 여부와 방식 그리고 노근리사건 이후의 삶의 과정에서 젠더가 중요한 영향을 미쳤음을 알 수 있었다. 남성들은 부계중심의 가족 질서에 기반해 대를 이어야 한다는 가부장적 가치를 바탕으로 아내와 자녀를 남겨두고 피난을 떠나는 경우가 적지 않았다. 반면에 여성들은 어린 자녀들과 시부모 등 가족을 돌봐야 하는 성 역할과 성폭력의 위협이 상존했기 때문에 여자 혼자 몸으로 피난을 떠나는 것은 쉽지 않은 선택이었다. 즉 부계중심의 가족질서와 가부장적인 젠더규범의 영향으로 노근리사건에서 여성의 피해가 많을 수밖에 없었다.

어머니가 사망함에 따라 부재하는 가족 내 어머니의 성 역할은 딸이 대신하거나 재혼을 통해 다른 여성에 의해 대체되었다. 가족 내 친어머니의 부재는 여성 피해생존자들이 가족 관계의 변화 속에서 돌봄과 친밀감을 느끼거나 애착관계를 형성하기 어렵도록 만들었다. 결국 여성 피해생존자들은 재편된 가족에서 갈등적인 가족관계를 형성하거나 종속적, 주변화된 위치에 놓이게 되었다. 특히 여성 피해생존자들은 결혼 후 강한 모성을 실천하며 생애사적 맥락에서 어머니의 존재를 중요하게 의미화했는데, 이는 어머니의 부재를 친밀성과 돌봄의 상실은 물론 성차별적인 자원 분배와 교육 기회의 부재로 이해했기 때문이다. 이와 달리 남성 피해생존자들은 구술 과정에서 어머니의 부재가 미친 경험을 드러내는데 저항감을 드러내거나, 어머니의 부재를 언급하지 않고 자신의 생애를 서사화했다. 이는 피해생존자의 성별에 따라 어머니의 부재가 갖는 의미가 다르다는 것을 반증하는 것으로 해석할 수 있다.

본 연구는 노근리사건에서 어머니의 죽음과 이로 인한 가족 내 어머니의 부재에 주목함으로써 여성의 피해가 전개된 맥락과 젠더에 따라 노근리 사건 이후에도 그 피해가 어떻게 다르게 영향을 미쳤으며, 나아가 피해생존자가 자신의 생애를 서사화하는 과정에서 어머니의 죽음에 대한 기억의 젠더정치를 밝히고자 했다. 이를 통해 어머니의 사망이 발생한 맥락에는 성별에 따른 성 역할과 가부장적 젠더규범이 영향을 미쳤으며, 이후 어머니의 부재는 노근리사건 이후 피해생존자들의 성별에 따라 서로 다르게 영향을 미쳤음을 드러냈다.

이러한 연구는 학살 혹은 전쟁 당시 그리고 이후의 과정에서 여성의 경험이 역사적 사건을 의미화하는 공식 언어가 될 필요가 있으며, 동일한 경험이 젠더에 따라 다르게 의미화되고 서사화되는 것을 밝히는 것 역시 중요함을 보여준다. 이러한 점에서 어머니의 사망과 그로 인한 영향의 젠더적 차이가 노근리사건의 공적 기억으로 언어화될 때 남성-아들은 물론 여성-딸 역시 노근리사건의 역사화 과정에서 공적 주체가 비로소 될 수 있을 것이다. 그러므로 본 연구는 노근리사건의 젠더적 성격, 즉 한국전쟁에 대한 피해와 이에 대한 기억의 문제를 젠더 차원에서 문제시한다는 점에서 중요한 의미를 갖는다.

참고문헌

권귀숙(2014), "제주4·3의 진상규명과 젠더 연구", 『탐라문화』, 제45호, 169-198쪽.
김귀옥(2012), "한국전쟁기 한국군에 의한 성폭력의 유형과 함의", 『구술사연구』, 제3권 2호, 7-37쪽.
김귀옥(2013), "여성에게 전쟁은 무엇인가?: 한국전쟁기 남성 부재와 시집살이", 『여성(들)이 기억하는 전쟁과 분단』, 홍천군: 아르케, 101-130쪽.
김상숙(2021), "한국전쟁 전후 여성 민간인 학살과 전시 성폭력-1기 진실화해위원회 보고서 기록을 중심으로", 『사회와 역사』, 제131집, 61-100쪽.
김상숙(2022), "연좌제와 '대살(代殺)'을 중심으로 본 여성 민간인 학살과 전시 성폭력", 『여성문학연구』, 제57집, 99-125쪽.

김석윤·현혜경(2019), "제주4·3사건 직계부재 희생자에 대한 의례와 기억의 연속에 대한 연구", 『민주주의와 인권』, 제19권 4호, 199-232쪽.

김은경(2014), "산업화 이전 시기 한국 여성의 모성 경험과 정체성 - 1940년대 중반~1960년대 초반을 중심으로", 『여성과 역사』, 제21집, 149-181쪽.

김은경(2020), "전쟁미망인의 노동 경험과 주체화, 그리고 일상 연대 - 부산·경남지역 전쟁미망인의 구술을 중심으로", 『여성과 역사』, 제33집, 233-267쪽.

김은실(2018), "국가폭력과 여성 : 죽음 정치의 장으로서의 4·3", 『4.3과 역사』, 제18집, 189-216쪽.

김현선(2011), "전쟁미망인의 빼앗긴 남편과 사랑, 결혼 이야기", 『구술사연구』, 제2권 1호, 97-115쪽.

김효정·박언주(2018), "한국전쟁으로 인한 남성부재와 여성 생계부양노동의 의미: 1920년대 출생 두 여성 노인의 구술생애사 사례를 중심으로", 『페미니즘 연구』, 제18권 1호, 303-344쪽.

나성은(2015), "유자녀 '전쟁미망인'의 재혼과 모성 : 1920년대 출생 여성의 구술 생애사를 중심으로", 『한국여성학』, 제31권 1호, 161-200쪽.

박선원(2001), "제국의 은전론- 미국의 노근리 사건 최종보고서 비판", 『경제와 사회』, 제52권, 252-263쪽.

방선주(2000), "한국전쟁 당시 북한자료로 본 '노근리'사건", 『한국학』, 제23권 2호, 19-47쪽.

소영현(2022), "한국전쟁의 유령들", 『여성문학연구』, 제57집, 10-38쪽.

소현숙(2021a), "가족 근대화의 모델 찾기에서 가족 '정상성'에 대한 성찰로: 한국 현대 가족사 연구 동향과 과제", 『역사문제연구』, 제25권 제2호, 351-388쪽.

소현숙(2021b), "신체에 각인된 전쟁의 상처와 치유: 한국전쟁기 노근리 피해자 구술에서 나타난 장애와 젠더", 『동방학지』, 제197집, 199-224쪽.

안태윤(2007), "딸들의 한국전쟁 - 결혼과 섹슈얼리티를 중심으로 본 미혼여성들의 한국전쟁경험", 『여성과 역사』, 제7집, 49-85쪽.
염미경(2005), "여성의 전쟁경험과 기억: 좌익관련 여성유족의 구술생애사", 『한국학』, 제28권 4호, 137-164쪽.
이령경(2003), "한국 전쟁 전후 좌익관련 여성유족의 경험 연구 : 여성주의 평화개념에서", 성공회대학교 시민사회단체학과 석사학위 청구논문.
이임하(2010), 『전쟁미망인, 한국현대사의 침묵을 깨다 - 구술로 풀어 쓴 한국전쟁과 전후 사회』, 서울: 책과함께.
이정주(1999), "제주 '호미' 마을 여성들의 생애사에 대한 여성학적 고찰 : '4·3' 경험을 중심으로", 이화여자대학교 여성학과 석사학위 청구논문.
이재경(2022), 『한국 가족 : 신가족주의에서 포스트가부장제로』, 서울 : 이화여자대학교출판문화원.
정승화(2015), "한국 근대 가족의 경계와 그림자 모성: '식모-첩살이' 경험 여성의 구술생애사를 바탕으로", 『한국여성학』, 제31권 3호, 65-102쪽.
정진성(2001), "인권의 관점에서 본 노근리사건의 재해석", 『민주주의와 인권』, 제1권 1호, 139-171쪽.
함인희(2006), "한국전쟁, 가족 그리고 여성의 다중적 근대성", 『사회와 이론』, 제9집, 159-189쪽.
함인희(2013), "전후 한국가족의 사회경제적 맥락과 젠더", 『여성들이 기억하는 전쟁과 분단』, 홍천군: 아르케, 29-44쪽.

〈기타 자료〉

「충청신문」, 2009.6.23., "노근리희생자 합동묘역 준공", https://www.dailycc.net/news/articleView.html?idxno=31123 (최종검색일 2023년 9월 18일).

'국제부인데이'의 기념과 망각[*]

조상현[**]

1. '세계 여성의 날'과 '국제부인데이'

각 나라는 그 국가의 역사와 정체성을 잘 드러낼 수 있는 다양한 기념일을 만들어 매년 이를 기념하고 기억한다. 현재 우리나라에는 크게 3가지 종류의 기념일이 있다. 첫째는 「국경일에 관한 법률」[1](이후 국경일법)에 의해 정해진 국경일이다. 국가 차원에서 가장 경사스러운 날로 현재 다섯 개의 국경일이 있다. 둘째는 「각종 기념일 등에 관한 규정」[2](이후 기념일규정)에 의해 정해진 53개의 정부 주관 각종 기념일(혹은 기념주간)이다.[3] 셋째는 국경일법과 기념일규정 이외에 각종 개별 법률에 따라서 지

---

[*] 본 글은 「국제부인데이의 기념과 망각」, 『감성연구』26, 2023.에 실린 글임
[**] 전남대학교 인문학연구원 HK연구교수
[1] 「국경일에 관한 법률」(법률 제12915호, 2014.12.30. 일부개정)
[2] 대통령령 제31264호(2020.12.15. 일부개정)
제2조(기념일 등)
① 정부에서 주관하는 각종 기념일, 그 주관 부처 및 행사 내용 등은 별표 1과 같다. 〈개정 2020. 8. 18.〉 ……
[3] 행정안전부 홈페이지(https://www.mois.go.kr/frt/sub/a06/b08/

정된 기념일이다. 행정안전부의 자료에 의하면 2022년 5월 기준 총 89개의 기념일(주간)이 여기에 해당한다.[4]

우리나라의 기념일은 초창기 국가의 수립과 반공(反共) 국가 건설, 그리고 국가 근대화와 관련된 것들 중심으로 만들어지다가 국가의 행정과 제도가 점차 완비되면서 이를 기념하는 날들이 생겨나기 시작했다.[5] 기념일에는 그 국가 · 민족 혹은 국민들이 모두 공감하는 인물이나 사건을 기념하기 위한 것이 있는가 하면, 변화하는 시대 상황에 맞춰 그 시대의 주요 아젠다를 잘 드러낼 수 있는 기념일도 있다. 근래에 여성의 권익 향상과 관련하여 지정된 다양한 여성 관련 기념일이 여기에 해당한다.[6]

---

nationalHoliday_3/screen.do/, 2022.12.30)

[4] 89개의 기념일(주간)이 정확한 숫자는 아니다. 89개 중 7개는 기념일규정의 기념일과 중복되기 때문에 이를 제외하면 82개이다. 또한 개별 법률에 명시되었지만, 아직 목록에 올라가지 않은 경우도 존재한다. 예를 들어 2021년 「여성농어업인육성법」에 의거하여 '여성어업인의 날'(10월 10일)과 '여성농업인의 날'(10월 15일)이 함께 신설됐지만, 행안부의 목록에는 '여성어업인의 날'만 등재되어 있다. 다만 이 글에서는 정확한 개수가 절대적으로 중요한 것은 아니기 때문에 행정안전부 목록 숫자를 기준으로 삼았다. 행정안전부 홈페이지(https://www.mois.go.kr/cmm/fms/FileDown.do?atchFileId=FILE_00108934d-WbL7f&fileSn=0 ; 2022년 5월 기준).

[5] 김민환, 「한국의 국가기념일 성립에 관한 연구」, 『한국학보』 26(2), 일지사, 2000, 133~152쪽.

[6] 우리나라에 국경일법과 기념일규정에 의거한 여성 관련 기념일은 없다. 개별 법률에 따른 기념일 가운데 여성과 직 · 간접적으로 연관된 것이 13개 정도 확인된다. 그 목록은 다음과 같다.
- 2001년 남녀고용평등강조기간(5월 마지막 주, 고용노동부, 남녀고용평등과 일 · 가정 양립 지원에 관한 법률)
- 2005년 임산부의 날(10월 10일, 보건복지부, 모자보건법)
- 2011년 성폭력추방 주간(11월 25일, 여성가족부, 성폭력방지 및 피해자보호 등에 관한 법률)
- 2015년 가정폭력추방 주간(11월 25일, 여성가족부, 가정폭력방지 및 피해자보호 등에 관한 법률)

2019년 신설된 '여권통문의 날'이 대표적인데, 대한제국 때인 1898년 9월 1일 '우리나라 최초의 여성인권선언문'이라 할 수 있는 '여권통문(女權通文)' 혹은 '여학교설시통문(女學校設始通文)'이 선언된 것을 기념하기 위해 만든 기념일이다.[7]

또한 세계화 속에서 한 국가만이 공감하는 사건을 넘어 세계적인 유대 차원에서 국제 기념일을 함께 기념하는 경우도 있다. '여성의 날'은 바로 '여성'이라는 아젠다와 세계적으로 널리 기념되는 '세계 여성의 날'(International Women's Day ; IWD)과 연대하는 성격을 지닌다.

1975년[8] UN에 의해 지정된 '세계 여성의 날'은 UN의 다양한 국제

- 2017년 일본군 위안부 피해자 기림의 날(8월 14일, 여성가족부, 일제하 일본군위안부 피해자에 대한 보호·지원 및 기념사업 등에 관한 법률)
- 2018년 성매매추방 주간(9월 19일~25일, 여성가족부, 성매매방지 및 피해자보호 등에 관한 법률)
- 2018년 양성평등주간(7월 1일~7일, 여성가족부, 양성평등기본법)
- 2018년 여성의 날(3월 8일, 여성가족부, 양성평등기본법)
- 2019년 여권통문의 날(9월 1일, 여성가족부, 양성평등기본법)
- 2019년 여성폭력추방 주간(11월 25일, 여성가족부, 여성폭력방지기본법)
- 2020년 양성평등 임금의 날(양성평등주간 중 하루, 여성가족부, 양성평등기본법)
- 2021년 여성기업 주간(7월 첫째주, 중소벤처기업부, 여성기업지원에 관한 법률)

7 선언서 원문이 남아 있지 않지만 당시 신문의 보도를 통해 선언 내용을 확인할 수 있다. 관련 소식을 전하고 있는 신문은 『제국신문』(「북촌 엇던 부인네들이 국가를 개명할 목역으로」, 1898년 9월 6일), 『황성신문』(「別報 五百年有」, 1898년 9월 8일), 『독립신문』(「녀학교」, 1898년 9월 9일) 등이다. 가장 먼저 소식을 알린 제국신문의 기사는 6줄짜리 단신이었지만, 황성신문과 독립신문은 내용을 소상히 알려주고 있다. 그 내용에 여성도 남성처럼 교육을 받을 권리, 직업을 가질 권리, 그리고 민족운동 대열에 참여할 권리 등을 가지고 있다는 주장을 담고 있어, 우리나라 최초의 여성인권선언문이라는 평가를 받고 있다(박용옥, 「韓國近代女性運動史 硏究」, 고려대학교 사학과 박사논문, 1984, 58쪽.; 이송희, 「한국 근대사 속의 여성 리더십」, 『여성과 역사』 15, 한국여성사학회, 2011, 107~109쪽).

8 UN은 1975년을 '세계 여성의 해'로 선포하고 같은 해 3월 8일을 세계 여성의 날로

날·국제주간(International Days and Weeks) 가운데 가장 인기 있는 기념일 중 하나이며,[9] 2018년 이래 우리나라에서도 기념일로 지정되어 기념식과 다양한 행사를 진행 중이다.

그런데 실제 '여성의 날' 역사는 1975년보다 훨씬 오래 전인 20세기 초로 거슬러 올라간다. 우선 UN의 IWD 홈페이지에 나와 있는 여성의 날 역사 소개 페이지를 참고해 그 출발을 정리해 보면 다음과 같다.[10]

1909년 : 미국 - 1908년 여성 노동 환경에 항의해 일어난 뉴욕 의류 노동자의 파업을 기리기 위해 **1909년 2월 28일 처음으로 미국 여성의 날로 지정**

1910년 : 유럽 - 덴마크 코펜하겐에서 열린 사회주의 인터내셔널에서 여성의 참정권 달성을 위한 **국제적 성격의 여성의 날 제정**

1911년 : 첫 기념 - **미국과 유럽 많은 국가에서 3월 19일에 여성의 날 기념식 개최**. 투표권과 공직 피선거권, 여성의 노동, 직업훈련, 직장 내 차별 종식 요구

1913년 : 러시아 - 1차 세계대전 반대 평화운동의 일환으로 **러**

기념하기 시작하였다. '세계 여성의 날'을 국제기념일로 삼는 결의안이 유엔 총회에서 채택된 것은 1977년 12월이다.

[9] UN에서는 국제적으로 많은 관심이 필요한 주제에 대한 일반 대중의 인식 고취 및 교육, 정치적 행동 촉진을 위해 다양한 '국제날·국제주간'(International Days and Weeks)을 지정해서 이를 기념하고 있다. 2022년 6월 현재 197개의 국제 기념일/주간이 있는데 그 중 가장 인기 있는 날은 '세계 여성의 날'(3월 8일), '세계 물의 날'(3월 22일), '세계 평화의 날'(9월 21일) 등이다. (https://www.un.org/en/observances/international-days-and-weeks/, 2022년 6월 5일 기준)

[10] https://www.un.org/en/observances/womens-day/background/, 2022.10.05)

시아 여성들이 **2월 마지막 일요일에 첫 세계 여성의 날을 기념**함

1917년 : 러시아 참정권 - **2월 마지막 일요일**(그레고리력으로 3월 8일)에 '빵과 평화'를 위한 파업 진행, 짜르가 물러나고 여성에게 투표권이 부여됨

    '여성의 날'을 기념하는 행위의 시작만을 놓고 보자면 1909년이 처음이다. 1908년 뉴욕에서 벌어진 여성 노동자 시위를 기념하는 의미로 1909년 미국 '국내' 여성의 날이 처음으로 탄생한 것이다.[11] 오늘날 전 세계적으로 통용되는 기준이 바로 이것이다. 2022년 3월 8일은 114회 '세계 여성의 날'이었는데, 114회를 역산하면 그 기념을 1909년으로 삼고 있음을 알 수 있다.

    반면, 범위를 국가에서 '세계'로 넓히면 1911년을 시작으로 볼 수 있다. 1910년 덴마크 코펜하겐에서 열린 회의에서 국제적 성격의 여성의 날 제정을 결의하였고, 다음 해인 1911년 최초로 미국과 유럽 등 구미(歐美) 곳곳에서 여성의 날이 열렸다는 점을 확인할 수 있다.[12] 이때 기념일

---

[11] 1909년 미국 여성의 날 기원과 관련하여 그 근원을 1857년 뉴욕에서 벌어진 의류 산업 노동자들의 시위로 보는 견해도 있으나, 1857년까지 기원을 올려서 볼만한 근거는 밝혀진 바 없다(신상숙, 「'루트거스 광장'을 넘어서 -3·8 세계여성의 날의 복합적 기원과 한국의 수용 맥락-」, 『페미니즘연구』 10(1), 2010, 164~165쪽).

[12] 러시아의 혁명가이자 여성노동운동가인 알렉산드라 콜론타이(Alexandre Kollontai. 1872~1952) 역시 1920년 발행된 『세계 여성의 날』 소책자에서 "1910년 2차 국제여성노동자회의에서 클라라 체트킨(Clara zetkin)은 세계 여성 노동자의 날을 조직하자는 안건을 제시했다. 국제 여성 노동자회의는 매년, 모든 나라에서 여성들의 선거권은 사회주의를 위한 투쟁에서 우리의 힘을 단결시킬 것이라는 구호 아래 똑같이 '여성의 날'을 기념하자고 결정했다. …… 2차 세계 여성 노동자회의에서 내려진 결정은 서면으로 남겨지지 않았다. 첫 세계 여성의 날은 1911년

날짜는 3월 8일이 아닌 3월 19일이었다.

여성의 날 기원에 대한 혼동은 우리나라에 처음 도입될 때에도 마찬가지였다. 당시 국내 기사에서 세계 여성의 날 기원을 어떻게 소개하고 있는지 알아보자.

> 가. 북경·천진·상해·광동의 각 부인회를 중심으로 8일 국제부인기념일을 기하여 전국에 부인의 큰 시위운동을 개시할 모양인데, 국제부인회가 **성립 후 16년이 되는 금일**에 …….[13]
>
> 나. 3월 8일은 무산부녀들의 단결적 위력을 나타낸 날로써 세계 각국의 무산부녀들이 국제적으로 기념하는 날이다. …… **지금으로부터 8년 전 1917년 3월 8일**에 러시아의 무산부녀들이 지리한 자본주의 전쟁인 구주대전에 극심한 피로를 느끼고 자기네의 굴욕적 참담한 생활을 벗어나 '빵'과 자유와 평등을 절규하면서 수도 레닌그라드에 살도하여 용감스러운 일대 시위운동을 행하였으니 이것이 도화선이 되어 마침내 **11월의 혁명**까지 일어나 …… 이리하여 러시아에서는 이 혁명의 공헌이 큰 부인의 운동을 중대시하게 되어 제3인터내셔날에서는 이날을 **국제무산부인데이로 정하고 전세계무산부녀가 일치하여 이날에 계급적 의식을 환기하여 기념**하게 하였

3월 19일에 개최되기로 결정되었다. …… 1회 세계 여성의 날은 1911년에 열렸다. 그 성과는 기대 이상이었다. 여성의 날, 독일과 오스트라이에 들끓으며 요동치는 여성들의 물결로 하나가 되었다."라고 하여 1회 기점을 1911년으로 보고 있다(알렉산드라 콜론타이·블라디미르 일리치 레닌 저, 서의윤 역, 『콜론타이의 여성 문제의 사회적 기초·세계 여성의 날』, 좁쌀한알, 2018, 96~105쪽).

13 「중국부인시위운동 국제부인기념일을 기하야」, 『동아일보』, 1925년 3월 8일.

다. 이래 각국무산계급에서는 이날을 연연히 새 무산부인운동의 출발점으로 정하게 되었으며 그 후 1921년 6월에 '모스크바'에서 제2회 국제무산부인대회가 개최되었을 때 불가리아의 대표가 매년 3월 8일로서 국제무산부인데이로 정하자는 의안이 제출되자 28개국 대표 28명은 이구동성으로 찬동하여 만장일치로 가결되어 마침내 **1922년 3월 8일을 제1회 국제무산부인데이**로 정하였다. 그리하여 **1922년 봄에는 러시아 독일 및 기타 제국에서 제1회 국제부인데이를 성대하게 거행**하였다······.[14]

다. **매년 3월 8일을 국제부인일로하여 지키자는 것이 1921년 '모스크바'에 열리었던 제2회 국제부인대회에서 결정**되었었다. 그리하여 **그 익년부터 그것이 세계적으로 지켜오게 된 것**이다. 어찌하여 이 3월8일을 택하였던가 하는 문제는 매우 간단하게 대답할 수 있는 것이니 1917년 3월 8일에 러시아의 무산부인들이 전제정치와 자본제도에 반항하는 의미를 표시하기 위하여 대대적으로 시위운동을 행한 것을 기념하기 때문이다······.[15]

1925년 중국의 '국제부인기념일'[16]을 조선에 소개하는 '가' 기사에서

---

14 「국제부인데이에」, 『동아일보』, 1925년 3월 9일.
15 「국제부인일」, 『조선일보』, 1927년 3월 7일.
16 기념일의 명칭과 관련해서 우리나라에서는 '국제부인데이'·'국제부인일' 외에도 '국제무산부인데이'·'국제무산부인일'·'국제부녀데이'·'국제부인절'·'국제부인일'·'국제공산부인데이'·'국제공산부인일'·'세계 여성의 날'·'국제 여성의 날' 등 다양한 이름을 사용했다. 이 글에서는 인용문을 제외하고 가급적 초기부터

는 1925년이 16회를 맞이한다고 하였는데, 이는 1909년에 시작한 기념식의 1주년을 1910년으로 보거나 1910년 행사를 제1회로 봤을 때 가능한 횟수다.

그런데 '나' 기사에서는 1922년이 제1회 '국제무산부인데이'라고 상세히 설명하고 있다. 1921년 6월 모스크바에서 열린 제2회 코민테른 여성회의에서 1917년 혁명 기념일인 3월 8일을 '국제부인데이'로 삼을 것을 만장일치로 결정하면서 오늘날 3월 8일을 세계 여성의 날로 기념하는 관행이 정착됐다는 것이다.[17] '다' 역시 1917년 혁명에서 3월 8일을 가져왔으며, 이 날짜를 기념해 매년 부인대회를 개최하기로 한 것은 1921년이었다고 언급하고 있다.

어떤 날짜에 기념하느냐는 것은 결국 미국 뉴욕 노동자 혹은 러시아 혁명 둘 중 무엇을 기념하느냐의 문제였다. '나·다'처럼 '매년 3월 8일'로 기념일 날짜를 고정한 것에 의미를 두고 1922년을 기념으로 삼는 경우, 여성의 날이 기념하고자 하는 대상은 1917년 러시아 혁명을 이끈 여성 노동자들의 시위가 된다. 앞서 1911년을 첫 기념으로 삼을 때 1908년 미국 뉴욕의 시위를 그 기념의 대상으로 삼던 것과는 다른 경향이다.

이글은 '세계 여성의 날'이 1920년대 우리나라에 처음 도입되면서 겪은 부침의 과정을 되짚어 보려는 것이다. 구미의 기념일인 '세계 여성의 날'이 우리나라에 처음 소개된 것은 언제이고, 당시 이를 기념하는 방식

가장 오랫동안 널리 쓰인 명칭 '국제부인데이'를 주로 사용한다.

[17] 처음으로 3월 8일에 여성의 날 행사를 거행한 것은 1913년이었다. 다만 이 때 3월 8일에 행사를 치른 것은 노동에 방해되지 않는 토요일·일요일에 기념행사를 거행하다 보니 우연히 선택된 날짜일 뿐 '3월 8일'에 특별한 상징성을 부여해 고정한 기념일은 아니었다(신상숙, 「'루트거스 광장'을 넘어서 −3·8 세계여성의 날의 복합적 기원과 한국의 수용 맥락−」, 172쪽).

은 무엇이었으며, 누가 이를 주도했는지 등을 당시 자료를 통해 추적해 볼 것이다. 아울러 몇 년 동안의 시도에도 불구하고 결국 세계 여성의 날이 기념일로 자리 잡지 못한 채 망각의 길에 접어들게 된 원인이 어디에 있는지도 함께 살펴볼 것이다.

2. 1920년대 식민지 조선의 국제부인데이 기념

매년 3월 8일을 관행적으로 세계 여성의 날로 삼아 기념하기 시작한 것이 1922년이다. 우리나라에서는 그 다음해인 1923년부터 여성의 날 소개 기사가 확인된다.

> 라. 여자가 남자의 부속품이 아닌지라 남자의 환락을 위하여 생존하지 아니하며 여자가 남자의 장식품이 아닌지라 그 영화를 위하여 존재하지 아니하며 여자가 남자와 그 가계의 영속을 위하여 자녀생산의 기구에 불과한 것이 아닌지라 그 생산의 임무가 여자존재의 유일한 목적은 아닐지니 이에 여자도 일개 인격인 것을 인정하여야 할 것이라······ **일본에서 온 소식에 의하면 대판[오사카]에는 무산부인(無産婦人)(즉 부인노동자)의 결사가 발생하는 동시에 오는 3월 8일을 기하여는 국제무산부인일(國際無産婦人日)을 정하고, 10일 동경에서 15~16 양일에는 대판에서 일대 시위 시위행렬을 보이려고 한다.** 이는 **세계의 무산부인이 상호상응하여 그 완전한 해방 역사적 사명을 수행하자함**이로다. 우리는 조선의 부인이 또한 이에 **감(鑑)하고 감(感)하는바 있기를 희망하여** 그 일단을 이에 소

개하노라. 아~ 조선의 부인 더욱이 신진부인이여, 제군의 소감이 과연 어떠한가.[18]

'라'는 식민지 조선 여성에게 일본 내지의 여성운동이 어떻게 진행되고 있는지 소개하는 기사이다. 동경과 오사카 지역 무산부인들이 3월 8일 '국제무산부인일'을 맞아 일본 내 시위를 벌인다는 소식을 전하면서, 조선의 부인들 특히 근대 교육을 받은 신진부인들도 세계 무산부인들의 행동에 감응하길 기대하는 것으로 마무리되고 있다.

이 기사는 일본 소식이지만, 머지않아 국내에서도 비슷한 활동이 시작되었다. 일본에서 유학 중이던 학생들이 당시 유행하던 사회주의라는 신사상을 접한 후 이를 국내에 들여와 소개하였기 때문이다. 이들은 귀국 후 청년·노동·농민 및 여성 운동 등 다양한 방면에서 적극적인 활동을 하였다. 코민테른 역시 직접 사회주의자들을 조선에 잠입시켜 부분별 단체 결성 및 운동 활성화를 이끌기도 했다.[19]

국내에서 처음으로 국제부인데이 행사가 시작된 것은 1924년이다.

마-1. 오는 팔일 오후 일곱시 경에 **염군사(焰群社) 주최**로 종로중앙청년회관에서 **국제부인데 기념 강연회**를 개최한다는데 …… 그 주제와 연사는 다음과 같다. **부인운동의 역사적 고찰-박일병, 부인운동의 경제관-김찬, 부인운동의 의의-지**

---

18 「日本의 婦人運動『無産婦人데이』」, 『동아일보』, 1923년 3월 2일.
19 이송희, 「한국 근대사 속의 여성 리더십」, 『여성과 역사』 15, 한국여성사학회, 119~120쪽.

정신, 이날을 기념하기 위하여-최성삼.[20]

-2. 월간잡지 **염군사 주최**로 금팔일 오후 일곱시에 종로청년회관에서 **국제부인데 기념강연**을 한다함은 이미 보도한바 **경찰당국에서는 강연을 금지함으로 부득이 중지**하게 되었다더라.[21]

-3. **강연은 도처에서 금지** 역시 반벙어리행세로. 염군사에서 주최하는 국제부인일 기념강연회는 팔일 오후 일곱시 대구 노동공제회관에서 개최할 예정이었던바 **대구경찰서에서는 아무 이유도 말하지 않고 집회를 금지**하였으며 또 십일에 개최할 예정인 남선노동동맹의 축하연설도 금지되었다더라.[22]

1924년, 조선 최초로 서울과 대구에서 국제부인데이 행사를 주최한 곳은 '염군사'라는 문학단체였다. 이때 염군사가 마련한 국제부인데이 기념행사는 외국처럼 대규모 군중집회가 아닌 강연회 형식이었다. 그리고 주제도 전근대 시대 전통적 여성 역할에 대한 틀을 깬 새로운 여성운동 경향을 소개하는 것 위주로 짜여졌다. 이렇게 매우 건전한 기념행사임에도 불구하고 염군사의 국제부인데이 기념식은 경찰당국의 금지 조치로 인해 제대로 열리지 못했다. 서양이나 중국·일본처럼 부인들의 대규모 집결 시위를 계획한 것이 아님에도 일제는 정당한 이유도 없이 모든 강연을 불허한 것이다.

---

20 「국제부인데 긔념강연회」, 『동아일보』, 1924년 3월 5일.
21 「부인데강연 경찰금지로 중지」, 『동아일보』, 1924년 3월 8일.
22 「대구에서도 강연금지 국제인부긔념」, 『동아일보』, 1924년 3월 9일.

1925년, 조선에서는 두 번째 국제부인데이 기념식이 준비됐다.

> 바-1. 국제무산부인데이 기념일을 기념키 위하여 시내에 있는 **조선여성동우회, 경성여자청년동맹, 경성여자청년회** 이상 3단체의 주최로 오는 팔일 오후 일곱시에 시내 경운동 천도교 기념관에서 **기념대강연회를 개최**한다는데 주제와 연사는 다음과 같다는 바 당일 입장자에게는 기념꽃 한 개씩을 드릴 터인데 그 꽃값은 십전씩이라더라. **부인해방의 원동력 - 주세죽, 이날을 당하여 - 김조이, 조선무산부녀의 상황 - 박춘자, 국제무산부인데이 - 박원희, 현사회와 부인의 지위 - 김O준, 국제부인데이의 의의와 부인운동 - 허정숙**.[23]
>
> -2. 오는 3월 8일은 국제부인기념일임으로 **대구여자청년회**에서는 **기념강연회**를 부내 노동공제회에서 개최한다는데 주제와 연사는 아래와 같다고. **국제부인운동의 의의 - 정칠성여사, 여성으로 본 여성 - 이춘수양, 자아완성과 부인해방 - 최화수군, 현대인의 약탈혼 - 신철수군, 농촌혼인의 생활상태 - 이상훈군**.[24]

1925년부터는 행사 주최자가 조선여성동우회·경성여자청년동맹·경성여자청년회·대구여자청년회 등 다양한 여성운동 단체로 바뀌었다. 하지만 기념 방식은 1924년과 크게 다르지 않았다. 대규모 집회보다

---

23 「부인일을 기념하고자. 부인단톄련합 대강연회개최」, 『조선일보』, 1925년 3월 3일.
24 「부인데이기념 대구여청에서」, 『조선일보』, 1925년 3월 7일.

는 대중 강연 행사에 치중하였고, 일본 경찰의 대응 역시 마찬가지였다. 당시 일본 경찰은 "강연은 위험한 것은 아니지마는 시기가 시기임으로 부득이 금지한다"는 통지를 보냈다.[25] 이처럼 미리 고지된 강연회를 일제 경찰이 금지하는 사례는 1920년대에 적지 않게 발견된다.[26] 간혹 강연이 무탈하게 열린 경우도 있지만, 극히 소수에 불과했다.[27]

일제가 무슨 이유로 국제부인데이 기념식을 방해했는지 알아보기 위해서 1920년대 국제부인데이 행사 주최 기관과 기관의 성향을 간략히 정리해 보았다.

연도	주최 기관	기관 성향
1924	염군사	1922년. 사회주의 문학예술 단체
1925	조선여성동우회 경성여자청년동맹 (경성/대구)여자청년회	1924년. 사회주의 여성운동단체 1925년. 여자공산당 청년 조직 1925년. 사회주의 여성운동단체
1926	(함흥/광주)여자청년회 삼월회	1920년대. 사회주의 여성운동단체 1925년. 일본 동경. 사회주의 여성운동단체
1927	(경남고성/간도)여자청년회	1920년대. 사회주의 여성청년단체
1928	근우회(동경/김천지회) 경남 기장정진청년회 함북성진청년동맹(연맹) (진주/원산)여자청년회	1927년. 좌우익 여성운동 통합단체 1925년. 사회주의 청년운동단체 1920년대. 사회주의 여성청년단체 1920년대. 사회주의 여성청년단체

---

25 「婦人講演禁止 시고가조치못하다고」, 『조선일보』, 1925년 3월 5일.
26 「三八紀念禁止」, 『동아일보』, 1925년 3월 11일; 「國際婦人데이紀念講演禁止」, 『時代日報』, 1926년 3월 19일; 「國際婦人日 講演中止 當局의 禁止로」, 『조선일보』, 1927년 3월 8일; 「元山女靑의 國際婦人데 ㅣ 警察이 禁止」, 『중외일보』, 1928년 3월 13일; 「國際婦人데— 紀念講演禁止」, 『동아일보』, 1929년 3월 12일 등.
27 「光州女子靑年會 國際婦人데이紀念 大講演會開催」, 『每日申報』, 1926년 3월 14일; 「부인데긔념강연」, 『동아일보』, 1927년 3월 13일 등.

| 1929 | (마산/김해)청년동맹여자부 함남흥원청년동맹 | 1920년대. 사회주의 청년단체 |

〈표 1〉 1920년대 국제부인데이 주최 기관과 기관의 성향

경찰이 기념행사를 금지시킨 정당한 이유를 알려주지는 않았지만, 주최 기관의 면면을 보면 금지 이유를 유추하는 것이 어려운 일은 아니다. 1924년 국제부인데이를 처음 주최한 염군사는 1922년 만들어진 최초의 사회주의 문학예술 단체이다.[28] 1925년부터는 여성동우회·청년동맹·여자청년회 등이 행사를 주도했는데 모두 사회주의 여성단체들이다. 주최 기관의 대부분은 1920년대 사회주의의 급속한 조선 보급 이후 설립된 단체들로 사회주의 농민·노동·여성·청년운동을 목표로 설립된 곳이다.

다음 표는 당시 신문에 소개된 주요 행사의 강사와 강연 주제, 그리고 강사진의 소속이나 성향을 간략히 정리해본 것이다.[29]

---

[28] 염군사는 문예 활동을 계급투쟁의 방편으로 생각하는 강경파에 속했다. 훗날 파스큘라와 제휴하여 '조선프롤레타리아 예술동맹(KAPF)'을 만든 후 발전적 해체되었다(한국민족문화대백과사전(http://encykorea.aks.ac.kr/, 2022.12.30).

[29] 기관 및 강사의 성향에 대해서는 국가보훈처 공훈전자사료관(https://e-gonghun.mpva.go.kr/, 2022.12.30.), 한국민족문화대백과사전(http://encykorea.aks.ac.kr/, 2022.12.30), 국사편찬위원회 한국사데이터베이스(http://db.history.go.kr/, 2022.12.30), 한국학중앙연구원 한국향토문화전자대전(http://www.grandculture.net/, 2022.12.30), 한국학중앙연구원 세계한민족문화대전(http://www.okpedia.kr/, 2022.12.30), 노동자의 책-사전(http://www.laborsbook.org/dic/, 2022.12.30) 등을 활용했다.

연도	강사(주제)	강사 소속
1924	박일병(부인운동의 역사적 고찰)	조선노농총맹 발기인, 사회주의운동가
	김찬(부인운동의 경제관)	블라디보스토크 코민테른 동양비서부 간부, 조선청년총동맹, 연해주 한인 빨치산 부대
	지정신(부인운동의 의의)	전도사, 염군사 기자
	최성삼(이날을 기념하기 위하여)	한족공산당 연해주연합총회
1925	주세죽(부인해방의 원동력)	조선여성동우회, 경성여자청년동맹 활동
	김조이(이날을 당하야)	경성여자청년동맹. 조봉암 부인
	박춘(희)자(조선무산부녀의 상황)	경성여자청년회
	박원희(국제무산부인데이)	경성여자청년회, 근우회
	김수준(현 사회와 부인의 지위)	경성여자청년회, 중앙여자청년동맹
	허정숙(국제부인데이의 의의와 부인운동/국제부인데이에 대한 역사적 연혁)	조선여성동우회, 근우회, 조선노동당
	정칠성(국제부인운동의 의의)	대구여자청년회, 여성동우회, 삼월회
	이춘수(여성으로 본 여성)	(일본 동경 사회주의 여성단체) 삼월회
	고명자(신여자의 임무)	경성여자청년동맹, 조선여성동우회
	최화수(자아완성과 부인해방)	서양화가, (대구지역 화가집단) 향토회
	신철수(현대인의 약탈혼)	(대구지역 사상단체) 상미회
	이상훈(농촌부인의 생활상태)	(대구지역 사상단체) 상미회
1926	도용호(국제무산부인데이의 의의)	함흥청년회, 조선공산당, 함남사회운동자동맹
	권명범(3월8일과 무산 여성의 각오)	삼월회
	박만취(부인데이와 무산여성운동)	
	정칠성(국제부인데이의 의의)	대구여자청년회, 삼월회, 근우회
	최한영(국제부인데이의 역사적 의의)	광주신우회. 3·1운동/광주학생독립운동
	정순이(해방운동의 의의)	광주여사청년회, 근우회

1926	최덕인(현사회조직과 여성문제)	
	정은순(농촌부인문제에 대하야)	광주여사청년회, 근우회
	윤경옥(공창문제에 대하야)	근우회
	오영균(제목미정)	
1927	박원희(국제무산부인데이의 유래)	조선여성동우회, 근우회
	정종명(국제무산부인데이를 기념하자)	근우회
	황신덕(조선부인의 국제화)	조선여성동우회, 근우회
	박신우(3월 8일과 조선 여성)	근우회
	이현경(국제무산데이를 맞으면서 조선 여성에게)	조선여성동우회, 근우회
	나순금(여자해방과 3월 8일)	근우회
	강정희(러시아혁명)	근우회, 조선공산당
1928	노단우(국제무산부인데이의 내력)	신간회
	맹성재(국제청년운동과 조선청년)	성진청년동맹, 조선공산당, 신간회
	손영극(청년의 사회적 가치와 그 중요성)	북성회, 조선공산당, 신간회
	요영국(국제부인원동과 조선여성)	신간회, 고려공산청년회
	김판용, 김용광 (미정)	
1929	김귀동(국제부인데이 유래)	마산노동동우회, 마산청년동맹, 신간회
	김종신(조선여성운동)	마산공산당, 마산청년동맹, 신간회
	여해(부인운동의 의의)	마산노동동우회, 신간회

〈표 2〉 1920년대 국제부인데이 강연회 강사 성향

 우선 강연 주제를 보면 국제부인데이의 유래·내력·의의 등을 알려주는 것과 부인운동 및 여성운동 현황, 그리고 여성과 관련된 잘못된 악습 등에 대한 교육 위주로 짜여 있다. '무산'이라는 계급 개념이 등장하는 것을 제외하면, 대부분의 강연 주제만 봐서는 사회주의 사상 보급을 위한 강연이라는 분위기를 풍기지는 않는다.

하지만 강사진의 면모를 보면 절대다수가 사회주의 운동가로 구성되었다. 사회주의는 1920년대 일본에게 가장 민감한 문제였다. 일본 본토는 물론 식민지 조선에 사회주의운동, 공산주의 사상 등이 유입되는 것을 철저히 막고 '천황'과 천황 통치권을 지키고자 1921년 「치안유지에 관한 건」 칙령을 반포하고, 1925년에는 「치안유지법」을 만들어 각종 사회운동을 탄압하는 빌미로 삼았다.[30] 식민지 조선에서도 결국 이 법을 통해 여성운동가를 검거하고 집회·강연회를 금지시켜 단체의 해체와 운동의 무력화를 꾀하였다.[31]

> 사-1. 일본에서는 제2회 즉 1923년 3월 8일에 이 부인데이를 기념하러 동경에 있는 프로문예잡지 『종시인(種蒔人)』사에서 후원하여 제1회 **국제부인데이**를 거행하게 되어 동잡지 3월호를 국제부인데이호로 하고 성대하게 기념회를 개최하였으나, 개최 후 얼마되지 못하여 **적화방지단(赤化防止團)에게 방해를 입어 해산**되어 버리고 **교토, 오사카 등지에서 강연회 등 기념회를 개최하려 하였으나 그것도 역시 중지를 당하여** 여의하게 실행치 못하였었다……[32]
> -2. 프랑스·소련 상호원조조약 성립 이래 상해 프랑스 조계의

---

30 水野直樹 저, 이영록 역, 「朝鮮에 있어서 治安維持法 體制의 植民地的 性格」, 『법사학연구』 26, 한국법사학회, 2002, 52쪽.
31 국사편찬위원회, 『한국사 50 – 전시체제와 민족운동』, 국사편찬위원회, 2001, 191쪽.
32 「국제부인데이에」, 『동아일보』, 1925년 3월 9일.

공산당 운동에 대한 취체가 이전에 비해 매우 완화되어 소련공산당은 프랑스조계에 활동 중심을 두고 중국공산당과 연락하여 활발한 운동을 개시하고 있다는 것이 명백하게 되었다. 그 제일로 날아난 것이 학생운동으로서 최근 급작히 배일적 색채를 띠고 잠행적 배일 공기가 농후하고, 제이로는 잡지 간행물에 그 색채가 현저하다 다시 최근에는 상해에 있는 **일본인 경영의 방적공장의 파업 및 국제부인데이 운동에 공산배일적 경향이 강렬하게 간취되는 상태에 있으므로 해당국에서는 엄중 감시중**이다.[33]

'사'는 그당시 일본이 국제부인데이 운동을 어떻게 바라보는지 그 단초를 제공해 주는 기사들이다. '사-1'에서 일본 내 국제부인데이 기념회를 방해하고 해산시킨 단체가 등장하는데 그 이름이 '적화방지단'이다. '적화' 즉 사회주의가 확산되어 일본이 이에 물드는 것을 방지하겠다는 단체다. '사-2'는 중국 프랑스 조계지의 국제부인데이 운동 등에서 사회주의 확산과 배일적인 성향이 발견되고 있어 감시 중이라는 소식이다. 즉 일제는 일본 내부는 물론이거니와 조선과 중국 등 자신의 점령지에서 행해지는 국제부인데이 관련 행사를 철저히 사회주의 및 항일·배일 행사로 파악하고 있었던 것이다.

일본의 방해는 단순히 집회와 강연을 금지하는 것에서 멈추지 않았다. 출판 검열을 통해 사회주의 사상의 전파를 사전 차단하였으며, 이 과정에서 국제부인데이와 여성 해방을 다룬 많은 기사 및 도서들이 시중

---

[33] 「上海佛國租界의 共產排日熱昂騰」,『동아일보』, 1936년 4월 2일.

이 풀리지 못하고 불허가 차압 및 삭제 처리 당하였다.[34]

결국 1920년대 조선 땅에서 여성의 권리를 외치며 기념일을 정착시키고자 하였던 움직임은 이념의 틀에 갇혀 제대로 만개하지도 못한 채 사그라지고 있었다.

3. 1930년대 국제부인데이의 망각

1920년대 중후반 국제부인데이를 기념하려던 다양한 시도는 1930년대 이후 급격히 사라져갔다. 1932년 간도지역에서 국제부인데이를 맞아 농촌부녀 백여 명이 적기 시위 행렬을 했다는 소식 정도만 확인될 뿐,[35] 이 시기 조선 내 국제부인데이 관련 행사 소식은 더 이상 찾아볼 수 없다.[36]

---

34   국사편찬위원회의 한국사데이터베이스에서 확인되는 검열기록만 해도 다음과 같다.
     19250420-檢察事務에 關한 記錄 1 ; 京鍾警高祕 제4487호의 1 ; 전조선민중운동자대회 금지의 건
     19260000-雜誌 開闢 飜譯 移入不穩印刷物 槪況 ;「社會運動團體의 現況」
     19260301-雜誌 開闢 飜譯 移入不穩印刷物 槪況 ;『思想運動』제3권 제3호
     19260408-諺文新聞譯 ; 高警 제1177호 ; 穩雜誌『女子解放』記事에 관한 건(
     19290300-朝鮮出版警察月報 第7號 ; 出版警察槪況 - 不許可 差押 및 削除 出版物 目錄(3월분)
     19290307-朝鮮出版警察月報 第7號 ; 出版警察槪況 - 不許可 差押 및 削除 出版物 記事要旨 -「朝鮮一千萬 姉妹여」
     19290315-朝鮮出版警察月報 第7號 ; 出版警察槪況 - 不許可 差押 및 削除 出版物 記事要旨 -「(哈良線女性同盟)女性同胞等 婦人데이가 왔다」
     19320518-朝鮮出版警察月報 第45號 ; 不許可 差押 出版物 要旨 -『實用社會科學辭典』
     19340511-思想에 關한 情報 7 ; 京高祕 제1336호 ; 朝鮮共産黨再建同盟事件 檢擧에 관한 건-
35   「農村婦女百餘名 赤旗들고 示威行列」,『조선일보』, 1932년 3월 11일.
36   국립중앙도서관 대한민국신문아카이브(https://www.nl.go.kr/newspaper/)와 네

1920년대 국제부인데이가 조선에서 오래 지속되지 못하고 급격히 기억 너머로 사라져 버린 것은 무슨 이유일까? 이를 알기 위해서는 먼저 다른 국가의 국제부인데이 주요 의제와 우리나라의 의제를 비교해 볼 필요가 있다.

IWD가 처음 시작된 20세기 초, 그 당시 미국 뉴욕 시위나 유럽의 시위가 추구했던 주요 목표는 열악한 여성 노동자의 노동조건 개선과 이를 위한 여성의 참정권 획득이었다. 자신들의 요구를 관철시키기 위해 많게는 2~3만 명이 모이는 집회를 개최할 만큼 여성들의 연대와 지지도 강력했다. 1917년 러시아에서는 무려 9만 여명의 남녀 노동자들이 파업에 참여하여 혁명을 이끌어냈다.[37]

그런데 서양과 달리 일본의 식민 지배를 받던 조선에는 이 주요 의제가 여성 대중들의 적극적인 호응과 동참을 이끌어내기에 적합하지 않은 측면이 있었다. 노동정책이나 선거권 문제 등을 바꿀 수 있는 권한을 조선인은 갖지 못했으며, 일본의 정책을 그대로 따라야 했다. 조선인 남녀 간의 차별을 바로잡기 이전에 일본과 식민지 조선의 민족 차별을 극복하는 것이 더 중요하고 시급했다.[38] 참정권을 위해 투쟁하고 노동 환경

이버 뉴스라이브러리(https://newslibrary.naver.com/)를 통해 다양한 명칭의 국제부인데이 관련 기사를 검색한 결과 1920년대에는 국내·외를 막론하고 70여 건의 기사가 확인되고 있는데, 1930~1945년 해방이전 까지는 10여 건에 불과하다. 10여 건의 상당수는 1932년 간도지역 적기 시위에 대한 것이고, 나머지는 해외 국제부인데이 관련 기사이다. 이 기사의 수치가 절대적으로 정확한 것은 아니지만 상당수의 기사를 아우르고 있기 때문에 빈도 경향성에 살피는 데 무리는 없을 것이다.

37 신상숙, 「'루트거스 광장'을 넘어서 -3·8 세계여성의 날의 복합적 기원과 한국의 수용 맥락-」, 168~174쪽.

38 물론 남녀차별에 대한 쟁의가 없는 것은 아니었다. 1919년 부산·인천 등의 정미공장 일곱 곳에서 여공들이 '여자라고 냉대하지 말라'는 요구사항을 포함시키기도

개선을 위해 일제에 맞서는 것은 자연스럽게 배일·항일 투쟁의 성격을 갖게 되고, 이는 치안유지법에 의해 강력히 제재를 받을 수밖에 없는 것이다.

여성 노동자의 근로 환경 개선을 위해서는 일본의 법령이 바뀌어야 했는데, 일본 노동법의 개정 속도는 지지부진했고 여성노동자에 대한 인식은 서양과 많이 달랐다. 일본 노동법은 노동자를 보호하기 보다는 노동력을 보존하는 내용이었다. 미성년자와 여성을 위해 제정한 공장법마저도 업계의 로비로 시행을 15년씩 유보하는 등의 퇴행적 행보를 보였다. 1930년대 '중요산업통제법'이 제정되면서 일본 내에서 더 이상 24시간 쉬지 않고 섬유 공장을 돌리는 것이 불가능해지자, 많은 업체들이 조선으로 공장을 이전하였다. 이때 조선총독부는 일본 기업을 끌어들이기 위해 조선 여성 노동자들에게는 공장법이 적용되지 않는다는 사실을 세일즈 포인트로 삼았다. 즉 일본과 달리 식민지 조선의 여성 노동자들에게 작업 환경 보호와 근무 시간 단축 같은 것은 요원한 일이었다.[39]

여성 참정권 문제만 하더라도 식민지 조선에서는 조선인 남녀 간의 참정권 차별이 아닌 일본 내지인과 조선인 간의 차별 문제가 더 심각했다. 강점기 동안 참정권을 둘러싼 논쟁의 핵심은 조선인이 조선지방의회 참정권이나마 얻느냐 마느냐를 놓고 싸우는 것이었지,[40] 여성 참정

했다(박용옥, 『한국여성항일운동사연구』, 지식산업사, 1996, 166쪽). 다만 식민지 쟁의의 주류는 민족차별에 대한 저항이었다.

39 윤효원, 「근로기준법의 뿌리, 일본 공장법」, 『월간 한국노총』 540, 한국노동조합총연맹, 2018, 43쪽.; 김경옥, 「일본의 여성노동자의 동원과 보호에 관한 연구: "보호직공"으로 동원된 여성노동자를 중심으로」, 『일본역사연구』 50, 일본사학회, 2019, 101~114쪽.

40 국사편찬위원회, 『한국사 50 - 전시체제와 민족운동』, 65~69쪽.

권에 대한 이슈가 전면에 부각되기 어려운 환경이었다.

참정권과 관련된 또 다른 변수로 1919년 4월 11일 상해의 대한민국 임시정부에서 공포한 첫 임시헌법에서부터 남녀 구분 없이 '대한민국 인민' 모두에게 주권이 있다는 사실을 밝힌 것이다.[41] 1927년 「대한민국임시약헌」에는 남녀 구분 없이 18세 선거권, 23세 피선거권 관련 조항이 새롭게 생겨났다.[42] 이것이 비록 중국에서 피난 중이던 임시 정부의 선언적 조치에 불과할지라도 이는 매우 의미 있는 일이다.

일찍부터 여성 참정권 투쟁을 하던 미국의 경우 1920년 연방헌법 수정조항 제19조에 '성별을 이유로 미국 또는 어느 주에서도 (참정권이) 거부되거나 제한되지 않는다'는 문구가 들어가면서 비로소 여성 참정권을 얻게 됐으며,[43] 독일은 1차 세계대전 패전 후 1918년에 바이마르 헌법 제정에 이르러서야 처음으로 여성 참정권이 주어졌다.[44] 조선을 식민 지배 하던 일본의 경우 1920년대부터 여성의 참정권 투쟁이 계속 이어졌지만 결국 1946년 미군정에 의해서야 권한이 부여됐으며,[45] 중국의 경우 1949년 중화인민공화국 건국 이래 여성 참정권 보장을 위해 노력한 결

---

41 「대한민국임시헌장」(임시정부법령 제1호, 1919.04.11. 제정)
제3조 대한민국의 인민은 남녀 귀천 급 빈부의 계급이 무하고 일체 평등임.
제5조 대한민국의 인민으로 공민 자격이 유한 자는 선거권 급 피선거권이 유함.

42 「대한민국임시약헌」(임시정부법령 제4호, 1927.03.05. 폐지제정)
제7조 대한민국의 인민은 연령 만 18세 되고 완전한 공권이 있는 이는 선거권이 있으며 연령 23세 되고 선거권이 있는 이는 피선거권이 있음

43 조지형, 「미국 여성의 법적 지위와 참정권 문제 - 연방헌법 수정조항 제19조를 중심으로」, 『역사학보』 150, 역사학회, 1996, 391쪽.

44 전복희, 「독일여성운동의 페미니즘적 주요쟁점」, 『한독사화과학논총』 8, 한독사회과학회, 1998, 9~10쪽.

45 이은경, 『근대 일본 여성 분투기 –일본과 여성의 관계사-』, 한울엠플러스, 2021, 320~321쪽.

과 1954년 헌법에서 처음 남녀 간 동등한 투표권과 피선거권을 가지게 됐다.[46]

일본·중국은 물론 서양과 비교해도 조선의 여성에게는 상당히 이른 시기에 남녀평등한 참정권이 주어진 것이다. 이러한 까닭에 1920년대 중반 식민지 조선의 국제부인데이 행사에서는 서양과 달리 참정권과 관련된 언급을 찾아볼 수 없었다.

국제부인데이가 오랫동안 기념되지 못한 또 다른 이유로 기념 형식의 한계가 있다. 20세기 초 서양에서 여성의 날이 많은 여성들의 호응을 얻고 정기적인 기념일이 된 이유 중 하나로 대규모 군중집회의 성공을 꼽을 수 있다. 대규모 집회는 같은 생각을 가진 사람들로 하여금 강한 소속감과 연대감을 주는가 하면 단순 호기심에 참가한 사람에게도 사고의 확장 기회를 제공해 준다. 그런데 1920년대 국내에 소개된 국제부인데이는 대규모 군중집회 방식을 택하지 않고, 주최 단체들이 평상시 하던 강연회를 한 차례 더 하는 수준에서 머물렀다. 특별히 새롭게 여성 운동에 눈을 뜨게 한다던가, 남성들로 하여금 여성 억압적 제도를 타파하는데 동참해야겠다는 식의 새로운 사고를 주입하는데 성공하지 못했다. 기존 여성운동권 밖에 있는 새로운 사람들을 사회주의 여성해방운동으로 끌어들이지 못하면서,[47] 결국 주관 단체의 소멸과 함께 국제부녀데이

---

46 李丹,「改革開放以來中國女性的政治參與 -基于社會性別的視角-」,『한중사회과학연구』30, 한중사회과학학회, 2014, 261~262쪽
47 1924년 5월 열린 '조선여성동우회' 발회식은 사회주의 여성해방운동에 대한 당시의 인식을 알려주는 한 예이다. 경운동 천도교당에서 열린 행사에 참석한 사람은 대략 80명 정도였는데, 이 가운데 50명은 축하 또는 방청하러 온 남자들이었고, 10명 정도의 경찰이 감시 중이었다. 여자 참석자는 13~4명 정도였는데, 이들은 모두 발기인이자 간부들이었다. 즉 사회주의 여성해방을 외치는 기존 인사들 외에 새로운 여성은 단 한 명도 참여하지 않은 것이다(국사편찬위원회,『한국사 49 - 민족운

기념식의 운명도 사그라지고 만 것이다.

　물론 기념 형식의 한계가 온전히 여성 단체의 판단 착오 때문만은 아니었다. 이미 독립협회의 만민공동회나 3·1운동 등이 대규모 군중을 동원하는 방식으로 일정 부분 성공을 거뒀다는 것을 그들도 모를 리 없었지만, 일제의 식민지배를 받는 상황에서 집회와 결사의 자유는 조선 사람들에게 쉽게 주어지는 자유가 아니었다. 대한제국 시절인 1907년 만들어진 '보안법'은 내각대신이 결사의 해산을 명할 수 있고, 경찰관은 집회 또는 다중의 군중을 제한·금지·해산할 수 있게 했다.[48] 다만 학술과 관련된 것은 예외적으로 허락을 받기도 했는데, 바로 이 점이 1920년대 각종 단체들이 주최하는 강연회가 폭발적으로 늘어난 이유이다. 그러나 무엇이 정치적이고 무엇이 학술적인지는 오로지 일제의 해석에 의지할 수밖에 없었고, 강연회 주제가 점차 무정부주의나 사회주의 이론의 소개로 흘러가자 일본은 강연 중지와 금지 등으로 적극 대응에 나섰던 것이다.[49]

　마지막으로 국제부인데이가 기념일로 자리 잡지 못한 중요한 이유 중 하나로 주도 세력의 이합집산과 조선공산당의 해산을 꼽을 수 있다. 사회주의 계통 단체가 행사를 주도하던 1920년대 초반을 지나, 1927년 무렵부터는 민족 유일당 운동의 영향으로 탄생한 신간회와 근우회 같은 곳에서 기념행사를 주최하였다. 그러나 1928년부터 코민테른에서는 이미 '12월 테제' 지침을 내려 조선 내 사회주의 운동의 방향을 노동자와

　　　동의 분화와 대중운동」, 국사편찬위원회, 2001, 289쪽).
48　대한제국 법률 제2호 光武十一年七슈二十七日〈보안법〉
49　송민호, 「일제강점기 미디어로서의 강연회의 형성과 불온한 지식의 탄생」, 『한국학연구』 32, 인하대학교 한국학연구소, 2014, 129~150쪽.

농민 중심으로 틀어놓았다.⁵⁰ 이에 공산주의자들은 근우회 운동으로는 계급투쟁적인 사회주의 여성운동의 목적을 달성하기 어렵다고 주장하면서 결국 근우회 해소에 나섰다.⁵¹ 이후 좌우 연합의 결속이 느슨해지고, 활동이 축소되는가 싶더니 1931년에는 모임이 해소되고야 만 것이다.

코민테른이 직접적으로 국제부인데이 기념일의 정례화 포기를 지시한 정황은 발견되지 않는다. 국내의 기념행사가 사라진 1930년대에 소련이나 중국에서는 여전히 국제부인데이 기념식이 열리고 있었으며, 이 소식이 국내 신문에도 소개되고 있었다.⁵² 다만 12월 테제 이후 사회운동의 방향 전환과 여성운동에 적극적이던 근우회 등의 해소 등이 세계적인 기념일인 국제부인데이의 조선 정착 실패에 어느 정도 영향을 끼쳤음을 부인하긴 어렵다.

4. 이념으로 갈라진 '국제부인절'과 '세계여성의 날'

점차 기억 속에서 사라지던 국제부인데이가 다시 등장한 것은 해방 이듬해인 1946년 3월 8일이었다.

---

50 국사편찬위원회, 『한국사 49 – 민족운동의 분화와 대중운동』, 국사편찬위원회, 2001, 102~106쪽.
51 국사편찬위원회, 『한국사 49 – 민족운동의 분화와 대중운동』, 국사편찬위원회, 2001, 310~311쪽.
52 「婦人데이期하야 蘇聯婦人勞動者活動」, 『동아일보』, 1933년 4월 2일; 「中國女性의 社會의 進出」, 『동아일보』, 1934년 6월 14일; 「最近의 蘇聯邦」, 『동아일보』, 1935년 6월 2일. 등

아-1. **조선 여성은 그동안 일정의 압제 밑에 이런 절차를 기념할 수가 없었지만 해방의 오늘날 잃어버린 모든 행사를 찾아내는 동시에 세계적으로 큰 이 기념일을 어찌 그저 보내랴.** 우리의 과거가 불우한 만큼 이 국제부인날에 대한 일반 인식이 별로 없고 한걸음 더 나가서 수많은 여공을 수용하는 공장주 측에서도 그 유래나 의무를 바로 인식하신 분이 없는 듯 하다. **이 국제부인날이 적색 러시아에서 발원했다고 해서 적색운동으로 아실지 모르나 유래는 러시아 제정 당시에 발생한 것이 사실이나 그렇다고 해서 이것은 공산주의 선전운동은 아니다.** 주리고 괴로움을 못이긴 인간이 살겠다고 발버둥치는 것은 인간의 본능이다. 정당한 요구다. 그러면 **아무대서 발원했든 우리는 이 선각자의 부르짖음에 호응할 따름**이다.[53]

-2. 건국 도중에 있는 여러분 노동여성은 참으로 '노동의 신성'함을 깨닫고 전보다 한층 더 분투노력하는 동시에 일마다 분열공작과 분동을 일삼으며 가장 노동자의 편인체하는 **가짜 공산분자의 감언이설로 꾀이는 것에 조금도 귀를 기울이지 말고 일분일초라도 부지런하고 충실한 산업전사로서 각자의 직장을 잘 지킴으로써 다사다난한 건국대업에 이바지하는 것**이 종래 이중 억압에서 무난히 해방된 행운에 대한 당연한 보답이며 의무라고 생각한다.[54]

-3. 오늘 3월 8일은 **국제부인의 날을 맞아 독립촉성부인단, 여자**

---

53 「自由와 平和의 要求」, 『동아일보』, 1946년 3월 8일.
54 「시평 국제부인의날을 당하야」, 〈大東新聞〉, 1946년 3월 8일.

국민당, 한국애국부인회 등 세 여성단체에서는 이날의 위대한 뜻을 일반부인 특히 근로부인에게 인식시키고 계몽하고자 경성방직 외 시내 각 공장에서 일하는 **여직공들을 찾고 강연과 만담을 하여 그들을 지도하고 위로하기로** 되었는데 연사는 박순천 여사 만담은 김윤심 여사이다.[55]

자-1. **해방 후 첫 번 국제부인데이를 기념하고자 부녀총동맹**에는 8일 오전 11시부터 서울중앙기독교청년회관에서 성대히 축하식을 거행하였다. 김순실씨의 사회 하에 먼저 애국가와 '부녀해방의 노래'의 합창이 있은 다음 유영준씨가 등단하여 **'전 영수상 처칠'을 중심으로 한 호전군벌들과 그 휘하의 재벌과 국제 파쇼군들이 다시 3차전의 음모로서 인류와 평화를 전화 속에 몰아넣으려 하고 있으나 이는 오로지 세계사의 지향인 세계 민주주의화에서만 제패될 수 있고 해방될 수 있는 것인 만큼 1천 5백만 여성은 조선의 민주주의화를 위하여 싸우자**는 열렬한 개회사가 있은 후 김명시 씨의 국제부인데이에 대한 설명에 이어 공산당의 이주하, 민전의 김오성, 서울시민위원회의 동필현, 학병동맹 김상훈, 전평의 허성택 등 제씨의 축사가 있었다. 그 다음 **조선의 완전독립과 부녀해방을 위하여 전여성의 민주주의과업완수와 미곡수집과 배급을 인민의 손으로 넘기라는 식량대책과 여성의 노예화인 공사창폐지요구의 결의문을 통과**시키었다. 끝으로 이날 회장의 과반수를 차지한 공

---

55 「오늘은 三十回의 國際婦人의날」, 『동아일보』, 1946년 3월 8일.

장 여직공의 위로를 위하여 음악동맹의 음악과 부총회원들의 촌극을 마치고 정칠성 씨의 폐회사로 기념식을 마치었다.[56]

-2. **'국제무산부인데이'기념대회**는 조선민주여성동맹 주최로 시내 천도교 강당에서 …… 긴급동의로 결의하였는데, 그 내용은 **1.투옥한 애국자 일제 석방, 2.테러근절책 확립 요구, 3.민전선거조항지지, 4.트레디트 반대, 5.전농의 토지개혁안지지**.[57]

1945년 해방이 되자 좌·우익을 막론한 여성운동세력은 일제의 탄압 속에서 잃어버렸던 국제부인데이 기념식을 기억해내고 이를 다시 기념하고자 했다. 그러나 1946년은 벽두에 몰아친 친탁·반탁의 소용돌이 속에 이념의 대립이 격화되던 때라서 좌·우익 공동 행사를 성사시키지 못하고 각기 다른 방식으로 국제부인데이를 기념해야만 했다.

'아-1~2'는 우익 여성운동 단체인 독립촉성부인단 인사가 투고한 글이다. '아-1'을 보면 러시아에서 발원한 국제부인데이의 유래 및 의의 속에서 사회주의 색채를 의도적으로 무시하고 삭제하려는 시도가 보인다.[58] '아무대서 발원했든' 그것은 상관없으며 살겠다고 발버둥치는 여

---

56 「國際婦人데— 記念行事盛況」, 『경향신문』, 1947년 3월 9일.
57 「國際婦人「데-」盛況」, 『民報』, 1947년 3월 9일.
58 우익이 국제부녀데이에서 사회주의 색채를 제거하려는 것은 해방 직후 6·10만세운동과 11.3 광주학생독립운동을 바라보는 방식과 비슷하다. 우익은 의도적으로 조선공산당과 6·10만세운동의 관련성을 제거하고, 백성들의 역할만을 강조하였다. 11·3 광주학생독립운동에서도 조선인 학생들의 울분이 터진 것이라고 할 뿐, 독립운동 이전 공산주의학생동맹의 조직과 투쟁에 대해서는 언급하지 않았다(이연숙, 「해방 직후 좌·우익의 역사 만들기와 기념 투쟁」, 『역사연구』 32, 역사학연

성의 본능이 내세운 목소리에 집중해야 한다고 주장하였다. '아-2'에서는 새로운 국가 건설이라는 당면 과제 앞에 국제부녀데이를 맞이하는 여성 노동자의 자세는 공산주의자의 분열 책동에 속지 않고 각자의 직장에서 열심히 일하는 것이라고 주장한다. 그러면서 국제부인데이가 갖는 긍정적 의미를 홍보하는 것으로 기념식이 채워져 있다.

반면 좌익은 이와 달랐다. 그들에게 기념일은 파쇼적 반동세력을 배제하고 새로운 국가를 건설해야 한다는 교훈을 주는 것이었다.[59] 국제부녀데이 기념의 목적이 단순히 지난날을 기억하는 것에서 끝나지 않고, 오늘날 무엇을 더 바꿔야 할지를 이야기하고 있다. 이는 '자-1~2'에서 그대로 드러난다.

1948년 3월 8일까지는 같은 날 서로 다른 기념식이 진행되었으나, 이후 남북한 단독 정부 수립으로 분단이 확정되면서 남쪽에서 국제부녀데이 기념식은 급격히 자취를 감췄다. 반면 북한에서는 분단 이후로도 '국제부녀절'이라는 이름으로 꾸준히 기념되고 있다.[60]

1950년대 이후 남한에서는 국제부인데이의 유래에서 러시아를 삭제하는 경우가 종종 목격된다.[61] 남한에서 가끔 국제부녀데이 기사가 나오

구소, 2017, 154~159쪽).
59 앞의 논문, 172~173쪽.
60 이지순, 「기념일의 경험과 문학적 표상 -북한의 국제부녀절 기념의례를 중심으로」, 『아시아문화연구』 47, 가천대 아시아문화연구소, 2018, 232~260쪽.
61 "(국제부인데이는) 3월 8일 부인해방을 위한 국제적인 부인의 날을 말하는 것으로서 서기 1904년의 이날 미국 뉴욕의 부인들이 참정권을 요구하는 대회를 연 것이 기원이 되고 있습니다. 그 후 경제적인 대공황이 계속됨에 있어 1908년 3월 8일에 미국의 부인들이 '빵을 달라', '참정권을 달라'는 슬로건을 내세우고 전국적인 대시위를 한 것을 기념하여 이날을 '미국부인데이'라고 하였으며 이러한 운동이 구라파에까지 퍼져 1910년 덴마크의 코펜하겐의 국제부인사회주의자회의에서 국제부인의날로 정해진 것입니다"(「國際婦人「데이」의由來」, 『조선일보』, 1955년 12

더라도 이는 소련과 중공, 그리고 북한 등 사회주의 국가의 명절로 소개 되거나, 좌파 여성단체 기념일로 등장할 뿐이었다.[62] 사회주의의 색채가 강한 '국제부인데이'를 남한에서 기념하는 것은 더욱 어려워졌다.

그러던 와중에 1975년 UN이 '세계 여성의 날' 국제일을 제정하고, 회원국들에게 역사적·국가적 전통에 따라 유엔 여성의 권리와 국제 평화를 위한 날을 연중 어느 날이든 준수하도록 선언하면서 다시금 남한에서 이를 다시 기념할 수 있는 여지가 생겨났다. 이데올로기의 장벽 앞에서 북한과는 다른 길을 가야만 했던 남한 여성계의 입장에서 UN '세계 여성의 날' 선포는 불필요한 사상 논란에서 자유를 얻게 해준 것이다. 1985년 3월 8일, 세계여성의 날 기념 '제1회 한국여성대회'로 다시 시작된 IWD는 해마다 다양한 슬로건을 내세우며 현재 진행 중이다.[63]

결국 우리는 '여성의 날' 하나를 기념하는 것에 있어서도 이데올로기에서 자유롭지 못했다. 마치 '노동절'은 사회주의 색채가 강하니 '근로자의 날'로 바꿔 부른 것처럼, '부인절'은 좌익의 기념일이니 UN이 지정한

월 8일); "오늘은 우리 여성들에게 있어 가장 뜻 깊은 날이다. 1904년 3월 8일 뉴욕의 부인노동자들이 회의를 열고 부인에게도 참정권을 달라고 주장한 날이다. 이날을 '미국부인의 날'이라고 하였으나 이 운동이 유럽에까지 퍼져 1901년(1901년의 오타) 정식으로 국제부인의날로 정하여 진 것이다"(「國際婦人日을 맞아」, 『마산일보』, 1965년 3월 9일).

62 조선일보에 연재되던 소설 '비극은 있다'에서 "국제부녀절이란 해방되던 해의 12월, 불란서 파리에서 처음으로 개최된 국제여성대회에서 창설된 바 있는 국제민주여성연맹의 창립기념일이다. 이른바 국제공산주의 전선기구인 이 연맹에는 세계 80여개 국의 여성단체(※좌경여성단체)가 가입해 있다고 들었다"(「비극은 있다 (430)」, 『조선일보』, 1975년 2월 1일).

63 1985년 이후 세계 여성의 날과 관련된 내용은 신상숙(「3·8 세계여성의 날 기념의례의 분석을 통해 본 진보적 여성연대 한국여성대회(1985~2016년)를 중심으로」, 『기억과 전망』 35, 민주화운동기념사업회 한국민주주의연구소, 2016)의 논문에 잘 정리되어 있다.

'여성의 날'을 기념해야 한다는 생각에 사로잡혀 있던 것은 아닌가 반성하게 된다.

참고문헌

〈자료〉
1. 신문
경향신문, 대동신문, 독립신문, 동아일보, 마산일보, 매일신보, 민보, 시대일보, 조선일보, 중외일보, 황성신문

2. 웹사이트
국가보훈처 공훈전자사료관(https://e-gonghun.mpva.go.kr/)
국립중앙도서관 대한민국신문아카이브(https://www.nl.go.kr/newspaper/)
국사편찬위원회 한국사데이터베이스(http://db.history.go.kr/)
네이버 뉴스라이브러리(https://newslibrary.naver.com/)
노동자의 책-사전(http://www.laborsbook.org/dic/)
법제처 국가법령정보센터(https://www.law.go.kr/)
유엔(https://www.un.org/en/observances/international-days-and-weeks)
한국민족문화대백과사전(http://encykorea.aks.ac.kr/)
한국학중앙연구원 세계한민족문화대전(http://www.okpedia.kr/)
한국학중앙연구원 한국향토문화전자대전(http://www.grandculture.net/)
행정안전부(https://www.mois.go.kr/)

〈연구논저〉
국사편찬위원회, 『한국사 49 – 민족운동의 분화와 대중운동』, 국사편찬위원회, 2001.

국사편찬위원회, 『한국사 50 - 전시체제와 민족운동』, 국사편찬위원회, 2001.

김경옥, 「일본의 여성노동자의 동원과 보호에 관한 연구: "보호직공"으로 동원된 여성노동자를 중심으로」, 『일본역사연구』 50, 일본사학회, 2019.

김민환, 「한국의 국가기념일 성립에 관한 연구」, 『한국학보』 26(2), 일지사, 2000.

박용옥, 「韓國近代女性運動史 硏究」, 고려대학교 사학과 박사논문, 1984.

박용옥, 『한국여성항일운동사연구』, 지식산업사, 1996.

송민호, 「일제강점기 미디어로서의 강연회의 형성과 불온한 지식의 탄생」, 『한국학연구』 32, 인하대학교 한국학연구소, 2014.

水野直樹 저, 이영록 역, 「朝鮮에 있어서 治安維持法 體制의 植民地的 性格」, 『법사학연구』 26, 한국법사학회, 2002.

신상숙, 「'루트거스 광장'을 넘어서 -3·8 세계여성의 날의 복합적 기원과 한국의 수용 맥락-」, 『페미니즘연구』 10(1), 2010.

신상숙, 「3·8 세계여성의 날 기념의례의 분석을 통해 본 진보적 여성연대 한국여성대회(1985~2016년)를 중심으로」, 『기억과 전망』 35, 민주화운동기념사업회 한국민주주의연구소, 2016.

알렉산드라 콜론타이·블라디미르 일리치 레닌 저, 서의윤 역, 『콜론타이의 여성 문제의 사회적 기초·세계 여성의 날』, 좁쌀한알, 2018.

윤효원, 「근로기준법의 뿌리, 일본 공장법」, 『월간 한국노총』 540, 한국노동조합총연맹, 2018.

李丹, 「改革開放以來中國女性的政治參與 -基于社會性別的視角-」, 『한중사회과학연구』 30, 한중사회과학학회, 2014,..

이송희, 「한국 근대사 속의 여성 리더십」, 『여성과 역사』 15, 한국여성사학회, 2011

이연숙, 「해방 직후 좌·우익의 역사 만들기와 기념 투쟁」, 『역사연구』 32, 역사학연구소, 2017.

이은경, 『근대 일본 여성 분투기 -일본과 여성의 관계사-』, 한울엠플러스, 2021.

이지순, 「기념일의 경험과 문학적 표상 –북한의 국제부녀절 기념의례를 중심으로」, 『아시아문화연구』 47, 가천대 아시아문화연구소, 2018.

전복희, 「독일여성운동의 페미니즘적 주요쟁점」, 『한독사화과학논총』 8, 한독사회과학회, 1998,

조지형, 「미국 여성의 법적 지위와 참정권 문제 – 연방헌법 수정조항 제19조를 중심으로」, 『역사학보』 150, 역사학회, 1996.

근세 북부 베트남 여성의 종교적 헌납 활동, 허우(Hậu, 后)에 관한 재검토[*]

조호연[**]

I. 머리말

베트남 한놈연구원(Viện Nghiên cứu Hán Nôm, 漢喃研究院)은 2005년부터 2008년까지 3년간에 걸쳐, 과거 프랑스 국립극동연구원(École française d'Extrême-Orient, EFEO)이 수집한 2만 1,982장의 탁본을 정리하여 *Tổng tập thác bản văn khắc Hán Nôm*『월남한놈명문탁편총집(越南漢喃銘文拓片總集)』(전 22권, 이하『총집』)을 간행했다. 뒤이어 *Thư mục thác bản văn khắc Hán Nôm*『월남한놈명문탁편서목(越南漢喃銘文拓片書目)』(전 11권, 이하『서목』)이 간행되어 비문 사료에 대한 접근성이 비약적으로 상승하였다.

---

[*] 이 연구는 일본학술진흥회(日本學術振興會, JSPS) 특별연구원(DC1) 장려비 연구과제 「近世ベトナムにおける「東アジア小農社会論」の検討」(과제번호: 20J22352)와 미시마 카이운 기념재단(三島海雲記念財団) 2023년도 학술연구장려금의 지원을 받았음.

[**] 일본 오사카대학 인문학연구과 박사과정, 교토대학 동남아시아 지역연구연구소 공동연구원.

비문 사료는 『총집』 출간 이전부터 촌락 사회의 생활상을 반영하는 사료로서 많은 관심을 받았지만(Phạm Thị Thùy Vinh 2006: 40), 『총집』과 『서목』의 발간으로 다양한 각도에서 연구할 수 있게 되었다. 비문의 정리·간행 작업에 참여한 필립 파팽(Philippe Papin)에 따르면, 전체 비문의 80%가 17~19세기의 것이며, 북부 베트남, 특히 홍하 델타에 집중되어 있다고 한다(Philippe Papin 2015: 83-84). 또 비문의 내용은 농촌의 생활과 관련된 것으로 (1) 종교적 헌납[1] 활동, (2) 촌락 운영 활동, (3) 촌락의 집회소이자 성황신(城隍神)을 모시는 딘(đình, 亭) 혹은 절, 교량·제방 등의 건설과 중수, (4) 상속이나 토지 및 수리 시설과 관련된 소송 등이 있다. 대부분이 촌락 사회에 한정된 사료이지만 정치·사회·경제 등 다양한 분야에서 활용될 수 있다. 예를 들어 우에다 신야(上田新也)는 전근대 베트남의 정치·관직 제도에 관한 빈약한 사료 상황을 극복하기 위해 비문 사료를 활용했다. 즉, 비문 사료에 나타나는 특정 인물의 관직 변화를 통해 과거 관료나 환관, 무인들의 출세 경로와 방법을 분석한 것이다(上田新也 2019: 78-116).[2] 이외에도 딘과 절의 건설·중수에 관한 내용은 당시 베트남 사람들의 신앙생활을 보여주는 것이며, 주변 촌락과의 소송에 관한 내용을 통해 18세기 베트남 사회의 혼란상을 확인할 수 있다.

---

1 베트남어 논문에서는 보통 꿍띠엔(cung tiến)을 쓴다. 이를 한자로 쓰면 供薦인데, 한국어에서도 '공천'은 "신이나 부처에게 음식물 따위를 바쳐 올리는 일"을 의미한다. 하지만 일반적으로 공천(公薦)이라는 단어가 떠오르기 때문에 '헌납'이라고 썼다. 기부(寄附)의 경우, "자선 사업이나 공공사업을 돕기 위하여 돈이나 물건 따위를 대가 없이 내놓"는 것을 의미하는데, 후술의 끼까나 허우의 설명에서도 알 수 있듯이, '대가'를 바라고 하는 행위라는 점에서 '기부'를 사용하지 않았다. 다만 헌납의 동의어로 기부라는 단어를 사용할 때가 있다.

2 우에다 마이(上田麻衣)가 작성한 「『한놈문각탁본총집』 간략색인」 또한 탁본의 지역별 분포와 수집 당시 위치를 파악하는 데에 도움이 된다(上田麻衣 2017).

이 글에서는 특히 사료 중 약 절반을 점하는 종교적 헌납 활동에 관한 비문에 주목한다. 왜냐하면 이 사료들이 근세 베트남 사회의 여성을 이해하는 데에 의미 있는 단서를 제공하기 때문이다. 필립 파펭에 의하면, 종교적 헌납 활동은 대부분 여성에 의해 이루어졌다. 그가 샘플링한 10개의 촌락 214건의 헌납 활동 중 183건(86%)이 여성에 의해 이루어진 헌납이었다(Philippe Papin 2015: 90). 이러한 경향은 박닌(Bắc Ninh, 北寧) 성의 허우턴 비문,[3] 타이빈(Thái Bình, 太平) 성의 허우 비문[4]을 분석한 결과에서도 나타난다.

[사진 1] 『총집』 전권과 허우 탁본 예시(정리번호 02131=3권 131쪽)

---

3 17~18세기 176건의 헌납 사례 중 129건(72%)의 주체가 여성(부부를 포함)이었다 (Trần Thị Thu Hường 2020: 168-169).

4 17~20세기 407건 중, 단독 헌납은 여성이 150건, 남성이 81건이었으며, 부부는 79건이었다. 나머지 97건은 집단에 의한 헌납이었으며, 여기서 등장하는 헌납 주체는 남성이 201명, 여성이 274명이었다(Bùi Quốc Linh 2022: 9-10).

그런데 '허우' 혹은 '허우틴' 비문이란 무엇일까? 일반적인 종교적 헌납 활동과는 어떠한 차이가 있을까? 필립 파팽에 의하면, 전근대 베트남 사회에서 종교적 헌납은 공덕(功德)에서 끼끼(ký ky, 奇忌)를 거쳐 허우(hậu, 後/后)5로 발전했다.6 공덕은 이름 그대로 공덕을 기리기 위한 것으로, 공덕비에는 특정 인물의 행적 혹은 기부자의 이름과 기부액이 새겨져 있다. 이러한 형태는 중국이나 한국 등에서도 손쉽게 찾아볼 수 있다. 그러나 베트남에서는 16세기 이후 끼끼 비문이 출현한다. 끼끼는 '기일 제사를 맡긴다'는 의미로, 공덕에 대한 '보답'으로서 촌락 사회나 신앙 공동체(절이나 도관 등)가 특정 인물의 제사를 담당하겠다는 약속을 의미한다. 대체로 기부자 본인 혹은 가족(죽은 배우자나 부모)이 제사 대상으로 설정된다. 이러한 종교적 헌납 활동은 궁극적으로 허우로 발전했다. 허우는 일반적으로 '불(佛)', '신(神)', '현(賢)'과 결합하여, 각각 허우펏(hậu Phật, 後佛), 허우틴(hậu Thần, 後神), 허우히엔(hậu Hiền, 後賢)이 된다. 이 경우, 제사 대상은 그들의 신앙 대상과 함께 배향되어, 기일뿐만 아니라 다양한 절기에 제사를 받게 된다. 허우펏은 절에서 부처와 함께, 허우틴은 딘에서 성황신과 함께, 허우히엔은 문묘나 문지(文址)에서 성현(聖賢)들과 함께 배향된다.

---

5 베트남어 허우로 발음되는 한자는 後/后/候/厚가 있으며, 비문에는 소수의 候와 厚를 제외하고 대부분 後와 后가 새겨져 있다. 後와 后는 동의어로 "존경한다" 혹은 "앞으로 받든다"라는 의미이며, 候는 "기다리다", 厚는 "정성스레 대하다"의 의미로 쓰인다(陈氏秋红 2019: 75-77).

6 『총집』 내에 17세기 종교적 헌납에 관한 비문은 총 1671건이 있으며, 공덕비는 38%, 끼끼는 19%, 허우는 43%를 차지했다. 이를 세 시기로 나누어 살펴보면, 17세기 초엽 68%였던 공덕비는 17세기 말엽에는 32%가 되었고, 허우는 17세기 초엽 단 3건이던 것이 18세기 말엽에는 54%를 차지하게 되었다. 끼끼는 32%에서 14%로 감소하였다(Philippe Papin 2022: 18-20).

최근 베트남 학계에서는 허우에 대한 관심이 증가하고 있다. 이미 2020년에 베트남의 허우턴 비문 연구를 종합한 쩐티투흐엉(Trần Thị Thu Hường)의 『17~18세기 베트남 허우턴 비문 연구(Văn bia hậu thần Việt Nam, thế kỷ XVII-XVIII)』가 출간되었다. 이 책은 허우 비문의 개념, 출현 시기, 건립 시기와 지역 분포, 형식상의 특징을 다룬 뒤(제1부), 비문의 내용에서 엿볼 수 있는 당시 정치·사회·경제·신앙 상황을 설명하고, 헌납 주체, 헌납의 목적, 제사 물품과 방법 등을 소개하였다(제2부). 이를 설명하기 위해 저자는 자신이 설명하고자 하는 부분과 관련된 허우 비문의 내용 일부를 인용하는 방법을 사용했다. 다만 부록에서 10건의 비문을 베트남어로 번역하고 있지만, 해제를 포함하여 판독문과 고찰 내용을 제시하지 않았다는 점에서 한계를 가지고 있다(Trần Thị Thu Hường 2020). 한편 한놈연구원이 발간하는 학술잡지 『한놈잡지(Tạp chí Hán Nôm)』 2022년 2월호(171호)에는 17~18세기 여러 지역의 허우펏, 허우턴, 허우히엔뿐만 아니라 허우똑(hậu Tộc, 后族) 등 다양한 허우 비문을 분석한 '허우' 특집호가 꾸려졌다. 이는 프랑스 학계와 공동 연구를 통해 이루어진 연구 성과로, 2024년까지 단행본 출간, 사료의 디지털화, 허우 비문 분포 지도 제작 등 다양한 계획을 가지고 있다고 한다(Nguyễn Tuấn Cường & Philippe Papin 2022). 지금도 『한놈잡지』에는 지속적으로 허우에 관한 논문이 수록되고 있다.[7] 하지만 대부분이 정량적인 방법을 이용하여 시기와 지역, 기부 주체의 수(단독/복수)나 성별(남/녀), 제사 대상과의 관계, 비문의 위치 등을 분류하고 수량화하는 것에 집중하고 있다. 제시된 통계 자료를 뒷받침하는 구체적인 사례를 소개하지 않는다는 점에서 미흡

---

7   예를 들어 『한놈잡지』 2023-2(177)호에 수록된 7건의 논문 중 2건이 허우에 관한 논문이었다(Lê Thị Thu Hương 2023)(Trần Trọng Dương 2023).

한 점이 있다.[8]

앞서 언급한 바와 같이, 비문에 나타나는 헌납 주체로는 여성, 특히 과부(寡婦)가 압도적으로 많았다. 이에 대해 베트남 학계는 제사를 지내 줄 사람이 없다는 것이 가장 큰 이유였다고 판단했다. 예를 들어 "종교적 헌납의 대부분은 자신의 사후 추모나 제사를 행할 사람이 없는 것을 염려하는 고령자에 의해 이루어진다(Philippe Papin 2015: 87-88)."거나, "자식이 없어 제사 받을 기회를 잃어버린 자는 그들의 사후 촌락이 마음을 써주는 것에 안심한다. 그렇기에 대다수는 환관이나 여성이었다(Phạm Thị Thùy Vinh 2006: 39)." 등의 지적들이 이를 단적으로 보여준다. 그러나 후술하겠지만 베트남에서는 환관은 물론 여성도 친족을 양자로 들이고 대를 잇게 할 수 있었다(片倉穣 1987: 463-464)(조호연 2023). 이들이 다른 선택지를 고르지 않고 헌납이라는 방법을 고른 데에는 그들 나름의 사정이 있었을 것이다. 무엇보다도 상기의 설명은 과부(寡夫)에 의한 헌납이 거의 보이지 않는 이유를 설명하지 못한다. 한편 본래 딘은 금녀(禁女)의 구역이며 제사 역시 향음주례(鄕飮酒禮)에 의거하여 이루어졌는데, 본래 여성의 공간으로 이해된 절뿐만 아니라 딘, 심지어 문묘에도 여성이 허우히엔으로서 배향될 수 있다는 사실은 베트남 학자들의 흥미를 끌기에 충분했다. 최근 부이꾸옥린(Bùi Quốc Linh)은 이러한 현상에 대해 의문을 품으면서, 16~17세기 사이의 내전으로 인해 다수 남성이 전쟁터로 보내져, 남겨진 여성들의 경제적 역할이 증대되었고, 촌락 사회의 요구에 여성이 부응했기 때문이라고 추측했다(Bùi Quốc Linh 2022: 11-13). 그러나 이러한 설명만으로는 19~20세기까지 이어지는 여성의 왕성

---

8   베트남 학계의 미시적 관점 부족에 대해서는 김종욱이 이미 지적한 바 있다(김종욱 2002: 148-150).

한 헌납 활동을 설명하지 못한다.

한편 해외 학계에서는 사례 연구를 통해 허우를 분석했다. 대표적으로 대만의 린샨웬(林珊妏)과 캐나다의 쩐뚜옛늉(Trần Tuyết Nhung)의 연구가 있는데, 흥미롭게도 이들은 여성의 종교적 헌납 활동에 대해서 정반대의 평가를 내린다. 먼저 린샨웬은, 베트남 학계와 마찬가지로, 여성의 헌납 활동을 경제·종교 영역에서 여성이 가지는 주체성·자율성의 발현 사례라고 평가한다. 이 관점은 과부가 유교 이념상 계승권을 가진 친족이나 시가의 남자를 무시하고 자신이나 남편, 부모의 기일 제사를 준비할 수 있다는 점을 부각한다(林珊妏 2012, 2015). 무엇보다도 촌락 사회에 기일 제사를 맡기고 그 계약사항을 준수하도록 비문을 세운다는 점에서 여성의 의견과 서명이 촌락 사회에서 영향력을 가지고 있었다는 것이다(Philippe Papin 2015: 91). 한편 최근 쩐뚜옛늉은 사실 『국조형률(國朝刑律, Quốc triều hình luật)』은 남녀균분상속을 규정하고 있지 않다고 주장하면서, 더욱이 16세기 이후 법질서와 사회 관습상 여성은 상속권과 제사권을 인정받지 못했다고 주장했다(Tran Nhung Tuyet, 2006, 2018: 127-164)(Trần Tuyết Nhung 2023: 180-228).[9] 이러한 상황 속에서 여성의 헌납 활동은 오히려 부계 승계 원리(Rule of patrilineal succession)를 회피하기 위한 불가피한 선택지였을 뿐이다. 즉, 생전에는 재산에 대한 권리를 보호받고, 사후에는 영원히 제사 받기 위해 촌락에 헌납했다는 것이다(Tran Nhung Tuyet 2008, 2018: 165-179, Trần Tuyết Nhung 2023: 229-248).

이상의 상반된 평가에도 불구하고, 이들의 연구는 다음과 같은 공통된 문제점을 가지고 있다. 첫째, 여성이 헌납하는 이유를 제사 지내줄 사

---

[9] 쩐뚜옛늉의 주장에 관한 종합적 비판은 (유인선 2021)을 참고할 것.

람이 없다는 점에만 주목하여 논의한다는 점이다. 실제로 사료 중에는 자식이 없다거나 딸들이 혼인을 이유로 타향으로 가서 제사 지내기 어렵다고 언급하는 비문이 있다.[10] 하지만 이유에 대해서 딱히 언급하지 않거나 단순히 기부자의 출신이나 공덕을 강조하는 비문도 적지 않다. 이들이 제시한 사례는 이에 해당하는 비문들이었다. 둘째, 전체 내용을 분석하지 않고 일부분만을 인용한다. 이는 다양한 상황이나 이유를 고려하지 않고, 단순히 제사 지내줄 사람이 없기 때문에 헌납했다고 전제하기에 나타나는 현상이다. 그 결과 단순히 헌납 주체가 여성인지, 얼마를 헌납했는지 등만이 고려되는 것이다.

결국 이들은 여성이 '누구'의 딸이고, '누구'의 아내인지, 그리고 '누구'의 어머니인지에 대해서는 전혀 관심을 가지지 않는다. 이러한 태도로부터 각각의 여성이 놓여 있는 상황을 도외시한다는 세 번째 문제점이 나타난다. 여성이라고 해도 그녀가 아내로서 남편을 위해 헌납했는지, 딸로서 부모를 위해 혹은 며느리로서 장인·장모를 위해 헌납했는지, 아니면 어머니로서 자식을 위해 헌납했는지에 따라 그 의미가 달라질 것이다. 또 60대에 남편을 잃은 과부보다 30대에 남편을 잃은 과부에게 많은 선택지가 주어지며, 자식의 유무 또한 그녀의 선택에 많은 영향을 끼칠 것이다. 마지막으로 그 재산이 여성 주체의 고향에 헌납되었는지, 혹은 시댁의 고향에 헌납되었는지도 허우의 의미를 판가름하는 데에 매우 중요한 요인이다. 이러한 다양한 모습을 사상(捨象)하고 단순히 '여성'

---

10 "이 사람의 아내 완씨점의 호는 자혜이며, 나이가 이미 53세로 대를 이을 자가 없었다(伊之妻阮氏占號慈惠, 年已五十三歲, 嗣續無)"(「갑진년비기(甲辰年碑記)」, 정리번호 0654), "향로 배문대와 아내 완씨기 등은 스스로 현재 노쇠하여 대를 잇기가 어렵다고 생각했다(鄉老裴文代妻阮氏箕等, 自念行年衰老, 難於嗣續)."(「무제(無題)」, 정리번호 0656)

만을 논한다면 오히려 '여성 주체'에 대한 올바른 이해를 가로막게 되는 결과를 초래할 것이다.

 마지막으로 아직까지 국내에 비문 사료를 활용한 연구는 없다. 특히 전근대 베트남 여성에 관한 연구는 주로 레(Lê, 黎)[11] 왕조의 기본법률인 『국조형률』에서 규정한 여성의 재산권과 이혼 청구권, 남녀균분상속에 관한 연구(Yu In Sun 1990, 유인선 2014, 2021), 외국인의 관찰 기록 등으로부터 시장과 무역에서 활약한 여성의 모습을 고찰한 연구(최병욱 2006, 2020), 성불하기 위해서는 여자가 되어야 한다는 개념, 즉 변성여자(變成女子)가 나타나는 베트남 관음유래담에 관한 연구(최빛나라 2019), 열녀전이나 소설과 같은 문학 작품을 분석하여 지배층의 통치 이념을 확인한 연구(곽정식 2002)(하동환 2020) 등, 주로 거시적인 관점에서 이루어져 왔다. 베트남의 족보, 자파(gia phả, 家譜) 사료를 이용하여 베트남의 양계적인 가족구조(전경수 2021)와 여성의 삶을 조명한 연구가 있지만(조호연 2021a)(조호연 2021c), 자파 사료의 성격을 고려하면,[12] 유교적 관점에 의해 굴절된 상(相)이라는 점을 부정할 수 없다.

 따라서 이 글에서는 비문 하나하나의 사례를 치밀하게 읽어 '여성 주체의 재발견'을 시도하고자 한다. 이를 위해 Ⅱ장에서는 헌납 문화 발달의 사회적 배경을 소개하고, 종교적 헌납 활동을 통한 제사 대행(代行)이

---

[11] 이 글에서는 국명과 지명, 연호, 개념에 대해서는 베트남어로 읽는다. 다만 행정 단위인 성(省)-부(府)-현(縣)-사(社)는 한국어 독음으로 읽는다. 인명은 한국어 독음으로 읽되, 일반적으로 잘 알려진 인물에 대해서는 베트남어를 병기했다. 서명과 관직 또한 한국어 독음으로 읽는다.

[12] 19세기 이전 비교적 이른 시기에 자파를 편찬한 주체는 이미 과거 합격자를 배출한 종족이었으며, 편찬자 또한 유교적 소양을 지닌 자들이었다(조호연 2021b: 564-573).

여성이 취할 수 있는 수많은 선택지 중 하나였다는 사실을 증명한다. Ⅲ장에서는 비문뿐만 아니라 족보를 포함한 다양한 촌락 사료를 종합하여 여성의 가족 관계와 헌납 당시의 상황을 분석하여, 여성이 어떤 목적 아래에서 비문을 세웠는지 추측해본다.

Ⅱ. 사회적 배경과 제사권의 향방

1. 사회적 배경

흔히 "임금의 법도 촌락의 관습을 이기지 못한다(phép vua thua lệ làng)."라는 속담으로 표현되는 베트남 촌락의 자율성은 근세 베트남의 역사적 전개 속에서 형성되었다.[13] 레 왕조의 성종(聖宗, Thánh Tông, 재위 1460-1497)은 중국식 중앙집권국가를 목표로 하여 행정·관제 개혁을 단행하고, 이를 바탕으로 영토 확장에 성공했다. 그러나 1527년 막(Mạc, 莫) 씨에 의한 찬탈과 레 왕조 부흥(1592년 하노이 탈환)의 과정을 거치며 찐(Trịnh, 鄭) 씨가 레 왕조의 실권을 잡고 정권을 운영했다(1599년 왕부(王府) 개설). 중부 베트남에서는 응우옌(Nguyễn, 阮) 씨가 자립하여 명목상으로는 레 왕조에 따르면서 찐 씨와 대립했으며, 북부 산지로 쫓겨난 막 씨 역시 중국을 뒷배로 두고 17세기 후반까지 존속했다(八尾隆生 2001)[14]

레 왕조 관직 체제의 유명무실화는 왕부 아래 비례관서(非例官署)의 부

---

[13] 하지만 황제의 법이 항상 촌락의 관습을 용인해준 것은 아니며(유인선 2014: 152), 뒤이어 설명하겠지만, 어디까지나 정권의 필요성에 따라 형성되었음을 잊어서는 안 된다.

[14] 막 씨의 멸망 과정에 대해서는 (유인선 2012: 231-233)을 참조할 것.

정부패를 막을 수 없게 만들었고, 찐 씨와 응우옌 씨의 대립 상태는 문인 관료에 의한 개혁을 어렵게 하였다. 찐 왕부는 이들 비례관서의 부정을 막고 안정적으로 세수를 확보하기 위해 행정 단위 말단이었던 싸(xã, 社)에 자율성을 부여하였다. 본래 싸의 장인 사장(社長)은 지방관에 의해 선발되었으며, 이들이 징세를 위한 기초 자료로서 촌락 내 성인 남자를 기록한 정부(丁簿)와 토지소유자와 면적, 경계 등을 기록한 전부(田簿)를 작성·갱신하여 지방관에게 보고하였다. 그러나 이와 같은 중앙집권적인 체제를 유지할 수 없었기에 찐 왕부는 1669년 촌락을 단위로 세수를 정액화(定額化)하는 평례법(平例法)을 도입하는 한편 촌락에 자율성을 부여하였다. 예를 들어 사장의 선발은 싸 내부에 맡겨졌고 호적의 제출 또한 요구받지 않았다(桜井由躬雄 1987: 181-221).[15]

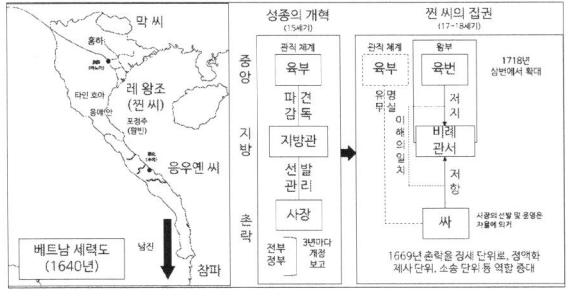

[그림 1] 1640년 베트남 세력도(좌)와 레 왕조 시기 정치 제도의 변화(우)

---

15 다만 유인선에 따르면 신종(神宗, Thần Tông, 재위 1649-1662) 때 지방관이 사장과 그를 돕는 사사(社史), 사서(社胥)를 선발하여 업무를 맡겼으며, 사장은 10세 이상의 모든 남녀를 기재한 호적을 작성하여 왕부 등에 제출해야만 했다고 한다. 하지만 이 호적 개정 작업은 1664년 중지되었다(유인선 2016 : 212).

촌락의 역할은 여기에서 끝나지 않았다. 찐 왕부는 지배이념으로서 주자학 이데올로기를 채택하고 종래 마을의 집회소인 딘에서 제사 지내는 성황신을 정식으로 인정하는 신칙(神勅)을 내리며 유교적인 제사 의례를 유포했다. 이들 신칙과 함께 성황신의 기원이나 유래를 기록한 신적(神蹟) 문헌들은 각각의 촌락이 제사 집단으로서 기능했다는 사실을 보여준다. 한편 17세기 이후 인구 증가와 경작지 확대의 한계에 따라 인근 촌락과의 토지·수리 시설 분쟁이 많이 일어났는데 소송 주체 역시 싸였으며, 촌락 내 징세나 과세 문제로 상급 기관과 주고받은 공문서가 다수 남아 있는 것으로부터 소송 단위로서의 싸의 모습을 엿볼 수 있다(上田新也 2019)(吉川和希 2021).

한편 자율성을 부여받은 싸는 인구 증가와 경작지 부족에 따른 사회 혼란을 방지하기 위해 구성원을 통제하기 시작했다. 즉, 성황신 제사를 윤번으로 담당하던 지연(地緣) 집단 잡(giáp, 甲)에 부계 혈연 집단인 종호(dòng họ)를 그 내부조직으로서 편입시켰다. 잡의 구성원은 성인남성으로만 구성되고 아버지의 잡에 아들이 소속되는 경우가 많기 때문에, 부계 혈연을 통해 잡, 최종적으로는 촌락의 구성원을 통제할 수 있었다.[16] 이러한 과정은 유교 이데올로기에 의해 정당화되었으므로 17~19세기에 부거제(父居制)와 함께 유교 이데올로기가 촌락 사회에 침투되는 결과를 낳았다.

---

16 잡은 그 내부에 연령에 따라 단계가 나누어져 각 단계별로 고유한 역할이 부여되었다. 남성은 보통 16세가 되면 아버지의 잡에 가입하였다. 촌락 내 권력 관계는 촌락마다 다르기 때문에 종호와 촌락을 매개하는 잡의 양태 역시 다를 수밖에 없다. 어떤 촌락에서는 지연 집단의 성격이 강하지만, 어떤 촌락에서는 하나의 종호가 잡을 형성하는, 즉 혈연 집단으로서 기능하는 경우도 있었다.(宮沢千尋 1996: 15-16)

이처럼 단순히 행정 말단이었던 싸는 자율성을 부여받은 이래 그 역할이 점차 증대되었는데, 그로 인해 항상 재정 부족에 시달렸다. 납세뿐만 아니라 교량이나 제방의 건축·수리, 딘과 사원의 중수 등 촌락을 운영하는 데에는 상당한 비용이 필요했기 때문이다. 이에 호응하여 재산을 헌납한 것이 바로 여성들이었다. 베트남 여성은 결혼 후에도 독립적으로 재산을 운용했고, 사망하였을 시 부부 사이에 자식이 없는 경우 그녀의 재산은 남편이나 시가에 종속되지 않고 그녀의 친족에게 돌아갔다. 또 여성들은 농업뿐만 아니라 수공업이나 상업 분야에서 활약하였고(유인선 2014: 125-127), 그들의 활동 범위는 시장이나 무역항뿐만 아니라 강과 바다에까지 이르렀다(최병욱 2006). 특히 16~17세기 베트남은 내부적으로는 분쟁의 시대였으므로 남성이 전선으로 보내져 여성의 경제적인 역할이 더 중요해졌으며, 대외적으로는 동남아시아 교역 붐에 따라 축재할 기회가 더욱 많아졌다(Tran Nhung Tuyet 2018: 34-39). 이와 같은 사회경제적 배경 속에서 여성은 촌락 사회의 요구와 자신의 신앙생활을 위해 재산을 헌납했다.

2. 여성의 재산권과 제사권

레 왕조의 성문법인 『국조형률』이 여성의 재산권과 이혼청구권, 그리고 남녀균분상속의 원칙을 규정하고 있다는 사실은 국내외 학계에 이미 널리 알려진 사실이다. 최근 유인선은 사실 『국조형률』은 여성의 재산권이나 남녀균분상속 원칙을 규정하고 있지 않을 뿐만 아니라, 『홍덕선정서(洪德善政書, Hồng Đức thiện chính thư)』와 같이 16세기 이후 편찬된 법전에서는 오히려 부계 상속의 원리가 규정(여성의 재산권과 제사권 부정)되고 있다는 쩐뚜옛늉에 주장에 대해서 반박하기도 했다(유인선 2021)(Yu Insun 2022). 따라서 여기에서는 이 내용을 반복하지는 않되, 유인선의 논의를 보충할 몇 가지 중요한 논점을 제시하고, 실제 사례를 통해 여성에게 재산이나 제사에 관한 다양한 선택지가 주어졌음을 논하고자 한다.

가장 먼저 『국조형률』에 관한 논의이다. 『국조형률』에는 성종의 행정 개혁으로 인해 이름이 바뀐 명칭(處→承宣, 社官→社長 등)이 남아 있으며, 동성금혼의 조문이 존재하지 않는다. 이는 『국조형률』이 성종의 개혁 이전에 편찬되었음을 의미한다. 즉, 현존 『국조형률』은 『홍덕율(洪德律, Hồng Đức Luật)』이 아니며, 오히려 중국 당·송 시대의 법을 계수하고 14세기 베트남 관습법을 종합하여 15세기 초에 편찬되었다고 여겨진다. 또 현존하는 『국조형률』의 대부분의 판본이 응우옌 왕조 시대에 민간에서 만들어진 조악한 판본이고, 주로 '민사'에 관한 조문만을 발췌하여 만들어졌으므로, 응우옌 왕조 시대에도 『국조형률』이 원용되었다는 사실을 추측할 수 있다(八尾隆生 2020: 5-59). 1931년 『통킹민법(Tonkin Civil Code)』이 제정되기 전에도 민사 소송에서 남편이 죽은 뒤 여성이 수절하면 그 재산을 향유할 수 있다는 『국조형률』의 조문이 원용되기도 하였다(김종욱 2009: 72).

이는 『홍덕선정서』 등 16세기 이후 편찬되거나 정리된 법조문에 대한 논의로 이어진다. 『홍덕선정서』는 막 씨가 레 왕조를 찬탈한 후, 성종의 '혈연'을 잇는 려(黎) 씨가 아니라 '의지'를 잇는 자로서 자신들을 정당화하기 위해 정리하기 시작한 법조문 모음집이다(John K. Whitmore 1995: : 113-24)(八尾隆生 2020: 47). 즉, 성종의 의해 도입되었지만 결국에는 베트남 사회에 뿌리박지 못한 법조문을 막 왕조의 새로운 법전 편찬을 위해 정리한 것일 뿐이다. 그러므로 이 사료의 법조문이 17~18세기 베트남 사회에 그대로 적용되었다고 보기 어렵다.[17] 또한 응우옌 왕조의 『황월율례』가 일부 조문을 제외하고 『대청율례』를 그대로 베낀 것이라는 사실도 유명하다(유인선 2014: 9).

마지막으로, 베트남의 가례서(家禮書)를 확인해보면, 18세기 베트남 사회에 널리 유포된 가례서인 『첩경가례(捷徑家禮)』에는 장인·장모의 상복 규정을 『대명률(大明律)』에 의거하여 시마(緦麻)로 규정했다. 하지만 뒤이어 주를 달아 남녀균분상속이 이루어지는 베트남에서 이를 그대로 적용하는 것은 인륜에 어긋나는 행위라고 비판했다(嶋尾稔 2008: 223-224). 베트남 족보에 친족뿐만 아니라 외가의 기일과 분묘의 정보가 기재되어 있는 이유도 이러한 사고방식과 관계가 있을 것이라고 여겨진다(末成道男 1995)(趙浩衍 2022).

이처럼 전근대 베트남 사회에서는 재산에 대한 여성의 다양한 권리를 보장한 『국조형률』이 중요했다. 그렇다면 제사권은 어떨까? 『국조형률』에는 장남이 없으면 장녀를 쓴다는 규정이 있고[18], 『홍덕선정서』에는

---

17 또 쩐뚜옛늉은 빈틴(Vĩnh Thịnh, 永盛) 10년(1714)의 서문을 가진 『공안사험비법(公案查驗祕法)』(한놈연구원 A.1760)에 첨부되어 있는 「부록공안형법(附錄公案刑法)」이 중국과 같은 남녀차등상속, 동성금혼 등을 규정하고 있으며, 이 법조문이 곧 18세기의 사회를 반영한다고 주장하였다(Tran Nhung Tuyet 2018: 149-150). 그러나 그녀가 인용한 판본에는 '寔'과 '辰' 등의 피휘가 확인되므로 1840년 이후의 사본이라는 점을 알 수 있고, 무엇보다도 『황월율례』의 독자적 조항인 '은루정구(隱漏丁口)'(『대청율례』는 「탈루호구(脫漏戶口)」. 이러한 차이는 베트남 사회는 '호'가 아닌 '싸'를 통해 정인과 호구를 파악했기 때문에 나타났다고 생각된다)와 동일한 내용의 조문이 수록되어 있다는 점, 「호역(戶役)」과 「혼인(婚姻)」 등의 조문의 수와 배열도 『황월율례』와 일치하면서도, 누락된 단어가 많다는 점을 보았을 때, 이 부록은 응우옌 왕조 때 더해진 것으로 이해하는 것이 옳다. 따라서 『공안사험비법』의 법조문이 17~18세기 베트남 사회에 적용되었다고 주장할 수 없다.

18 一, 監守香火, 有長男用長男. 無長男則用長女(『국조형률』 제 391조).

장남이 없으면 장녀를 쓴다는 조문과 차남을 쓴다는 조문 등이 산재한다.[19] 1920년대 이루어진 북부 베트남 관습 조사에서는 향화전(香火田)은 아들만이 계승할 수 있다는 촌락 지식인의 답변이 있었다. 현존하는 대부분의 유언장, 심지어 균분상속이 이루어지는 사례에서도 향화전과 사당 등은 장남이 상속 및 감독하도록 하고 있다. 그러나 한편으로는 특정 선조의 기일 제사를 위한 위토인 기전(忌田)은 여성 또한 계승할 수 있다는 촌락 지식인의 회답/유언 사례가 있어(宮沢千尋 2016, 2017), 이를 통해서도 여성의 제사 행위 그 자체가 배제된 것은 아니라는 사실을 알 수 있다. 이하 상속과 제사에 관한 여성의 다양한 모습을 살펴보고자 한다.

먼저 장남이 없다면 여성이 계승한다는 『국조형률』의 규정은 18세기에도 적용되었던 것 같다. 『두족가보(杜族家譜)』(한놈연구원 A.1913)는 1895년 족장 두문강(杜文姜)에 의해 편찬되었다. 「부기외가선조(附記外家先祖)」에는 다음과 같은 구절이 적혀 있다. "레 왕조의 례(例)에 따르면 남자가 없으면 여자를 써 받든다고 한다. 따라서 우리 집안에 외조를 기리는 것은 두공찬(杜公瓚)이 (외조를) 기리는 것에서 시작되었다.[20]" 그리고 려유련(黎有輦), 무씨칠(武氏柒), 반등조(潘登朝)의 기일이 적혀져 있다. 려유연과 무씨칠은 두공찬의 아버지 법엄(法嚴)의 장인장모이며, 반등조는 두공찬의 장인이다. 이는 이들에게 아들이 없어 딸이 그 제사를 계승하였고 최종적으로 사위의 집안이 '외조'의 기일을 챙기게 된 사례라고 볼 수 있다. 이러한 전통 때문인지, 두공찬의 장남 순(諄)의 기일은 계사손

19　一, 監守香火田土, 無長男, 用長女承祀, 聽給養一世, 則還宗人監守如例(제 105조). 一, 長男無子息, 給養一世, 許次男. 次男無子息, 許宗人監守其香火分(제 106조). 이 역시 『홍덕선정서』가 법전 편찬을 위한 법조문 모음집에 불과했다는 것을 방증하는 사례이다.
20　黎朝例無男用女承. 故我家有外祖之祀者, 自杜公瓚之祀始也(『두족가보』5쪽).

(繼嗣孫) 두문강과 두씨가(杜氏枷)와 두씨폭(杜氏幅) 삼지(三支)가 함께 제사 지냈다. 순은 정실과 측실에게서 아들 한 명씩을 낳았지만 모두 요절하였고, 측실에게서 낳은 두씨가와 두씨폭 만이 남아 있었다. 순은 두문강에게 백부(伯父)에 해당한다. 이 족보에는 생몰연대를 알 수 있는 정보가 없지만, 적어도 두문강이 족보 편찬 시점인 1895년에 족장이었으므로, 그의 조부 두공찬 또한 18세기 후반에서 19세기 초반 사이를 살아간 인물이라고 추정할 수 있다.

다음으로 여성은 친족에게 제사 대상이 되었다. 『두씨세보(杜氏世譜)』 (한놈연구원 A.712)에는 화립(花笠)을 만들어 파는 일을 생업으로 삼은 미순(美順, 1759?~1794?)이라는 여성에 대한 기록이 있다. 그녀는 같은 촌락의 남자와 결혼하여 계실(繼室)이 되었는데, 불행히도 36세의 젊은 나이에 사망하였다고 한다. 여기서 문제가 되는 것은 그녀의 유산이다. "나라의 율(國律)에 따르면 자식이 없는 경우, 그 (재산이) 본래의 종족에 돌아가는 것을 허락한다.[21]" 이에 그녀의 아버지 복륭공(福隆公)은 직접 상주가 되어 장례식을 치르고, 무덤을 찾아 그녀의 시신을 묻었다. 그녀의 재산과 제사는 남동생에게 맡겨졌다. 또 민망(Minh Mạng, 明命) 4년(1823)에 편찬된 『두문가보(杜文家譜)』(한놈연구원 A.1912)에 따르면, 시조의 딸 두씨영(杜氏盈)은 "(아들) 명걸(名傑)을 낳았지만, [명걸이 요절했기 때문에] 집으로 돌아와 봉사(奉事) 받았다."[22] 따라서 대를 잇지 못한 딸 역시 친가의 제사 대상이 되었다.

---

21 照國律, 無子息咱还宗人(『두씨세보』 80쪽); 諸夫妻無子或先沒, 無囑書, 而田産歸夫及妻. 若留祭祀不如法者[法, 謂夫宗田産, 分爲二分, 歸宗人一分, 以供祭祀. 歸妻一分, 聽給養一世, 不得爲私. 妻沒及改嫁者, 則其分還夫宗. 父母在, 則全歸之. 妻沒夫, 亦如之, 但不拘改娶. (중략)], 笞五十, 貶一資, 宗人失所監(『국조형률』 제375조).
22 生名傑, [由名傑早沒]還家奉事得(『두문가보』 4쪽).

마지막으로 여성은 본인의 대를 잇는 것에 대해서 스스로 선택할 수 있었다. 『단족보』(베트남 국가도서관 R.952)에 따르면, 8대조 미양용군부인(美良容郡夫人)은 찐 왕부에서 명부(命婦)로 일했다. 고향으로 돌아온 뒤(1740년 경), 후계자가 없었기 때문에 자기 고향에서 허우턴으로 선출되기도 했다. 이후 잠시 이성(異姓) 양자를 들이기도 했지만, 임종에 이르러서 친친(親親)을 중요하게 여겨 친동생과 친조카를 후계자로 삼아 전토를 분급하였고, 기일과 납일에 제사 지낸다고 하였다(조호연 2021c: 347). 『덕택완씨가보(德澤阮氏家譜)』(한놈연구원 A.797)에는 고모가 친조카를 과방(過房)으로 삼은 사례가 있다. 즉, 경진과(1700년) 진사 합격자 완효(阮儌, 1674~1735)는 반좌충(潘佐忠)의 4남이었다. 반좌충은 본래 하 씨였으나, 반공(潘公)의 양자로 들어가 반 씨로 성을 바꾸었다. 반좌충의 여동생 하씨추(何氏雕, 1644~1718)[23]는 지휘첨사(指揮僉事)에 오른 조위후(朝威侯) 완유법(阮有法, 1632~1704)과 혼인하였다. 하씨추가 반씨좌에게 이르기를 "(옛말에) 연산오계(燕山五桂)[24]라고 했습니다. 오빠는 이미 조상의 은덕이 남아 있으니,[25] 제(小妹)가 집안을 세울 수 있도록 한 가지(枝)를 빌려주세

---

23 '雕'는 쯔놈 문자이며, '꼬리'를 의미하고 베트남어로 'đuôi'라고 읽는다. 쯔놈은 흔히 의미의 부수와 음의 부수를 합쳐 만들어지는데, 여기에서는 尾와 隹과 합쳐져 '꼬리'를 의미하게 되었으므로 '추'라고 읽었다. 족보에 따르면, "어렸을 때, 어머니가 다닐 때마다 꼬리와 같이 따라다녔기 때문에 이름을 (雕라고) 지었다(少時母每行從之如尾故名)."

24 대만 국립고궁박물관(國立故宮博物館)의 '연산오계문경(燕山五桂紋鏡)'에 대한 설명에 따르면, 두우균(寶禹鈞, 생몰 미상)의 다섯 아들을 의미하며, 중국 오대(五代)부터 북송(北宋) 사이에 잇따라 등과했다고 전해진다(https://digitalarchive.npm.gov.tw/Antique/Content?uid=12&Dept=U, 열람일: 2023년 8월 19일).

25 반씨좌는 5남, 반공위(潘公偉), 반공경(潘公敬), 하명보(何明輔), 완효, 반명진(潘名振)과 4녀 씨산(氏山), 씨항(氏恒), 씨한(氏漢), 씨향(氏享)을 낳았다. 하명보 또한 하 씨 집안의 양자로 들어갔다.

요."라고 했기에, 반좌충은 이를 허락했다. 이때 완효의 나이 8세였다고 하므로,[26] 완 씨로 성을 바꾼 것은 1681년의 일이다. 이 사실은 완효(본래 이름은 潘使)를 시조로 삼는 『향계완씨병지가보(香溪阮氏丙支家譜)』(한놈연구원 A. 810)에서도 확인된다(조호연 2023: 14-16).[27]

무엇보다도 베트남에서 자파를 편찬하는 주체가 유학자라는 점을 생각해보면, 18~19세기에도 '여성의, 여성에 의한, 여성을 위한' 제사 활동이 그들의 통념상에도 문제가 되지 않았다는 사실을 이해할 수 있다. 이러한 사회 분위기 속에서, 여성이 신앙 공동체나 촌락 사회에 제사 대행을 요구하는 것은 '불가피한' 선택이 아니라 그 선택이 그녀에게 가장 '합리적'이었기 때문이라고 말할 수 있다. 따라서 여성의 종교적 헌납 활동을 제대로 평가하기 위해서는 그녀들을 둘러싼 가족 관계와 헌납 당시의 상황을 복원해야만 한다. 다음 장에서는 선행연구에서 충분히 다루어지지 않은 두 가지 사례를 통해 복잡하고 다양한 사상(事象)을 엿보고자 한다.

---

26 香溪朝威侯貴閨[香溪官父婆]者, 公之親姑也. 祈于公嚴堂曰, 燕山五桂, 哥哥旣有餘慶, 乞借一枝爲小妹立門戶. 嚴堂首肯. (중략) 時公八歲也[熙宗正和二年辛酉](『덕택완씨가보』 35-36쪽).

27 夫妻貴顯, 只恨年高未有子媳, 欲決行螟蛉之計, 以延嗣續之謀. 乃往言于親兄佐忠公, 祈養第四子潘使爲子. 佐忠公許之. 潘使時方八歲, 回居香溪祖貫, 從養父改姓阮有敍, 我族從阮姓自此始也(『향계완씨병지가보』 6-7쪽).

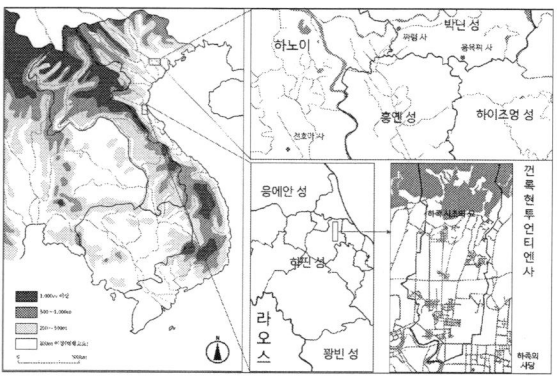

[그림 2] 허우턴 사례와 관계되는 촌락

※좌측의 지형도는 (유인선 2016: 17)의 지도를 토대로 작성한 것이다. 각 사는 이 글에서 언급되는 촌락 중 필자가 현지답사를 완료한 촌락을 적은 것이며, 구글 지도 등을 토대로 작성하였다. 하띤 성의 경우, 하족의 대표인 하반씨(Hà Văn Sỹ) 옹과 동행했다.

Ⅲ. 여성의 종교적 헌납 사례의 분석[28]

1. 짜럼(Trà Lâm, 茶林) 사 정씨옥로(鄭氏玉櫨)의 사례

『총집』에 따르면, 박닌(Bắc Ninh, 北寧) 성, 투언타인(Thuận Thành, 順成) 현, 짜럼 사 내, 정족사당(鄭族祠堂) 앞에 두 비문이 세워져 있다고 한다. 필자의 현지답사 결과에 따르면, 지금도 비문은 정족사당과 함께 현존하고 있다.

---

[28] Ⅲ장 1절과 2절은 각각 *Nghiên cứu Hán Nôm năm 2023* (베트남 한놈연구원, 2023)에 게재된 "Nghiên cứu bia Hậu đầu thế kỷ XVIII qua phân tích định tính: trường hợp quận chúa họ Trịnh Thị Ngọc Lỗ"(180-198쪽)과 Hội thảo khóa học Nghiên cứu làng xã Việt Nam: nguồn tư liệu, hiện trạng và triển vọng (베트남 국가문화예술원 후에 분원, 2023.9.23)에서 발표한 "Nghiên cứu bia Hậu đầu thế kỷ XVIII qua phân tích định tính: trường hợp thứ thất của tiến sĩ Hà Tông Mục"(논문집 출간 예정)을 수정·종합한 것임.

정족사당(입구)   정종의 위패

찐호아 20년/25년 비문   찐호아 25년/빈틴 8년 비문

[사진 2] 짜럼 사 정족사당 비문(2022년 7월 25일 필자 촬영)

(1) 찐호아(Chính Hoà, 正和) 20년 비문: 봉사후불비기(奉事後佛碑記) (『총집』 정리번호 3594-3597), 찐호아 20년(1699), 4면, 전체 약 2,500자

(2) 찐호아 25년 비문: 봉사후불비기(奉事后佛碑記) / 본사봉사약문(本社奉事約文) (『총집』 정리번호 3637-3638), 찐호아 25년(1704), 2면, 전체 약 1,500자

(3) 빈틴 8년 비문: 혜전좌락처소(惠田坐落處所) (『총집』 정리번호 3639), 빈틴 8년(1712), 1면(다른 면은 마모되어 읽을 수가 없음), 전체 약 700자.

찐호아 20년 비문의 제1면에 따르면, 정씨옥로[29]는 ①시내궁빈 우바이 완씨내(侍內宮嬪優婆夷阮氏 {內+亻})의 딸이다. 짜럼 사는 완씨내의 고향이며, 아버지의 자는 ②복태(福泰), ③어머니의 호는 혜의(惠義)이다. 그녀는 어려서부터 자색이 뛰어나 ④정왕(鄭王)과 혼인하여 딸 정씨옥로, 아들 ⑤제독 조수후 정종(題督調壽侯鄭樅)을 낳았다. 이후 정씨옥로는 ⑥도독첨사 영군공 도상공(都督僉事永郡公陶相公)과 결혼하였는데, 그의 아버지는 ⑦태재대왕(太宰大王)이다. 정씨옥로와 도상공의 장녀 ⑧도씨옥빙(陶氏玉 {木+凭})은 ⑨전 이정부흠차절제각처수보제영 겸장서정태위 겸국공 가봉관후웅지 장재상상공(前理政府欽差節制各處水步諸營兼掌庶政太尉謙國公加封寬厚雄智掌宰上相公)과 혼인하였다. 1699년 중동(仲冬), 정씨옥로는 사당을 만들고 사전 200관과 벼 140담(擔)[30]에 상당하는 양전(良田)을 기부하며, 자신의 어머니 완씨내의 제사를 짜럼 사에 맡겼다. 도씨옥빙도 20담에 상당하는 토지를 기부했다. 나머지 면에는 기일 등의 제사일과 의례 방법(제2면), 토지의 면적과 위치(제3면), 기부에 동의한 촌락민 138명의 이름(제4면)[31]이 기록되어 있다.

또 찐호아 25년 비문에 따르면, 정씨옥로가 평소에 공덕이 있고 마을

---

29 일반적으로 베트남 여성의 이름은 '성+氏+○'으로 나타난다. 남성의 경우 '성+文+○'이나, '중간 이름'으로 번역되는 뗀뎀(tên đệm)은 지파(支派)의 소속을 나타내는 역할을 수행하기도 한다. 즉 항렬이 존재하지 않는다. 또 시조가 같더라도 뗀뎀이 다르면 동성불혼의 원칙이 적용되지 않는다. 또 왕성이나 국성을 가진 여성에게는 옥(玉)을 붙였다.

30 쩐뚜옛늉은 머우(mẫu, 畝)로 해석했으나 근거를 제시하지 않았다. 담의 베트남어 독음은 따(tạ)인데, 식민지 시대에 따는 중량 단위로 60.45kg이었다(関本紀子 2018: 331-332). 따라서 140담은 약 8,463kg이다.

31 완씨 114명, 범(范) 씨 16명, 황(黃) 씨 4명, 매(枚) 씨 2명, 양(楊) 씨와 려(黎) 씨가 각각 한 명.

의 절을 수리하였으므로 촌민이 허우펏으로 추대하려고 하였으나 정씨옥로는 거듭 사양하였다. 그러나 "장녀 도씨옥빙과 ⑩차녀 도씨옥감(陶氏玉囍), ⑪친서(親壻) 내우중대 사례감 좌소감 분충후 려공근(內右衆隊司禮監左少監奮忠侯黎公謹), ⑫친손(親孫) 완증(阮增)이 힘써 권하여, 사람들의 뜻에 따라,"³² 1704년 계동(季冬)에 허우펏으로 선출되었다고 한다. 제2면에는 역시 제삿날과 의례 방법, 그리고 6명의 이름³³이 적혀져 있다.

마지막으로 빈틴 8년 비문의 내용은 다음과 같다. 1712년 2월, 고(故) 재상상공의 아내 도씨옥빙은 짜럼 사에 사전 100관 상당의 양전을 촌락에 기부하였고, 이에 그녀의 어머니와 ②외증조고(外曾祖考) 증참독 인의후(仁義侯) 완귀공 자 복태 시(諡) 덕강(德江) 부군의 기일에 제사 지낼 것을 정했다. 이 규정에는 토지의 구체적인 위치와 제사의 형식이 적혀져 있다. 이 비문에는 어머니의 정보가 나오지 않으나 앞선 비문에서 정씨옥로의 장녀 도씨옥빙이 재상상공과 혼인했다고 기록되어 있으며, 정씨옥로의 외조부가 가진 관직과 자가 이 비문의 외증조고와 일치하므로, 어머니가 정씨옥로라는 사실을 알 수 있다.

이 사례는 쩐뚜엣늉과 린샨웬이 모두 다루고 있다. 먼저 쩐뚜엣늉은 이 사례에 대하여 찐 왕의 공주, 즉 정씨옥로조차 자신이 어머니의 제사를 지내고, 딸에게 상속할 수 없었기 때문에 '어쩔 수 없이' 어머니의 고향이 맡겨야 했다고 설명했다. 왜냐하면 비문에 정씨옥로의 남동생 정종이 어머니를 위해 무언가를 했다는 내용이 없기 때문이다. 즉, ⑤정종이 자신의 어머니 ①완씨내를 위해 제사를 지냈다면, 굳이 딸이 어머니

---

32 且又以長女陶氏玉凭號妙圓, 次女陶氏玉囍號妙香, 親壻內右衆隊司禮監左少監奮忠侯黎公謹, 親孫阮增力勸, 俯徇衆情.
33 완 씨 5명, 범 씨 1명.

를 위해 제사를 준비할 필요가 없다는 것이다. 따라서 이 사례는 부계 상속의 원칙을 회피하기 위한 불가항력적인 선택을 의미한다. 반면에 린샨웬은 정씨옥로가 오히려 남동생이나 다른 친족 남자를 배제한 채, 어머니의 제사를 준비하였다고 평가했다. 무엇보다도 찐호아 25년 비문의 사례는 여성들이 마을과 계약을 맺고 스스로 허우펏이 될 수 있었음을 보여준다는 의미에서 여성의 자율성을 나타낸다고 보았다.

그러나 이러한 상반된 평가임에도 불구하고, 자의적인 해석에 의존했다는 점에서 공통점을 가지고 있다. 예를 들어 쩐뚜엣늉은 빈틴 8년 비문에서 도씨옥빙이 자신의 어머니뿐만 아니라 외증조 ②복태를 위해 기부했다는 사실을 전혀 언급하지 않았다. 그녀의 주장대로, 여성이 가족이나 부계 종족으로부터 배제되었다고 한다면, 증손녀가 외증조의 제사에 관여할 필요는 전혀 없다. 한편 린샨웬은 '정족사당'이 누구를 위한 사당인지 알 수 없다고 인정하며, 혹시 ⑧도씨옥빙의 남편 ⑨겸국공의 성이 정 씨일 가능성에 대해서 언급했다. 그러나 적어도 지금의 정족사당은 ⑤정종을 시조로서 모시는 사당이다. 정종이 어머니의 고향에 터를 잡았을 가능성이 높다. 따라서 관련이 없다고 단언하기 어렵다. 무엇보다도 이들 연구는 비문 속에 등장하는 인물들에 대해서는 전혀 분석하지 않았다[가계도 1]. 예를 들어 완씨내가 누구의 궁빈인지조차 찾아보지 않았으며, 어째서 ⑫완증이 정씨옥로의 친손이 될 수 있는지에 대해서도 의문을 가지지 않았다. 사실 이 문제를 해결하지 않는 이상, 정씨옥로와 도씨옥빙의 활동을 올바르게 판단할 수 없다. 이하 필자가 자료관과 현지에서 수집한 다양한 사료를 통해 인물들을 특정하고, 1699년과 1704년 사이에 정씨옥로가 어떤 상황에 놓여져 있었는지를 논하고자 한다.

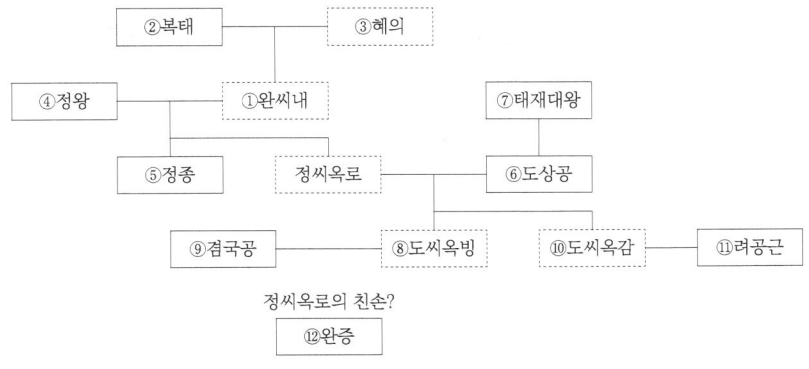

[가계도 1] 비문에 근거한 정씨옥로의 가계도

먼저 시내궁빈 완씨내는 누구의 궁빈이었을까. 응우옌 왕조 시대에 편찬된 『정가정보(鄭家正譜)』(일본 동양문고, Y-X-2-52)라는 정 씨의 족보에 따르면, 정작(鄭柞, Trịnh Tạc, 재위 1657-1682)에게는 열두 명의 아들이 있었는데, 그중 8남인 조군공(調郡公)의 휘가 종(棕)이었다. 정작의 딸들에 대한 정보가 나와 있지 않지만, 적어도 완씨내가 정작의 궁빈이었다는 사실을 알 수 있다.[34] 또 자롱(Gia Long, 嘉隆) 4년(1805)의 짜럼 사의 토지대장에는 색목(色目, 향직) 정윤(鄭枔)이라는 인물이 등장하는데, 『정가정보』에는 정윤이 무자과 향시에 합격해 향공(鄕貢)이 되었다고 적고 있다.[35]

다음으로 정작 시대에 활약한 무인 중에는 '태재대왕'으로 추증된 인물이 있는데, 바로 도광요(陶光饒, Đào Quang Nhiêu, 1601~1672)이다. 즉

---

34 第八世 (중략) 王諱柞 (중략) 挺生[男子十二], 懋郡公, 紹郡公, 塘郡公, 昭祖康王, 涖忠公, 奠義公, 派郡公, 調郡公, 韶郡公, 宣郡公, 廉郡公, 茶郡公. (중략) 提督調義侯贈調郡公諱棕, 嫡孫戊子鄉試中四場, 鄭松奉祀(『정가정보』 40-44쪽).

35 嫡孫戊子鄉試中四場, 鄭枔(『정가정보』 44쪽).

『대월사기전서(大越史記全書)』(이하 『전서』) 즈엉득(Dương Đức, 陽德) 원년(1672)에 "5월 진수예안처 겸진포정주 통솔관 좌광군영 부장 소위 당군공 도광요가 졸하다. 도광요는 왕(=정작)을 모시는 것이 왕위에 오르기 전부터 오래되었으며, 누차 적을 토벌하여 안팎으로 평안하게 하고 훈공이 많았다. (중략) 71세에 진에서 죽었다. 태재에 봉증하고 순근(純謹)의 시호를 하사하고 표창하여 복신(福神)에 봉하여 사당을 세워 제사 지낸다."[36]라고 적고 있다. 도광요는 정작 시대에 중부 응우옌 씨와의 전쟁에서 활약한 인물로, 1661년에는 최전선인 응에안(Nghệ An, 乂安)과 포정주(布政州)의 최고책임자로 임명된 인물이다.

비문의 전경과 도광휘에 관한 기술(전면-좌, 후면-우)

[사진 3] 도상공혜의전비병명(2023년 7월 1일 필자 촬영)

또 『전서』 즈엉득 2년(1673)의 기사에 따르면, 도광요의 아들 도광휘

---

36 五月, 鎭守乂安處兼鎭布政州統率官左匡軍營副將少尉當郡公陶光饒卒. 光饒奉侍王潛邸日久, 累期討賊, 安內靖外, 多有勳勞. (중략) 年七十一, 卒于鎭. 贈太宰, 賜諡純謹, 褒封爲福神, 立祠享祀(『전서』(하), 994쪽).

(陶光輝)가 그 당여인 겸록후 정규(鄭桂)와 함께 주살되었다. 즉 "아버지의 공음에 의지하여 봉작과 권록을 얻고 군주(郡主)와 혼인하였다. 하지만 권세를 믿고 무도하게 행동하였다. (중략) 조례의 법식에 따라 효수하기로 정했지만, 왕(=정작)이 도광휘의 아버지가 나라에 공로가 많은 것을 고려해 처벌을 낮춰 교사(絞死)를 내렸다."[37] 하노이 성, 타인오아이(Thanh Oai, 青威) 현, 전호아(Dân Hòa) 사에는 도광요를 기리는 사원이 있고, 1665년 세워진 「도상공혜의전비병명(陶相公惠義田碑幷銘)」에 따르면, "(도광요의) 장자는 도광휘이며, 그는 군주 씨옥로와 혼인하여, 성은을 입어 참독 진군공에 봉해졌으며, (중략) 국성을 하사받아 정기(鄭棋)라고 하였다."[38]라고 적혀져 있다. 반휘주(潘輝注, Phan Huy Chú)의 『역조헌장유지(歷朝憲章類誌)』 「인물지」 설명에 따르면, "아들 광기(光棋)는 정 씨 성을 하사받았으며, 도독첨사에 임명되어, 진군공에 봉해졌다."[39]고 적혀 있다. 이는 『전서』 까인찌(Cảnh Trị, 景治) 8년(1670) 6월조 "제독 진군공 정기를 도독첨사로 삼고, 좌교점 정상후 려시상(黎時裳)을 참독으로 삼았다[기는 도광요의 아들이고 정 씨 성을 하사받았다. 시상은 려시헌(黎時憲)의 아들이다]."[40]에 대응되는 것이라고 여겨진다. 다시 말해 도광휘가 곧 정기인 것이다.

다음으로 첫째 사위 겸국공 또한 『전서』에서 찾을 수 있다. 찐호아 5

---

37 九月, 陶光輝有罪伏誅. 光輝乃光饒之子, 藉父功蔭, 蒙加職爵權祿, 配以郡主. 而乃驕弄自恣, 多行悖逆不道. (중략) 論梟首以正條律, 王念彼父多有功勞於國, 降賜絞死(『전서』 (하), 997쪽).
38 長子曰陶光輝, 適君主 氏玉楠, 奉推恩擢陞參督晉郡公. (중략) 奉賜國姓曰鄭棋.
39 子光棋, 賜鄭姓, 受都督僉事, 封晉郡公.
40 六月, 以提督晉郡公鄭棋爲都督僉事, 左校點禎祥侯黎時宗爲參督[棋, 陶光饒之子, 奉賜姓鄭. 時宗, 黎時憲之子](『전서』 (하) 990쪽).

년(1684) 10월 "왕의 둘째 아들 태보 겸군공 정백(鄭柏)을 '흠차절제각처 수보제영 겸장서정태위 겸군공'으로 삼았"으나, 4년 만에 죽어 상재상 상공(上宰上相公)에 봉해졌다.[41] 『정가정보』는 "장재상상겸국공은 휘가 연(椽)이고, 강왕(康王)의 둘째 아들이자, 양목왕(良穆王)의 동생이다. 양목왕(良穆王)께서 훙하셔서, 절제(節制) 겸국공에 임명되고, 이정부(理政府)를 열었지만 일찍 죽었다."[42]라고 적고 있어, 관직명과 호칭을 보았을 때 찐 호아 20년 비문의 겸국공과 『전서』의 겸군공이 동일 인물임을 알 수 있다. 강왕은 정작의 넷째 아들인 정근(鄭根, Trịnh Căn, 재위 1682-1709)이며, 정씨옥로의 이복형제이다. 즉, 정씨옥로는 정백의 고모이자 장모였던 것이다.

한편 둘째 사위 려공근(黎公謹)은 사례감(司禮監) 좌소감(종5품)이라는 관직을 가지고 있는데, 이 시기 환관은 찐 왕부에서 재정이나 군사를 담당하며 1739년에는 이른바 감반(監班)이 설치될 정도로 중요한 위치를 점하고 있었다. 중국의 환관과는 다르게, 거세하지 않고 혼인하는 사례도 있었다(和田正彦 1978).

지금까지 『전서』와 족보, 비문 사료를 통해 정씨옥로의 가계를 분석하였는데, 이를 가계도로 나타내면 다음과 같다[가계도 2]. 정씨옥로의 아버지는 당시 레 왕조의 실질적인 지배자인 정작이었고 그녀의 사위 정백 또한 짧은 시간이기는 하지만 후계자로 선정되었던 인물이었다. 시아버지 도광요는 오랫동안 정작을 따르던 무인이었으며, 정작이 그에게

---

41 封王次子太保謙郡公鄭柏爲欽差節制各處水步諸營, 兼掌庶政太尉謙郡公, 開理政府. 先是, 王長子栐進封國宰, 早薨. 諸孫猶幼, 次子柏年稍長, 故立爲嗣(『전서』(하), p. 1014); 節制太尉謙郡公鄭柏薨, 贈上宰上相公(『전서』(하), p. 1016)

42 掌宰上相謙國公, 諱椽, 康王第二子, 良穆王之弟. 值良穆王薨, 拜節制謙國公, 開理政府, 早卒(『정가정보』 46쪽).

군사적 요충지인 응에안과 포정주의 거점을 맡겼다는 사실을 통해 상당한 신임을 얻고 있었음을 알 수 있다. 또 겸국공에게는 아들이 셋 있었으므로 그들 중 하나가 정백을 이어 실권을 잡았을 가능성도 있었다. 따라서 우리는 정씨옥로의 가계와 그녀를 둘러싼 복잡한 정치적 배경을 무시할 수 없다.

마지막으로 친손 완증에 대해서 고찰을 시도해보고자 한다. 『정가정보』에 따르면, 겸국공에게는 3명의 아들, 장남 정륜(鄭楋), 차남 정교(鄭校), 3남 정랑(鄭榔)과 1명의 딸, 정씨옥도(鄭氏玉梏)가 있었다.[43] 도광요를 기리는 사원 근처에 위치한 영광사(靈光寺)에는 「만세봉사비기(萬世奉祀碑記)」라는 비문이 있다. 이 비문은 1699년 세워졌으며 도씨옥빙이 이 마을에 전토를 헌납한 것을 기리는 비문이다. 비문에 의하면, "장(將) 태보 항군공 륜은 (도씨옥빙이) 친히 낳았다. 부장 소부 정군공 교와 공(=도광휘)의 자식 정랑과 정씨옥도는 모두 그녀가 친히 길렀다."[44] 다시 말해 도씨옥빙이 낳은 것은 정륜뿐이므로, 정륜이 정씨옥로의 친손이라고 불릴 수 있다. 그렇다면 어째서 비문에는 정륜이 아닌 완증으로 적힌 것일까?

---

43 『대월사기전서』, 『정가정보』, 「만세봉사비기」는 모두 '楋(륜)'을 쓰고 있는데, 『정씨가보』(한놈연구원 A.641)를 통해 정랑의 가계를 소개한 즈엉반호안(Dương Văn Hoàn)은 '榆(유)'라고 쓰고, 'Du'라고 읽었다. 楋의 발음은 'suôn'이므로 현재 베트남어로는 다른 글자로 인식되는 듯하다. 이 글에서는 인용한 사료에 의거하여 '정륜'으로 읽었다.

44 將太保恒郡公諱楋乃其親生也. 副將少傅挺郡公諱校與公子鄭榔鄭氏玉梏皆所親育也.

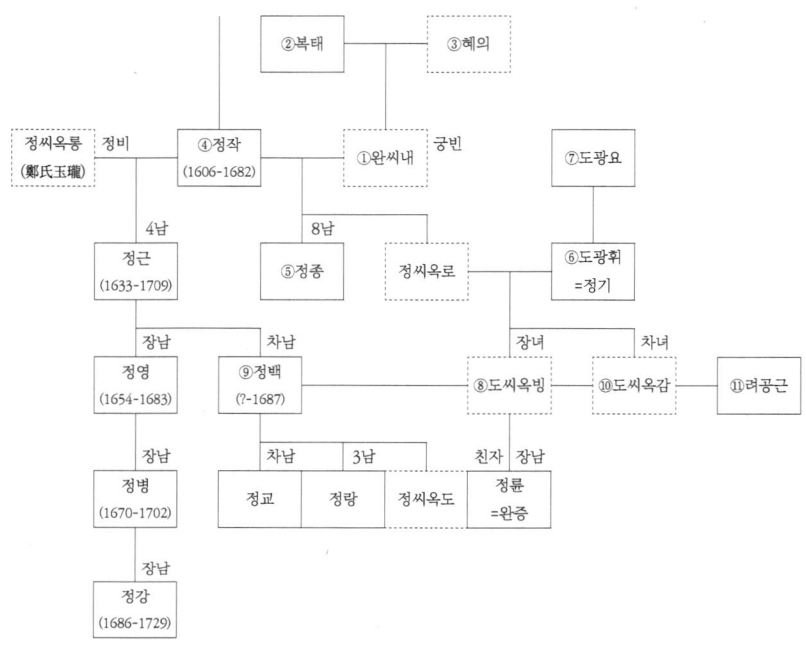

[가계도 2] 『전서』, 비문, 족보 등을 통해 복원한 정씨옥로의 가계도

찐호아 3년(1682) 정작이 77세의 나이로 사망했을 때, 그의 아들 정근은 이미 50세였으므로, 서둘러 후계자를 선정할 필요가 있었다. 앞서 살펴보았듯이 1684년 정백은 죽은 장형 정영(鄭柗)을 대신하여 후계자가 되었는데 1687년 사망하였다. 이에 정근은 장남의 아들, 즉 적손(嫡孫)인 정병(鄭柄)을 후계자로 선정했지만, 1702년 사망했다. 이듬해 최종적으로 정근의 증손이자 정병의 아들인 정강(鄭棡, Trịnh Cương, 재위 1709-1729)이 후계자로 선정되었다. 적자를 중시하는 후계자 선정은 당시 정근이 등용한 유교 관료의 주장에 의한 것이었다(上田新也 2019: 69-70).

이에 정백, 즉 겸국공의 아들들은 자신들의 지지 기반인 타인호아·응에안의 무인들과 함께 찐호아 24년(1704) 반역을 꾀하였다.

태보 항군공 정륜(鄭楯)과 발군공 정발(鄭柭=정교)이 제독 몽군공 도광애(陶光涯)와 정록후 려시상, 흔수후 완광보(阮光輔) 등과 함께 모반을 일으켜 주살되었다. 왕(=정작)의 장자인 국재양공 정영이 개부하지 못하고 일찍 죽자, 둘째 아들인 장재공 정백으로 하여금 대를 잇게 하여 이정부를 열었다. 정백 역시 죽자, 국재공의 아들 진국공 정병으로 하여금 이어 개부하게끔 하였는데, 진국공 또한 죽자, 정륜과 정발이 장재공의 아들이라는 것으로 몰래 분에 넘치는 희망을 품었다. 지금에 이르러 왕(=정근)이 증손(=정강)을 대를 이을 자식으로서 절제(節制)에 봉하니, 정륜 등이 이내 몰래 도당을 결성하여, 몰래 반역을 꾀하였다.[45]

도광애는 그 이름으로부터 도광요의 친족이라고 생각된다. 려시헌 또한 도광요와 마찬가지로 타인호아 무인 집단의 수장이었으므로, 려시헌 또한 정근의 딸과 결혼했었다.[46] 이들이 정백을 뒷받침하는 세력이었다고 생각된다(전게서: 71-72).

---

[45] 三月, 太保恒郡公鄭楯, 柭郡公鄭柭與提督夢郡公陶光涯, 槙祿侯黎時棠, 昕壽侯阮光輔等謀反, 伏誅. 初, 王長子國宰良公鄭㭿未及開府, 早卒, 以次子掌宰公鄭柏代之, 開理政府. 柏又卒, 因以國宰公之子晉國公柄嗣開府. 追晉國公薨, 楯, 柭自以掌宰公之子, 陰圖非望. 至是, 王以曾孫屬世嫡, 進封節制. 楯等乃陰結親黨, 潛謀不軌(『전서』 (하) 1030-1031쪽).
[46] 郡主, 諱玉棟, 配貞祥侯黎時棠(『정가정보』 50쪽).

본전 앞 「만세봉사비기」　　　　「만세봉사비기」 제1면

영광사 대웅보전(大雄寶殿)　　대웅보전 좌측 벽의 신주비

[사진 4] 영광사 비문(2023년 7월 2일 필자 촬영)

　그런데 정륜과 정발은 사실 주살되지 않은 듯하다. 『정가정보』는 정륜과 정교는 "모두 악역(惡逆)을 저질러, 폐하여 서인이 되었다."[47]고 적고 있기 때문이다. 또 3남인 정랑이 대를 이어 그 후손이 19세기 중엽에도

47　長子鄭棆已受恒郡公, 次子鄭校已受挺郡公, 並犯惡逆廢爲庶人(『정가정보』 46쪽).

존재하고 있음을 적고 있다.[48]

 정백 사후 후계자 선정을 둘러싼 갈등은 계속해서 이어졌고 결국 도씨옥빙의 아들들과 도 씨 일족은 정치적으로 패배했다. 그 결과 도광애 등 그들을 군사적으로 뒷받침하던 세력이 일소되고 장남과 차남이 서인으로 강등되었다. 이 지점에서 모반과 처벌에 대한 기록은 『전서』 1704년 3월 기록이고, 찐호아 25년 비문이 세워진 것은 같은해 '계동', 즉 음력 12월이었다는 사실에 주목할 필요가 있다. 즉 정씨옥로의 헌납 활동은 후계 구도를 둘러싸고 정치적 긴장감이 폭발하던 시기에 이루어진 것이다.

 요약하자면 1699년 당시 정씨옥로는 오랫동안 정권을 잡았던 정작의 궁빈이었으며, 현 통치자인 정근의 이복 누이이자, 잠시나마 후계자로 지명된 정백의 고모이자 장모였던 것이다. 1704년 정륜과 정발이 모반을 일으켰(다고 꾸며졌)음에도 주살당하지 않은 배경에는 정씨옥로의 존재가 있었을지도 모른다. 서인으로 강등된 정륜은 자의로든 타의로든 국성인 정 씨나, 함께 모반에 참여한 외가인 도 씨를 사용할 수 없게 되었다. 그 결과, 외조모의 어머니의 성까지 거슬러 올라갔다고 추정하는 것이 지금 단계에서는 합리적이라고 생각된다.[49] 반대로 말하면, 정씨옥로의 헌납은 단순히 자신의 어머니나 자신을 위한 것이 아니라, 이른바 끈이 떨어진 손자를 어머니의 고향이자 남동생이 거주하고 있는 마을에 의탁하기 위한 선택이 아니었을까. 빈틴 8년 도씨옥빙이 자신의 어머니뿐만 아니라 외증조부를 위해 헌납한 것 역시 그 연장선상에 있다고 추

---

48 基郡公鄭棚, 謙國公季子也, 襲封太宰基郡公. (중략) 今長子鄭霈奉祀(『정가정보』46쪽).

49 혹은 외증조부 도광요의 원래 성 씨인 완 씨로 바꾼 것일 수도 있다.

측할 수 있다.

2. 응옥찌(Ngọc Tri, 玉池) 사 무씨둔(武氏屯)의 사례

『총집』에 따르면, 박닌 성, 르엉따이(Lương Tài, 良才) 현, 응옥찌 사 내 무씨사지(武氏祠址)에 두 비문이 세워져 있다고 한다. 필자의 현지답사 결과에 따르면, 이들 비문은 현존하고 있다.

찐호아 17·18년 비문　　　　　빈틴 14년 비문

[사진 5] 응옥찌 사 무씨사지 비문(2023년 7월 29일 필자 촬영)

(1) 찐호아 17년 비문: 본방존보(本坊尊保) / 제전사례(祭田事例) (『총집』 정리번호 6350-6351), 찐호아 17년(1696), 2면, 전체 약 1,200자,

(2) 찐호아 18년 비문: 봉사배향(奉事配享) / 선사비기(先師碑記) (『총집』 정리번호 6352-6353), 찐호아 18년(1697), 2면, 전체 약 1,200자,

(3) 빈틴 14년 비문: 선사배향(先師配享) / 수영방제전사례(壽永坊祭田事例) (『총집』 정리번호 6354-6355), 빈틴 14년(1718), 2면, 전체 약 1,200자.

이 사례에 대해서 쩐뚜옛늉은 빈틴 14년 비문을 인용하여 "아들이 없는 과부(sonless widow)"의 사례라고 평가했다. 하지만 내용에 상당한 오류가 있으므로 먼저 이를 정정하고 나서 모든 사료를 종합하여 헌납 주체인 무씨둔의 가족 관계를 복원하고자 한다.

빈틴 14년(1718), 과부 무씨둔(武氏屯)은 마을 공동체와 계약을 맺었다. (1)그녀는 무 씨 부부(글자 판독할 수 없음)의 외동딸이었다(the only child). 50관의 금전과 1머우의 토지를 대가로, (2)마을 장로들은 그녀의 부모를 공동체의 '허우턴'으로 선출했다. (3)그녀의 기부를 기념하는 비석은 완 씨 가문 경내에 있는 고인이 된 남편의 묘비 옆에 놓이기로 되어 있다. (4)이 계약서의 본문에는 남편의 이름에 대한 언급은 없으며, 그녀가 완 씨 가문(남편의 혈통)의 며느리였다는 것만 언급되어 있다. 그러나 이는 그녀의 친가와 남편의 친가가 모두 이 협약을 지키고 존중하기로 약속했다고 명시하고 있다(bản phường nội ngoại thượng hạ đẳng tôn bảo). 과부가 공동체와 맺은 계약은 그녀 부모의 영혼이 매년 그들의 기일에 공물을 누릴 수 있도록 보장했다. (5)지방 관원(The local magistrate)과 완 씨·무 씨 남자 20명이 그 계약의 유효성을 확립하고 그것을 시행할 것을 약속하면서, 그 비석에 서명했다(Tran Nhung Tuyet 2018: 174-175).

첫째, 무씨둔이 외동딸이라는 주장은 근거가 빈약하다. 빈틴 14년 비문 그 어디에도 무씨둔이 외동딸이며, 아들이 없기 때문에 헌납을 했다는 내용은 없다. 오히려 이 비문을 세운 사람들의 호칭이 다른 가능성의 여지를 준다. 즉, 빈틴 18년 비문 제2면에는 "진공서랑(進功庶郞)[50] 대통소(大通所) 소사(所使)[51] 남자(男子) 무록(武祿)이 초(抄)하다, 진공서랑 금란소(金蘭所) 소사 친제(親弟) 무보(武寶)가 옮겨 적다(寫)."[52]라고 적혀져 있는 것이다. 이 비문의 주체를 무씨둔으로 볼 경우, '남자'와 '친제'는 각각 무씨둔의 아들과 남동생으로 해석할 수도 있다. 이 문제에 대해서는 후술한다.

둘째, 촌락 공동체는 무씨둔의 부모님을 허우턴으로 선출한 것이 아니다. 빈틴 14년에 허우턴으로 선출된 것은 다름 아닌 무씨둔 자신이다. 먼저 비문의 제1면에는 헌납 주체인 무씨둔의 가계와 헌납의 배경이 적혀 있다.

무씨(武氏) 존파(尊婆)는 휘가 둔(屯)이고 호가 자의(慈義)이며, 신인(愼人)에 봉해졌다. (그녀의 집안은) 벼슬아치가 관에 꽂는 비녀와 갓끈이 온 집안에 가득 차고, 예복 위에 차는 패옥(佩玉)이 몸에서 빛나니, 여러 대에 이어받아 적선(積善)을 가문의 중추로 삼았다. 처음에 그녀의 돌아가신 아버지 자 박후(樸厚)와 어머니 자혜(慈慧)께서 대업을 계승하여 평소 수영방에 숨은 공덕을 쌓았다. 이미 일찍이 우호를 맺어 친선을 도모하고 서로서로 친애하며 꿰민 돈으로써 이를 은혜 갚고, 비단옷으로서 이를 선물하였다. 이에 수영방 또한 이미 지닌 덕에 은혜를 느껴, 우러러보며 그들을 뽑아서(保, bầu) 선사에 배향하였다. 만세토록 제사를 받들어 모시는 것은 이른바 '착한

---

50 진공서랑은 종 8품의 산관이며 직책인 현승에 대응된다.
51 종 8품의 관직으로 둔전소(屯田所)나 양잠소(養蠶所) 등 수공업 집단을 관리했다.
52 進功庶郎大通所所使男子武祿抄, 進功庶郎金蘭所所使親弟武寶寫.

일을 하면 복을 받는다'는 것을 실행하는 것이다. 이어서 지금 존파도 집안의 복을 잇고 선대의 자취를 계승하여, 한마음으로 선을 좋아하는 정성이 처음부터 끝까지 느슨해지지 않았다. 다시금 수영방에 가재 사전(使錢) 50민(緡)[53]과 옥전(沃田) 10사오(sào, 高)를 헌납하여, 이로써 선인의 뜻을 이었다.[54]

무씨둔이 기부하기 전에 이미 그녀의 부모님이 촌민에 의해 배향되었다는 사실을 알 수 있다. 즉, 찐호아 18년 비문의 축문에 "선사에 배향된 진공서랑 현승(縣丞) 무영공(武令公) 자 박후(朴厚), 정실 두귀씨(杜貴氏) 호 자혜 두 분께 삼가 밝게 고하나이다."[55]라고 적혀 있기 때문이다. 찐뚜엣늉은 빈틴 14년의 비문을 무씨둔이 외동딸로서 제사를 계승할 수 없기에 부모를 위해 기부한 것이라고 이해했지만(Tran Nhung Tuyet 2018: 175), 찐호아 18년의 비문이야말로 박후와 자혜를 위한 비문이었다고 보는 것이 타당하다.

셋째, 이것은 완 씨 가문의 경내에 세워진 것이 아니다. 찐뚜엣늉이 인용한 "bản phường nội ngoại thượng hạ đẳng tôn bảo"는 본래 "本坊內外上下等應尊保武氏屯爲配享先師之左位"로, 해석하면 "본 방 내외 상하

---

53 사전은 36문=1맥, 360문=1관이며, 주로 급전(給錢)에 쓰였다(桜井由躬雄 1987: 219). 민은 10관으로 추정된다. 즉 50민은 500관이라고 할 수 있다. 18세기 수우(水牛) 1마리의 가격은 40관이었다(유인선 2016: 215).
54 武氏尊婆諱屯號慈義, 蔭封愼人. 簪纓滿戶, 璜瑀華躬, 累世相傳, 以積善爲家門之樞紐. 厥初, 先考字樸厚, 妣號慈慧, 業承丕構, 累積陰功, 平日於斯坊也. 已曾締好交歡, 相親相愛, 惠之以緡錢, 贈之以衣帛. 而斯坊亦已感恩佩德, 尊保爲配享先師. 萬世奉祀, 信所謂爲善受福者矣. 繼今尊婆丕紹家休, 思繩祖武, 一念好善之誠, 始終不懈. 再惠斯坊, 以家貲使錢五拾緡, 沃田壹拾高, 以繼先人之志.
55 敢昭告于配享先師, 進功庶郞縣丞武令公字朴厚, 正室杜貴氏號慈惠位.

등이 마땅히 무씨둔을 우러러 추대하여 선사의 좌위에 배향한다."라는 의미이다. 여기에서 방(坊)은 수공업 조합을 의미하며(宮沢千尋 1996: 18), 수영방은 그 앞에 견사예(繭絲藝)를 수식하고 있으므로, 양잠업(養蠶業)을 위한 동업조합임을 알 수 있다. 그리고 선사(先師)는 해당 업종의 신을 의미하므로, 제목에서 보이는 '선사배향'이란 기부를 통해 개조(開祖)와 함께 배향되었다는 의미를 나타낸다. 아마도 선사를 '죽은 남편'으로, 방을 구역으로 착각한 데에서 비롯된 오해일 것이다.

넷째, 무씨둔의 남편은 완 씨가 아니며, 그에 대한 정보는 오히려 명확하게 제시되어 있다. 빈틴 18년 비문의 제2면에 따르면, 그녀의 남편은 "전 증배종 공부상서 청령자 하상공, 시는 무민"[56]으로, 하(何) 씨라는 사실을 알 수 있다. 그러나 이 시점에서도 무록이 무씨둔의 아들일 가능성이 배제되지 않는다. 모관(母貫)에서 자란 자식이 외가 쪽으로 성을 바꾸는 사례는 당시에 흔히 있는 일이었기 때문이며, 앞서 본 도광요도 본래 완 씨였다.

다섯째, 비문에 서명을 한 인물들은 '지방 치안판사'가 아니다. 그들은 대부분 구당(勾當)이라는 직위를 가지고 있는데, 이는 수영방 내에서 직무를 담당한다는 의미이다. 빈틴 14년 비문 제2면에는 47명이 서명을 하고 있는데, 완 씨가 22명, 무 씨가 17명으로 압도적으로 많고, 그 외 범 씨 4명, 정(丁) 씨와 하 씨가 한 명씩 있다. 그러므로 수영방은 완 씨와 무 씨가 주축이 된 동업조합이며, 무씨둔의 고향이다.

요약하자면, 무씨둔은 응옥찌 사 출신이며, 하 씨와 결혼하여 계속해서 고향에서 살고 있었다. 무씨둔의 부모는 이미 이전에 허우턴으로 선

---

[56] 前贈陪從工部尙書聽嶺子何相公諡舞敏.

출되어 있었으며 빈틴 14년 비문은 무씨둔이 본인을 위해 헌납한 것을 기록한 것이다.⁵⁷ 이처럼 이 비문에는 아들이 없는 과부인 무씨둔이 남편의 형제나 조카, 친정으로부터 생전의 소유권을 보호하고, 사후 부모의 제사를 유지하기 위해 헌납하였다는 내용이 전혀 없다. 이는 비문을 잘못 해석한 데에서 비롯한 것이다.

무씨둔의 부모가 헌납을 통해 선사와 함께 배향된 것은 찐호아 17년의 일이었다. 찐호아 17년 비문은 "본 방의 관원이자 응이아 장(Nghĩa Giang, 義江) 현, 현승 무영공의 자는 박후이며, 정실 두귀씨의 호는 자혜이다. 이들은 우리 방 중에서 정종파이다."⁵⁸이며, "우리 방의 건립은 공의 시조가 창시한 것과 공의 계조(繼祖)가 집대성 것에 있다."⁵⁹라고 전하고 있다. 박후가 평소 수영방에 공덕이 있어, 그를 허우턴으로 선출하여 선사와 함께 배향하고자 하였다. 이에 박후는 혜전(惠田) 25사오를 헌납하여, 그 소출로서 자신들의 제사를 준비토록 하였다. 비문을 이를 기념하기 위해 새긴 것이다.⁶⁰ 찐호아 17년 비문 제 1면에는 40명의 인물이 서명하고 있는데, 완 씨 16명, 무 씨 16명 등으로 빈틴 14년 비문과 마찬가지로 주로 완 씨와 무 씨로 구성되어 있음을 알 수 있다. 제2면에는 혜전들의 위치들과 면적을 적은 뒤, 봉사예물준여사례(奉事禮物餕餘事例)라고 하여, 춘수례(春首禮), 상선례(嘗先禮), 그리고 각각의 기일(4월 16일 11월

---

57 이 비문에는 빈틴 6년과 빈틴 14년 두 개의 연호가 존재한다. 빈틴 6년에는 '立文保'라고 적혀져 있으므로, 무씨둔의 헌납이 이루어진 것은 빈틴 6년이고, 그녀가 죽은 뒤인 빈틴 14년 이 비문이 세워진 것으로 추정된다.
58 本坊官員義江縣縣丞武令公字朴厚, 正室杜貴氏號慈慧, 係是我坊中正宗派也.
59 我坊之建立也, 公之始祖有以創其始, 公之繼組有以集其成.
60 於是老少咸集請尊保武公正室杜貴氏爲配享先師位嗣後位在先師之左. 世代奉事香火不諼公嘉其厚意. 仍惠以好田貳拾五高青錢柒拾貫, 用爲萬世黍稷之需. 坊人愈喜. 於是徵文勒碑以誌其事.

26일)에 제사 지내도록 하고, 제사용품 등을 적었다. 이 외 행예의절(行禮儀節)과 축문을 적었다.

이듬해 새겨진 찐호아 18년 비문 역시 박후와 자혜를 위한 비문이지만, 찐호아 17년의 헌납 활동을 칭송하기 위한 것일 뿐, 새로운 헌납 활동을 기록한 것은 아닌 것으로 보인다. 그러므로 이 비문에서는 박후와 자혜의 구체적인 가계와 공덕에 대해서 언급하고 있다. 즉, 무령공은 "하늘로부터 자질을 물려받아 너그럽고 후했으면, 옛것을 좋아하고 도를 즐겼다. 어려서부터 이사(吏事)에 밝았다. 14세에 임진년(壬辰年) 서산과(書算科)[61]에 합격하였다."[62] 한편, 무령공의 정실인 두귀씨는 "휘가 이(迻)이고, 호가 자혜인데, 즉 티엔록(Thiên Lộc, 天祿) 현 빈루엇(Binh Luật, 平律) 사 영족의 딸이다."[63] 티엔록 현은 현재 베트남 중부에 위치한 하띤(Hà Tĩnh, 河靜) 성, 껀록(Can Lộc, 干祿) 현이다. 그리고 박후와 자혜 부부에게는 딸이 하나 있었는데, 그녀는 무진과(戊辰科) 진사이며, 성이 하, 휘가 종목(宗穆)과 결혼하였다.[64] 찐호아 18년 비문의 작성자는 이를 "적선하는 집안에는 반드시 경복이 남아 있다(積善之家必有餘慶)."라고 평가했다.

그런데 『서목』은 찐호아 17년과 찐호아 18년의 비문을 하나의 비문으로 판단하면서, "하종목은 응옥찌 사 출신의 현승 무 씨의 사위로, 응

---

61 서산과는 찐 왕부의 하급 문관을 뽑기 위한 시험으로, 서법(書法), 산법(算法), 당률시(唐律詩)의 수험과목이 있었다(송정남 2017: 12).
62 義江縣縣丞武令公, 諱曰字朴厚, 禀得姿質寬厚, 好古樂道. 自少明達吏事. 十有四歲中壬辰科書算.
63 公正室杜貴氏諱迻號慈慧乃天祿平律社令族之女.
64 公與慈慧婆有一令女, 配與當朝賜戊辰科進士癸酉辞命第二名弘信大夫陪從奉天府尹贊知永師何鉅公諱宗穆.

옥찌 사 수영방에 청전(靑錢) 70관과 혜전 25사오를 헌납했다."[65]라고 이해했다. 하지만 앞서 살펴본 바와 같이, 촌민이 공덕에 감사하며 배향을 결정하였고, 박후가 이에 감사하며 헌납한 것이다. 비문의 내용으로부터 하종목이 이 헌납 활동에 직접적으로 관여했다는 사실을 추론하기 어렵다. 다만 주목해야만 하는 점은 찐호아 18년 비문의 작성자가 계유과 사망, 시내 문직, 국자생 티엔록 띤탁(Tinh Thạch, 腥石) 하종조(癸酉科士望侍內文耿國子生天祿腥石何宗稠)라는 것이다.[66] 『대월역조등과록(大越歷朝登科錄)』에 따르면, 무진년, 즉 찐호아 9년(1688) 회시에 합격한 하종목(1653~1707)의 출신은 하종조와 마찬가지로 '천록성석(天綠腥石)'이다.[67] 1870년 편찬된 하족의 족보에 따르면, 하종허(何宗許)는 2남 2녀를 낳았는데, 첫째가 종목, 둘째가 종조였다.[68] 다시 말해, 사위의 남동생이 처가의 헌납 활동에 관여했다고 평가할 수 있다.

---

65 Hà Tông Mục là con rể quan Huyện thừa họ Vũ, người xã Ngọc Trì, đã cúng cho phường tơ tằm xã Ngọc Trì 70 quan thanh tiền và 25 sào ruộng.
66 찐호아 17년 비문의 작성자는 방장 구당 관원자 무식(坊長勾當官員子武寔)이므로, 이들 비문을 별개로 봐야 한다.
67 正和九年戊辰科進士七名. (중략) 何穆, 天祿腥石人. 士望三十六應制合格癸酉奉考詞命預中奉使. 仕至刑部右侍郎男爵. 卒贈工部尚書. 子爵公程之遠裔(卷三, 三十四葉裏).
68 하종조의 생몰연대는 1656~1718이라고 한다(Nguyễn Đức Nhuệ 2020: 159).

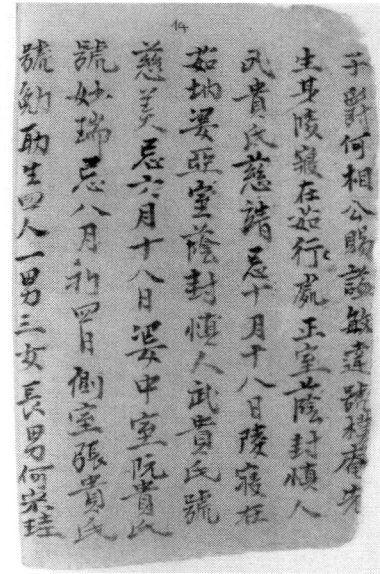 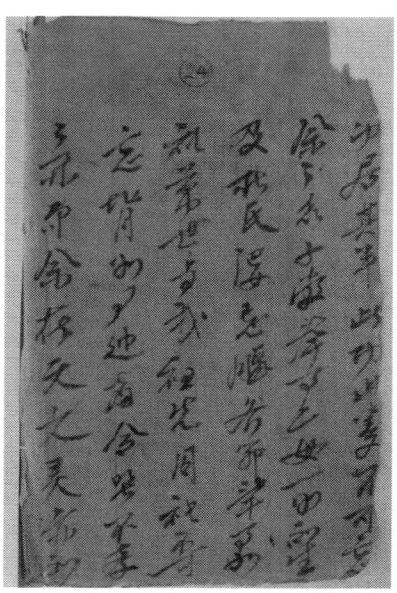

하종목의 부인(14쪽)　　　　생모와 장모 두 씨의 제사(24쪽)

[사진 6] 『하씨가보』와 하종목의 유언장 일부(하족 제공)

　또 하종목이 남긴 유언장이 현존하고 있어, 이를 토대로 쩐뚜엣늉의 예상과는 다르게, 무씨둔은 '아들 없는' 과부가 아니었다는 사실을 알 수 있다. 즉, 하종목에게는 장남 하순(何洵)[69]과 3명의 딸, 하씨량(何氏瑒), 하씨서(何氏瑞), 하씨전(何氏溥)이 있었고, 또 수많은 양자와 손자들이 있었다. 유언장에 따르면, 하종목에게는 두 명의 아내가 있었다.[70] 한 명은 티엔록 사 투언쩐(Thuần Chân, 淳真) 촌의 무씨림(武氏林)이며, 다른 한 명

69　족보에는 종규(宗珪)로 되어 있다. 하종규에는 1남 4의 자식이 있었고, 아들의 이름은 종적(宗積)이었다. 그런데 하종적이라는 이름은 빈틴 14년 비문의 구당 중에 보인다. 물론 동명이인일 가능성을 부정할 수 없다.
70　족보에는 이들 외에 중실(中室) 완귀씨, 측실(側室) 장귀씨(張貴氏)도 적혀져 있다.

은 무씨둔이다.[71] 이들에게 하종목은 양로전(養老田) 40머우를 남겼는데, 그녀들 사후에는 장남 하순이 상속받아 제사드리게 하였다(Nguyễn Thị Phương Chi 2020: 84-85). 하순이 선조 제사를 위한 토지인 향화전을 5머우 상속받았는데, 두 어머니를 위한 위토가 40머우였다는 사실이 흥미롭다. 하종목이 아들에게 두 부인을 위해 제사 지내야한다는 유언을 남겼다는 사실을 알 수 있다. 따라서 무씨둔은 자신의 제사를 걱정할 필요가 없었다고 할 수 있다.[72]

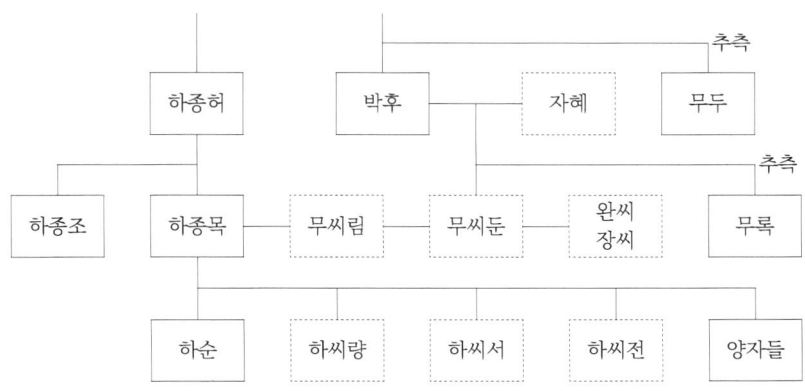

[가계도 3] 족보와 유언장을 통해 복원한 부씨둔의 가계도

그렇다면 무씨둔의 부모인 박후와 자혜의 경우는 어땠을까. 하종목은 유언장에서 아실 무씨둔의 어머니 두 씨에 대해서 언급하고 있다.

---

71 一原妻二人. 其一係內天祿社淳真村同居本村武氏之長女武氏[諱林]號慈靜. …… 其一係京北京良才縣玉池社淸河縣縣丞武氏之長女 …… 諱屯號慈義.
72 유언장에서는 오로지 장성한 것은 장녀 하씨량일 뿐이라고 지적하고 있으며, 하순은 이후 지부(知府)에 까지 올랐으므로, 하종목 사후 3년이 지난 빈틴 6년 시점에서 무씨둔이 배향되었을 때 하순이 사망했을 가능성은 배제된다.

나의 악모(岳母) 두 씨는 내가 경(京, 즉 탕롱, 지금의 하노이)에서 유학할 때, 자산을 기부하여 양육하고 서적, 의복, 필기구 등 여러 도구들을 일일이 준비해주었다. 또 거의 10년을 기다린 끝에 딸(무씨둔)이 장성하자, 바로 나에게 혼인을 시켰다. 나의 성공은 그 시절에 있으며, 그 공적을 잊을 수 없다. 나의 중자(衆子)는 마땅히 두 어머니(무씨림과 무씨둔)를 (각자) 낳아준 어머니와 똑같이 봉사해야 할 것이다. 또 두 씨 장모님은 기일과 납일(臘日) 등 각 절(節)의 봉사는 예에 따르고 만세토록 나의 선조와 같게 하여, 잊지 않는다. 만약 이를 어기는 자는 불효의 죄에 처한다.[73]

이는 장모를 위한 제사가 이루어지지 않기 때문이 아니라, 감사함을 표현한 것이라고 이해할 수 있다. 만약 박후와 자혜에게 대를 이을 자가 없었다면, 사위가 이를 언급하지 않고 단순히 장모의 제사만을 중시할 이유가 설명되지 않는다. 또 중자, 즉 아들딸에게 정실과 아실의 제사를 잊지 않도로고 당부하고 있다는 점에서도, 여성이 제사를 봉사할 수 있다는 사실을 알 수 있다.

필자는 앞서 빈틴 14년 비문의 작성자인 무두와 무록이 각각 무씨둔의 친동생과 아들일 가능성에 대해서 언급했다. 하족의 족보와 하종목의 유언장에는 장남 하순과 세 명의 딸, 이외에 양자들이 등장하는데, '무록'으로 추정될 만한 이름을 가진 인물은 없었다. 따라서 현재로선 그들이 무씨둔의 부모의 친동생과 아들이라고 가정하는 것이 타당한 것

73　余岳母杜氏自我迫京从學之時, 捐貲養育以其書籍衣裙文房之具一一整辨. 殆將十年待女長成方嫁与余. 余之成功居其年, 此功此業不可忘. 余之衆子當奉事二母一如所生. 及杜氏婆, 忌臘各節奉事如礼, 萬世与我祖先同祀, 不可忘背. 如有違者, 令不孝之罪.

같다.[74]

사실 찐호아 17년에 하종목과 그 아내(아마도 정실부인 무씨림) 자신의 고향에서 촌민들에 의해 향조부모(鄕祖父母)로 추앙되어 제사의 대상이 되었다. 여기에서도 하종목은 혜전 8머우를 헌납하여 제사의 비용을 충당토록 하였다. 「숭지비기(崇址碑記)」에 따르면, "향인들이 더욱 기뻐하며, 이윽고 생사(生祠)를 건립하여, 숭지(崇址)라고 이름 짓고 만세의 향화의 토대로 삼았다."[75] 거인(擧人) 출신으로 남딘(Nam Định, 南定) 총독 등을 역임한 단전(段展, Đoàn Triển, 1854~1919)은 『안남풍속책(安南風俗冊)』(한놈연구원 VHv. 2665)에서 "자손이 번성하고 사당에서 향을 피우며 이미 제사가 받들어지고 있어도 더욱 끼끼나 허우펏, 허우턴을 원하여 그 공적이 전하고자 하였다."[76]라고 썼다. 박후와 자혜의 헌납, 무씨둔의 헌납, 그리고 「숭지비기」에서 보이는 하종목의 헌납 역시 영원히 기리기 위한

---

74 한편 필자가 응옥찌 사를 답사했을 때 '무씨지사'를 관리하는 부쑤언후이(Vũ Xuân Huy) 옹(66세)에게서 'Cung Kính Sao Chép(받들며 베끼다)'라는 워드로 작성된 자료를 건네받았다. 이 자료에는 찐호아 17/18년과 빈틴 14년 비문에 얽힌 이야기가 적혀 있었다. 즉, 무령공이 응에안에서 일하고 있을 때 하 씨 성을 가진 선비를 만났다. 그에게는 첫 번째 부인이 있었으나 약간의 다툼으로 인해 하 씨는 무령공을 따라서 상경하였고, 이후 장안(즉, 탕롱)에 가서 공부하였다. 이때 무령공의 딸인 자의가 물심양면으로 도왔고 하 씨는 과거에 합격했다. 합격 이후, 첫 번째 부인과 자의 사이에서 서로 정실부인을 양보하는 사건이 일어나기도 하였다고 적고 있다. 자의는 하 씨 사이에서 아들 둘을 낳았지만, 모두 요절하여서 슬픔에 빠졌고, 하 씨도 사직하고 고향으로 돌아가 첩에게서 아이를 낳았다고 전하고 있다. 하지만 하종목은 1702년 윤7월 정사(正使)로 청나라에 파견되어, 1704년 2월 북경에서 조선 사신과 창화(唱和)를 나누었다(淸水太郎 2010: 344-345). 귀국 후 사직한 것으로 보이므로, 자료의 설명과 맞지 않는다. 더불어 자료의 출처가 명확하지 않기 때문에 이 논문에서는 이용하지 않았다. 부쑤언후이 옹도 너무 오래되어서 언제부터 이 글이 내려져 왔는지 알 수 없다고 한다.
75 鄕人益喜, 遂建立生祠名之曰崇址, 留爲萬世香火之基.
76 有子孫昌盛, 祠堂香火, 已有祀事, 又欲寄忌或后佛后神, 以壽其傳云.

사례라고 보아야 할 것이다.

　17세기부터 20세기 사이에 베트남 사회에 부계제를 옹호하는 유교 이념이 점차 보편화되었다고 하더라도, 사위가 장인·장모의 묘소나 제사에 관심을 가지거나(趙浩衍 2022: 84-87), 외조부가 외손의 혼인을 위한 자금을 유산으로 상속하거나(上田新也 2019: 236-285), 아들이 어머니 혹은 남편이 장인의 성으로 바꾸는(末成道男 1995) 등 단순히 부계제만으로는 설명하는 없는 현상들이 19세기까지 일어났다. 흥미롭게도 하종목의 유언장에는 이 모든 사례가 포함되어 있다.[77]

　지금까지 무씨둔의 가족 관계를 복원하고, 헌납 활동의 의미를 무씨둔의 남편, 하종목의 유언장을 통해 살펴보았다. 이 사례는 '외동딸'이자 '아들이 없는' 과부가 생전에 자신의 친족이나 남편의 조카들로부터 재산을 지키고, 대를 잇는 사람이 없는 상태에서 사후에 영원한 제사를 요구하기 위해 헌납한 사례가 아니다. 이 사례를 통해 근세 베트남 사회가 '부계 상속 원리'에 의해 규정되었다고 주장할 수는 없으며, 오히려 베트남 사회의 다양한 측면을 강조하는 사례라고 할 수 있다.

V. 맺음말

　지금까지 정씨옥로와 무씨둔의 사례를 살펴보았다. 이 글은 선행연구에서 주목하지 않았던 '여성 주체'에 중점을 두고 여성의 헌납이 구체적으로 어떤 배경 아래에서 이루어졌는지를 고찰하고자 하였다. 거시적인

---

[77] 카이딘(Khải Định, 啓定) 8년(1923)에 편찬된 족보에 따르면, 하종목은 둘째 딸 하씨서의 아들(완 씨)를 양자로서 받아들이고 하 씨 성으로 바꾸는 것을 허락했다고 한다.

관점에서 근세 베트남 사회의 구조와 여성의 지위·역할을 이해하는 것은 중요하지만, 실증이 전제되지 않는다면 사상누각에 불과할 것이다. 비문 사료에 대한 정확한 해석은 물론이거니와 자파나 연대기, 토지대장과 향약 등 다양한 사료 등을 종합할 필요가 있다. 즉, 『총집』은 어디까지나 연구의 시작점이 되어야만 한다. 이러한 관점에서 이 글 또한 미흡한 점이 많지만, 여성을 둘러싼 가족사, 촌락사를 복원하고자 시도하고자 했다는 점에서 의의가 있다.

다만, 반대로 개별 사례에 대한 정밀한 실증 연구를 거듭하는 것이 곧바로 역사에 대한 이해로 이어지지 않는다는 점에도 유의해야 하기에, 여기서는 필자의 가설을 제시함으로써 앞으로의 과제에 대해서 제언하고자 한다. 근본적인 의문으로는 "어째서 여성, 특히 과부가 헌납하고 있는가"가 있다. 다시 말해 대부분의 헌납이 "제사 지낼 자식이 없다"는 이유에서 이루어졌다고 하더라도, 과부(寡夫)가 소수인 이유는 어째서인가? 물론 쩐뚜엣늉의 가설처럼 여성이 종래 향유하던 재산권과 제사권을 박탈당했기 때문에 '어쩔 수 없이' 촌락과 계약을 맺었기 때문이라고 생각할 수 있다. 하지만 앞서 살펴본 것과 같이, 이는 실증을 수반하지 않고 있다.

이에 대해 두 가지 측면에서 가설을 세울 수 있다. 첫째, 남성의 헌납은 주로 본인이 속한 잡을 대상으로 이루어졌다는 것이다. 잡은 기본적으로 지연 집단이지만 일부 종호는 그 자체로 잡을 형성하는 경우도 있다. 그렇다면 대를 이을 자식이 없는 남성이 잡에 헌납하는 것은 곧 자신의 일족에 헌납하는 것이며 희사된 재산은 '족전(族田)'이 된다고 이해될 수 있다(조호연 2021b: 559-562). 이러한 헌납은 비문보다는 잡의 속례(俗例)나 족보 등의 문헌으로 기록되기 때문에 '비문' 사료의 특성으로 말미

암아 여성의 헌납 활동이 두드러지게 되는 것이다.

둘째, 『국조형률』의 조문을 회피하기 위해 헌납을 했다는 것이다. 『국조형률』 375조에 따르면, 배우자가 사망하였을 시 부부 사이에 자식이 없는 경우, 궁극적으로 배우자의 재산은 남편이나 시가에 종속되지 않고 친족에게 돌아간다(牧野巽 1985)(Yu In Sun 1990)(桃木至朗 2011: 124-127). 2장에서 살펴본 대로, 20세기 초까지도 이 조항이 민간에서 적용되었다. 그렇다면 부계 혈연 집단의 발달과 유교 이념의 침투로, 여성들이 분쟁의 소지가 있는 이 조문을 회피하기 위해 헌납을 선택한 것이 아닐까. 이러한 관점에서 헌납 활동은 여성들에게 '한정된 주체성'을 부여했다고 할 수 있다. 즉, 그녀는 '개인'으로서 촌락과 계약을 맺은 것이 아니라, 친족(의 촌락) 혹은 시가(의 촌락)에 속하며 그 사이에서 선택할 권리만을 향유했던 것이다. 모모키 시로(桃木至朗)는 족보 분석을 통해 촌락의 유력층이 서로 통혼 관계를 맺고, 그 과정에서 여성의 상속이 유력 종족의 재산 형성과 유지의 한 축을 담당했다고 평가했다(Momoki Shiro 2021). 베트남의 부계 혈연 집단은 여성을 배제한 것이 아니라, 그 속으로 포섭하여 이용하였다고 평가할 수 있다.

위와 같은 가설을 입증하기 위해서는 다양한 것들이 입증되어야 할 것이다. 예를 들어 토지에서 생산되는 농작물과 제사에 필요한 비용의 산출이라든가, 허우틴의 제사가 어떤 경전이나 교리를 기반으로 해서 이루어지는가, 기일과 납일 이외 상선(嘗先)과 절료(節料) 등이 의미하는 제사가 무엇인가, 허우팟과 허우틴의 제사는 누가 집행하고 누가 참석할 수 있는가 등, 허우 문화에 대한 전모를 세밀하게 밝히지 않는 이상, 헌납 주체로서 여성을 논하는 것 또한 불가능할 것이다.

참고문헌

1. 1차 사료

Viện Nghiên Cứu Hán Nôm, *Tổng tập thác bản văn khắc Hán Nôm*『越南漢喃銘文拓片總集』(전 22권), Nhà Xuất Bản Văn hóa thông tin, 2005-2008.

Viện Nghiên Cứu Hán Nôm, *Thư mục thác bản văn khắc Hán Nôm Việt Nam*『越南漢喃銘文拓片書目』(전 11권), Nhà Xuất Bản Văn hóa thông tin, 2007-2020.

『공안사험비법(公案査驗祕法)』(한놈연구원 A.1760)

『단족보(段族譜)』(베트남 국가도서관 R.952)

『대월사기전서(大越史記全書)』(진형화(陳荊和) 편교, 도쿄대학 동양문화 연구소 부속 동양학문헌 센터, 1984-1986)

『대월역조등과록(大越歷朝登科錄)』(베트남 한놈연구원 A.2752)

『덕택완씨가보(德澤阮氏家譜)』(한놈연구원 A.797)

『두문가보(杜文家譜)』(한놈연구원 A.1912)

『두씨세보(杜氏世譜)』(한놈연구원 A.712)

『두족가보(杜族家譜)』(한놈연구원 A.1913)

『안남풍속책(安南風俗冊)』(한놈연구원 VHv. 2665)

『역조헌장유지(歷朝憲章類誌)』(일본 동양문고 X-2-38)

『정가정보(鄭家正譜)』(일본 동양문고 Y-X-2-52)

『향계완씨병지가보(香溪阮氏丙支家譜)』(한놈연구원 A. 810)

Tờ di chúc của Hà Tông Mục (하종목 유언장) (하족 소장)

Gia phả họ Hà (하씨가보) (하족 소장)

2. 논저

곽정식, 「19世紀 베트남의「大南行義列女傳」연구」, 『인문학논총』 5, 경성대학교 인문과학연구소, 2002.

김종욱, 「프랑스 식민지배하 베트남 북부 농촌의 부경(附耕) 제도」, 『베트남연구』 3, 한국베트남학회, 2002.

김종욱, 「프랑스 식민지배기 북베트남 향촌사회에서 여성의 토지 소유 - 하동(Hà Đông)성 메찌(Mễ Trì)사 사례」, 『동남아연구』 18(2), 한국외국어대학교 동남아연구소, 2009.

송정남, 「베트남 당 응와이의 과시(科試) 일고찰(一考察)」, 『동남아연구』 27(2), 한국외국어대학교 동남아연구소, 2017.

유인선, 『베트남과 그 이웃 중국』, 창비, 2012.

유인선, 『근세 베트남의 법과 가족』, 위더스북, 2014.

유인선, 『새로 쓴 베트남의 역사』, 이산, 2016.

유인선, 「베트남 레 왕조시대 자녀균분상속에 관한 최근의 논의 - 쩐 늉 뚜옛의 새로운 주장을 중심으로」, 『베트남연구』 19(1), 한국베트남학회, 2021.

전경수, 『월남에서 배운다』, 민속원, 2021.

조호연, 「19세기 베트남 자파(gia phả, 家譜)의 양계적 친족의식에 대한 일고 - 하노이 근교 흐우 타인 오아이(Hữu Thanh Oai, 右淸威) 사 도안 족(Đoàn tộc, 段族)의 『단족보』를 중심으로 -」, 『베트남연구』 19(2), 한국베트남학회, 2021a.

조호연, 「응우옌 왕조 자롱·민망 연간(1802-1840) 편찬의 자파(家譜, gia phả)에 대한 연구」, 『대동문화연구』 113, 성균관대학교 대동문화연구원, 2021b.

조호연, 「17~19세기 북부 베트남 흐우 타인 오아이 (Hữu Thanh Oai, 右淸威) 사(xã, 社) 도안 족(Đoàn tộc, 段族)의 출세전략」, 『숭실사학』 47, 숭실사학회, 2021c.

조호연, 「베트남 자파(gia phả, 家譜) 속 여성의 입양(入養) 사례에 대한 시론」, 『베트남연구』 21(2) , 한국베트남학회, 2023.

최병욱, 「전통시대 베트남 여성의 교역활동」, 『동양사학연구』 96, 동양사학회, 2006.

최병욱, 『베트남 근대사의 전개와 메콩 델타』, 선인, 2020.

최빛나라, 「베트남 관음신앙(觀音信仰)의 특징 연구 - 관음 유래담(由來談)을 중심으로 -」, 『베트남연구』 17(1), 한국베트남학회, 2010.

하동환, 「『춘향전』(韓)과 『룩 번 띠엔』(越)에 나타난 묘사 표현 비교 연구 : 인물 및 절의 묘사를 중심으로」, 한국외국어대학교 석사학위논문, 2020.

Bùi Quốc Linh, Giới tính và công đức: Nghiên cứu trường hợp văn bia Hậu tinh Thái Bình(성별과 공덕: 타이빈 성 허우 비문의 경우), *Tạp chí Hán Nôm* 2022-3(172), Viện nghiên cứu Hán nôm, 2022.

Dương Văn Hoàn, "Đôi nét về Vương tôn Cơ Quận công Trịnh Lăng"(왕손 기 군공정랑에 대한 몇 가지 특징), *Thông báo Hán Nôm học 2011*, Viện nghiên cứu Hán nôm, 2011.

Đào Ngọc Du, *Đại Vương Đào Quang Nhiêu* (대왕 도광요), Nhà Xuất Bản. Hồng Đức, 2018.

Jo HoYeon, "Nghiên cứu bia Hậu đầu thế kỷ XVIII qua phân tích định tính: trường hợp quận chúa họ Trịnh Thị Ngọc Lỗ(18세기 초 정성적 분석을 통한 허우 비문 연구: 군주(郡主) 정씨옥로의 경우)", *Nghiên cứu Hán Nôm năm 2023*, Viện nghiên cứu Hán nôm, 2023.

Lê Thị Thu Hương, "Nghiên cứu văn bia Hậu Phật tinh Hải Dương thế kỷ XVII(17세기 하이즈엉 성 허우펏 비문 연구)", *Tạp chí Hán Nôm* 2023-2(177), Viện nghiên cứu Hán nôm, 2023.

Ngô Đức Thọ (주편), *Các nhà khoa bảng Việt Nam 1075-1919* (역조월남등과록 1075-1919), Nhà Xuất Bản Văn học, 2006.

Nguyễn Đức Nhuệ, "Đôi nét về truyền thống họ Hà ở Nghệ - Tĩnh(응에안 - 하띤의 하 씨의 전통에 대한 특징)", Hà Văn Sỹ (biên soạn), *Bia Sùng Chỉ Bảo Vật Quốc Gia*, Nhà Xuất Bản Văn hóa dân tộc, 2020.

Nguyễn Tuấn Cường & Philippe Papin, "Dự án Vietnamica với việc nghiên cứu bia Hậu Việt Nam(베트남 허우 비문에 대한 Vietnamica 계획안)", *Tạp chí Hán Nôm* 2022-2(171), Viện nghiên cứu Hán nôm, 2022.

Nguyễn Thị Phương Chi, "Tìm hiểu sở hữu ruộng đất của tiến sĩ Hà Tông Mục qua di chúc của ông(진사 하종목의 유언장으로 보는 전산(田產) 소유 고찰)", Hà Văn Sỹ (biên soạn), *Bia Sùng Chỉ Bảo Vật Quốc Gia*, Nhà Xuất Bản Văn hóa dân tộc, 2020.

Phạm Thị Thùy Vinh, "Lệ bầu Hậu của người Việt qua tư liêu văn bia(비문 사료로 본 베트남인의 허우 선출 풍습)", *Nghiên cứu Lịch sử* 359, Viện Sử học, 2006.

Philippe Papin, "Cách thức thống kê, phân loại văn bia cung tiến và hình thức bầu Hậu(허우 선출(electing) 형식과 꿍띠엔 비문의 분류 및 통계)", *Tạp chí Hán Nôm* 2022-2(171), Viện nghiên cứu Hán nôm, 2022.

Trần Thị Thu Hường, *Văn bia hậu thần Việt Nam, thế kỷ XVII-XVIII* (17-18세기 베트남의 허우턴 비문), Nhà Xuất Bản Văn học, 2020.

Trần Trọng Dương, "Nghiên cứu về bia bài vị và bia tạo tượng: Trường hợp các bia Hậu tỉnh Hải Dương thế kỷ XVII(위패비와 조각비에 대한 연구: 17세기 하이즈엉 성 허우 비문의 경우)", *Tạp chí Hán Nôm* 2023-2(177), Viện nghiên cứu Hán nôm, 2023.

Trần Tuyết Nhung, *Các Thành Tố Gia Đình - Giới Tính, Chính Quyền Và Xã Hội Ở Việt Nam Thời Kỳ Cận Đại, 1463-1778* (가정의 구성요소들 – 베트남 근대 시기의 성별, 권력, 그리고 사회, 1463-1778), Nhà Xuất Bản Phụ Nữ, 2023.

John K. Whitmore, 1995, "Chung-hsing and Cheng-T'ung in Texts of and on Sixteenth-Century Viet Nam", in: Taylor, Keith. W. & Whitmore, J. K. (eds.), *Essays into Vietnamese Pasts*, Ithaca, New York: Cornell University Press.

Momoki Shiro, 2021. "Back to Nam Định: Re-Questioning Village Society and Family/Clan Structures During the Late Early Modern Period", *Journal of Science Thang Long University vol. B1(2): Historical Archive and Heritage*, Thang Long University, 2021.

Philippe Papin, "Saving for the Soul -Women, Pious Donation and Village Economy in Early Modern Vietnam", *Journal of Vietnamese Studies* 10(2), University of California Press, 2015.

Tran Nhung Tuyet, "Beyond the Myth of Equality: Daughters' Inheritance

Rights in the Lê Code", in Tran, Nhung Tuyet and Reid, Anthony J.S.(eds.), *Vietnam: Borderless Hisotries*, Madison: University of Wisconsin Press, 2006.

Tran Nhung Tuyet, "Gender, Property and the 'Autonomy Thesis' in Southeast Asia", *The Journal of Aisan Studies* 67(1), Duke University Press, 2008.

Tran Nhung Tuyet, *Familial Properties Gender, State, and Society in Early Modern Vietnam, 1463–1778*, Honolulu: University of Hawai'i Press Press, 2018.

Yu Insun, *Law and Society in Seventeenth and Eighteenth Century Vietnam*, Seoul: Asiatic Research Center, Korea University, 1990.

Yu Insun, "A comparative study on Children's Inheritance in Lê Vietnam and Joseon Korea from the Fifteenth to the Seventeenth Centuries", *VNU Journal of Social Sciences and Humanities* 8(5), Vietnam National University, 2022.

関本紀子, 『度量衡とベトナムの植民地社會』, 創土社, 2018.
宮沢千尋, 「ベトナム北部・北中部村落の傳統構造とその變化」, 末成道男 외, 『人類學からみたベトナム社會の基礎的研究：社會構造と社會變動の理論的檢討』, 平成6-7年度科学研究費補助金(総合研究 A) 研究成果報告書(課題番號 06301041), 1996.
宮沢千尋, 「前近代ベトナム女性の財産權と祭祀財産相続-忌田を中心に」, 『アジア・アフリカ地域研究』15(2), 京都大学大学院アジア・アフリカ地域研究研究科, 2016.
宮沢千尋, 「前近代ベトナム女性の財産權に關する研究動向と展望―史料の狀況に注目して」, 『アルケイア―記録・情報・歴史―』 11, 南山アーカイブズ, 2017.
吉川和希, 「十八世紀北部ベトナムにおける政治的主体としての村落」, 『史学

雑誌』130(6), 史学会, 2021.

桃木至朗, 『中世大越国家の成立と変容』, 大阪大学出版会, 2011.

嶋尾稔, 「『寿梅家礼』に関する基礎的考察(三)」, 『慶應義塾大学言語文化研究所紀要』39, 慶應義塾大学言語文化研究所, 2008.

末成道男, 「ベトナムの「家譜」」, 『東洋文化研究所紀要』127, 東京大学東洋文化研究所, 1995.

牧野巽, 「東亜米作民族における財産相續制の比較」, 『牧野巽著作集 第4巻(雲南民族史研究；東亜米作民族研究)』, 御茶の水書房, 1985.

上田麻衣(作), 上田新也(監), 「『漢喃文刻拓本総集』(vol. 1-vol. 22)簡略索引」, 村落文書を活用したベトナム中部地域社会史の研究(2015-2018年度科学研究費補助金(若手研究B, 課題番号: 15K16845) 研究成果報告書, 大阪大学文学研究科東洋史学研究室, 2017.

上田新也, 『近世ベトナムの政治と社会』, 大阪大学出版会, 2019.

桜井由躬雄, 『ベトナム村落の形成』, 創文社, 1987.

趙浩衍, 「十九世紀ベトナム家譜に見る風水思想 - ハノイ近郊青威県周舎村段族の『段族譜』を中心に」, 『東洋学報』, 103(4), 東洋文庫, 2022.

清水太郎, 「北京におけるベトナム使節と朝鮮使節の交流—15世紀から18世紀を中心に」, 『東南アジア研究』48(3), 京都大学東南アジア地域研究研究所, 2010.

八尾隆生, 「収縮と擴大の交互する時代——六--八世紀のベトナム」, 池端雪浦 외(편), 『東南アジア近世の成立』, 巖波書店, 2001.

八尾隆生(編), 『大越黎朝國朝刑律』, 汲古書院, 2020.

片倉穰, 『ベトナム前近代法の基礎的研究—『国朝刑律』とその周辺』, 風間書房, 1987.

和田正彦, 「ヴェトナム黎末阮初の宦官について」, 『慶応義塾大學言語文化研究所紀要』10, 慶応義塾大學言語文化研究所, 1978.

林珊妏, 「探究越南女子的'生祠後碑'—以鄭氏玉杠及阮氏好銘文爲例」, 『嘉義大學通識學報』10, 嘉義大學通識教育中心, 2012.

林珊妏,「越南公主的預立後事情懷─以阮福玉瑼公主兩方碑銘爲例」,『2015年德霖通識教育暨跨領域學術研討會論文集』, 德霖技術學院通識教育中心, 2015.

陈氏秋红,「17~18世纪越南后神碑文字研究」, 何华珍·阮俊强(主编),『越南汉喃文献与东亚汉字整理研究』, 社会科学文献出版社, 2019.

3. 학술회의

Jo HoYeon, "Nghiên cứu bia Hậu đầu thế kỷ XVIII qua phân tích định tính: trường hợp thứ thất của tiến sĩ Hà Tông Mục(18세기 초 정성적 분석을 통한 허우 비문 연구: 진사 하종목의 아실(亞室)의 경우)" [주제발표], *Nghiên cứu làng xã Việt Nam: nguồn tư liệu, hiện trạng và triển vọng* (베트남 촌락 연구: 사료, 현재와 전망), (2023.09.23.).

제3부
다성적 주체론의 재구성

이란 여성 작가의 한 계보
- 포루그 파로흐자드에서 쉬린 네샤트까지 -

정희원[**]

I. 들어가며

압바스 키아로스타미(Abbas Kiarostami)의 영화 〈바람이 우리를 데려다 주리라〉(*Bād mā rā khāhad bord; The Wind Will Carry Us*, 1999)에서 베흐자드는 쿠르트족의 장례의식을 촬영하기 위해 취재팀과 함께 시어 다레 마을을 찾아온다. 기다림의 연속인 날들 속에서 마을의 여러 사람들과 마주치던 그는 영화의 중반쯤 마을의 우유 짜는 소녀에게 말을 걸다가 시 한 편을 낭송한다. 결국 원하던 장면을 찍는 대신 마을 속 삶과 시간의 리듬에 편입되는 베흐자드의 모습을 포착하는 것으로 끝나는 이 영화가 제목으로 택한 시 「바람이 우리를 데려다 주리라」는 이란의 여성 시인 포루그 파로흐자드(Forugh Farrokhzād, 1935~1967)의 대표작이다. 보수적인 이란 사회에서 열여섯 어린 나이에 결혼했다가 이혼한 뒤 시를 쓰고

---

[*]   이 글은 『안과밖』 53호(2022)에 실린 논문 「이란 여성 작가의 한 계보—포루그 파로흐자드에서 쉬린 네샤트까지」를 수정·보완한 것이다.
[**]   서울시립대학교 도시인문학연구소 교수

영화를 찍으며 살았던 파로흐자드는 이슬람계 여성에게 기대되지 않는 삶을 선택한 대가로 험난한 길을 걸었다. 그러나 이후 이란의 대표적인 시인이자 예술가로 평가되면서 실비아 플라스(Sylvia Plath)와 비교되기도 했고,[1] 키아로스타미를 비롯해 여러 작가에게 영감을 주었다.

파로흐자드가 스무살에 첫 시집 『포로』(1955)를 출간했을 때 열살 무렵이었던 이란의 소설가 샤누쉬 파시푸르(Shahrnush Parsipur, 1946~)는 1960년대 말부터 창작을 시작했으며 1980년까지 소르본에서 수학했다. 빠리에서 돌아온 뒤인 1981년에 가족의 필화에 연루되어 무려 4년 7개월 동안 투옥되었던 파시푸르는 출옥 후에 소설 『투바와 밤의 의미』(*Touba va ma'na-yi shab*; *Touba and the Meaning of Night*, 1989), 『남자 없는 여자들』(*Zanan bedun Mardan*; *Women Without Men*, 1989)을 차례로 발표하면서 현대 이란의 주요 작가로 부상했다. 이슬람 사회에서 여성이 처한 현실, 가부장제에 대한 통렬한 풍자와 더불어 처녀성, 강간, 매춘 등 금기시되던 주제들을 전경화한 『남자 없는 여자들』은 출간과 함께 이란에서 금서로 지정되었고 작가는 또다시 투옥되어야 했다. 파시푸르는 이후 1994년에 도미한 뒤 망명하여 현재는 미국에서 활동 중이다.

파시푸르의 소설 『투바와 밤의 의미』, 『남자 없는 여자들』은 뉴욕에서 활동하고 있는 이란계 디아스포라 작가 쉬린 네샤트(Shirin Neshat, 1957~)의 손에서 각각 〈투바〉(*Touba*, 2002)와 〈남자 없는 여자들〉(2009)이라는 영화로 재탄생한다. 1990년대 중반부터 사진연작 〈알라의 여인들〉(*Women of Allah*, 1993~1997)로 국제적 주목을 받은 네샤트는 이후 〈격동〉(*Turbulent*, 1998), 〈환희〉(*Rapture*, 1999), 〈열정〉(*Fervour*, 2000) 3부작으로 그 명

---

[1] Leila Rahimi Bahmany, *Mirrors of Entrapment and Emancipation: Forough Farrokhzad and Sylvia Plath* (Leiden: Leiden UP, 2015) 11-19면.

성을 확고히 한다. 이슬람문화권에서 성장한 네샤트는 히치콕(Alfred Hitchcock)이나 베리만(Ingmar Bergman), 브뉴엘(Luis Buñuel) 같은 서구 감독들의 영화 외에도 이란의 대표적인 여성 작가였던 파로흐자드의 시세계에서 영향받았음을 스스로 밝힌 바 있다.[2]

이 글에서는 시인이자 영화감독인 파로흐자드부터 소설가 파시푸르를 거쳐 시각예술 작가인 쉬린 네샤트까지 이들을 이란 여성작가의 한 계보로 이해해보려 한다. 파시푸르와 네샤트 같은 후대 작가들은 파로흐자드의 독보적인 예술세계에서 크게 영향받았으며, 자신의 창작물에 그 영향을 공공연히 기입한다. 일례로 비평가 카림(Persis M. Karim)은 파로흐자드가 이란 디아스포라 여성작가들에게 끼친 영향을 일별하면서 네샤트의 작품이 "시적 저항"을 통해 파로흐자드를 계승하며 다시 쓰고 있음을 지적한 바 있다.[3] 그러나 현대 이란을 대표하는 세 작가에 대한 다양한 평가 및 연구에도 불구하고 이들을 하나의 흐름으로 파악해보는 논의는 아직 충분히 이루어지지 않은 듯하다. 따라서 각각 다른 매체를 통해 이슬람 사회와 여성성에 대해 발언해온 세 작가를 하나의 흐름으로 논의해보는 것은 이들이 공유하는 지역적·젠더적 정체성을 기반으로 각각의 작품 세계가 어떻게 분기하는지 살펴본다는 점에서 기존 연구들을 맥락화할 수 있는 작업이 될 것으로 생각된다.

---

[2] Ed Schad, "Thousands and Thousands of Branches: Shirin Neshat's Journey from Iran to Persia," *I Will Greet the Sun Again: Shirin Neshat* (Los Angeles: The Broad and DelMonico, 2019) 14~15면.

[3] Persis M. Karim, "Re-Writing Forugh: Writers, Intellectuals, Artists and Farrokhzād's Legacy in the Iranian Diaspora," *Forugh Farrokhzad, Poet of Modern Iran*, eds. Dominic Parviz Brookshaw and Nasrin Rahimieh (London: I.B. Tauris, 2010) 188-89면.

이 글은 특히 세 작가의 작품에서 공통적으로 드러나는 알레고리에 주목하여 이른바 제3세계 여성 작가로서 이들의 작품세계를 관통하는 알레고리가 각각 어떤 방식으로 작동하고 다시 쓰이고 있는지 살펴보고자 한다. 『비평의 해부』(Anatomy of Criticism, 1957)에서 문학 장르 전체를 구조로서의 알레고리를 통해 유형화하고자 했던 프라이(Northrop Frye)의 시도에 대해 하트만(Geoffrey Hartman)은 이것이 최초의 "전지구적"(global) 비평이라고 평가한 바 있다.[4] 제임슨(Fredric Jameson)은 「다국적 자본주의 시대의 제3세계 문학」("Third-World Literature in the Era of Multinational Capitalism")에서 프라이의 "전지구적" 내지는 구조주의적 알레고리론을 제3세계 문학론으로 연장하면서 "모든 제3세계 텍스트는 필연적으로 알레고리"라는 주장으로 논의를 확장한다.[5] 이른바 제3세계에서 "사적 개인의 운명은 항상 공적 세계의 문화와 사회가 처한 궁지에 몰린 상황에 대한 알레고리"가 된다고 주장하며 제임슨은 이를 "민족/국가적 알레고리"(national allegory)라 부른다.[6] 그의 알레고리론은 "공적인 것과 사적인 것, 사회적인 것과 심리적인 것, 정치와 시, 역사 또는 사회와 '개인'의 분리"를 강제하는 전지구적 자본주의적 삶의 "물화와 사유화"를 비판하면서[7] 개인의 이야기가 집단의 역사와 연결되는 '제3세계'적 서사를 민족/국가적 알레고리로 평가함으로써 제3세계 문학론을

---

[4] Geoffrey Hartman, *Beyond Formalism: Literary Essays, 1958-1970* (New Haven: Yale UP, 1970) 24면.

[5] Fredric Jameson, "Third-World Literature in the Era of Multinational Capitalism," *Social Text* 15 (1986) 69면.

[6] Jameson, 앞의 글 69면.

[7] Fredric Jameson, *The Political Unconscious: Narrative As a Socially Symbolic Act* (Ithaca: Cornell UP, 1981) 20면.

통해 전지구적 지도그리기의 새로운 가능성을 포착하고자 한다. 제임슨은 프라이의 알레고리론이 집단적 재현으로서 종교의 본성에 대한 성찰을 통해 결국 공동체의 문제를 제기하고 있다는 비판적 독법을 통해 모든 문학은 "정치적 무의식"의 관점에서 공동체의 운명에 대한 상징적 사유로 해석되어야 함을 주장한다.[8] 이런 의미에서 제3세계 문학의 민족/국가적 알레고리에서 개별 텍스트는 이 상징적 사유로서의 구조를 유지하는 동시에 공동체적인 것과 대립하면서 새로이 관계를 정립해가는 상징적 운동으로 정의된다.[9]

물론 루쉰(Lu Xun) 소설을 예로 들어 '아시아적인 것' 전반을 논하는 제임슨의 주장이 유럽중심적인 서사에 비-유럽을 끼워넣는 시도로서 갖는 일반론적인 성격에 대한 비판 역시 다양한 각도에서 제기되었다.[10] 또한 1986년에 출간된 「다국적 자본주의 시대의 제3세계 문학」을 『알레고리와 이데올로기』(Allegory and Ideology)에 재수록하면서 제임슨 자신이 덧붙인 긴 주석에서 언급하듯이 "'제3세계 문학'이라는 것은 없다"는 아마드(Aijaz Ahmad)의 단언[11]을 필두로 이 글은 '제1세계' 마르크스주의 문학비평의 한계를 드러내는 것으로 다각도의 비판을 받았다.[12] '제3세계'의 외연과 내포를 문제 삼는 아마드의 관점을 비롯하여 그간의 여러 비판을 염두에 둔 채 제임슨은 "집단성"(collectivity)을 표상하고자 하

---

[8] Jameson, 앞의 책 70면.
[9] Jameson, 앞의 책 85면.
[10] 일례로 Gayatri Chakravorty Spivak, *A Critique of Postcolonial Reason: Toward a History of the Vanishing Present* (Cambridge: Havard UP, 1999) 72면.
[11] Aijaz Ahmad, "Jameson's Rhetoric of Otherness and the 'National Allegory,'" *Postcolonialism: Critical Concepts in Literary and Cultural Studies*, ed. Diana Brydon, vol. 2, 565-88면.
[12] Fredric Jameson, *Allegory and Ideology* (London: Verso, 2019) 187면.

는 말들—예컨대 폴리스, 민족-국가로서 네이션, 민중, 민주주의, 공화국, 루쏘(Jean-Jacques Rousseau)의 일반의지 등—의 개념화가 내재적으로 갖는 한계를 상기시키는 것으로 논의를 연다.[13] 균질화될 수 없는 집단의 비재현성(unrepresentability)에도 불구하고 이를 언어로 포착하려는 시도로서 민중, 민족, 인종, 대중 등의 여러 표현은 이를 통해 설명하고자 했던 특정한 역사적 국면에서의 유용성이라는 관점에서 재평가되어야 한다는 것이다.[14] 또한 제임슨은 『시네마 II: 시간-이미지』(*Cinéma II: l'image-temps*, 1985)에서 들뢰즈(Gilles Deleuze)가 "도래할 민중"(peuple à venir)이라는 표현에 주목하여 집단성이란 언제나 도래할, 생성적인 것으로만 그려질 수 있다고 말한다.[15] 이런 맥락에서 알레고리 역시 나타나고 있으나 아직 이름을 갖지 못한 집단성에 의미를 부여하는 힘을 담지한 것으로 재정의된다.

이와 같은 논의를 배경으로 이 글에서는 이란 여성 주체의 한 계보에 대한 재구성을 시도한다. 우선 다음 장에서는 독보적인 이란의 여성 모더니스트 파로흐자드의 예술 세계가 민족의 역사와 전통적 상징체계를 다시 쓰는 방식을 작가의 대표작 「나는 작은 정원을 동정한다」("Delam barā-ye bāghcheh mi-suzad"; "I Feel Sorry for the Garden")와 영화 〈검은 집〉(*Khaneh Siah Ast*; *The House is Black*, 1962)을 통해 보이고자 한다. 파시푸르의 『남자 없는 여자들』과 이를 영화화한 네샤트의 동명의 작품, 그리고 이보다 먼저 네샤트에게 세계적 명성을 안긴 〈알라의 여인들〉에서 두 후대 작가는 파로흐자드가 남긴 문화적 유산을 각자의 방식으로 상속한다. 서

13　Jameson, 앞의 책 194면.
14　Jameson, 앞의 책 195면.
15　Jameson, 앞의 책 196면.

양근대의 개인이 오랫동안 남성이었듯이 제3세계 주체 역시 한동안 남성이었다. 이슬람 여성성은 서구 페미니즘과 제국주의 이데올로기가 한목소리로 중동의 억압적인 가부장제와 정치체제를 비판할 때 선택적으로 이슬람 민족-국가를 대변하는, 이를테면 차도르와 같은 베일로 등치되는 기호에 여전히 가깝다. 집단적 주체로서 '이란 여성'은—들뢰즈의 표현을 빌면—"결여되어 있다".[16] 이 글에서는 1960년대부터 2000년대에 걸쳐 있는 세 작가의 계보에서 이란의 여성적 전통을 중심에 놓는 일종의 대항적인 '민족적' 알레고리를 읽어낼 수 있음을 주장하면서, (도래할) 이란 여성 주체의 관점에서 이들의 작품세계에 대한 지형도를 그려 보이고자 한다.

II. 파로흐자드의 정원과 민족-국가(nation)

1974년, 파로흐자드의 사후에 출간된 시 「나는 작은 정원을 동정한다」에서 화자는 집의 작은 정원 또는 마당을 둘러싼 아버지, 어머니, 오빠, 여동생, 이웃들의 이야기를 차례로 들려준 뒤 '나'의 이야기로 끝맺는다. "내 시대는 지나갔다"라고 말하는 아버지는 하루 종일 이란 민족의 옛 서사시 『왕서』(*Shāh-nāme*)와 19세기 역사서 『폐기된 역사들』(*Nāsekh al-tavārīkh*)을 읽지만, "빌어먹을 물고기들/빌어먹을 새들/내가 죽고 나면 무슨 소용이 있는가/정원이 있든/정원이 없든/나에게는 노후 연금이면 충분하다"라고 되뇐다(92).[17] 이 시에서 아침부터 저녁까

---

16 질 들뢰즈, 『시네마 II: 시간-이미지』 (서울: 시각과언어, 2002) 420면.
17 인용한 파로흐자드 시의 기본적인 출처는 신양섭이 옮긴 『바람이 우리를 데려다 주리라』 (문학의숲, 2020)이며 앞으로는 괄호 안에 면수를 병기한다.

지 기도하고 참회하는 "어머니는 일평생 펼쳐 놓은 예배용 깔개"로 불린다(92-93). "슬프고 지치고 절망적"인 오빠는 "정원을 묘지라고 부른다"(93-94). "꽃들과 친구"였던 여동생은 이제 "도시 저편"에 살면서 "자신의 꾸며진 집에서/자신의 꾸며진 붉은 물고기들과/자신의 꾸며진 남편과의 사랑의 피신처에서/꾸며진 사과의 나뭇가지 밑에서/꾸며진 노래들을 부른다/그리고 자연의 아기들을 만든다"(95). "거리의 아이들은 책가방을/작은 포탄들로" 채우고, "우리 집 마당은 위험하다"(96).

이 시에서 정원의 의미는 가족과 이웃의 사적이고 집단적인 기억을 통해 역사적으로 구성되는 동시에 이를 매개하는 화자인 '나'의 의식 안에서 다시 쓰이고 재구성된다. 아버지와 오빠로 대변되는 가부장적-민족적 알레고리의 원형적 장소로서 정원과 그것을 둘러싼 전통적인 의미체계는 서사 공간의 근간을 이루는 화자의 의식 안에서 내파한다. 시의 초반에 정원은 꽃과 새, 물고기를 통해 대지와 하늘, 물을 아우르는 원형적 공간으로 표상된다. 프라이의 고전적 알레고리론에서 "도시, 정원, 농장, 양을 치는 들판"이 원형적 상징을 대표하는 것이 기독교적인 맥락과 결부되어 있듯이[18] 고전 페르시아 문학에서도 정원은 알레고리적인 함의를 갖는다.[19] 정원과 가족에 대한 아버지의 반감에서 "이란 민족-국가 전체에 대한 부정"을 읽어내는 브룩쇼(Dominic Parviz Brookshaw)의 독법[20]이 시사하듯 이 시에서 아버지의 정원은 민족/국가적 알레고리의 원

---

[18] Northrop Frye, *Anatomy of Criticism* (London: Penguin, 1990) 113면.

[19] Dominic Parviz Brookshaw, "Places of Confinement, Liberation, and Decay: The Home and the Garden in the Poetry of Forugh Farrokhzād," eds. Brookshaw and Narsin Rahimieh, *Forugh Farrokhzad, Poet of Modern Iran* (London: I. B. Tauris, 2010) 43면.

[20] Brookshaw, 앞의 글 49면.

형적 장소에 가깝다. "구원자의 출현"과 "내려질 은총"을 기다리는 어머니는 "예배용 깔개"(93)[21]와 등치됨으로써 언제나 도래할 예정인, 오지 않는 종교적 구원의 알레고리로서 정원의 일부가 되어 정원을 환유한다. 정원을 "묘지"라 부르며 "잡초들"을 비웃고 "물고기들의 시체들"을 세는 오빠는 "정원의 파괴"와 "자신의 절망"을 동일시할 수밖에 없는, 즉 민족-국가의 운명과 자신의 운명을 분리할 수 없는 '제3세계'적 주체의 한 양상을 대변한다(94). 여동생이 살고 있는 집과 그곳에서 기르는 물고기, 함께 사는 남편, 정원의 나뭇가지와 노래들은 모두 "꾸며진" 인공의(artificial)[22] 것이다. 자연, 또는 "정원의 가난" 대신 "오드콜로뉴 향수로 목욕"하고 인공적인 풍족함을 선택한 여동생은 오래된 집과 정원에서 자신을 분리시킴으로써 몰락하는 공동의 운명과 거리를 두고자 한다(95). "그들의 정원 흙 속에 꽃 대신/포탄과 총을" 심는 이웃의 모습은 혁명과 내전의 포화에 줄곧 노출되어온 국가의 역사를 환기한다(96). 시의 도입부에서 화자는 이처럼 집단기억의 장소이자 알레고리로서의 정원을 부정의 수사를 통해 소개한다.

> 아무도 꽃들에 대해 생각하지 않는다
> 아무도 물고기들에 대해 생각하지 않는다
> 작은 정원이 죽어 가고 있다고 믿는 걸

---

[21] 푸코는 페르시아 정원이 사각형 네 귀퉁이에 세계의 네 부분을 담고 있는 소우주이며, 카펫은 움직일 수 있는 정원(의 복제)이라고 설명한 바 있다. Michel Foucault, trans. Jay Miskowiec, "Of Other Spaces," *Diacritics* 16.1 (1986) 25-26면.
[22] Forugh Farrokhzād, *Another Birth and Other Poems,* trans. Hasan Javadi and Susan Sallée (Washington, DC: Mage, 2010) 151면.

아무도 원치 않는다
정원의 심장이 태양 아래 부풀어 올랐다고 믿는 걸 원치 않는다
정원의 영혼이 서서히 서서히
초록의 기억에서 빠져나간다고 믿는 걸 원치 않는다 (91)

시의 마지막 연에서 화자는 서두의 집단적 의식과 부정성을 '나'를 주어로 다시 쓴다.

나는 그 정원을 병원으로 데려갈 수 있다고 생각한다
나는 생각한다
나는 생각한다
나는 생각한다
정원의 심장은 햇빛 아래 부풀었다
정원의 영혼은 천천히 천천히
푸른 기억들을 비워 가고 있다 (97)

죽어가는 정원, 표류하는 집단의식의 부정성에 대한 다각도의 성찰 끝에 화자는 "정원의 영혼이 (…) 푸른 기억들을 비워 가고 있"음을 생각하고 긍정함으로써 그곳을 물고기의 시체가 널브러진 묘지 대신 "햇빛 아래 부풀"어오른 심장을 간직한 채 스스로를 비워가는 공간으로 재구성해낸다. 그래서 "정원을 병원으로 데려갈 수 있다고 생각한다". 이처럼 「나는 작은 정원을 동정한다」에서 '정원'은 세계의 축소판이자 종교적 공간을 의미하는 전통적 의미체계에서 출발하되 이를 벗어나 현재를 표상하는 알레고리로 거듭난다.

정원과 병원의 연결고리만으로 파로흐자드가 남긴 유일한 영화 〈검은 집〉을 설명하는 것은 이 과감하고 선구적인 영화에 대한 충분한 설명이 되지 못할 것이다. 그럼에도 알레고리를 통해 표상하는 동시에 그 알레고리적 체계를 현실에 대한 독자적 발화로 갱신하는 파로흐자드의 시학을 엿볼 수 있는 작품이라는 점에서 〈검은 집〉은 작가의 시세계와 동떨어져 있지 않다. 1962년 가을 이란 북서부 도시 타브리즈 외곽의 한센병 요양원을 방문한 파로흐자드는 열이틀 동안 그곳과 사람들의 모습을 카메라에 담는다. 한동안 잊혔던 이 영화는 1979년 이란혁명 이후 이란 뉴웨이브 시네마의 중요한 초기작으로 호명되었고,[23] 서구에서는 영화감독 크리스 마르케(Chris Marker)와 비평가 조너선 로젠봄(Jonathan Rosenbaum) 등이 재조명하면서 널리 알려졌다.[24] 거울에 비친 한센병에 걸린 여성의 얼굴을 클로즈업하는 처음 쇼트부터 칠판에 "집은 검다"라고 적는 한센병 환자의 모습을 담은 마지막 장면까지, 영화는 이미지와 내레이션, 글씨로 적힌 시와 낭독된 시를 직조하는 일종의 에세이 영화로서 병든 이들을 위한 폐쇄된 정원의 내부를 포착하는 실험적 에스노그라피가 된다.

한센병 환자들과 이들이 거주하는 마을 곳곳을 비추는 이미지는 추함에 대한 교훈적인 메시지나 병에 관한 객관적 정보를 전달하는 남성 목소리의 내레이션과 만나 이곳이 병든 이들을 위해 격리된 공간이며, 그곳에는 난치병으로 고통받고 있는 사람들이 살고 있음을 전달하는 다큐

---

[23] Brian Bergen-Aurand, "*The House Is Black*: Cinema of Ambivalence, Cinema of Delay," *New Review of Film and Television Studies* 15.4 (2017) 405면.

[24] 우리나라에서는 2021년 전주국제영화제 기획전 '인디펜던트 우먼' 전에서 상영되어 국내 관객과 처음 만났다.

멘터리로서의 성격을 갖는다. 이런 점에서 이 영화는 브뉘엘의 〈빵 없는 대지〉(*Las Hurdes: Tierra Sin Pan; Land Without Bread*, 1932)에 종종 비교되었다.[25] 〈검은 집〉에서 추함과 고통에 대해 경고하고 한센병의 치료책을 설명하는 남성 내레이션은 〈빵 없는 대지〉의 "분석적이고 임상적"인 태도와 닮아있고,[26] 제작자인 에브라힘 골레스탄(Ebrahim Golestan)은 영화를 통해 이란사회가 얼마나 "폐쇄적이고 병적인지"를 말하고 싶었다는 제작의도를 밝히기도 했다.[27] 〈검은 집〉이 한센병 요양원에 관한 이야기일 뿐 아니라 이란의 사회 문화 전반을 심문하고 있으며 영화에서 요양원은 병든 이란사회에 대한 은유적 공간이라는 주장은 꾸준히 제기되어 왔다.[28]

그러나 영화는 훼손된 신체와 피부를 전경화하는 영화적 촉각성(tactility), 이러한 이미지를 시, 소리와 병치하는 방식을 통해 관객에게 병든 이들의 현존 그 자체를 경험하게 한다. 이곳에서도 사람들은 일하고 치료받으며 결혼식을 올리고 공놀이를 한다. 일상을 영위하는 요양원 거주자들의 이미지와 파로흐자드 자신의 목소리로 낭송되는 시의 음성적 차원이 만나서 만들어내는 몽타주는 이 영화를 시적 다큐멘터리,

---

[25] Maryam, Ghorbankarimi, "*The House is Black*: A Timeless Visual Essay," *Forugh Farrokhzad, Poet of Modern Iran,* eds. Brookshaw and Narsin Rahimieh (London: I. B. Tauris, 2010) 137면.
[26] Ghorbankarimi, 앞의 글 143면.
[27] 니콜 브르네, 「창가의 여자: 포루그 파로흐자드의 〈검은 집〉」, 『아이 엠 인디펜던트—주류를 넘어, 7인의 여성 독립영화 감독』(전주: 전주국제영화제, 2021) 81면.
[28] Hamid Dabashi, Masterpieces of Iranian Cinema (Washington, DC: Mage, 2007) 58면; Roxanne Varzi, "Pictura Poesis: The interplay of poetry, image and ethnography in Forough Farrokhzad's The House is Black," Offscreen 18.9 (2014). https://offscreen.com/view/house-is-black. 2022. 6. 3.

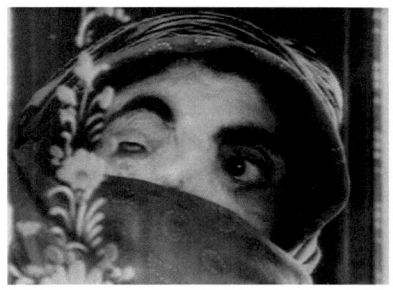 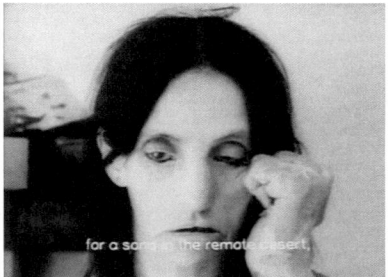

[그림 1]   [그림 2]

또는 이른바 "영화 시"(film poetry)[29]의 차원으로 이끌고 간다. 예를 들어 병으로 훼손된 얼굴을 거울에 비추면서 공들여 머리를 빗는 여성의 초상[그림 1]으로 시작하는 영화의 첫 강렬한 이미지는 중반에 한센병에 걸린 눈과 속눈썹 위로 마스카라를 칠하고[그림 2] 곱게 머리를 빗는 여성들의 이미지를 통해 반복된다. 이러한 이미지와 함께 다음의 시를 읽는 작가의 목소리가 들린다.

> 오, 시간의 흐름 속에 잊힌 이여,
> 붉은 옷을 입고, 금으로 된 장신구를 하고
> 눈가에 검은 라인을 칠한 이여, 당신의 치장은 헛된 것임을 기억하라,
> 먼 사막에서 들려오는 노래와 당신을 폄하하는 이들로 인해[30]

---

[29] Jonathan Rosenbaum, "Radical Humanism and the Coexistence of Film and Poetry in *The House Is Black*," *Goodbye Cinema, Hello Cinephilia: Film Culture in Transition* (Chicago: U of Chicago P, 2010) 263면.

[30] O, the time-forgotten one,
dressing yourself in red, and wearing golden ornaments
anointing your eyes with khol, remember you have made yourself beautiful in vain,

거울을 보거나 마스카라를 칠하고 머리를 빗는 여성들의 이미지와 보편적 '이란 여성'을 청자로 호명하는 시의 몽타주를 통해 작가는 영화 속 여성들의 고립과 타자성을 강화하는 대신 관객을 시의 청자로 끌어들인다. 영화는 스크린과 관객의 거리를 실험하는 데 그치지 않고 작가의 초상을 우회적으로 비춘다.[31] 결말의 교실 장면에서 "집"이 들어가는 단어를 쓰라는 요청을 받고 생각에 잠긴 소년의 얼굴은 한 무리의 사람들이 문을 나서려고 할 때 "한센병 거주지"라고 쓰인 문이 그들을 가로막으며 닫히는 이미지와 교차된다. 그리고 소년은 칠판에 "집은 검다"라고 써내려간다. 그러나 영화는 여기서 끝나지 않는다. "사랑의 힘으로 흘러넘치는 강이여, 우리에게 흐르길, 우리에게 흐르길"이라고 읊는 파로흐자드의 마지막 목소리를 통해 이미지의 폐쇄성 너머로 넘쳐흐르고 이를 초과하는 시의 사운드를 결합한다. 영화는 "검은 집"을 이란사회의 폐쇄성과 등치하는 것에 거리를 둔다. 앞선 장면에서 아름다운 것 네 가지를 들어보라는 선생님의 질문에 어떤 소년이 "달과 해, 꽃, 놀이"라고 답하자

---

for a song in the remote desert, and your friends who have denigrated you
시의 영역은 밀라니(Farzaneh Milani)와 로젠봄, 사에드바파(Mehrnaz Saeed-Vafa)와 아크라미(Jamsheed Akrami), 쿠치노타(Isa Ducinotta)가 1997년 영화에 붙인 영어 자막에서 인용하였다.

[31] 파로흐자드가 한센병에 걸린 여인의 얼굴로 영화를 시작하는 것에 대해 진수미는 작가가 "나병을 앓는 여인의 얼굴에서 자신의 상처받은 영혼을 보았기 때문이 아닐까"라고 질문하며 훼손된 자신의 거울 속 얼굴에서 눈을 떼지 않는 여자의 "자기 응시의 시선에서 파로흐자드는 과감함, 솔직함 같은 미덕을 지닌 자신의 초상을 발견"했을 것이라 본다. 진수미, 「죽어가는 나뭇잎을 위한 시」, 『바람이 우리를 데려다 주리라』(문학의숲, 2020) 215면. 파로흐자드의 시 「창문」에서 화자는 "거울에게 물어보라/그대를 구원해 줄 사람의 이름을/그대 발밑에서 떨고 있는 땅은/그대보다 더 외로운가"라고 묻는다(183). 이때 거울은 해방과 구원의 수단이자 자기 성찰의 도구이다.

아이들은 깔깔거리고 웃어대고 소년 역시 미소짓는다. 이어 추한 것을 들어 보라는 질문에 "손, 발, 눈"이는 소년의 대답은 아름다운 것에 대한 대답과 마찬가지로 자기가 속한 세계에서 나온 다. 병든 이들의 신체 이미지와 시의 보이스오버를 몽타주하는 〈검은 집〉에서 이들의 집단성은 한센병 환자나 병든 이란사회의 그것을 초과하는 시의 세계로 열려 있다. 환자들의 이미지 위로 성경과 코란을 인용하는 시들이 낭독될 때 영화의 음성적 차원은 영상 속의 사람들이 병들지 않은 다른 이들처럼 신의 손 안에 던져진 인간적 존재임을 말한다. 니콜 브르네(Nicole Brenez)의 표현처럼 결국 "기록으로서 글쓰기"는 "사랑의 시로 전환"되고, 영화는 피사체의 병과 고통을 "주관적으로 전유"하는 대신 그들에게 "주체로서 자율성을 부여"한다.[32]

시인으로서 파로흐자드가 남긴 여러 다양한 작품들을 고려할 때, 이러한 논의가 작가의 작품세계 전반에 대한 설명이 될 수 없음은 분명하다. 그럼에도 작가의 시에서 반복적으로 변주되는 정원의 이미지가 갖는 중요성은 여전히 주목할 필요가 있다. 「추운 계절의 시작을 믿어 보자」에서 "콘크리트 손의 무력함"(159)으로 인해 "또다시 내 머릿결을/바람 속에서 빗질할 수 있을까/또다시 작은 정원에 제비꽃을 심을 수 있을까"(167) 묻던 절망과 고립의 화자는 그러나 다시 "추운 계절의 시작을/상상 속 정원의 파멸을" 믿고자 한다(174). 그리하여 "내 잉크 묻은 손가락의 구덩이에 제비들이/알을 낳은 것임을" 알기에 "작은 정원에 내 손을 심는다"(「또 다른 탄생」 156). 파로흐자드의 정원 이미지는 파시푸르와 네샤트에게 영감을 주었으며 서로 다른 방식으로 계승된다.

---

32 브르네, 앞의 글 81-85면.

III. 파시푸르의 정원과 여성적 유토피아

1989년에 발표된 파시푸르의 소설 『남자 없는 여자들』은 테헤란에 살던 다섯 명의 여성 인물이 각기 다른 사연으로 테헤란 북서부 카라지의 정원에 모이는 여정과 그 이후의 삶을 다룬다. 파시푸르는 이 작품에서 정원의 전통적 의미를 다시 쓰는 동시에 이 공간을 일종의 여성적 유토피아로 창조한다. 이 장에서는 『남자 없는 여자들』이 파로흐자드의 문학적 유산을 계승하는 동시에 이를 변용하는 방식으로 시작해서 파시푸르 소설에 나타난 정원의 알레고리가 갖는 힘과 이를 통해 묘사되는 여성 주체의 집단성이 갖는 정치적 함의에 대해 생각해 본다.

각 장의 제목이 거의 여성 인물 이름인 소설의 1장 「마도흐트」("Mahdokht")는 "진흙과 건초로 된 담장으로 둘러싸인 깊숙한 녹색 정원"과 그 "새콤달콤한 체리나무 정원 안에 놓인 반은 시골집이고 반은 도시형인 집"을 소개하는 것으로 시작된다.[33] 마도흐트의 이야기를 다루는 1장에서 집은 거의 "정원"으로 불린다. 오빠의 반쯤은 강압적인 권유로 이 정원에 온 첫날 마도흐트는 온실에서 정원사와 어린 하녀의 은밀한 관계를 본의 아니게 목격한다. 정원사는 야반도주하고, 전통적인 성의식을 지닌 그녀는 임신해서 오빠들에게 두들겨 맞는 하녀의 모습을 상상한다. 이 사건의 충격 이후 마도흐트는 점차 "내 처녀성은 나무야, (…) 그래서 내가 녹색"이라고 생각하게 된다(10). 숙고 끝에 자신을 땅에 심기로 결심한 마도흐트는 바람이 나뭇잎을 실어 나를 것이고 머지않아

---

[33] Shahrnush Parsipur, *Women Without Men*. Trans. Kamran Talattof and Jocelyn Sharlet (New York: Feminist Press, 2004) 1면. 앞으로 『남자 없는 여자들』의 인용은 이 책을 이용하고 괄호 안에 면수를 병기한다.

체리나무 대신 자신으로 가득 차게 될 정원을 상상한다(11).

1960년대 이란 여성작가의 작품이라는 것을 감안할 때 삶과 사랑에 대한 직접적이고도 솔직한 발언이 인상적인 파로흐자드의 시 「또 다른 탄생」에서 화자는 "자라서 푸르러질 것임을" 알기에 "작은 정원에 내 손을 심는다"(156). "삶은 아마도/둘이 사랑을 나누다 잠시 쉬는 사이/담배에 불을 붙이는 것이리라/…/삶은 아마도 꽉 막힌 순간이리라/내 시선이 그대 눈동자 속에서/스스로를 망치는 그런 순간"(154-55)이라고 말할 수 있는 이 급진적이고도 열정적인 화자가 정원에 자신의 손을 심는 것은 "'나는 당신의 손을 사랑합니다'"(156)라는 사랑의 선언에 대한 일종의 화답이며, 이를 통해 화자는 "또 다른 탄생"을 꿈꾼다. 『남자 없는 여자들』의 결말에서 파로흐자드의 화자처럼 정원에 자신을 심은 마도흐트는 나무가 되었다가 수많은 씨앗으로 변한다. 바람이 무수한 씨앗을 실어 나르자 씨앗이 된 마도흐트는 물과 바람을 따라 전 세계를 여행한다(122). 비평가들은 이성애적 성과 무관하게 혼자 나무가 되어 전 세계로 퍼져나가는 마도흐트에게서 새로운 재생산과 이동성의 가능성을 보았다.[34] 그러나 순결 이데올로기를 내면화한 채 이란 여성에게 주어진 전통적인 성의식에서 벗어나진 못한 마도흐트가 자신을 심는 행위의 의미는 여성주의적 함의만으로 설명되기 어려운 측면이 있다. 마도흐트의 선택은 이를테면 처녀성을 잃지 않으면서도 성적 욕망과 재생산을 실현시키는 것의 은유로서 나무 되기라고 할 텐데, 이는 저항이라기보다는

---

[34] Reshmi Mukherjee, "Gender and Imagination: A Feminist Analysis of Shahrnush Parsipur's *Women Without Men*," *Imagination and Art: Explorations in Contemporary Theory*, eds. Keith Moser and Ananta Ch. Sukla (Leiden: Rodopi, 2020) 122면.

일종의 도피와 타협으로도 읽힌다.[35]

그렇다면 자신을 땅에 심음으로써 "또 다른 탄생"을 꿈꾸었던 파로흐자드의 시적 비전은 『남자 없는 여자들』에서 후퇴하고 있는 걸까? 이 물음에 대한 대답은 마도흐트 이야기가 대변하듯 파시푸르 소설이 일종의 마술적 리얼리즘을 통해 이란이라는 국가와 그 역사를 재현하는 방식이 파로흐자드의 서정시에서와 달라질 수밖에 없는 형식적 차이를 고려하는 데에서 시작되어야 할 것이다. 파로흐자드의 시 세계는 많은 부분 시인 자신과 겹쳐 있는 화자를 통해 이란 여성으로서 겪어야 했던 좌절과 동시에 그것에 갇히지 않는 열망을 말하는 서정시의 세계 속에 단일한 기표로 표상될 수 없는 욕망과 좌절로 들끓는 이란 여성의 정체성을 포섭한다. 파시푸르 소설은 이 연장선상에 있되, 소설적 알레고리를 통해 파로흐자드의 시대이자 쿠데타가 일어났던 1953년 이란을 그린다.

『남자 없는 여자들』은 마도흐트, 파에제(Faizeh)와 뮤니스(Munis), 파로흘리허(Farrokhlaqa)와 자린콜라(Zarrinkolah) 등 다양한 여성들이 각기 다른 연유로 도달하는 집단적 유토피아로서 카라지 정원을 일종의 여성적 유토피아로 표상한다. 소설의 서두에서 이들은 서로 다른 방식으로 전통적 여성성의 굴레에 갇혀 있다. 마도흐트는 자신의 처녀성이 나무라 생각하며 땅에 뿌리내리고, 친구 사이인 파에제와 뮤니스는 처녀성이 막인가 구멍인가를 두고 진지하게 논쟁을 벌이는 것에서도 알 수 있듯이 성적으로 무지하다. "아름답다"는 뜻의 이름처럼 파로흘리허는 51세의 나이에도 여전히 아름답고 매력적이지만 32년간 결혼생활 내내 남편과 함께 있을 때면 꼼짝없이 움직일 수 없는 상태를 경험한다(56). 매

---

35   Jennifer A. Wagner-Lawlor, *Postmodern Utopias and Feminist Fictions* (New York: Cambridge UP, 2013) 162면.

춘부였던 자린콜라는 어느 날 목욕탕에 들어가 '오염'된 자신의 몸을 깨끗이 하기 위해 피가 날 때까지 몸을 밀어댄다. 남편의 죽음 이후 집을 떠나 카라지에 도착한 파로흘리허는 정원을 보자마자 "조금만 손보면 이곳은 천국이 될 것"임을 직감한다(85). 앞서 테헤란의 집에서 "카라지에 정원이 있으면 좋겠어"라는 파로흘리허의 말에 남편은 "폐경하고도 정원을 가꿀 수 있다고 생각해?"라며 냉소하는데(62), 따라서 카라지에서 그녀가 발견한 정원은 일종의 소망충족의 장소다. 우여곡절 끝에 파에제와 함께 카라지에 도달한 뮤니스가 "사람들은 무지가 축복이라 했지만, 나는 위험을 무릅쓰고 지식을 추구하기로 결정했다"(96)고 말하는 것에서 알 수 있듯이 이들은 여성적 미덕으로서 (성적) 무지와의 고리를 끊고 자기계몽의 길을 선택한다. 그 과정에서 파에제와 뮤니스가 강간당하는 설정의 서사적 보수성 또는 통속성은 "신이 그들을 저주하리라"는 파에제의 소원이 글자그대로 실현되는 소망충족의 결말(79-80)에 이르면서 이들의 험난한 여정을 통해 전통적 여성성과 결별하고자 하는 이란 여성들의 곤경을 대변하는 알레고리적 서사의 일부가 된다. 카라지 정원의 유일한 남성 구성원인 자린콜라의 남편이 이름 대신 "친절한 정원사"로 불리는 것 역시 이 장소의 알레고리적인 성격과 맞닿아 있다. 그러나 자린콜라와 정원사가 나팔꽃에 싸여 연기가 되어 하늘로 사라지는 결말에서 알 수 있듯이 유토피아로서 여성들의 정원은 일시적이고 잠정적인 장소다.

마도흐트는 땅에 뿌리내리고 자린콜라는 임신해서 나팔꽃을 출산하는 이 마술적 리얼리즘의 생태적 정원은 1953년이라는 구체적인 역사적 순간 안에 놓여있다. 2장「파에제」는 "1953년 8월 25일 오후 4시"라는 정확한 시간적 배경을 설정하는 것으로 시작된다. 소설이 그리고 있는 시점은 미국의 지지를 등에 업은 반정부세력이 민주적으로 선출된 총리 모하메드 모사데(Mohammed Mossadegh) 정부를 전복시켰던 1953년 8월 19일 쿠데타 직후의 상황이다. "여자들은 집에 있어야 하고, 바깥세상은 남자들의 몫"(28)이라거나 "폐경하고도 정원을 가꿀 수 있겠냐"(62)는 소설 속 남자들의 발언은 쿠데타로 인해 이란사회가 공화정에서 왕이 통치하는 왕정사회로 복귀하면서 보수화하던 사회적 맥락 안에 놓인다. 소설 속 정원이 유토피아인 동시에 억압으로부터 탈주한 망명자들의 집합체이자 도피처가 되는 혼성적 성격은 모든 공화주의자들을 무차별 폭력으로 탄압했던 시대의 정치적 상황을 우회적으로 인유한다.

이처럼 『남자 없는 여자들』은 1980년대의 시각에서 바라본 1953년 쿠데타 이후 이란사회에 대한 일종의 우화로도 해석될 수 있으며, 작가는 오빠와 남편으로 대변되는 가부장의 도시 테헤란으로부터 '망명'해서 카리지의 정원을 찾아든 여자들의 이야기를 통해 1950년대와 1980년대 이란 여성의 삶을 동시에 조망하고자 한다. 26년 동안 지속되었던 팔라비 왕조가 1979년 이란혁명으로 몰락한 이후 호메이니(Ayatollah Khomeini)의 집권이 불러온 또 다른 방식의 보수화를 목격해야 했던 파시푸르의 소설이 당대 이란사회에 대한 우회적 비판이라는 주장[36]은 이런 맥락에서 나온다. 밀라니에 따르면 19세기 중반부터 이란 여성의 몸은 이슬람과 민족주의, 현대성과 전통이 각축을 벌이는 "전쟁터이자 은유이며 상징"이 되었다.[37] 일례로 사흘 동안 집을 비운 뮤니스를 그녀의

---

[36] Hasti Abbasi, "Dislocation, Feminine Writing, and Nomadic Experience in Shahrnush Parsipur's Women without Men," *Hecate* 43 1/2 (2017) 67면.

[37] Farzaneh Milani, *Words, Not Swords: Iranian Women Writers and the Freedom of Movement* (Syracuse: Syracuse UP, 2011) 51면.

오빠 아미르(Amir)가 "가족의 명예를 더럽혔다"(34)며 혁대로 구타하다가 우발적으로 가슴에 칼을 찔러넣을 때 뮤니스의 몸은 자신의 것이 아닌 오빠와 가족, 이슬람의 것임이 전제된다. 그러나 이후의 서사가 보이듯 소설 속 여성들의 몸은 이상적 여성성에 대한 규정을 통해 '이슬람적인 것'을 구성하고자 하는 민족-국가의 억압성과 전통적 의미체계를 내파하는 새로운 의미체계가 출현하는 장으로 거듭난다. 이들은 테헤란이 제유하는 민족-국가-정체-가족으로부터 벗어나 카라지에 모여든다. 물론 이곳에 일시적으로 정착했던 여성 인물들은 각기 다른 방식으로 다시 흩어진다. 국가적 서사와 종종 공모하여 이상적 체제에 대한 청사진을 제시하고자 했던 남성적 유토피아와 달리 "과정"(process)을 보여주는 것이 여성적 유토피아의 특징이라면,[38] 카라지 정원은 그 전통에 속한다.[39] 다음 장에서는 파시푸르의 소설을 원작으로 한 네샤트의 〈남자 없는 여자들〉을 필두로 〈알라의 여인들〉 같은 이전의 사진 작업에서부터 네샤트가 알레고리를 통해 이란의 여성성을 표상하는 방식에 관해 살펴본다.

IV. 네샤트와 알레고리의 미학

「다국적 자본주의 시대의 제3세계 문학」이 출간된 이후 현재까지 지구화의 흐름은 더욱 가속화되었고 세계체제 역시 더욱 공고해졌다. 제임슨 글의 시대적 배경을 이루었던 냉전체제는 진즉에 몰락했고 제3세

---

[38] Alessa Johns, "Feminism and Utopianism," *The Cambridge Companion to Utopian Literature,* ed. Gregory Claeys (Cambridge: Cambridge UP, 2010) 174면.

[39] 『남자 없는 여자들』을 포스트모던 여성 유토피아로 읽는 관점으로는 Wagner-Lawlor, 앞의 책 157-67 참조.

계의 경계는 이전보다 흐릿해졌지만, 그 자리는 전지구적 북부(global north)에 대항하는 전지구적 남부(global south)라는 개념이 대신하게 되었다. 제3세계에 공통된 미적 형식으로서 민족/국가적 알레고리는 "전지구적이면서도 지역적인 차원의 다층적 알레고리"로 변화하고 있다.[40] 이란 여성의 정체성을 전면에 내세우면서 글로벌 작가로 부상한 네샤트 작품에 드러나는 알레고리의 미학은 서구 관객에게 중동의 지역성을 대번 연상시키는 이미지와 맞닥뜨리게 하는 강렬한 미적 경험을 선사함으로써 작가를 단숨에 세계적인 반열에 올라서게 한 중요한 원동력 중의 하나다.

네샤트에게 세계적 명성을 가져다준 〈알라의 여인들〉 연작은 히잡을 착용한 이란 여성들의 손과 발이나 총을 들고 있는 모습의 다양한 클로즈업 이미지를 제시한다. 이 사진 연작에서 이란 여성의 얼굴과 신체의 표면에 아로새긴 페르시아어 글씨는 비(非)이슬람권 관객에게는 조형적인 측면이 즉각적으로 다가오는 암호와도 같다. 글의 내용은 파로흐자드를 비롯하여 이란 현대 시인들의 여성주의적 시구를 담고 있는데, 따라서 베일처럼 이란 여성들을 수놓고 있는 페르시아어 글씨는 암호인 동시에 선언인 셈이다. 이슬람 여성의 정체성을 곧 베일과 등치하는 경향을 생각해 보면,[41] 네샤트는 '베일'의 클리셰를 통해 아랍인/아랍 여성의 수동적 이미지, 하렘으로 대변되는 성적 대상으로 소비하는 서구의 문화적 시선을 맞받아친다[그림 3, 4].

예를 들어 〈나는 그것의 비밀이다〉(*I am Its Secret*)에서 베일은 피사체

---

[40] 김용규, 「아래로부터의 세계문학: 카자노바의 『세계문학공화국』을 넘어」, 『비평과 이론』, 19.2 (2014) 15면.

[41] 오은경, 「베일 속에는 이슬람도, 여성도 없다」, 『페미니즘 차이와 사이: 젠더 지형의 변화와 페미니즘 문화연구』 (문학동네, 2011) 176-89면.

[그림 3] 〈알라의 여인들_침묵의 저항〉(1994)
Courtesy the artist and Gladstone Gallery New York

[그림 4] 〈알라의 여인들_얼굴 없는〉(1994)
Courtesy the artist and Gladstone Gallery New York

로서 작가의 얼굴을 가리거나 시선을 차단하는 대신 보는 이의 시선을 사로잡으면서 이마와 눈, 입술 윗부분까지 얼굴과 그 위에 쓰인 글씨에 집중하게 만든다[그림 5]. 따라서 이 사진에서 베일은 일종의 프레임이 된다.[42] 작가의 피부 위에 아로새겨진 페르시아어 글씨는 파로흐자드의 시「나는 태양에게 다시 인사하겠다」의 서두다.[43] 〈봉헌된 눈〉에서는 페르시아어로 적힌「나는 작은 정원을 동정한다」의 첫 부분이 여성의 눈을 가득 채우고 있다[그림 6]. 앞서 설명한 바와 같이 이 시에서 꽃이 피고 물고기가 헤엄치는 정원은 대지와 물을 품고 있는 원형적 장소로서 국가를 표상한다. 이미지와 글씨의 결합을 통해 네샤트는 파로흐자드 시에서 민족-국가의 몰락을 목격하는 여성 화자의 시선을 시대를 거슬러 전유한다. 인터뷰에서 네샤트는 사진 위의 글씨들을 코란에서 따온 것이냐는 질문을 종종 받았다고 밝힌 적 있는데, 창작 과정에서 서구 관객에게 이슬람문화는 곧 코란과 동일시되는 관습적 의미체계를 분명히 염두에 둔 것으로 생각된다. 시각적이든 언어적이든 알레고리는 의미의 지층들 안에서 해독되어야 할 암호로서의 성격을 갖는다는 오웬스(Craig Owens)의 지적처럼,[44] 〈알라의 여인들〉에서 네샤트는 파로흐자드와 사파르자데(Tahereh Saffarzadeh) 등 이란 시인의 시를 작가 자신의 얼굴과 몸에 새겨 넣음으로써 이 이미지들이 이란 여성주의 문학의 전통을 배

---

[42] Nina Cichocki, "Veils, Poems, Guns, and Martyrs: Four Themes of Muslim Women's Experience: Photographic Work," *Thirdspace: a Journal of Feminist Theory and Culture* 4.1 (2004).

[43] "나는 태양에게 다시 인사하겠다/내 안에서 흐르던 개울에게도/내 오랜 생각이었던 구름들에게도/나와 함께 가뭄의 계절을 견뎠던/정원 사시나무들의 고통스러운 성장에게도"(82).

[44] Craig Owens, "The Allegorical Impulse: Toward a Theory of Postmodernism," *October* 12 (1980), 84면.

[그림 5] 〈알라의 여인들_나는 그것의 비밀이다〉,
Courtesy the artist and Gladstone Gallery New York

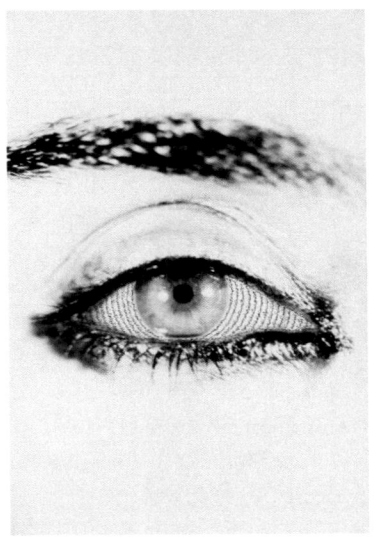

[그림 6] 〈알라의 여인들_봉헌된 눈〉(1993),
Courtesy the artist and Gladstone Gallery New York

경으로 해석되어야 할 암호이자 선언임을 말한다.

〈알라의 여인들〉은 사진을 찍은 후 작가가 그 위에 손글씨로 페르시아어를 적어 내려가는 방식으로 제작되었다. 이런 작품의 제작방식은 사진 속 피사체로서 작가 자신의 몸이 문화적으로 기입되는 텍스트라는 자의식을 표출한다. 몸이 텍스트라면 피부는 개인과 세계의 경계를 환유할 수 있다. 네샤트의 작업은 중동 여성의 몸에 다양한 문화적 피부들이 접착되어 있음을 상기시킨다. 물리적 베일과 그 안의 살과 피부, 그리고 글씨(텍스트)가 쓰이고 담론이 기입되는 표면으로서의 피부. 비이슬람권 관객이 텍스트 해독에 실패하고 글씨를 베일과 동일시하게 되는 관람의 시점을 통해 이 피부'들' 사이에서 몸은 번역되거나 번역되지 못한다.[45] 이란 여성에게 글쓰기가 "다른 이의 세계로 들어가는 공적 소통의 가능성으로 인해 위반이자 베일 벗기로 간주"되었다는 밀라니의 지적은 중동 여성의 베일 벗기에 대한 전통적인 견해를 대변한다.[46] 네샤트는 여기에서 나아가 여성의 글쓰기를 베일 벗기와 동일시하는 문화적 문맥을 재전유하여 여성의 신체를 덮는 글씨와 글쓰기를 통해 중동 여성성의 환유로서 베일의 의미를 재정의한다. 네샤트의 사진 작업이 베일 쓰기를 탈신비화하는 방식으로 베일을 과잉 전시하는 수행적 성향을 보인다는 지적은 이러한 맥락에서 나온다.[47] 동시에 이 작업은 서체와 시의

---

[45] Begüm Özden Firat, "Writing Over the Body, Writing With the Body: On Shirin Neshat's *Women of Allah* Series," *Sign Here!: Handwriting in the Age of New Media* (Amsterdam: Amsterdam UP, 2006) 213-14면.

[46] Farzaneh Milani, *Veils and Words: The Emerging Voices of Iranian Women Writers* (Syracuse: Syracuse UP, 1992) 6면.

[47] Hamid Dabashi, "Bordercrossings: Shirin Neshat's Body of Evidence," *Shirin Neshat,* ed. Castello di Rivoli Museo d'Arte Contemporanea (Milano: Edizioni Charta, 2002) 43면.

내용을 통해 과거 이슬람문화의 찬란한 영화와 이란 여성주의 문학의 전통, 1979년 혁명 이후 급격히 보수화한 현대 이란의 상황을 겹쳐놓는다. 이런 점에서 〈알라의 여인들〉은 시간성의 중첩, 중첩된 이미지와 언어의 상호관계 안에서 해석되어야 할 시각적 알레고리로서의 성격을 갖는다.

네샤트의 초기 사진 작업에서 나타나는 이러한 알레고리적 성향은 파시푸르 소설을 원작으로 한 영화 〈남자 없는 여자들〉에서 다른 방식으로 변주된다.[48] 소설이 마도흐트, 파에제와 뮤니스, 파로흘리허, 자린콜라가 비슷한 비중을 갖는 다성적 텍스트라면, 영화의 도입부는 지붕 위에서 날아오르듯 떨어지는 뮤니스의 얼굴을 클로즈업함으로써 그녀를 작품의 중심인물로 소개한다[그림 7].[49] 영화는 라디오를 주의 깊게 듣고 있는 뮤니스를 통해 소설에 간접적으로 제시되었던 정치적 상황을 전경화한다. 1953년 쿠데타 직후의 혼란스러운 정세를 전하는 라디오 소리와 구혼자들이 기다리고 있다는 오빠의 외침이 겹치는 사운드의 중첩은 정치적 불안과 가족의 억압이라는 뮤니스가 처한 이중적 고난을 드러낸다. 오빠 아미르는 집에 갇히다시피 살고 있는 뮤니스와 바깥세계를 잇는 유일한 연결고리인 라디오 코드를 뽑아버린다. 지붕에서 몸을 던진

---

[48] 2014년 국립현대미술관 쉬린 네샤트 전에서 같은 제목의 설치 작품이 〈여자들만의 세상〉으로 소개되었으나, 이 글에서는 파시푸르의 원작 제목이 어니스트 헤밍웨이(Ernest Hemingway)의 단편집 『여자 없는 남자들』(*Men Without Women*, 1927)에서 따온 것임을 고려하여 〈남자 없는 여자들〉로 옮긴다. Persis M. Karim, "Afterword," *Women Without Men,* trans. Kamran Talattof and Jocelyn Sharlet (New York: Feminist Press, 2004) 152-53면.

[49] 밀라니는 이 장면에서 차도르가 바람에 펄럭거리는 깃발이나 날아오를 수 있는 날개처럼 묘사되는 것으로 본다. Farzaneh Milani, "Shirin Neshat: The Rainbow Catcher," *I Will Greet the Sun Again: Shirin Neshat* (Los Angeles: The Broad and DelMonico, 2019) 174면.

[그림 7] 〈남자 없는 여자들〉 (2009)
Courtesy the artist and Gladstone Gallery New York

[그림 8] 〈남자 없는 여자들〉 (2009)
Courtesy the artist and Gladstone Gallery New York

[그림 9] 〈열정〉 (2000)
Courtesy the artist and Gladstone Gallery New York

뮤니스를 아미르는 소설에서처럼 집 뒷마당에 묻어버리지만 며칠 뒤 뮤니스는 부활한다. 깨어난 뮤니스는 차도르를 둘러쓰고 남자들만 출입할 수 있는 커피하우스에 라디오를 들으러 간다. 모르는 남자들과 한 테이블에 앉아 라디오를 듣는 뮤니스를 주변 사람들은 전혀 신경 쓰지 않는다. 이 공적 세계에서 차도르를 두른 그녀는 보이지 않는 존재임이 시각화된다. 영화에서 뮤니스는 자신의 '보이지 않음'을 전유하여 정치적으로 주체화한다. 하얀 셔츠를 입은 남자 시위대 속에서 검은 차도르를 걸친 뮤니스의 시각적 대비는 네샤트가 〈격동〉, 〈환희〉, 〈열정〉 3부작에서 선보인 "이슬람 이데올로기가 전통적으로 상정한 남녀 분리라는 성정치학적 논제들을 시각적이고 개념적으로 형상화"하는 방식[50]의 연장선상에 있으면서도 마침내 그 분리를 넘어서고자 한다[그림 8, 9].

쿠데타에 반대하는 시위대 속을 거닐며 "나는 이곳에 관망하러 오지 않았고, 보기 위해 왔다. 이곳에 있기 위해서가 아니라 행동하기 위해서 왔다"고 독백하는 뮤니스의 선언은 낯선 이들에게 강간당한 이후 처녀성에 대한 강박과 죄의식으로 인해 스스로를 가두어버리는 파에제의 상황과 대비되어 교차된다. 소설에서 집을 나간 뮤니스는 『성적 만족의 비밀: 우리의 몸을 알아가는 방법』(The Secret of Sexual Satisfaction or How to Know Our Bodies)이라는 책을 사흘 동안 탐독하고 "성장"한다(32). 영화에서 뮤니스는 몸과 섹슈얼리티에 눈 뜨는 대신 정치적으로 의식화한다. 차도르 없이 남성 공산주의자들과 함께 팸플릿을 배포하는 뮤니스와 마침내 스스로를 옭아매던 죄의식에서 벗어나는 파에제를 통해 여성의 정치적 각성과 성적 각성은 교차된다.

---

50 김지훈, 「쉬린 네샤트—이슬람 디아스포라 여성작가의 교훈주의와 상징주의」, 『월간미술』 352 (2014. 5): 158-61면.

[그림 10] 〈남자 없는 여자들〉 (2009)

　목욕탕에서 자신의 몸을 피가 날 때까지 밀어대던 자린이 걷던 그 길을 따라 파크리가 걷고 또 파에제가 걸어 이들은 정원에 모인다. 소설에서 자연과 결합하던 마도흐트의 환상성은 영화에서 자연 속에 놓인 자린의 모습으로 변화한다. 자린의 고통을 누구보다 이해하는 파에제의 시선에서 자린이 앉아 있는 정원은 황야 위의 천국과도 같다[그림 10]. 파크리는 이곳에 사람들을 초대해서 성찬을 베풀지만, 초대받지 않은 손님들인 군인들이 파티에 난입하면서 정원은 소설에서처럼 사회와 고립된 분리주의적 유토피아로 남을 수 없게 된다. 마도흐트가 뿌리를 내렸던 유토피아로서 소설 속 정원이 마술적 리얼리즘과 초현실주의적인 환상성을 간직한 공간으로 남는 것에 비해, 영화에서 현실과 정치는 정원에 들이닥치고 만다. 파에제는 갔던 길을 되걸어 나오고, 파크리는 엉망진창이 된 잔치의 폐허를 망연자실하게 바라본다. 뮤니스와 함께했던 동지의 죽음 이후 영화의 결말은 지붕 위에서 몸을 던지는 뮤니스를 비췄던 도입을 반복한다. "1906년 입헌혁명부터 2009년 녹색운동까지 이란의 자유와 민주주의를 위해 투쟁하다 목숨을 잃은 이들을 기억하며"라는 헌사로 끝나는 영화는 1953년 쿠데타 시기를 살았던 뮤니스와 다른 여성들의 이야기를 통해 정치적 격변이 반복되었던 이란 역사의 여러 국면들을 겹쳐놓는다. 파시푸르의 〈남자 없는 여자들〉이 제목처럼 여자들만의 유토피아를 통해 이란 여성에게 가해지는 이중적 억압에서 벗어나고자 한다면, 네샤트의 〈남자 없는 여자들〉은 쿠데타 시기를 살아냈던 개인을 대변하는 인물로 뮤니스를 정치화함으로써 소설을 현재화한다.

V. 나가며

네샤트는 2021년 10월 12일 시카고 예술대학 주최 강연에서 자신의 작품 속 문학과 시, 알레고리가 독재정치 하에서 지속되어온 검열을 피하기 위한 실질적인 목적이 있다고 밝힌 바 있다.[51] 〈알라의 여인들〉이 의식적으로 차용하고 있는 파로흐자드의 시세계에서 작가는 관습을 넘어서는 여성적 주체성을 표현하기 위해 관습적 언어와 알레고리의 틀을 빌려 말한다. 네샤트가 〈봉헌된 눈〉과 〈무제〉("Untitled," 1996, 그림 11)에서 자신의 사진 위에 반복적으로 기입하는 「나는 작은 정원을 동정한다」는 이후 파시푸르와 네샤트를 관통하는 알레고리의 한 원형이 된다. 〈무제〉("Untitled," 1995, 그림 12)에서 선보인 차도르를 쓴 채 정원 속에 앉아 있는 여성들의 이미지는 이후 〈남자 없는 여자들〉의 영상 이미지를 통해 재생된다. 각각의 작품에 나타나는 서로 다른 방식의 알레고리적 발화는 '중동의 여성성'이라는 주어진 범주를 초과하여 도래할 이란 여성 주체의 집단성을 목도한다.

---

[51] https://www.youtube.com/watch?v=rr0rUCdsmGE. 2023년 10월 19일 접속.

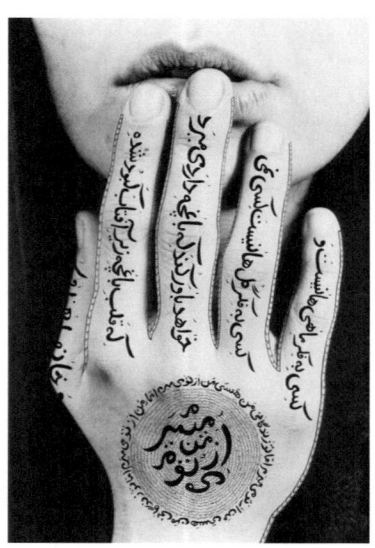

[그림 11] 〈알라의 여인들_무제〉(1996)
Courtesy the artist and Gladstone Gallery New York

[그림 12] 〈알라의 여인들_무제〉(1995)
Courtesy the artist and Gladstone Gallery New York

이 글에서는 이처럼 파로흐자드에서 파쉬푸르, 네샤트로 이어지는 이란 여성작가의 한 계보를 구성해보고자 했다. 그럼에도 덧붙여야 할 것은 이들의 작품세계가 각기 대화하고 있는 다양한 재현적 양식이 민족/국가적 알레고리의 개념으로 수렴되지 않는, 어찌 보면 당연하게 존재하는 다층적인 층위들이다. 1960년대 이란의 정치적·문화적 상황에 뿌리내리고 있는 파로흐자드의 〈검은 집〉은 브뉴엘의 〈빵 없는 대지〉를 다시 쓰는 과정에서 당대 이란에 대한 시적 에스노그라피로 탄생한다. 가브리엘 마르케스(Gabriel García Márquez)의 작품을 떠올리게 하는 『남자 없는 여자들』이나 『투바와 밤의 의미』의 마술적 리얼리즘은 과거 이란사회를 1980년대의 시각에서 재구성하는 역사적 서사의 근간을 이룬다. 〈알라의 여인들〉을 통해 이란이라는 로컬리티와 중동의 여성성을 적극적으로 활용함으로써 코즈모폴리턴 작가로 부상한 네샤트의 〈격동〉, 〈환희〉, 〈열정〉 3부작은 세르게이 에이젠슈타인(Sergei Eisenstein)의 고전적 몽타주를 2채널 비디오 설치로 업데이트하는 과정에서 작가를 대표하는 양식으로 재탄생한다. 이 글을 통해 이 세 작가를 함께 볼 수 있는 어떤 관점이 제기되었다면, 이들이 한편 다양한 문학적·문화적 형식들을 흡수하여 독자적인 작품세계를 이루는 과정에서 세계와 어떻게 대화하고 있는가를 살펴보는 것은 앞으로의 논의가 필요한 지점일 것이다.

참고문헌

김지훈. 「쉬린 네샤트—이슬람 디아스포라 여성작가의 교훈주의와 상징주의」. 『월간미술』 352 (2014. 5): 158-61.

니콜 브르네. 「창가의 여자: 포루그 파로흐자드의 〈검은 집〉」. 『아이 엠 인디펜던트—주류를 넘어, 7인의 여성 독립영화 감독』. 전주: 전주국제영화제, 2021. 66-109.

오은경. 「베일 속에는 이슬람도, 여성도 없다」. 『페미니즘 차이와 사이: 젠더 지형의 변화와 페미니즘 문화연구』. 파주: 문학동네, 2011. 176-89.

진수미. 「죽어가는 나뭇잎을 위한 시」. 『바람이 우리를 데려다 주리라』. 서울: 문학의숲, 2020. 209-17.

포루그 파로흐자드. 『바람이 우리를 데려다 주리라』. 신양섭 옮김. 서울: 문학의숲, 2020.

Abbasi, Hasti. "Dislocation, Feminine Writing, and Nomadic Experience in Shahrnush Parsipur's Women without Men," *Hecate* 43 1/2 (2017): 62-77.

Bahmany, Leila Rahimi. *Mirrors of Entrapment and Emancipation: Forough Farrokhzad and Sylvia Plath*. Leiden UP, 2015.

Bergen-Aurand, Brian. "*The House Is Black*: Cinema of Ambivalence, Cinema of Delay." *New Review of Film and Television Studies* 15.4 (2017): 405-09.

Brookshaw, Dominic Parviz. "Places of Confinement, Liberation, and Decay: The Home and the Garden in the Poetry of Forugh Farrokhzād." Ed. Brookshaw and Narsin Rahimieh. *Forugh Farrokhzad, Poet of Modern Iran*. London: I. B. Tauris, 2010. 35-52.

Dabashi, Hamid. "Bordercrossings: Shirin Neshat's Body of Evidence." *Shirin Neshat*. Ed. Castello di Rivoli Museo d'Arte Contemporanea. Milano: Charta, 2002. 36-59.

___. *Masterpieces of Iranian Cinema*. Washington, DC: Mage, 2007.

Farrokhzād, Forugh. *The House Is Black*.

___. *Another Birth and Other Poems*. Trans. Hasan Javadi and Susan Sallée. Washington, DC: Mage, 2010.

Foucault, Michel, and Jay Miskowiec. "Of Other Spaces." *Diacritics* 16.1 (1986): 22-27.

Ghorbankarimi, Maryam. "*The House is Black*: A Timeless Visual Essay." *Forugh Farrokhzad, Poet of Modern Iran*. Ed. Brookshaw and Narsin Rahimieh. London: I. B. Tauris, 2010. 137-48.

Hartman, Geoffrey. *Beyond Formalism: Literary Essays, 1958-1970*. New Haven: Yale UP, 1970.

Jameson, Fredric. *The Political Unconscious: Narrative As a Socially Symbolic Act*. Ithaca: Cornell UP, 1981.

___. "Third-World Literature in the Era of Multinational Capitalism." *Social Text* 15 (1986): 65-88.

Johns, Alessa. "Feminism and Utopianism." *The Cambridge Companion to Utopian Literature*. Ed. Gregory Claeys. Cambridge: Cambridge UP, 2010. 51-78.

Karim, Persis M. "Re-Writing Forugh: Writers, Intellectuals, Artists and Farrokhzād's Legacy in the Iranian Diaspora." *Forugh Farrokhzad, Poet of Modern Iran*. Ed. Dominic Parviz Brookshaw and Nasrin Rahimieh. London: I.B. Tauris, 2010. 179-94.

Milani, Farzaneh. *Veils and Words: The Emerging Voices of Iranian Women Writers*. Syracuse: Syracuse UP, 1992.

___. *Words, Not Swords: Iranian Women Writers and the Freedom of Movement*. Syracuse: Syracuse UP, 2011.

Mukherjee, Reshmi. "Gender and Imagination: A Feminist Analysis of Shahrnush Parsipur's *Women Without Men*." *Imagination and Art*:

Explorations in Contemporary Theory, ed. Keith Moser and Ananta Ch. Sukla. Leiden: Rodopi, 2020. 111-36.

Owens, Craig. "The Allegorical Impulse: Toward a Theory of Postmodernism." *October* 12 (1980): 67-86.

Parsipur, Shahrnush. *Women Without Men.* Trans. Kamran Talattof and Jocelyn Sharlet. New York: Feminist Press, 2004.

Rosenbaum, Janathan. "Radical Humanism and the Coexistence of Film and Poetry in *The House Is Black.*" *Goodbye Cinema, Hello Cinephilia: Film Culture in Transition.* Chicago: U of Chicago P, 2010.

Schad, Ed. "Thousands and Thousands of Branches: Shirin Neshat's Journey from Iran to Persia," *I Will Greet the Sun Again: Shirin Neshat* (Los Angeles: The Broad and DelMonico, 2019). 13-29.

Spivak, Gayatri Chakravorty. *A Critique of Postcolonial Reason: Toward a History of the Vanishing Present.* Cambridge: Havard UP, 1999.

Szeman, Imre. "Who's Afraid of National Allegory?: Jameson, Literary Criticism, Globalization." *South Atlantic Quarterly* 100.3 (2001): 803-27.

Varzi, Roxanne. "Pictura Poesis: The interplay of poetry, image and ethnography in Forough Farrokhzad's *The House is Black.*" *Offscreen* 18.9 (2014). https://offscreen.com/view/house-is-black. 2022. 6. 3.

The Wind Will Carry Us. DVD. Dir. Abbas Kiarostami. 2001. New Yorker.

Women of Allah. Shirin Neshat. U.S., 1993~97. RC Print and ink 116× 78cm.

Women Without Men. DVD. Dir. Shirin Neshat. 2010. Mongrel.

좀비 아버지, 주권적 딸
- 심청 신화로 보는 한국 좀비 영화 -

아담 F. 브런[*]

(번역: 한수현)

개요: 이 페이퍼는 한국 좀비-위기 영화의 최근 흐름에 대한 평론이다. 적어도 영화에서 좀비는 국가가 통제하지 못하는 위기를 대변한다. 그렇다면 좀비는 하나의 창이 될 수 있는데, 바로 신자유주의가 돌봄의 노동을 국가에서 가족으로 이동시킴에 따른 문화적 가치 변화를 이 창을 통해 들여다 볼 수 있다. 최근에 모든 영화에서 아버지-딸이란 쌍은 이런 문화적 가치를 추적하고 생산함에 있어서 매우 중요하다. 그러므로 이 페이퍼는 심청 신화와 프로이드의 죽음-충동의 렌즈를 통해 영화를 '독해'함을 통해 자유민주주의와 최근의 여성주의를 향한 어떤 비관주의를 알아보고자 한다.

> 아빠, 내가 당신을 죽였여야 했어요.
> 나에게 기회가 오기 전에 당신은 죽었죠....

---

[*] 미국 루터란신학교 조교수

> 대리석같이 무거운, 신으로 가득 채운 가방,
> 회색 발가락이 하나 달린 무시무시한 조각상
> 샌프란시스코 바다표범처럼 거대한 --- "아빠," 실비아 플라스

1. 서론: 한국 좀비 영화

2016년 연상호 감독의 [부산행]은 한국을 좀비 호러 장르의 세계 중심으로 만들었다. 그 이후 영화 좀비 장르는 르네상스시대를 맞고 있다. 몇몇 좀비 호러 필름 중에 네플릭스의 [킹덤] 시즌1은 전세계적으로 큰 인기를 끌었다. 흥미롭게도 호러 장르는 자주 문화적 가치와 표준에서 소위 진보적인 변화를 종종 드러내었는데, 특별히 가족에 관한 부분이 그러했다. 그 뒤를 따라 좀비 호러 서술들은 자주 국가가 수용할 수 없는 엄청난 위기로서 기능한다. 그렇다면, 가족과 국가의 정치학적 한계와 경계를 특정 사회가 상상하는 능력에 관한 문화적 변화를 추적하는 것이 가능할 것이다.

이 페이퍼에서 나는 한국이나 전세계적 좀비 장르의 부활에 대한 이유를 짐작하려 시도하지 않을 것이다. 그보다, 이 페이퍼의 목적은 신자유주의 국가와 이 국가의 주권 형태에 의지하는 시기 동안에, 한국의 가족 관계, 심지어 자녀의 도리에 관한 이해를 좀비 호러 장르를 통해 심문해 보는 것이다. 나는 다음과 같은 일곱개의 영화들과 드라마 시리즈의 내러티브들을 연구할 것이다: 연상호의 좀비 트롤로지 [서울역](2016), [부산행](2016), 그리고 [반도](2020), 또한 넷플릭스의 [킹덤](2019), 나홍진의 [곡성](2016), 김성훈의 [창궐](2018), 그리고 조일의 [살아있다]

(2020).[1] 이들 중 하나를 제외하고, 모든 영화가 아버지-딸이란 한 쌍과의 접촉이 자유 민주주의의 가치, 남성 주인공의 구원, 그리고 신자유적 주권 확립에 매우 중요하다. 한걸음 더 나아가, 연구는 자녀의 도리에 대한 한국의 내러티브와 무의식의 관계를 구축하는데 심청 신화의 중요성을 보여준다. 이로써, 이 페이퍼는 [심청전]을 하나의 렌즈로 사용하여 한국 좀비 영화를 살펴보고 신자우주의 주권을 유지하는데 필요한 아버지-딸의 쌍의 변화를 추적할 것이다.

이 페이퍼의 주된 관심은 신자유주의 한국 가정에 대해 주권의 역할에 있으므로 신자유주의를 정의하는 것이 도움이 될 것이다. 멜린다 쿠퍼, 벤 매디의 인터뷰는 다음과 같은 정의로 시작한다.

> 전쟁 후 "황금시대"의 모순에 의해 생산된 자본축적에 장애물을 타겟으로 한 위기 관리의 국가 주도적 과정으로서, 신자유주의에 대한 우리의 분석은 종종 생산의 지점에서 자본-노동의 관계를 재구성하는데 도움을 주도록 이루어져왔다. 그리하여 노동계급 단체의 해체와 그런 단체들이 가장 최고조의 몸부림에서 강제로 받아들이는 사회 복지 지출에서 국가가 손을 떼는데 도움을 주었다.[2]

---

[1] [곡성]은 좀비 장르에 어울리지 않지만 좀비와 같은 괴물들이 등장하고 중요한 아버지-딸의 쌍이 나타난다. [인류멸망보고서](2012), [이웃집 좀비](2010), 그리고 [기묘한 가족](2019)는 제외했는데, 이들은 좀비가 의식을 가진 채 등장하는 코미디이다. 아마 이런 패러디영화들을 연구하는 것은 흥미로운 연구지만 이 페이퍼의 연구범위를 넘어서는 것이고 이 영화들은 또 다른 서브-장르에 속할 것이다.

[2] Melinda Cooper, Family Matters, interview by Ben Mabie, Viewpoint Magazine, March 19, 2018, https://www.viewpointmag.com/2018/03/19/family-matters/.

맬린다 쿠퍼를 따라서, 이 페이퍼는 위기 관리에서 국가의 역할을 강조함과 동시에 가족과 여성들에게 사회적 돌봄의 짐을 지우는 것을 주시한다. 한국의 건강관리 시스템은 미국에 비해서 시민들에게 더 많은 도움을 주기 때문에 조금 다르다고 할 수 있다. 그러나 신자유주의는 자신의 짐을 여성에게 매우 무겁게 떠넘긴다. 여성들은 성장하는 여성주의 의식과 수많은 경제위기 때문에 노동력에 참여하게 되었는데, 유교적 이상주의를 통해 전통적인 단계에서 가정의 일까지 동시에 계속 수행할것을 기대받는다.[3] 여성주의의 이상들이 어떻게 쉽게 신자유주의에 봉사하게 되는지 상상하는 것은 어렵지 않다. 최근의 출판되었고 영화화된 [1982년생 김지영]을 보면, 주인공은 집안살림에서 탈출하기 위해 광고회사의 풀타임 직원이 된다.[4] 그들이 부와 생산에 대한 비판에 종사하지 않는 한, 모든 문화 형태는 신자유주의 생산에 의해 포함될 수 있다. 그래서, 한국 좀비 영화에서 발견되는 자유 민주주의, 강한 여성, 돕는(남성적) 주권은 이데올로기적으로 신자유주의 국가와 가족에게 봉사한다.

좀비 호러 장르에서 나타나는 위기는 신자유적 민주주의 속에 방황하거나 또는 숨겨진 주권에 대한 불안을 보여준다. 왕 과/또는 아버지를 민주주의의 이름으로 기꺼이 희생시키는 반면에 민중의 고개를 돌리

---

[3] Insook Han Park and Lee-Jay Cho, "Confucianism and the Korean Family," *Journal of Comparative Family Studies* 26, no. 1, (1995): 117-34.

[4] Kim Do-Young, *Kim Ji-Young: Born 1982*, Drama (Lotte Entertainment, Spring Wind Film Company, 2019). Also see Cooper, "Family Matters": "물론 여성주의나 퀴어 정치학의 표현중에는 신자유주의로 정의될 수 있는 것들이 있다. 그러나 신자유주의에서는 그 자신이 그랬던 것과 같이, 확립된 표준에 대한 비판은 부의 분배에 대한 넓은 비평으로부터 풀려났고 대신에 성애를 가족의 도덕과 경제적 형식으로 되돌리게 했다."

는 이상적이고 인기있는 군주, 보이지 않는 주권의 손은 민주주의 자체에 효율성을 질문한다. 좀 더 세분하면, 여성주의 이상을 따라 아버지에 대한 자녀의 도리에 저항하고 거절하는 한국의 딸에게 해방 또는 *시민 (Demos)*이 될 보증은 없다. 다시 말해, 한국의 페미니스트들에게 자유민주주의는 '예외의 국가'처럼 느껴질 수 있다. 대중의 주권은 사실 스스로 주권을 원하는 사람들이 만든 신자유주의의 좀비일 수 있다는 것이다. 결국 (가부장적) 자유민주주의의 리바이어던을 (탈)구성하는 신자유주의 좀비들에 대해 프로이트의 죽음에 대한 욕망과 공감적 비관주의가 필요할지도 모른다.

2. 좀비, 국가, 그리고 가족

이 페이퍼는 그 자체로 각각의 케이스에서 좀비가 재현하는 것이 무엇인지에 대해 관심하지 않지만, 장르에 대한 비판적 감상은 거기에서 일어나고 있는 중요한 정치적 투쟁을 보여준다. 원래의 하이티의 좀비 이야기는 죽은 노예들이 그들의 노동을 위해 (백인) 마법사에 의해 되살아나는 일을 서술한다.[5] 어떤 이들은 좀비 서술들이 프로이드의 죽음 충동이나 아감벤의 예외 상태를 예증한다고 말한다.[6] 더 나아가, 어떤 이들

---

5   Elizabeth McAlister, "Slaves, Cannibals, and Infected Hyper-Whites: The Race and Religion of Zombies," in *Zombie Theory: A Reader*, ed. Sarah Juliet Lauro, 1st edition (Minneapolis: Univ Of Minnesota Press, 2017), 63-84.

6   Ola Sigurdson, "Slavoj Žižek, the Death Drive, and Zombies: A Theological Account," in *Zombie Theory: A Reader*, ed. Sarah Juliet Lauro, 1st edition (Minneapolis: Univ Of Minnesota Press, 2017), 85-101. For an Agambenian reading see Jon Stratton, "Trouble with Zombies: Muselmänner, BareLife, and DisplacedPeople," in *Zombie Theory: A Reader*, ed. Sarah Juliet Lauro, 1st

은 그들이 인종적 타자들이나 이데올로기로 눈먼 타자들을 (산자들이 이데올로기적으로 인식할 수 있도록) 재현한다고 본다.[7] 더욱 최근의 좀비 내러티브들은 전염적 팬더믹을 의미한다며 코비드-19 시대 도래에 대한 예언적 이야기로 보기도 한다.[8] 이 논문에서 선택한 모든 사례에서 좀비화는 전염병처럼 퍼진다. 가장 중요한 것은 좀비가 국가가 감당할 수 없는 재앙으로 작용한다는 점이다. 대부분의 경우 국가는 자비로운 힘으로 묘사되며, 종종 주권을 침탈하려는 사악한 세력으로부터 위협 당한다.

[부산행]에서 국가는 남한의 군인들로 나타난다. 그들은 서울의 상황을 막을 수 없었고 결국에는 모두 대전에서 좀비가 되어버린다. 프리퀄인 [서울역]에서 역무원들, 경찰, 그리고 군대는 모두 악한은 아니지만 전염에 무력하여 결국 좀비로 변해버린다. [살아있다]에서 두 어린 주인공들은 수 주동안 그들이 거주하는 아파트에 갇히게 된다. 클라이맥스

edition (Minneapolis: Univ Of Minnesota Press, 2017), 246-69 and Sherryl Vint, "Abject Posthumanism: Neoliberalism, Biopolitics, and Zombies," in *Zombie Theory: A Reader*, ed. Sarah Juliet Lauro, 1st edition (Minneapolis: Univ Of Minnesota Press, 2017), 171-81.

[7] Travis Linnemann, Tyler Wall, and Edward Green, "The Walking Dead and Killing State: Zombification and the Normalization of Police Violence," in *Zombie Theory: A Reader*, ed. Sarah Juliet Lauro, 1st edition (Minneapolis: Univ Of Minnesota Press, 2017), 332-52 and Sarah Juliet Lauro and Karen Embry, "A Zombie Manifesto: The Nonhuman Condition in the Era of Advanced Capitalism," in *Zombie Theory: A Reader*, ed. Sarah Juliet Lauro, 1st edition (Minneapolis: Univ Of Minnesota Press, 2017), 395-412.

[8] Sarah Juliet Lauro and Karen Embry, "A Zombie Manifesto: The Nonhuman Condition in the Era of Advanced Capitalism," in *Zombie Theory: A Reader*, ed. Sarah Juliet Lauro, 1st edition (Minneapolis: Univ Of Minnesota Press, 2017), 395-412.

의 순간에 남한의 군사 헬리콥터에 의해 구조된다. 결정적으로, 두 조선 시대 이야기는 (실제 좀비보다) 왕실에 대한 위협에 훨씬 더 초점을 맞추고 있기 때문에 국가 내부 관계가 줄거리에 필요하다. 두 영화에서 자유 민주주의의 이상은 왕위에 대한 "진정한" 세자가 주권을 거부하는 방식을 결정 짓는다. [창궐]의 마지막에 세자는 왕의 방이 불타는 동안 좀비들을 물리친 왕좌를 내려다본다. "백성들이다. 백성전에 왕인가? 틀렸다. 백성이 있기 때문에 왕이 있는 것이다." [창궐]과 [킹덤]의 두 왕자들은 자비로운 주권자로서 기능하며, 자유 민주주의의 국가의 이상적 역할을 증명한다. 짧게 보면, 한국 좀비 호러 내러티브들은 자유 민주주의 국가의 한계와 선의의 가능성들을 보여주는 기능으로 작동한다. 때때로 [부산행]과 같이 악덕 기업에 관심을 가지기도 하지만, 이는 신자유주의 관계들과 자본주권에 대한 비판으로 보기 힘들다.

[반도]는 국가에 대한 다른 관점을 보여준다. 제목 스스로 좀비 역병에 의해 황폐화된 이후, 한국을 국가라고 부를 수 없는 홍콩의 범죄자(주인공)를 언급하고 있다. 무엇이라고 부를지 잠시 고민한 후에, 그는 한국이었던 국가를 부를 수 없는 것에 대안으로 "반도"라 부른다. 영화는 국가가 사라진 곳에서 자원을 얻기 위해 폭력으로 통해 경쟁하는 무법의 군인 생존자 집단을 보여준다. 국가의 부재속에 법이 사라진 풍경은 그 스스로 자유 민주주의 국가에 대한 승인의 형식화한다. 영화는 유엔 헬리콥터가 주인공들을 구하는 것으로 끝난다. 흥미로운 것은 선의의 국가가 부재함에도 남성 생존자의 무법 조직에 대한 이항 대립(binary opposition)은 이성적-표준(hetero-normative)로 완성된 가족 형태란 것이다. 할아버지는 살지 못했지만 남자 하나, 여자 하나가 두 아이들을 데리고 유엔 헬기에 탑승한다.

좀비 아버지, 주권적 딸 **265**

좀비 호러 내러티브들은 국가가 해결할 수 없는 위기들을 보여준다. 생존자들은 스스로 살아남아 작은 사회 조직들을 형성한다. 예상대로, 신자유주의 내러티브와 호러 내러티브 둘 다에서, 서로 의지할 수 있는 가족이란 수사가 매우 중요한 역할을 한다. (비록 이는 때때로 호러 장르에서 전복되지만) 쿠퍼는 어떻게 신-보수주의(전통주의)과 신자유주의자들의 결혼이 복지를 위한 국가의 책임을 (특별히 핵)가족들에게 떠넘기는지 보여준다.[9] 그래서, 좀비 내러티브안에서 우리는 쉽게 가족들이 국가가 실패한 곳에서 부양의 짐을 이행하는 것을 볼 수 있다.

[부산행]에는 세 가족 커플들이 중요한 등장인물로 기능한다: 아빠-딸, 남편과 임신한 아내, 그리고 두 자매들이다. [반도]에서는 생존자들 중, 유일한 가족이 주인공들이다. [킹덤]에서는 두 가족이 왕의 죽음 이후에 왕권을 놓고 경쟁한다. 이와 같이 [창궐]에서도 왕권이 중심이다. [곡성]의 악의 존재는 작은 마을에 가족들을 공격하는데, 주인공의 가족들을 포함한다. #[살아있다]는 가족과 연관되지 않은 두 등장인물을 포함하지만 이들은 한 가족이 거주하는 아파트에 고립된 채 살면서 가족들을 기다리고 있다. 주인공은 때때로 그의 모친에게 문자를 받는데 이는 전체 영화에서 주인공들의 동기를 형성하는 "살아있으라"라는 문자이다. 마지막 장면에서 군용 헬기가 주인공들을 구출하고 문자를 다시 받을 수 있는 높은 상공에 도달하자 그들은 가족들로 부터 다시 문자를 받는다.

종교개혁이후의 유럽, 왕정에서 자유민주주의의 이전은 국가와 가족을 중심으로 한 담론을 시작한다. 필머(왕들의 신적 권리)와 홉스(리바이어

---

9   Melinda Cooper, *Family Values: Between Neoliberalism and the New Social Conservatism*, Reprint edition (New York: Zone Books, 2017).

던)는 국가가 아버지의 형상과 같이 행동해야 된다고 믿었다.(국가가 하나의 가족이다)[10] 루소는 이러한 유비를 맹렬하게 반대했지만 가족이 국가 권력을 계속 재현하고 더 나아가 같은 권력을 수행했다는 것은 명확하다.[11] 자유 민주주의를 포함한 신자유적 가족은 다음과 같은 지점으로 성장해 왔다. 첫째, 핵가족은 그 효율성의 상품이다. 둘째, 가족은 국가의 가장 중요한 기본 단위이다.[12] 더 나아가, 신자유 민주주의 국가가 재앙으로부터 그 시민들을 보호하는데 실패했다고 말하는 것은 틀린 말이다. 그보다, 어떤 경우, 그들을 유발한 것은 그들이다.[13] 그리고 자연적 재해의 경우에, 그들은 미리 재해들로부터 이익을 취하기 위해 준비되어 있었다.(이는 아마 왜 어떤 자유 민주주의 민족-국가가 팬더믹에 대해 제대로

---

[10] Adrian Daub, "The State as a Family: The Fate of Familial Sovereignty in German Romanticism," *Republic of Letters* 2, no. 2 (June 1, 2011), 128-129.

[11] Daub, 129. 이에 대해 젊은 터키인들은 "정확히 이런 종류의 '궤변'을 감수할 준비가 되어 있었다"고 답했다. 루소가 주장했던 가족과 국가 사이의 범주적 차이는 이들에 의해 완화되거나 변증법화되었지만, 이들은 애초에 루소가 이 둘을 분리하기 위해 공격했던 이론들을 염두에 두고 있었다. 프랑스에서 벌어진 사건의 그늘에서 성인이 된 독일 사상가 세대, 특히 일반적으로 독일 이상주의자 또는 독일 낭만주의자로 분류되는 사람들은 가족과 주권 문제에 대해 양가적인 관계에 서있었다. 한편으로는 주권 논쟁에서 루소주의적 관점에 동조했는데, 이들은 주권이 대중에게 분산되어 있으며 공동체적 구조를 통해서만 표현될 수 있다고 생각했다. 반면에 그들은 프랑스 혁명을 부르주아 근대성의 어두운 측면, 즉 아리스토텔레스가 강조한 '다중'을 넘어 정치를 분열시킨 원자주의, 특수주의, 이기주의를 고칠 수 있는 기회로 여겼다..... 그들은 국가가 중심적인 측면에서 가족을 닮기를 원했지만 (홉스와 필머의 구성과는 상당히 다른 측면이 있지만), 그 닮음을 단순한 비유로 이해하고 싶지 않았고, 이 닮음을 권력보다는 사랑, 즉 단방향적일 수 있지만 여전히 유효한 감정보다는 효과적이기 위해 상호적이어야 하는 감정으로 특징지었다"고 설명했다.

[12] Cooper, *Family Values*, 75.

[13] Naomi Klein, *The Shock Doctrine: The Rise of Disaster Capitalism*, 1st edition (Picador, 2008).

대응하지 못하는지를 설명할 것이다)[14] 다양한 자유 민주주의국가가 여러 위기를 일으키고 이익을 산출할 때, 그들은 가족에게 보살핌의 짐을 지워줄 뿐 아니라(그것도 자주 여성에게), 이 과정에서 가족의 이상적인 이상이 생산되는데, 바로 우리가 호러 장르에서 마주하는 것들이다.[15]

잭슨은 서구 호러에서 근대 핵가족의 가부장적 관계로부터의 떨어져 나오는 이동을 추적해왔다. 그녀는 아버지들이 자주 약하거나, 심지어 21세기 호러에서 악한으로 보여진다고 주장하면서, 오디푸스 신화에서 데메테르-페르세포네 신화, 어머니-딸 관계에 촛점을 둔 이동을 주장한다.[16] 그러나, 이는 최근의 한국 좀비 영화의 경우에서 나타나진 않는데, 확실히 일정한 문화적 차이나 역학들이 나타난다. 대부분의 영화에서 남성 주인공은 자기 희생적인 영웅으로 남는다 (서울역은 이러한 추세에 반하는 탁월한 예이다). 킹덤은 비록 주인공은 아니지만 악한 아버지의 예도 보여주고 있다(이 관계에 대해서는 아래에서 더 자세히 설명하겠다). 게다가 중요한 부녀 관계는 서양에서처럼 어머니와 딸이 아니라 #살아있다를 제외한 모든 사례에서 아버지와 딸의 부녀 관계는 각자의 서사에서 가치, 덕목, 주권을 협상하는 데 중요한 역할을 한다. 따라서 이 관계를 서양 신화가 아닌 한국적 관점에서 바라보는 것이 도움이 될것이다. 다음 섹션에서는 이러한 관점에서 심청 신화를 통해 한국 좀비 호러의 표

---

14 Naomi Klein, *The Battle for Paradise: Puerto Rico Takes on the Disaster Capitalists* (Chicago, Illinois: Haymarket Books, 2018).

15 Kimberly Jackson, *Gender and the Nuclear Family in Twenty-First-Century Horror*, 1st ed. 2016 edition (Houndmills, Basingstoke, Hampshire ; New York, NY: Palgrave Macmillan, 2015) and also Adam Braun, "'Everyone Deserves a Family': The Triple Bind of Family in Ari Aster's Horror," 가족과 커뮤니티 *(Family and Community)* 1, no. 1 (2020): 41–66.

16 Jackson, 130.

면적, 무의식적 서사를 읽을 수 있는 렌즈를 구축하고자 한다.

3. 심청, 주권(자), 그리고 죽음-충동

심청전에는 한국 구전 전승으로 통해 전해진 150여개의 각색들이 있다. 윤인선에 의하면 기본 내러티브 구조(표층적)는 다음과 같다.[17] 청이는 심봉사(이전 양반)라는 장님의 외동딸인데, 그의 아내/어머니는 그녀가 어릴때 죽었다. 청은 아버지를 "극진히, 이웃에게 음식을 얻거나 일을 하여" 부양했다.[18] 어느날, 심청이 집에 늦게 돌아왔는데, 아버지 심봉사는 딸을 찾으려 가다 구덩이에 빠지고 만다. 불교의 승려에 의해 발견되어 심봉사는 구조되고 공양미 삼백석으로 눈을 뜨게 해준다는 말을 듣는다. 집으로 돌아온 청이는 그의 아버지의 빚을 알게 된다. 그 빚을 갚기 위해 심청은 바다의 거친 해역을 통과하기 위해 바칠 제물이 필요했던 바다상인들에게 자신을 팔아 버린다. 상인들은 삼백석을 지불했고, 통과하기 힘든 해엽에서 청이를 바다에 던진다. 그러나 심청은 죽지 않았고 "용궁으로 인도 된다." 반년이 지난후에 그녀는 연꽃으로 보호되어 인간계로 돌아오게 된다. 나라의 왕은 그녀를 발견하여 왕후로 삼는다. 마침내, 심청은 온 나라의 장님들을 초대하는 잔치를 벌이는데 이는 아버지를 찾기 위해서이다. 그가 청의 목소리를 들었을때(죽은자의 귀환), 심봉사는 눈을 뜬다.

윤인선에게 중요한 이 이야기의 무의식적 내러티브 구조는 완주와 서

17　In Sun Yoon, "The Narrative Structure of the Unconsciousness in The Story of Sim Cheong," *Technology and Health Care* 22, no. 3 (January 1, 2014): 443–451.
18　Yun, 445.

울 버전이란 특정한 각색들에서 발견된 요소이다. 장이라는 관리의 부인이 청을 양녀로 삼으려 했으나 청은 딸로서의 소임을 다하기 위해 이를 거절한다. 청이 이를 거절하고 집으로 돌아오고 있을때 아버지 심봉사는 구덩이에 빠지게 된다. 양녀로 삼겠다는 요청에 대한 거절에서 윤이선은 심청의 아버지에 대한 여성-오이디푸스(또는 엘렉트라) 관계를 포착한다. 윤인선에 의하면 심청의 거절은 청이 죽기까지 아버지를 모시기 위해 성숙한 여인이 됨을 포기하는 것을 나타낸다.[19] 더 나아가, 청이 바다 상인들에게 자신을 팔고난 후, 그녀의 아버지는 청에게 장부인의 요청을 재고할 것을 부탁했으나, 비상식적으로 청은 여전히 불필요한 죽음을 고집한다. 이에 윤인선은 주장한다. "희생에 대한 청의 선택은 명백히 의도적이다. 이는 그녀가 정말로 죽기 원하고 있다는 것을 의미한다."[20] 윤인선이 정신적 단념의 순환을 보는 곳에서 나는 심청이 자기 희생을 통해 프로이드적 죽음 충동을 보여주고 있는 것을 흥미롭게 생각한다.[21]

　아버지의 눈이 떠지는 것은 대단원적 해결을 제외하고, 이 내러티브에 작은 인과의 연결을 가지고 있다. 그러나 아버지의 욕망에서 본다면, 이 내러티브는 아버지의 이야기로 이해될 수 있는데, (주권자인) 나레이

---

[19] 또 다른 각색에서 여성-오이디푸스 관계는 다르게 나타난다. 용왕이 전생에 심청과 아버지가 연인이었다고 말해준다.
[20] Yoon, 459.
[21] Yoon, 459. "정신분석적 관점에서 아버지에 의해 첫번째 단념이 있는데, 이에 심청은 자신을 바다에 제물로 바쳐 죽는 자녀의 희생으로 대답한다. 심청이 자기를 희생하길 선택한 것은 단지 돈이 없기 때문이 아니었다. 이는 심청이 바다 상인들과 함께 떠날 때, 장부인이 이를 알고 심청을 찾아가 자신이 돈을 지불할테니 떠나지 말라고 할 때 분명해진다. 그러나 심청은 장부인의 요청을 거절하는데, 아무 댓가 없이 돈을 받을 수 없고 상인들과의 약속을 어길 수 없다는 것이 그 이유이다."

터와 아버지가 연합되어 있음을 나타낸다. 이는 심지어 주권-아버지의 관점에서도 여전히 심청의 죽음-충동을 말할 수 있다. 이 경우 나는 어떻게 "주권을 사용할 수 있을까? 왕의 주권에서 자유 민주주의로의 주권 이양은 여전히 진행중인 정치적 질문을 다음과 같이 던진다. 왕이 사라질때, 주권은 어디로 가는가? 슈미트에게 주권의 역할은 예외를 결정하는 자이다. 이것이 정치적 지도자 또는 집단에게 속하든지 말이다.[22] 푸코는 다음과 같이 초기 민주주의의 주권을 "죽이고 살리는 권리"로서 정의했다.[23] 그러나 이 주권에 대한 패러다임은 주권이 "살게 하거나 죽게 하는" 한 사람이 되는 곳에서 중대한 변화를 겪게 된다.[24] 또한 아감벤은 강제수용소를 회고하면서 새로운 주권자 형태는 "[주체가] 살아남기 위해 만들어진 것"[25]이라고 말한다. 심청 신화에서 화자는 심청의 의지에 반하는 듯이 심청을 살게 만든다. 좀 더 솔직하게 말하자면, 화자는 적어도 그녀의 죽음에 대한 동기의 효능을 부정하고 있다.

심청전을 조선 시대 의식(프로이드가 서구를 오이디푸스로 그러한 것처럼) 구조의 전형으로 본질적 규정화를 시도하기 보다 주어진 이야기안의 누빔의 관계에 의해 결정되는 의식구조의 누빔점들의 윤곽을 그리는 것으로 읽는 것이 더욱 좋을 것이다.[26] 여기, 아버지, 딸, 국가(왕가를 통해 대표

22　Giorgio Agamben, *Homo Sacer: Sovereign Power and Bare Life*, trans. Daniel Heller-Roazen, First edition (Stanford, Calif: Stanford University Press, 1998), 11.
23　Michel Foucault, *"Society Must Be Defended": Lectures at the Collège de France, 1975-1976*, trans. David Macey, First edition (New York: Picador, 2003), 240-241.
24　Foucault, 241.
25　Vint, "Abject Posthumanism," 175.
26　마찬가지로 들뢰즈와 가타리는 프로이트가 오이디푸스 콤플렉스에 대한 역사

되는)와 심지어 어머니의 부재는 모두 의식의 누빔점들이며 이들은 심청 이야기와 최근 한국 좀비 영화를 연관하여 분석할 수 있게 한다. 이 방법에서 우리는 한국 좀비 내러티브에서 주권자를 작가, 내러이터, 그리고 (시장-기반의) 의도된 관객사이에 집합안에 위치시킴과 동시에, 약자(또는 강자)아버지, 효심깊은(또는 아닌) 딸, 그리고 국가의 렌즈를 통해 "독해"할 수 있다.

    이는 자유 민주주의국가들에서 주권의 무상함으로 인도한다. 이상주의자의 입장은 각 주체들이 자신을 위해 결정할수 있고 공동체적인 시민들은 민족-국가를 위한 주권으로서 기능한다는 것이다. 그러나 많은 철학적 작업들이 어떻게 이것이 가능하지 않은지 보여주었다. 알퀴세르와 지젝의 개념은 이데올로기가 자본적 주체들을 위해 구성되는 원리들을 보여주었다. 마찬가지로, 들뢰즈와 가타리는 모든 사회적 형식들이 욕망-기계(욕망은 각자 주체안에 무작위적으로 기능하는 것이 아니라 욕망은 프로그램된다는 것)에 의해 움직이는 욕망-주체들의 의해 형성된다고 주장했다. 쿠퍼가 보여주었듯이 신자유적 주체가 형성되는 한 방식은 이상적 가족의 수행과 생산을 통해서이다. 그러나 좀더 이 논의에 중요한것

화가 부족하다고 비판한다. Earl Gammon, "Oedipal Authority and Capitalist Sovereignty: A Deleuzoguattarian Reading of IR Theory," Journal of International Relations and Development 13, no. 4 (December 1, 2010): 354–77. "들뢰즈와 가타리는 프로이트가 오이디푸스 콤플렉스를 조작했다고 비난하지는 않았지만, 프로이트가 이를 제대로 역사화하지 못한 것에 대해 비판적이었다. 프로이트는 『토템과 금기』에서 오이디푸스 콤플렉스를 낳은 인류 태초의 원초적 성관계 갈등을 가설로 세웠으며, 이는 종교와 윤리의 부상과도 관련이 있다.17 들뢰즈와 가타리는 윤리와 종교가 궁극적으로 주체성의 근원적 리비도적 구성을 반영한다는 데 동의하지만, 그들이 보기에 오이디푸스 콤플렉스는 자본주의의 리비도적 구성에 특정한 구성이었다"고 말한다.

은 들뢰즈와 가타리가 자본적 주체의 생산을 프로이드의 오이디푸스 콤플렉스와의 관계 속에 위치시킨 것이다.

가몬은 들뢰즈와 가타리를 따라, "노동으로부터의 노동자의 소외는 물리적 힘 또는 박탈에 대한 가책 아래에 있지 않고 그 분리를 성스럽게 하는 아버지의 법을 내면화하는 것에 있다"고 주장한다.[27] 이 "내면화"의 뒤에는 억압의 식민주의적 형태, 또는 들뢰즈와 가타리가 논의하듯이 "주권의 자본적 형태는 그것에 일치하는 친밀한 식민적 형태를 필요로 한다. 주권의 자본적 형태는 친밀한 식민적 형태에 적용되며, 이것 없이는 무의식의 생산을 견디지 못한다."[28] 이후에 그들은 결론짓기를 "이는 사회적 주권의 형식에 일치하는 우리의 친밀한 식민적 형태이다. 우리는 모두 작은 식민지들이고 우리를 식민화하는 것은 오이디푸스이다. 가족이 생산과 재생산의 단위가 되길 멈추게 될때, 이 결합은 가족안에서 소비에 대한 하나의 단순한 단위의 의미를 다시 찾게 된다. 결국 우리가 소비하는것은 아버지 어머니이다."[29]

들뢰즈와 가타리는 자유 민주주의의 뒤 편에서, 가족의 식민적 형태 안에서 자본적 주체를 찾는다. 그것은, 아이에게 아버지의 법이 새겨지는 곳이다. 무의식 읽기는, 죽음-충동을 따라, 심청 신화에서 아버지-딸의 관계를 아버지에 의해 소망된 것으로 본다. 그리고 그것은 그 자신이 딸에게 직접 새기고자 하는 것이다. 심지어 심청이 그 어떤 사회적이고 경제적인 이익을 얻지 못함에도, 아버지와 나레이터는 심청의 의지를

---

[27] Gammon, 364.
[28] Deleuze Gilles and Felix Guattari, *Anti-Oedipus: Capitalism and Schizophrenia by Gilles Deleuze* (UniversityofMinnesotaPress, 1983), 179.
[29] D&G, 365.

굽히는 미시적-식민 권력과 동일한 태도를 취한다. 심청의 죽음-충동은 부정된다. 그러나 심청이 자신의 희생 제물이 됨으로써 자신의 죽음-충동을 숨기려 했다는 해석은 심청을 국가와 가족 주권과 일치하도록 이야기하는데 사용되었다. 다른 말로, 심청은 내러티브의 이익을 위해 희생된 것이다.

심청의 아버지-딸 신화는 인간 주체의 본질적인 구조가 아니다. 부모-아이 관계의 각 형성은 문화적으로 불확정적이다. 이런 이유로 서구 호러에서 오디푸스 관계들이 변하는 것을 볼 수 있다. 여성에 대한 폭력이 여전히 내러티브 희생의 대부분을 차지하는 반면에 서구 호러의 트랜드는 아버지를 폭력의 지점으로 그린다.[30] 이는 심청 신화의 자녀 관계로 부터 한국 좀비 영화의 자녀 관계로의, 하나의 궤적을 그리는 것(또는 적어도 움직임)을 가능하게 한다. 영화들이 아버지의 법을 통해 자유 민주적 국가와 자본적 주권을 나란히 놓기 원하는 신자유적 매트릭스에서 만들어졌다는 것을 명심하면. 심청 신화와 자녀 관계에 대한 문화적 변화의 처음이자 가장 중요한 증거는 사실상 한국의 좀비 장르에 대한 관심의 시작쯤에 발표된 윤인선에게 있다.

---

[30] Jackson, 189-190. "이 연구에 포함된 모든 영화의 중심에는 여성 또는 소녀 아동의 희생 또는 유괴가 등장한다: 사만다, 키라, 엘리스, 애슐리, 케일리, 릴리, 제시카, 크리스틴, 캐리. 칼라소의 작품에도 비슷한 목록이 포함되어 있다: 페르세포네, 코레, 브리세이스, 크리세이스, 이피게니아, 아리아드네, 유로파, 이오, 페이드라 및 기타 많은 사람들.... 하지만 많은 비평가들이 지적했듯이 우리는 더 이상 제의의 시대가 아닌데, 이 영화들에서 벌어지는 잔인한 살인과 납치가 '희생'이라는 용어를 쓸 가치가 있다고 주장할 수 있는 이유는 무엇일까? 먼저 피해자들의 무죄를 지적하고 싶다. 크리스틴, 캐리, 케일리, 맥스, 릴리, 이 소녀들 중 누구도 고통받을 자격이 없는데도 고통을 당했고, 그 고통은 그들 자신의 죄가 아니라 사회 전체의 죄로 인한 것이었다. 또한, 제의적 희생과 마찬가지로 소녀의 죽음이나 납치는 지구와 저승, 필멸자와 불멸자의 관계를 정의한다."

들뢰즈와 가타리가 정신분열-분석을 통해 오이디푸스 관계를 급진적으로 재-부호화 한 곳에서 이 페이퍼는 윤인선(과 에델만)을 따라 프로이드의 죽음-충동을 통해 한국 좀비 영화를 읽는다. 두 정신분열-분석과 죽음충동 분석은 "반-생산"이다. 정신분열-분석이 몸을 생산의 자본적 관계에 새겨넣기를 저항하는 곳에서, 죽음-충동은 하나의 부정적 힘으로서 가족, 사업, 정부를 포함한 기관으로 욕망이 체내화되는 것에 도전한다. 리 에델만은 *No Future: Queer Negativity and the Death Drive*에서 죽음-충동을 미래에 대한 사회적 배열에 대해, 기관들이 재생산하고 그리고/또는 자신을 보호하는 과정들에 대해 대항하는 것이라 말한다. 그는 다음과 같이 주장한다. "기계론적 강제의 힘이란 이름의 형식적인 과잉이 그것을 향해 목표한 것처럼 보이는 목적을 대신하면, 죽음-충동은 동일성 또는 어떤 목적의 절대적 특권도 거부한다. 그런 하나의 목표, 목적은 절대 '그것'이 되지 않는다. 왜냐하면 성취하더라도 절대 만족시킬 수 없기 때문이다."[31]

어떤 이들은 죽음-충동을 좀비들 자신의 무의식적 성격이라 읽어왔다. 그러나 이 페이퍼는 죽음-충동을 "살아있는" 등장인물의 관점에서 볼 것이다.[32] 죽음 충동의 가장 중요한 예는 [부산행]의 두번째 클라이맥스 장면에서 발견된다. 중요 생존자들 중 두 여자 노인들이 있는데, 종길이 동생이고 인길이 언니이다. 열차가 대전에 멈추었을때, 자매들은 헤어지게 된다. 종길은 가장 안전한 사람들과 앞차에 편안하게 앉은 반면에 인길은 열차의 앞칸을 향해 가기 위해 좀비들과 싸울수 밖에 없는 주

---

[31] Lee Edelman, *No Future: Queer Theory and the Death Drive* (Durham: Duke University Press Books, 2004), 22.
[32] Sigurdson, "Death Drive."

인공들과 함께 있게 된다. 주인공들이 앞차로 오면서 안전하게 앉아있던 사람들은 아감벤의 집단적 주권(배제를 결정하는 사람들)을 행사한다. 종길은 배제를 반대하지 않았다. 왜냐하면 인길이 이미 죽었다고 믿었기 때문이다. 그러나, 아이러니하게도 주인공들이 앞차로 뚫고 들어 왔음에도 불구하고 인길은 문 바로 앞에서 물리고 만다. 그리고 슬프게도 그녀의 동생 앞에서. 싸움은 계속되고 주인공들은 앞차를 향한 작은 공간에 갇히게 되고, 종길은 잠긴 문앞으로 걸어가 좀비가 된 동생을 놓아준다. 그녀는 울부짖는다. "너는 그 고통을 겪고 이렇게 죽게되었는데…" 이 순간 종길은 죽음-충동을 끌어 안는다. 그녀가 소속한 주권에 반대하는 움직임이다. 그녀는 문을 열고 좀비를 풀어주어 자신을 덮치게 하고 갇혀있던 이들도 풀어준다.

 죽음-충동은 사회적 기구들이 한데 묶여있는 사회적 구조를 급진적으로 푸는 일을 수행한다.[33] 죽음-충동은 억압적 가족 또는 연합 관계를 거절한다. 이는 또한 진보적 동일성의 정치에 대해 건강한 회의주의를 제공한다. 자유 민주주의는 여성주의와 다문화주의를 그의 성공 중 하나로 명명해왔다. 그러나 이러한 자기인식 중 어느것도 그들이 목표하는 정치적, 물질적 해방을 제공하지 못했다. 죽음-충동 또한 다음과 같은 것들을 거절하는데, 바로 신자유주의가 스스로를 재생산하게 돕는 더욱 이데올로기적인 가면들이다. 이런 방식으로 죽음-충동을 보면, 어떻게 심청의 행동이 주권 권력에 저항하고 있는지 알게 된다. 불행하게도 윤인선에게는 심청 신화가 열정적 딸에 대한 이야기가 아니었다. 죽음-충동을 거절하고 이에 대한 교정으로서 부역하는 이야기이다. 다음 장에

---

33 향유(쥬이상스, Jouissance)는 모든 상황에 포함되진 않는다. 절망적인 상황에는 죽음-충동이 처음에는 비관적으로 작동한다.

서 이 페이퍼는 한국 좀비 영화의 "딸들"을 국가와 아버지에 대한 관계에서, 그리고 신자유주의 이데올로기와의 연합의 관계에서 제고된 여성주의 역할의 렌즈를 통해 살펴볼 것이다.

4. 한국 좀비 영화: 아버지-딸로 읽기

[부산행]은 이를 시작하기에 가장 유명하고 분명한 예이다. 내러티브의 호는 아버지와 딸 (어머니는 단지 전화상에만 존재함)을 따라 그들이 좀비의 위험을 뚫고 부산으로 내려가는 길을 따른다. 아버지는 헤지펀드 매니저로서 소개되는데 오직 그 자신만 생각하며 딸, 수안에게는 아주 조금 관심을 둘 뿐이다. 내러티브의 곡선이 아버지의 구원으로 구부러지면서, 내러티브 구조는 심청의 패턴으로부터 갈라져 나온다. 아버지가 기차의 다른 주인공들과 함께 집단적 고난에 빠져들어갈때, 그는 헤지펀드 매니저로서 그리고 아버지로서 실패했음을 깨닫게 된다. 마지막에 그는 부산에 열차가 도착하면서 딸을 살리기 위해 자신을 희생한다. 수안은 다른 어머니에게 이끌려 터널을 지나 국가의 구대가 기다리는 다른 편으로 들어간다. 마지막, 심청 신화와 같이 아버지는 구원되고, 딸은 수혜적 국가에 의해 구출된다. 그리고 내러티브는 수안의 고통을 아버지 스스로의 변화를 돕기위해 이용한다. 여기의 주권은 좋은 아버지의 이데올로기에 의존하고 있는데, 이는 딸의 고통을 승화시켜 얻어진다.

동일한 무의식적 구조의 비정상적 사용으로 [부산행]의 프리퀄 [서울역]은 청자들을 좀비 아포칼립스의 시작을 통해 내러티브 여행으로 데리고 간다. 영화는 해선이란 젊은 여성을 따라간다. 해선은 월세를 내기 위해 쪼들리고 있다. 그녀의 남자 친구는 그녀가 돈을 위해 성노동을 할 것을 권한다. 해선과 남자친구는 좀비들의 공격이 시작되자 헤어지게 된다. 남자친구는 그들의 원룸으로 그녀를 찾기 위해 돌아온다. 그곳에서 그는 해선의 아버지를 만나는데, 그의 딸을 긴급히 찾아다니고 있다. 내러티브는 해선의 탈출 이야기와 그녀를 찾으려는 남자들의 노력을 통해 청자들을 이끈다. 마지막에 세명은 마침내 만나게 된다. 이야기는 해선의 아버지가 해선이 피해다니던 이전 포주였다. 영화는 약한 국가와 좋은 아버지의 부재를 보여준다. 그러나 자신의 아버지를 기대했던 해선의 실망은 좋은 아버지가 딸을 구하러 온다는 대한 자유(진보적) 희망을 확정한다. 해선은 권력에 의지하려 하지 않는다. 영화의 마지막 장면에서 해선은 좀비가 되어 그녀의 포주를 먹는다. [부산행]과 [서울역] 둘 다 가난한 자들과 외부자들에 관심을 보인다. 그러나 이는 진보주의의 그것이다. 모든 사람을 인간으로 보려하는 것이다. 이데올로기적으로 이는 신자유주의에 복무한다. 왜냐하면 진보주의(자유주의) 포괄적인 내러티브를 제공하여 최종적으로 모든 이가 신자유주의를 재생산하기 위해 필요한 노동력에 포함되게 된다.[34]

3부작의 완성으로, [반도]는 한국 이후의 시대가 실패한 민족-국가가 되었음을 이야기하면서 국가의 안전에 대한 불안을 보여준다. [반도]는 텅빈 서울 거리를 약탈하는 불법자들에 맞선 가족과 범죄자(이전 군장교)를 설정한다. 이러한 구도는 민족-국가의 자유 민주주의 법 구조와 가족

---

[34] 신자유주의에 저항하고자 하는 서사는 생산의 현장에서 착취의 과정을 서술하거나, (배제된 자들에 의한) 급진적 배타성을 서술하는 것이 중요해졌다. 이런 점에서 〈서울역〉은 모든 주인공이 살아남지 못한다는 점 말고는 3부작 중 가장 급진적인 작품이라고 할 수 있다.

과의 연결을 확증한다. 관객이 처음 만나는 가족은 할아버지와 그 딸(또는 자부), 그녀의 두 딸로 구성되어 있다. 마지막에 할아버지(어리석은 자의 원형으로 나타나는)는 그를 희생하여 손녀들을 구한다. 범죄자, 어머니, 그리고 그 딸들의 탈출은 핵가족의 필요구성을 충족한다. 이 내러티브에서 여성을 구출하는 고결한 남자는 잃어버린 자유 민주주의의 가치에 부합한다.

[창궐]은 이 페이퍼에서 아버지-딸이란 한쌍이 없는 유일한 영화이다. 대신에 주인공의 형은 중국에 있는 그의 동생에게 와서 그의 아내를 보호해달라고 부탁한다. 형은 쿠테타를 막다가 죽게되고 동생은 형수를 보호하기 위해 돌아온다. 조선은 좀비 팬더믹으로 들어서고 왕은 좀비가 된다. 그리고 왕위를 놓고 벌이는 경쟁이 동생와 변조판서사이에 일어난다. 동생은 생명을 무릎쓰고 형에게 충성을 다하는 한 무리의 농민들과 함께 나라를 구하려 한다. 마지막에 그는 나라와 임신한 형수를 구한다. 그리고 그의 군주의(주권) 자리에서 그가 이미 말한 "백성"들에 대한 민주주의적 이해에 이른다. 세자는 그의 가족을 구하는 자비로운 군주로 등장한다. 백성을 구하는 것은 그의 형수를 구한 이후의 생각이다. [킹덤]은 비어있는 왕좌를 두고 경쟁하는 세자의 비슷한 패턴을 따른다. [킹덤]은 세자를 나라를 구하는 자비로운 주권자로서 보여준다. 차이는 아버지 딸이란 쌍이 악역들이란 것이다.

#[살아있다]는 좀비 아포칼립스에서 살아남은 단일가족 아파트에 홀로 사는 다른 가족으로 20대의 아들과 딸을 보여준다. 부모의 부재는 생존 이야기에 중요한 역할을 하는데, 그들이 음식과 물을 생존하기 위해 찾아야만 한다. 그들 둘 다 음식과 물이 떨어졌을때, 그들은 함께 다른 아파트를 살펴보는 계획을 공모한다. 비어있다고 생각한 아파트에서 살

아있는 아저씨(ajeoshi)를 발견하고 놀라게 된다. 처음 그는 아들과 딸(유빈)을 받아들여 먹을 것을 제공한다. 그러나 곧 그가 독을 먹여 다른 방에 있는 좀비가 된 그의 아내에게 그들을 먹이로 주려했다는 것이 밝혀진다. 결국 아들과 딸은 지붕으로 탈출하여 한국의 군용 헬기에 의해 구출된다. 부모의 부재는 안전을 위한 핵가족의 중요성을 강조하는데 이는 민족-국가에 부합된다.

#[살아있다]에서 유빈은 심청을 따라 신자유주의 내러티브에서 딸/여성의 '진보'를 보여준다. 유빈, 아들 준호에 비교하면, 유빈은 매우 유능하다. 그녀는 그녀의 집에서 더욱 잘 살아남았고 좀비들과 싸우고 회피하는데에도 능하다. 그녀는 근대이후 여성주의적 등장인물로서 남자 주인공에 의해 구원받아야할 필요가 없다. 비록 마지막에 국가에 의해 구조되기는 하지만 말이다. 그러나 유민은 특별하진 않다. [서울역]에서 해선은 다른 남자 주인공들보다 유능해서 다른 사람들이 죽어가는 곳에서 살아는다. [부산행]의 종길은 무리중에서 독립적 사고를 확실히 보여준다. [반도]의 여성 등장인물들은 모든 무기를 익숙하게 다루고 자동차 추격씬에서도 다른 남자 등장인물들에 비해 높은 수준을 보여준다. 게다가 수년동안 좀비 아포칼립스에서 살아남았다. [창궐]의 선빈은 좀비들만이 아니라 남자들과 전투를 벌이는 궁수이다. 마지막에 불화살로 세자를 구한다. [킹덤]의 소비는 조선 시대의 독립적인 여성 의사로서 좀비와 싸우고 사람들을 구하며 좀비 바이러스에 대한 가능한 치료법을 발견한다. 이처럼 모든 여성 등장인물들은 타겟층을 겨냥한 시장에서 성장한 여성주의적 의식을 반영한다. 그러나 이런 재현이 늘어난 반면에 이야기들은 여전히 남성주인공의 관점에서 나타나고 여성의 삶의 환경은 개선되지 않는다. 이와 같은 것을 신자유주의의 딸들에게 말할 수 있다.

이런 내러티브 구조로 부터의 영화 [곡성]의 급진적 시작은 약한 국가와 궤를 같이 하는 약한 아버지임에도 여전히 아버지의 관점에서 이야기된다. [곡성]이 좀비 팬데믹보다 민속 호러 장르(무속신앙, 지방 자치법의 부재, 미개한 자연)의 주제를 따르고 있다는 것은 언급되어야 한다. 그럼에도 불구하고 좀비와 같은 괴물들이 등장하고 아버지-딸의 쌍이 갈등의 중심이다. 영화의 악은 악마적이고 결국 괴물 여성의 카테고리에 속하게 된다.[35] 마지막에 악은 해소되지 않고 악마는 딸, 효진에게 빙의되어 어머니와 할머니를 죽이게 된다. 클라이맥스에서 아버지의 무력함이 드러난다. 악이 승리할때, 영화의 카타르시스는 공감의 차원에서 기능하는데, 집단적 불안이 베일을 벗게되고 관객은 다른 사람들도 같은 불안을 나누고 있다는 것을 느낄 수 있게 된다. 불안은 [곡성]에서 신자유주의와 연관되어 있다. 그러나 딸을 위한 실제적 관심을 보여주는 것들이 아니다. 그보다 신자유주의 도시의 시대에 작은 마을과 시골 지역의 불안들이다.

---

[35] Hunju Lee, "새로운 아시아 여성 괴담 영화에서 괴물 같은 여성의 변신:," Diogenes, November 10, 2017, 101. " Creed에 따르면 현대 서구 공포 영화는 종종 괴물 같은 모성을 신화적이고 고풍스러운 어머니로 묘사하며, 그 생성력은 "모든 것을 삼키는 자궁", "소멸의 어둠 (즉 죽음)", "한때 낳은 것을 다시 흡수할 위협이 되는 블랙홀"로 부정적으로 시각화된다(Creed 1993: 27-30). 아시아 원작은 여성의 생식력과 비참한 모성에 대한 문화적 두려움을 바탕으로 유령의 육체적 괴물을 구축한다. Oliver가 Kristeva와 관련하여 주장했듯이 여성의 생식 기관은 주체 형성 과정과 주체 통합의 결여 / 격차를 드러내는 모성 신체의 본질로 인해 상징적 질서에서 추악한 것으로 이미지화된다 (Oliver 1991: 48)."

5. 괴물같은 여왕 조: 반-주권적 딸

이전 장에서 신자유적 좀비 내러티브가 신자유적 시장-기반의 주권을 성취하기 위해서 여성을 가족을 위해 봉사도록 설정하고 가족이 국가를 위해 봉사하도록 설정됨을 보여주었다.[36] 신자유적 내러티브의 조건에 대항하는 죽음-충동을 가동시키는 실험으로 나는 [킹덤]의 악한 여황을 딸다움의 가능성 또는 아마도 자식의 효심을 넘어선 여성의 가능성을 위한 공간을 만드는 방법인 신토매틱 읽기로 결론을 내려 한다.[37] 다른 말로는 나는 텍스트를 그 자신에 대항해 읽으려 한다. 바로 스피박이 "적극적 방해 공작"이라고 부른 것을 수행하려 한다.[38] 여왕 조를 악역으로 보기 보다, 나는 [킹덤] 내러티브와 아버지-딸의 쌍을 여왕의 관점에서 재고하려 한다.

라깡은 [세미나 23]에서 신토메(증상의 원시적 형태)를 "그러나 그것이 아닌"것으로서 언급한다.[39] 에델만은 "신토모섹슈얼리티"란 신조어를 사회적 질서가 그 스스로를 창조하고 자신의 미래를 퀴어의 삶을 배제함으로 영속화 시키는 것을 묘사하기 위해 사용했다. 어떻게 이것이 기능하는지를 보여주기 위해, 에델만은 수많은 내러티브를 적대자의 관점으

---

[36] Wendy Brown, *Undoing the Demos: Neoliberalism's Stealth Revolution* (New York: Zone Books, 2017), 42.
[37] 킹덤에 대한 해석은 시즌 2이후에 수행되었다. 시즌 3에 따라 해석은 변화될 가능성이 있다.
[38] Angela Davis and Gayatri Chakravorty Spivak, Planetary Utopias / Radical Philosophy, interview by Nikita Dhawan, accessed November 16, 2020, https://www.radicalphilosophy.com/article/planetary-utopias.
[39] Jacques Lacan, *The Sinthome: The Seminar of Jacques Lacan, Book XXIII*, 1st edition (Polity Press, 2018), p6.

로 분석한다. 가장 유명한 것으로 디킨스의 크리스마스의 유령(크리스마스 캐럴)을 소설의 처음에 소개되는 스크루지에 대한 긍정적 관점에서 읽는다.[40] 에델만에게 스크루지는 잔혹한 세상에 대해 정직하며 어떠한 진보적 인도주의의 꿈에도 현혹되지 않고 자신의 재산을 지킨 유일한 등장인물이다. 다른 말로한다면, 스크루지는 내러티브가 무엇이 선한 것인지를 명명하기 위한 필요때문에(악이 된) 배제된 자이다. 내러티브는 절대 스크루지에게 좋을 수 없다. [킹덤]에서 여왕 조는 세자의 수혜적 주권, 민족-국가의 아버지 권위를 구성하기 위한 필요로 인해 배제된 딸이다.

[킹덤]은 왕비(두번째 아내)과 영의정인 그녀의 아버지에 의해 숨겨진 왕의 죽음으로 시작된다. 왕비는 겉으로는 "원자"를 임신하고 있다. 그녀의 아버지는 왕을 좀비로 되살려 원자가 태어날 때까지 주권을 유지하고자 한다. 왕자가 왕위에 제 1의 계승자이지만, 그래서 왕비의 정적, 그는 왕의 상태에 대해 처음에는 알지 못하고 있다. 내러티브는 좀비 팬더믹 한가운데에 왕위를 놓고 하는 경쟁을 보여준다. 자유진보의 질문을 묻는다. 어느 주권자가 백성을 위하는가? 물론, 마지막엔 확정되는 것은 세자의 주권이다. (특히 그가 시즌 2의 클라이막스 대단원에서 왕위를 포기할때 더욱 그렇다) 자유 민족-국가를 위해 왕비를 희생하는 것은 백성(사회와 관객)이라 상상하는 것이 가능해질때, 왕비는 그녀의 왕위를 위해 백성을 희생하는 자가 된다.

영의정 조학주는 그의 딸을 왕에게 시집보내어 권력을 얻으려 한다. 세자는 그녀를 경멸하는데 그녀가 그의 친모가 아니고 그보다 어리기

---

40 Edelman, 41-49.

때문이다. 아버지인 조학주는 반복해서 그의 딸이 그에게 복종하도록 위협한다. 그녀는 조학주의 권력 투쟁의 장기말일 뿐이다. 그러나 시즌 2의 마지막에 관객은 등장인물들이 어떻게 속고 왕비가 영리하고 음모에 능한지 알게된다.

먼저 그녀는 시즌 1에서 이미 임신한 아이를 유산했다. 그러나 그녀는 이를 숨기고 옷밑에 임신으로 보이기 위한 보형물을 넣었다. 더 나아가 그녀는 여러 임신한 여인들을 그녀의 궁궐에 모아놓고 남자 아이가 태어나면 가로채 자신의 아이로 만들고자 했다. 이는 그녀가 가족이나 혈연을 중요시 않는다는 것을 보여주는 매우 중요한 지점이다. 오로지 그녀는 자신의 권력을 얻는데만 관심있다.(가부장들에 의해 끊임없이 빼앗기는 권력) 그녀는 생존을 위해 영향력을 얻기 위해 가족에 대한 사회적 이해를 이용할 준비가 되어있다. 그녀의 아버지가 그녀를 그런 그녀를 벌하려고 준비하자, 그녀는 아버지를 독살하고 그의 권력의 구조와 주권을 획득한다. 그리고 마침내 세자가 그의 주권을 주장하기 위해 왕좌앞에 서자 그녀는 죽음-충동의 진실을 말해준다. "내가 가질 수 없다면 그 누구도 가질 수 없다." 이에 주인공들은 여왕이 좀비를 풀어 왕궁에서 대학살을 일으킨다는 것을 알게된다. 그녀는 가족과 국가의 주권을 거부한다. 심청처럼 그녀는 물속으로 사라진다. 대조적으로 그녀는 돌아오지 않고 그녀의 몸은 발견되지 않는다.[41]

---

[41] 적어도 시즌 2까지는 그렇다.

6. 결론

이 페이퍼는 딸-아버지-주권의 삼각 관계를 심청 신화로부터 신자유적 한국 좀비 영화에 이르기까지 추적해왔다. 아버지-딸이란 쌍이 각 영화에서 매우 중요했기 때문이다. 페이퍼는 딸에게 더 강한 (여성주의적) 역할을 요구했음에도, 가족과 주권 관계가 여전히 변하지 않고 유지되고 있음을 보여준다. 페이퍼는 또한 심청 신화의 죽음-충동의 힘을 재인식하고 좀비 내러티브를 통해 이를 따라갔다. 죽음-충동을 따라 [킹덤]의 내러티브를 악한 왕비에 동감하여 읽었다. 이 읽기는 신자유적 이데올로기에 일부분 빚지고 있는 가족과 국가에 관한 자녀들의 관계에 대한 비관주의를 폭로한다. 이 비관주의는 신자유적 내러티브의 조건안에서 강한 여성 캐릭터의 사용에 의해 더욱 강화되는데, 이는 결국 딸들의 지위와 권력이 변하지 않고 남아있기 때문이다. (한 여성이 공동 집필한 유일한 드라마) 〈킹덤〉의 긍정적 사보타주에서 우리가 배울 수 있는 것은 신자유주의가 이상화한 자비로운 주권자가 여전히 자신의 주체성을 주장하고자 하는 한국의 딸들에게 '예외의 상태'와 유사한 상황을 만들어낸다는 점이다. 자유민주주의와 페미니즘에 대한 의존은 신자유주의적 주권 형태에 거의 영향을 미치지 못할 것이다. "내가 이 왕좌를 가질 수 없다면 누구도 가질 수 없다"고 말하며 집단이 주권에 대한 접근을 거부할 수 있는 시대가 오기 전까지는.

Bibliography

Biebricher, Thomas. "Sovereignty, Norms, and Exception in Neoliberalism." *Qui Parle* 23, no. 1 (January 1, 2014): 77–107. https://doi.org/10.5250/quiparle.23.1.0077.

Braun, Adam. "'Everyone Deserves a Family': The Triple Bind of Family in Ari Aster's Horror." 가족과 커뮤니티 *(Family and Community)* 1, no. 1 (2020): 41–66.

Brown, Wendy. *Undoing the Demos: Neoliberalism's Stealth Revolution.* New York: Zone Books, 2017.

Cooper, Melinda. Family Matters. Interview by Ben Mabie. Viewpoint Magazine, March 19, 2018. https://www.viewpointmag.com/2018/03/19/family-matters/.

———. *Family Values: Between Neoliberalism and the New Social Conservatism.* Reprint edition. New York: Zone Books, 2017.

Daub, Adrian. "The State as a Family: The Fate of Familial Sovereignty in German Romanticism." *Republic of Letters* 2, no. 2 (June 1, 2011): 127–57.

Davis, Angela, and Gayatri Chakravorty Spivak. Planetary Utopias / Radical Philosophy. Interview by Nikita Dhawan. Accessed November 16, 2020. https://www.radicalphilosophy.com/article/planetary-utopias.

Edelman, Lee. *No Future: Queer Theory and the Death Drive.* Durham: Duke University Press Books, 2004.

Gammon, Earl. "Oedipal Authority and Capitalist Sovereignty: A Deleuzoguattarian Reading of IR Theory." *Journal of International Relations and Development* 13, no. 4 (December 1, 2010): 354–77. https://doi.org/10.1057/jird.2010.13.

Gilles, Deleuze, and Felix Guattari. *Anti-Oedipus: Capitalism and*

Schizophrenia by Gilles Deleuze. UniversityofMinnesotaPress, 1983.

Jackson, Kimberly. *Gender and the Nuclear Family in Twenty-First-Century Horror*. 1st ed. 2016 edition. Houndmills, Basingstoke, Hampshire ; New York, NY: Palgrave Macmillan, 2015.

Klein, Naomi. *The Battle For Paradise: Puerto Rico Takes on the Disaster Capitalists*. Chicago, Illinois: Haymarket Books, 2018.

———. *The Shock Doctrine: The Rise of Disaster Capitalism*. 1st edition. Picador, 2008.

Lacan, Jacques. *The Sinthome: The Seminar of Jacques Lacan, Book XXIII*. 1st edition. Polity Press, 2018.

Lauro, Sarah Juliet, ed. *Zombie Theory: A Reader*. 1st edition. Minneapolis: Univ Of Minnesota Press, 2017.

Lauro, Sarah Juliet, and Karen Embry. "A Zombie Manifesto: The Nonhuman Condition in the Era of Advanced Capitalism." In *Zombie Theory: A Reader*, edited by Sarah Juliet Lauro, 1st edition., 395-412. Minneapolis: Univ Of Minnesota Press, 2017.

Lee, Hunju. "Transformations of the Monstrous Feminine in the New Asian Female Ghost Films:" *Diogenes*, November 10, 2017. https://doi.org/10.1177/0392192117701387.

Linnemann, Travis, Tyler Wall, and Edward Green. "The Walking Dead and Killing State: Zombification and the Normalization of Police Violence." In *Zombie Theory: A Reader*, edited by Sarah Juliet Lauro, 1st edition., 332-52. Minneapolis: Univ Of Minnesota Press, 2017.

McAlister, Elizabeth. "Slaves, Cannibals, and Infected Hyper-Whites: The Race and Religion of Zombies." In *Zombie Theory: A Reader*, edited by Sarah Juliet Lauro, 1st edition., 63-84. Minneapolis: Univ Of Minnesota Press, 2017.

Park, Insook Han, and Lee-Jay Cho. "Confucianism and the Korean Family."

Journal of Comparative Family Studies 26, no. 1, (1995): 117–34.

Sigurdson, Ola. "Slavoj Žižek, the Death Drive, and Zombies: A Theological Account." In *Zombie Theory: A Reader*, edited by Sarah Juliet Lauro, 1st edition., 85–101. Minneapolis: Univ Of Minnesota Press, 2017.

Stratton, Jon. "Trouble with Zombies: Muselmänner, BareLife, and DisplacedPeople." In *Zombie Theory: A Reader*, edited by Sarah Juliet Lauro, 1st edition., 246–69. Minneapolis: Univ Of Minnesota Press, 2017.

Vint, Sherryl. "Abject Posthumanism: Neoliberalism, Biopolitics, and Zombies." In *Zombie Theory: A Reader*, edited by Sarah Juliet Lauro, 1st edition., 171–81. Minneapolis: Univ Of Minnesota Press, 2017.

Wald, Priscilla. "Viral Cultures: Microbes and Politics in the Cold War." In *Zombie Theory: A Reader*, edited by Sarah Juliet Lauro, 1st edition., 33–62. Minneapolis: Univ Of Minnesota Press, 2017.

Yoon, In Sun. "The Narrative Structure of the Unconsciousness in The Story of Sim Cheong." *Technology and Health Care* 22, no. 3 (January 1, 2014): 443–51. https://doi.org/10.3233/THC-140802.

Filmography

Cho, Il. *#Alive*. Action, Drama, Horror, Thriller. Zip Cinema, Perspective Pictures, 2020.

Do-Young, Kim. *Kim Ji-Young: Born 1982*. Drama. Lotte Entertainment, Spring Wind Film Company, 2019.

Kim, Sung-hoon. *Rampant*. Action, Horror. Leeyang Film, VAST Entertainment & Media, 2018.

Kingdom (TV Series 2019–). Accessed November 18, 2020. http://www.

imdb.com/title/tt6611916/.

Na, Hong-jin. *The Wailing*. Horror, Mystery, Thriller. 20th Century Fox, Fox International Production, Ivanhoe Pictures, 2016.

Yeon, Sang-ho. *Peninsula*. Action, Horror, Thriller. Next Entertainment World, RedPeter Film, 2020.

———. *Seoul Station*. Animation, Horror, Thriller. Finecut, Movic Comics, Studio Dadashow, 2016.

———. *Train to Busan*. Action, Horror, Thriller. Next Entertainment World, RedPeter Film, Movic Comics, 2016

여성의 주체되기와 살아남기
- 〈방한림전〉을 중심으로 -*

한의숭**

I. 머리말

고전소설은 당대 사회문화가 반영된 산물이라는 시각에서 그 시대로 접근하기 위한 통로로 중요한 위상을 가진다. 물론 일각에서는 '고전소설은 천편일률적이다.'라는 시각으로 작품을 재단하는 경향도 있지만, 그럼에도 불구하고 고전소설은 전통시대를 들여다보는 창으로 여전히 의미가 있다. 이는 약 3,000편[1]을 상회하는 작품 수를 통해 간취할 수 있는데, 특히 전통시대에 국가 존립의 중요한 기반이었던 가족, 가문을 대상으로 한 작품이 일군을 이루고 있다는 점에서 전통시대 공동체를 조명하는 자원 가운데 하나로 중요하다. 이른바 가정소설, 가문소설로 불

---

* "본 글은 「여성의 주체되기와 살아남기 — 〈방한림전〉을 중심으로 —」, 『동양고전연구』89, 동양고전학회, 2022에 실린 글을 수정, 보완한 글임."
** 전남대학교 인문학연구원 부교수
1 조희웅이 발간한 『한국 고전소설사 큰사전』(지만지, 2017)에 정리된 목록에 따르면 3,090편이 수록되어 있고 그 가운데 이름만 알려진 작품이 1,965편에 이를 정도임을 밝히고 있다.

리는 작품들은 공통적으로 혼인제도에 근간을 둔 가족 공동체의 구성과 유지의 과정에서 드러난 구성원들 간의 관계성을 주목하고 있다. 이점은 현대사회에서도 마찬가지라 할 수 있는데, 중요한 점은 가족을 구성하는 대표적 방식인 혼인 제도에서 여러 가지 문제가 파생된다는 것이다.

전통시대에 혼인제도는 가문의 결속과 확장을 마련하는 핵심적인 방식으로 가족 공동체를 형성하는 주된 경로였다.[2] 즉, 혼인제도는 가문과 지역 사회, 국가로 연결되는 공동체 기반 구축의 기초적 토대로 작동했다. 그런데 여기서 주목할 점은 혼인제도에서 정작 당사자인 남녀 개인은 주체로 발신하지 못한다는 것이다. 마치 제도에 포섭된 부속처럼 비칠 정도로 개인의 목소리는 제대로 발현될 수 없었다. 이는 남녀 가운데 여성에게 더 가혹하게 작동되었고, 가족 내부의 위계에 따라 여성의 목소리는 더욱 침잠, 매몰될 수밖에 없게 되었다.

이런 측면에서 살펴본다면 고전소설을 바라보는 시각에 있어서 가족 내부의 위계와 권력의 문제는 기본적으로 젠더 갈등으로 연결될 소지가 필연적으로 존재할 수밖에 없다. 주지하듯이 가정, 가문 소설에서 핵심 서사는 처첩으로 표현되는 '여-여'의 관계와 '계모-자녀'의 관계에서 비롯되는 갈등이 중심 뼈대를 이룬다. 정작 남성 가부장은 이러한 갈등의 핵심적 배경임에도 군림하는 주체이기에 문제적 대상으로 전면화되지 않는다. 그렇다 보니 언제나 갈등은 여성들 사이에서 발생하는 지엽적, 국지적 문제로 취급되고 만다.

하지만 가족 구성원 사이의 갈등이 발생되는 중요한 매개로 혼인 제

---

2 조선시대 가족제도에 대해서는 김두헌, 『조선가족제도연구』, 을유문화사, 1949

도를 간과해서는 안된다. 그 이유는 혼인 제도를 운용하고 이득을 얻는 주체는 기득권인 남성 가부장이고, 제도가 가족, 가문, 지역 사회, 국가로 연결되는 네트워크 속에서 남성 기득권의 사회적 영향력을 든든하게 뒷받침하고 있기 때문이다. 따라서 혼인 제도는 가문과 사회, 국가를 지배하는 남성 주체가 기득권을 유지, 강화하기 위한 인적 토대를 재생산하는 인큐베이터 역할을 한다는 점이 환기될 필요가 있다. 그럴 경우 혼인 제도에 견인된 남녀 가운데 사회적 약자인 여성은 가족, 가문으로 대표되는 공동체 중심 사회에서 어떻게 생존하고자 했는지 살펴볼 필요가 생긴다.

이와 관련해 본고에서 주목하는 작품이 바로 〈방한림전〉이다. 〈방한림전〉은 여성 주체인 '방관주'와 '영혜빙'이 동성결혼을 감행하는 대단히 특이한 소재를 전면에 드러낸 작품으로 고전소설사에서 주목되었다. 〈방한림전〉은 무엇보다 각자에게 고난과 구속으로 강요된 결혼 제도를 저항하는 방식으로 동성 결혼이 선택된 게 특별한 작품이다. 때문에 작품 해석에 있어서 기본적으로 여성주의에 입각한 시각이 선편을 차지했다.[3] 하지만 〈방한림전〉은 동성 결혼이라는 파격적 소재로 인해 해석하는 시각에 있어서 여전히 팽팽한 논쟁을 일으키고 있기도 하다.

예를 들어 동성 결혼은 통속적 흥미소에 불과하다는 의견[4]과 동성 결

---

[3] 차옥덕, 「〈방한림전〉의 구조와 의미 : 페미니즘적 시각을 중심으로」, 『고소설연구』 4, 한국고소설학회, 1998, 113~169쪽 ; 양혜란, 「고소설에 나타난 조선조 후기사회의 성차별 의식 고찰 : 〈방한림전〉을 중심으로」, 『한국고전연구』 4, 한국고전연구학회, 1998, 109~155쪽

[4] 장시광, 「〈방한림전〉에 나타난 동성결혼의 의미」, 『국문학연구』 6, 국문학회, 2001, 254~276쪽 ; 김하라, 「〈방한림전〉에 나타난 지기관계의 변모」, 『관악어문연구』 27, 서울대 국어국문학과, 2002, 225~245쪽.

혼은 평등의 페미니즘과 차이의 페미니즘이 상호 보완관계로 연대를 상징적으로 보여주는 문학적 장치로 이해하는 해석[5]이 그것이다. 이로 인해 작품 속 동성애 코드에 대해서도 결혼을 동성애에 기초한 시각으로 보기 어렵다는 의견[6]과 조선 사회에 은폐되어 있던 동성애를 소설화한 작품으로 젠더 체계나 성정체성의 고정성에 대한 문제를 제기한 작품[7]이라는 상반된 주장이 제기되기도 하였다. 이러한 해석들은 작품을 바라보는 시각의 편차를 극명하게 보여준다.

이와 함께 작품의 서사 전개의 특질을 분석하거나,[8] 두 여성 주인공 방관주와 영혜빙에 대한 시각에 있어서도 젠더성을 중심으로 젠더 일탈, 젠더 맥락, 소수자 가족으로 바라보는 시각,[9] 인물과 작품을 바탕으

---

[5] 박혜숙, 「여성영웅소설과 평등·차이·정체성의 문제」, 『한국 고전문학의 여성적 시각』, 소명출판, 2017, 101~102쪽.

[6] 박길희, 「〈방한림전〉에 나타난 동성 결혼과 지기 그리고 입양에 담긴 의미와 그 위험성」, 『배달말』 61, 배달말학회, 2017, 247~271쪽.

[7] 김경미, 「성체계의 위반에 대한 새로운 상상 〈방한림전〉」, 『플롯의 발견』, 이화여자대학교출판문화원, 2022, 194~220쪽.

[8] 김현화, 「〈방한림전〉에 나타난 서사 전개의 특질과 의미」, 『한국언어문학』 120, 한국언어문학회, 2022, 65~90쪽.

[9] 김정녀, 「〈방한림전〉의 두 여성이 선택한 삶과 작품의 지향」, 『반교어문연구』 21, 반교어문학회, 2006, 223~248쪽 ; 서신혜, 「개인의 아픔으로 읽는 〈방한림전〉」, 『한국고전여성문학연구』 20, 한국고전여성문학회, 2006, 275~299쪽 ; 정병헌, 「〈방한림전〉의 비극성과 타자 인식」, 『고전문학과 교육』 17, 한국고전문학교육학회, 2009, 373~399쪽 ; 조현우, 「〈방한림전〉에 나타난 갈등과 우울의 정체」, 『한국고전여성문학연구』 33, 한국고전여성문학회, 2016, 97~132쪽 ; 이유리, 「〈방한림전〉의 소수자 가족 연구」, 『한국문학논총』 75, 한국문학회, 2017, 93~131쪽 ; 이지하, 「욕망주체로서의 방관주와 자기애의 미덕」, 『국제어문』 82, 국제어문학회, 2019, 219~243쪽 ; 조흥윤, 「〈방한림전〉에 나타난 젠더 문제의 맥락 연구」, 『한국고전연구』 56, 한국고전연구학회, 2022, 163~194쪽.

로 교육에 어떻게 활용할 것인가 하는 문제[10]에 이르기까지 〈방한림전〉에 대한 논의는 여전히 활발하게 논쟁거리를 생산하고 있다.

본고는 〈방한림전〉을 둘러싼 논쟁점들을 참고하되, 두 여성 주인공 방관주와 영혜빙의 정체성과 주체성의 관계가 결혼 제도와 연관되는 측면을 중심으로 살펴보고자 한다. 그럴 경우 두 여성 주인공의 개별적 정체성과 주체성이 결혼 제도와 맞물려 빚어내는 변화상을 확인할 수 있게 될 것이며, 이를 통해 제도와 여성의 관계가 문학 작품에서 어떻게 구현되고 있는지, 그 지향은 무엇을 생성하고 변화를 견인하고 있는지 등을 밝힐 수 있을 것으로 생각된다.

Ⅱ. 〈방한림전〉에 나타난 여성의 정체성과 주체성 획득 양상

1. 남성 정체성의 모방을 통한 기득권의 전유 : 방관주

〈방한림전〉의 여성 주인공인 방관주와 영혜빙은 동성 결혼을 결행하는 여성들이다. 이들의 동성 결혼은 각자 의도하는 바가 있었고, 그것이 실행 가능한 대상으로 상대를 지목한 것에서 비롯된 점이 중요한데, 그 가능성의 연결 지점은 바로 '知己'였다.[11] 즉, 그녀들의 동행 방식은 부부

---

10 허순우, 「고전소설 〈방한림전〉의 교육적 함의」, 『영주어문』 29, 영주어문학회, 2015, 163~196쪽 ; 이유경, 「여성영웅소설에 나타난 젠더 정체성 형성의 양상과 그 교육적 의미 -〈홍계월전〉과 〈방한림전〉을 중심으로-」, 『고전문학과 교육』 43, 한국고전문학교육학회, 2020, 35~59쪽 ; 이상일, 「문학교육 제재로서 〈방한림전〉의 가치와 한계」, 『고전문학과 교육』 48, 한국고전문학교육학회, 2021, 45~77쪽 ; 최진경, 「여성영웅소설 교육 방안의 연구 -〈방한림전〉을 중심으로-」, 『한국어와 문화』 31, 숙명여대 한국어문학연구소, 2022, 173~193쪽

11 〈방한림전〉의 두 여성 주인공은 서로를 부부가 아닌 '知己'로 대하고자 한다. 하지

가 아닌 '지기'를 선택한 것에서 둘 사이의 관계 지향은 일정부분 짐작된다. 그녀들은 여성이라는 동성임에도 불구하고 한 명은 남성 지향적 성향을 드러내고, 다른 한 명은 남성 거부적 성향을 드러내는 게 그것이다. 이점은 두 여성이 동성 결혼을 선택하는 행동은 같이 했으나, 목표는 서로 다른 지향을 향한 것에 의미가 무엇인지 살필 필요가 있음을 의미한다. 그렇다면 두 여성이 다른 정체성을 지향하게 된 원인을 짚어볼 필요가 있게 되는데, 둘 가운데 먼저 방관주에 포커스를 맞춰보도록 하자.

작중에서 방관주는 태어날 때부터 "몸은 일월의 정기를 받아 찬란하게 빛나고, 풍채는 윤기가 자르르 흘렀으며, 눈빛은 가을물처럼 맑은"[12] 사내 아이와 같은 형상으로 묘사되고 있다. 이 부분은 영웅소설에서 영웅의 탄생을 묘사할 때와 흡사해서 방관주의 성별을 제시하지 않는다면 일반적인 남성 영웅의 탄생과 다를 바 없다. 문제는 방관주의 탄생과 관련한 서술에서 남성적 성향이 깃든 분위기를 기저에 깔고 간다는 점이다.[13] 이는 특히 방관주가 성장하는 과정에서 여성성을 거부하고 남성성을 자신의 정체성으로 확보해 가고자 행동하는 점에서 확인된다.

㉮ 방소저는 천성이 소탈하고 검소해 짙푸른 적삼만 입으려 했다. 방공 부부는 어쩔 수 없이 딸의 뜻에 맞춰 소원대로 남자 옷을

만 '지기'라는 방법 또한 운명이 아닌 선택적 태도로 인식할 필요가 있고, 특히 남성의 우정 문법을 차용한 태도라는 점을 주목할 필요가 있다.

[12] 이상구 옮김, 〈방한림전〉, 문학동네, 2017, 16쪽. 이후 작품의 인용문은 앞의 책을 참조한다.

[13] 이 부분과 관련해 방관주의 성적 정체성과 연결을 시켜 해석하기도 하지만 여성영웅소설의 서사문법이 버전을 확대, 강화해 나가는 형상 가운데 하나가 아닌가 생각된다.

지어 입혔으며, 아직 나이가 어린 까닭에 여공은 가르치지 않고 오직 『시경』과 『서경』만 가르쳤다.[14]

㉯ 길쌈과 바느질을 배우도록 권했으나, 방소저는 스스로 하려 하지 않으니 부모 또한 딸의 재모가 평범하지 않음을 알고 있던 터라 딸이 싫어하자 구태여 권하지 않고 소저에게 여자 옷이 아닌 남자 옷을 입히고 친척들에게도 아들이라고 했다.[15]

위의 예문 ㉮와 ㉯에서 공통적으로 확인되는 방관주의 형상은 '천성이 소탈하고 검소해 짙푸른 적삼만 입으려 하거나', '길쌈과 바느질을 배우는 것을 싫어하고 아예 하지 않으려는' 태도로 정리된다. 방관주의 행동은 사대부가 여성이 성장 과정에서 당연히 배워야 하는 것을 거부하는 것으로 인식된다. 방관주의 이러한 태도는 오히려 방공 부부로 하여금 여아에게 요구되는 당위적 행동을 억지로 권하지 않고 받아들이게 만드는 수용적 태도로 연결될 만큼 그 강도가 결코 약하지 않다. 이러한 과정을 통해 방관주는 여성으로 반드시 익혀야 할 여공을 익히지 않고 『詩經』과 『書經』 등 경서를 학습하며, 남자 옷을 입고 다니고 친척들에게 아들로 불리게 될 정도로 남성성을 체현해 나간다. 이는 향후 방관주가 지속적으로 남성성을 체화하는 태도를 고착시키는 양상으로 발전한다. 때

---

14 〈방한림전〉, "문빅 쇼제 쳔셩이 쇼탈고 금소야 취삼으로 체긴 옷슬 입고 난지라. 방공 니외 녀♀의 뜻슬 맛쵸아 쇼원디로 남복을 지여 입피고, 아직 어린 고로 여공을 가라치지 안고 오직 시셔를 가라친니"(97쪽)

15 〈방한림전〉, "방격수션을 권혼죽 스스로 폐니, 부모 쏘혼 녀♀의 지모 범인이 안니라 쏘혼 슬피 역이믈 굿티여 권치안코, 여복을 나오지 안이고 친척으로 야 금 아달이라 던니"(97~98쪽)

문에 '독서를 부지런히 하고 여자로서 지키고 행해야 할 도리에 대해서는 조금도 관심을 갖지 않는 등 항상 남자인 것처럼 처신하고, 비복들에게 엄한 명령을 내려 친척들도 자기의 본색을 알지 못하게 하는'[16] 태도로 자신과 주변을 단속한다. 하지만 그럼에도 불구하고 본질적으로 여성이라는 물리적 성별에 대한 잠재적 불안을 늘 안고 살 수밖에 없었다.

> 공자가 왈칵 화를 내고 낯빛이 변하며 말하길, "내가 이미 돌아가신 아버지와 어머니의 명을 받들어 남아로 행세한지 거의 십 년이 되었으며, 그간 한 번도 남자 옷을 바꾸어 입은 적이 없다. 그런데 어떻게 갑자기 결심을 고치며, 돌아가신 부모님의 뜻을 저버릴 수 있겠느냐? 내 마땅히 입신양명하여 돌아가신 부모님의 후사를 빛낼 것이니, 어미는 이런 말로 다시는 날 괴롭히지 마라. 또한 나의 본색을 다른 사람들에게 말하지 않길 바라노라."[17]

위의 예문은 유모가 방관주의 남성 행세에 대해 비판적으로 이야기하자, 화를 내면서 자기 행동에 대한 합리화를 주장하는 대목에 해당된다. 이때 방관주의 발화에서 주목할 부분은 남아 행세의 원인을 '부모의 명'으로 돌리고 있다는 점이다. 앞서 방관주의 남성성 체현은 본인이 여성으로써 해야만 하는 역할을 적극적으로 거부한 데 따른 결과였다. 여성

---

[16] 〈방한림전〉, "독셔롤 부즈런히 ᄒ고, 더옥 의시 여도의 다다라난 니낙ᄒ야 일양 남ᄌ로 쳐신ᄒ고, 비복을 위영ᄒ야 ᄌ가 본색을 친척도 아지 못ᄒ더니"(98쪽)

[17] 〈방한림전〉, "공ᄌ 발연 변식 왈, 니 님의 션친과 모명을 밧ᄌ와 남아로 힝ᄒ지 십 년이 거의요, ᄒ 변도 기복ᄒ 비 읍난니, 웃지 쥴연이 니의 집심을 곳치며, 션부모의 ᄯ슬 져바리이요? 니 맛당이 입신양명ᄒ야 부모의 후스를 빗닉린니, 어미난 괴로온 얼론을 다시 말나. 니의 본ᄉ을 타인게 말을 말물 ᄇ라노라."(99쪽)

에게 요구되는 기술과 자세, 태도 등을 본인이 주도적으로 거부한 까닭에 남아로 행세한 것이었는데, 정작 그러한 행동에 대해 비판을 가하자 그 원인을 돌아가신 부모에게 돌리는 형태로 자신의 불리함을 회피하는 게 그것이다. 게다가 본인은 이미 남성이나 다름없기 때문에 향후 도달해야 될 목표는 여성으로 정체성을 회복하는 게 아니라, 입신양명하여 부모의 후사를 빛내는 남성성을 명확하게 실천해 나가는 것으로 아예 못을 박는다.

때문에 방관주가 행동할 향후 방향은 남성임을 대외적으로 인정받는 제도인 결혼을 통해 가정을 꾸리는 게 가장 관건이 된다. 문제는 선택이 아닌 당위로서 수행해야만 하는 결혼은 본인이 남성이라는 정체성 확보에 필수적이나 정작 본인이 물리적으로 여성임이 밝혀질 수밖에 없다는 딜레마로 작용한다는 점이다. 이로 인해 방관주는 결혼을 해야함에도 불구하고 자신의 정체가 드러난다는 것에 대한 부담을 떨쳐내지 못하고 혼란스러워하는 모습을 보인다.

> 이미 죽을 때까지 남자로 행세하기로 마음을 정했으나, 처자를 두지 않으면 주위 사람들이 의심할 것이다. 그럴 바에는 차라리 아름다운 숙녀를 얻어 평생 동안 지기로 삼는 것이 마땅하리라. 그러나 차마 남을 속여 인륜을 해치기 어렵고, 또한 어리석고 못난 여자를 만나 내 본색이 누설될까 두렵구나.[18]

---

[18] 〈방한림전〉, "임의 남자로 힝셰ᄒᆞ야 종신코ᄌᆞ ᄒᆞ미 쳐자을 두지 아니면 방인이 의혹ᄒᆞ리니 차라리 아름다온 슉녀을 으더 평ᄉᆡᆼ 지긔 잇스 맛당ᄒᆞ나 차마 ᄉᆞ람을 속여 인윤을 희지믜미 어렵고 ᄯᅩ한 불초우인을 만나면 ᄌᆞ가 본ᄉᆡᆨ을 뉴셜할가."(112쪽)

이때 방관주는 아내로 맞아들이고자 하는 여성과의 관계를 부부가 아닌 지기로 설정하고자 한다. 그도 그럴 것이 부부로 맺어질지라도 동성이라는 것이 금방 탄로가 나게 되고 근본적으로 파국으로 치달을 수밖에 없는 상황으로 전개되는 것은 불 보듯 뻔하다. 결혼이 성공하기 위해서는 자신의 처지를 이해할 수 있는 상대를 만나야 하는데, 이게 결코 쉬운 일이 아님을 잘 알고 있기 때문이다. 하지만 방관주의 태도를 자세히 살펴보면 결코 불가능하다고 여기지는 않는 것으로 보인다. 이점은 다음과 같은 속내에서 감지된다.

저렇듯 미모와 재주를 갖춘 여자는 만 년을 기다려도 다시 얻지 못할 것이로다. 이런 숙녀가 나에게 오면 부부의 인륜이 끊어지고 일생이 묻혀버리리라. 이를 생각하니 잔인하고 애석하구나. 그러나 이제 와서 어떻게 다시 영공의 청혼을 거절할 수 있으리오?[19]

위의 예문은 영공의 청혼을 받고 영공의 댁으로 초대받아 간 자리에서 영혜빙을 처음 본 뒤 속내를 드러낸 대목이다. 이전까지 방관주는 자신의 상황을 이해하는 대상이 없을 것이고, 그로 인해 자신의 정체성이 들키는 것을 걱정했다. 모든 고민은 본인에게 쏠려 있었지, 상대방에 대한 고민이나 배려는 별로 중요한 것이 아니었다. 그런데 영혜빙을 본 순간 자신이 했던 고민은 오간데 없이 사라지고 자신과 결혼하면 '부부의 인륜이 끊어지고, 한 여자로서 일생이 묻혀버리는' 것에 대해 당사자보

---

[19] 〈방한림전〉, "져럿툿훈 식모지여 만고를 지우려도 다시 웃지 못할 거시로되 숙녀 주가의게 도라와 신륜이 끗쳐지고 일싱이 미몰함을 상양컨디 잔잉코 가셕ᄒ나 다시 말 막을셰 읍셔."(115쪽)

다 더 고민하는 모습으로 변화된 인식을 드러낸다.

하지만 그것은 순간일 뿐 방관주는 자신이 목표하는 바를 이루기 위해 달려 나가는데 몰두하는 인물이었다. 뿐만 아니라 곁에서 이를 걱정하는 유모에게 "이 일은 내가 다 생각해둔 것이 있으니, 모름지기 어미는 다시는 그런 말 하지 말고 혼례 치를 준비나 하라. 주위에 보고 듣는 사람이 많으니 어미의 구설로 철옥같은 내 마음과 일생을 망치지 마라."[20]라고 엄포를 놓으며 주변을 단속시키고 자신의 목적 달성을 위해 결혼을 실행시킨다.

이러한 방관주의 태도는 남성성이 체화된 행동으로 충분히 비치기도 한다. 특정한 대의나 목표를 위해 타자에 대한 이해나 배려는 다소간 뒤로 밀쳐두는 행동 속에서 엿보이는 게 그것이다. 하지만 본질적으로 방관주의 행동은 본인을 철저하게 남성으로 상정한 인식에서 나온 의도적 행위에 불과하다. 이는 남성이 될 수 없음을 잘 알고 있기에 자신의 행동은 본질적으로 모순일 수밖에 없으니 스스로 남성이라 자기최면을 걸지 않으면 안 될 만큼 불안함에서 배태된 것이었다. 이는 자신의 상태를 있는 그대로 온전히 이해해주는 지기라 여긴 영혜빙에 대해서까지 남성이자 남편으로 전일하게 행동하는 것에서 뚜렷하게 드러난다.

> 부인은 내가 문인의 소임을 맡을지언정 백만 장졸을 호령하는 대장의 재주는 없을 것이라고 생각했음이 분명하오. 그렇지 않았다면

---

[20] 〈방한림전〉, "이난 니 혜아리미 잇난니 모로미 어미난 말만 츌구치 말고 길예나 준비호라. 이목이 허다호니 유모의 구셜로써 나의 쳘옥 갓튼 마음과 일싱을 희짓치 말나."(116쪽)

내가 장군이 된 것을 보고 어찌 이렇듯 심하게 놀린단 말이오?[21]

위의 예문은 방관주가 북방 오랑캐가 변란을 일으켰다는 소식을 듣고 자원하여 평정하러 나가길 청한 뒤 집에 돌아와 대도독의 인끈을 영혜빙에게 보이자, 이로 인해 놀란 영혜빙에게 답하는 부분이다. 평소 자신을 대하는 영혜빙의 시선과 태도에 대한 방관주의 인식이 슬며시 드러난 부분으로, 방관주는 영혜빙이 자신을 남성이자 남편으로 대하지 않고 치기어린 대상으로만 바라보는 시선에 대해 투정을 부리는 듯한 대답으로 속내를 노출시킨다. 즉, 남성성을 체현한 온전한 남성으로 자신을 바라보지 않는 영혜빙의 시선에 대해 불편함을 일정부분 드러내고 있는 것이다. 이는 시간이 지날수록 자신을 남성이자 남편으로 대하지 않는 영혜빙의 태도에 대해 가르치려는 행동으로까지 확대, 발전되어 나간다.

부인이 냉소를 머금은 채 상서에게 천천히 말했다. "문백 형은 어찌 우연한 일을 가지고 이렇듯 심하게 유모를 꾸짖으시나요? 유모는 오로지 주인을 위한 충성심으로 그런 말을 한 것이니, 또한 아름답지 아니하오?"

상서가 봉황 같은 눈을 흘겨 뜨고 영씨를 자세히 들여다보면서 말했다. "이제 부인은 여자의 도리를 알 때인데 어찌 가장의 자를 함부로 부르는가? 내가 오히려 묘주라 알았는데, 과연 부인의 일이

---

[21] 〈방한림젼〉, "부인이 날노ᄒ야 문인 쇼임을 할지연경 비만 쟝졸을 호령ᄒ야 디쟝지지 읍슬가 역엿다가 이예 쟝군을 보고 고희 역이시미 심ᄒ도다."(149쪽)

옳다고 할 수 있는가?" 영부인이 낭랑하게 웃더라.[22]

 위의 예문은 아들 낙성과 김소저의 혼약에 대해 이야기하던 중, 방관주와 영혜빙의 정체를 가장 잘 알고 있는 유모가 들어와 음양과 인륜을 들어 두 사람을 간곡하게 타이르는 발언을 듣고 난 다음 두 사람이 나눈 대화에 해당된다. 위의 장면을 살펴보면 방관주와 영혜빙이 서로를 어떠한 시선으로 바라보며, 서로 판단하고 있는지 여실히 확인할 수 있다.

 영혜빙은 유모의 발언에 발끈하는 방관주를 시종일관 치기어린 동생 대하듯 가르치려는 태도를 견지한다. 이는 방관주를 부를 때, '문백'이라는 자를 부르는 것에서 명징하게 드러난다. 처한 상황에 의한 선택이긴 하나 남편이라는 역할 설정이 있음에도 영혜빙은 방관주를 지기로 대하는 시선과 태도를 늘 견지하며 벗어나지 않는다. 이는 방관주와의 관계를 지기를 뛰어넘어 남편이라는 가부장적 위계를 가진 존재로 결코 인정하지 않음을 의미한다. 반면 방관주는 영혜빙을 여자의 도리를 아는 부인의 역할을 체화하고 수행할 것을 요구한다. 이는 가정에서 자신은 가부장의 위치에 서 있는 존재임을 인정하고 인식할 것을 요구하는 것에 해당된다. 방관주는 이것을 관철되어야 할 것이 아닌 당연한 것이라 인식하고 있으나 정작 인식하고 수용해야 할 영혜빙은 그렇게 생각하지 않는다는 걸 확인하게 된다는 점이 방관주의 입장에선 여간 신경쓰이는 게 아닌 것이다.

---

22 〈방한림전〉, "부인이 날호여 닝소왈, 문뷕 형은 웃지 우연훈 일의 유모를 질타후신난요? 유모 불과 위쥬충심이라. 쏘훈 알음답지 안인냐? 샹셔 봉안을 흘여 영씨를 슉시왈, 부인니 여도을 알 씨라. 웃지 가장의 조를 부르난요? 니 오히려 묘쥬라 알 아난니, 부인의 일이 가히 올흔야? 영부인이 낭낭이 웃더라."(144~145쪽)

이점은 방관주 자신의 삶에 존재 이유와 연관되는 것이기도 하다. 여성이라는 정체성을 숨기고 남성으로 살아온 삶의 정당성을 인정해주는 유일한 대상에게서 정작 남성으로 인정받지 못하면 자기 부정이 될 수밖에 없기 때문에 방관주는 영혜빙이 자신을 대하는 태도나 시선에 있어서 남성, 가부장으로 인정하기를 바란 것이다. 방관주가 이처럼 평생에 걸쳐 여성이라는 정체성을 애써 부정하고 남성으로 삶을 희구하고 영위하려고 한 것은, 본질적으로 여성이라는 신체적 조건에서 벗어날 수 없음을 알았기 때문이었다.

> 내가 일개 아녀자로서 남자 행세를 한 지 이미 오래되었는데, 어찌 천벌이 없겠는가? 편안하고 태평함이 극에 달하면 이윽고 재난이 온다고 했다. 이제 천궁으로 돌아가 상제께 조회하고 부모님도 만나 뵙고 싶구나. 다만 부인이 나 때문에 인륜을 모르고 젊은 시절을 헛되이 마치게 된 것이 가련하구나. 그러나 저 또한 더할 수 없이 맑고 깨끗하여 부부의 도리를 괴로워하는 사람이라. 우리가 서로 유비·관우·장비가 한날 죽지 않은 것을 낮게 여기며 한날한시에 죽기를 기약했는데, 이제 내가 먼저 죽으면 누구를 의지하리오? 아, 가련하고 안타깝구나.[23]

위의 예문에서 확인되듯이 방관주는 본인이 스스로 되새겼듯 남성이

---

[23] 〈방한림전〉, "닉 일기 안여주로 힝셰임이 오란지라. 읏지 쳔벌이 읍스리요? 디극비회라. 흰번 도라가 상계게 됴희호고 부모를 맛나미 원이나, 다만 부인니 날노 흐여금 인윤을 아지 못호고 공연이 츈광을 헛도이 맛츤니 가련흐나 져의 쳥졀흐야 부부의 도을 괴로워 흐난 스람이라. 셔로 긔디흐야 유관장의 흔날 죽지 안이물 낫게 역이던니, 이졔 닉 죽으면 그 누을 의지흐리요? 가련츠셕이라."(172~173쪽)

아니라 '남자 행세'를 한 것에 불과함을 인식하고 있었다. 이는 결코 남자가 될 수 없다는 명확한 인식이 있었음을 의미한다. 다만 남자 행세를 함으로써 얻게 될 유무형의 이득이 어떠한지를 잘 알고 있었기 때문에 남성으로써의 역할에 충실히 복무하는 형태로 기득권을 누리고자 한 것에 다름 아니었다.

2. 여성 정체성을 강요하는 제도에 대한 저항으로 주체성 획득 : 영혜빙

사실 〈방한림전〉에서 방관주보다 더 주목되는 인물은 오히려 영혜빙이라 할 수 있다. 영혜빙은 작중에서 결혼이라는 제도가 여성에게 억압과 구속의 형태로 작동되는 것에 대한 거부감을 표출한다. 이는 결혼 제도가 남성 중심적 세계관을 투사하는 장치라 인식하고 이를 거부함으로써 여성의 주체성을 획득하려는 시도에 해당된다.

> 행동거지에 거침이 없고 자신감이 흘러넘쳐 세속의 자질구레한 일에는 전혀 구애 받지 않았다. 특히 세상 부부들의 영욕을 거부하기를 마치 초나라와 월나라가 서로 원수로 여긴 것처럼 하여 수시로 말하기를, "여자는 죄인이라 이미 모든 일을 마음대로 하지 못하고 남편의 규제를 받아야만 하니, 남자가 되지 못할진댄 인륜을 끊는 것이 옳으리라." 하며 형제들이 부부의 연을 맺어 구차하게 살아가는 것을 비웃었다. 다른 형제는 이런 혜빙 소저가 여자답지 않게 활달하다고 조롱했으며, 부모 또한 그녀의 생각을 이상하게 여겼

다.[24]

하지만 위의 예문에서 보듯이 영혜빙의 정체성은 이른바 조신하고 현숙한 사대부가의 여성상과는 다소 거리가 있어 보인다. '행동거지에 거침이 없고 자신감이 흘러넘쳐 세속의 자질구레한 일에는 전혀 구애받지 않는' 태도는 그녀가 당대에 요구되는 여성상과는 다른 성향의 인물임을 드러낸다. 특히 위의 밑줄 친 부분에서 확인되듯 세계가 여성을 바라보는 시각은 여성으로 태어난 게 죄로 여겨질 만큼 남성과 남편 위주로 형성되어 있기 때문에 여성이라는 정체성으로부터 벗어나고 싶은 욕망과 연결되기 마련이다. 그런 그녀이기에 결혼으로 대표되는 여성에 대한 구속과 억압을 당연시하는 형제들에 대해선 비웃음만 나올 뿐이었다. 이런 점에서 영혜빙은 여성이라는 정체성을 거부하는 방향으로 나아가고 있는 게 확인된다. 하지만 그렇다고 해서 세계가 혁명되지 않는 이상 계급 사회에서 여성에게 주어진 역할을 마냥 거부만 할 수는 없다. 그런다고 해서 해결될 성질의 것도 아니기 때문이다.

영혜빙은 자신에게 주어진 상황에서 본인이 주체적으로 선택할 수 있는 부분이 그다지 많지 않기 때문에 현실을 간파하고 이를 해결할 방법을 찾아 나선다. 여기서 영혜빙이 선택하는 방향이 어떻게 펼쳐질지 흥미롭게 다가오는데, 그녀는 가장 강력한 구속으로 느꼈던 결혼이라는 제도를 난관을 돌파할 방법으로 역설적으로 활용한다는 게 문제적이다.

---

24 〈방한림전〉, "긔질이 츄월 갓고 셩져이 동방한월 갓터여, 긔심이 쳘셕비옥 갓터여 표표양양ᄒ야 홍진 쓰끌의 염여낙낙ᄒ야, 문득 셰상 부부의 영욕을 초월갓치 비쳑ᄒ야 언언의 왈, 녀ᄌ난 죠인니라. 비소의 임의 님의치 못ᄒ야 그 사람의 졀제을 밧나이, 남아 못될지디 인윤을 긋치미 올흐이라. ᄒ며 모든 계형들의 구차ᄒ믈 우소이, 계형들이 활발타 조롱ᄒ니 부모 다 그 심경을 고히 역이던이."(111쪽)

그의 얼굴은 매우 아름답고 어여쁘며 이슬 맞은 꽃송이처럼 맑고 깨끗하다. 또한 온갖 자태가 더없이 아름답고 우아하니, 한림은 본래 여자임이 분명하도다. 그런데 어려서부터 부질없이 남자 옷을 입었는데, 부모가 일찍 돌아가신 탓에 여자의 도리를 권하여 가르치는 사람이 없을 것이며, 저 또한 끝내 스스로 억제하지 못하고 지금까지 왔을 터이다. 진실로 가소로운 일이다. 내가 보건대. 방씨는 얼굴이 맑고 깨끗하며 행동거지가 단정하고 엄숙하여 일세의 기남자라 할 만하다. 이런 영웅 같은 여자를 만나 평생 동안 지기가 되어 부부의 의리와 형제의 정을 맺어 일생을 마치는 것이 나의 소원이었다. 나는 본래 남편에게 사랑받는 아내가 되어 그의 통제를 받고, 눈썹을 그리며 남편의 환심을 사려고 아첨하는 것을 괴롭게 여겨왔다. 그래서 평소 금슬우지와 종고지락을 원하지 않았는데, 뜻밖에 이런 일이 생겼구나. 이를 어찌 우연이라 하리오? 반드시 하느님께서 내 뜻을 헤아리신 것이리라. 평생 남편을 위해 수건과 빗을 관리하는 것은 졸렬하고 구차한 일인데, 그보다는 방씨와 인연을 맺어 지기로 평생을 함께하는 것이 더 낫지 않겠는가?[25]

---

25 〈방한림전〉, "이난 연연ᄒᆞ고 쇄락ᄒᆞ야 이슬마즌 꼿송이 갓타여 무궁이 후익ᄒᆞ고 빅틱가작ᄒᆞ니 반다시 월여서 부잘읍슨 남복을 ᄒᆞ야 부모 죠셰ᄒᆞ니 권ᄒᆞ야 여도을 가라치 리 읍셔, 이에 꼿치 누리기 어려워 일으럿슨니 진실로 가쇼연이와 니 보건디 방씨 용안이 쇄락ᄒᆞ고 거지 단엄ᄒᆞ야 일셰 긔남ᄌᆞ라. 이런 영웅의 여ᄌᆞ을 만나 일싱 지긔 되어 부부의 의와 형졔의 정을 미ᄌ 일싱을 맛츠미 니의 원이라. 니 본디 남ᄌᆞ의 춍실이 되어 그 결졔을 밧으며 눈셥을 그려 아당ᄒᆞ믈 괴로이 역여 금실우지의 죵고지낙을 니 원치 안턴니, 우연이 이런 일이 잇스니 읏지 우연타 ᄒᆞ리요? 반다시 쳔도 유의ᄒᆞ시미라. 슈건과 빗슬 가음아난 구구ᄒᆞ디 이에서 낫지 안니리요?"(118쪽)

영혜빙은 방관주를 처음 본 순간 그가 그녀임을 대번에 알아차린다. 그런데 영혜빙은 방관주의 남자 행세에 관해 '어려서부터 부질없이 남자 옷을 입었는데, 부모가 일찍 돌아가신 탓에 여자의 도리를 권하여 가르치는 사람이 없었고, 본인 또한 스스로 억제하지 못해서'라고 생각한다. 즉, 남성이 누리는 기득권에 빠진 행동일 뿐, 정체성을 인식해서 한 행동이 아닌 것으로 판단한 것이다. 따라서 영혜빙의 시각에서 본 방관주의 행동은 '진실로 가소로운 일'에 지나지 않았다.

여기서 주목할 점은 방관주에 대한 영혜빙의 시각이다. 영혜빙에게 방관주의 존재는 결혼으로 여성을 속박하는 제도를 거부하려는 자신의 의도를 관철시키기에 적합한 대상이었다. 게다가 방관주가 남장여성으로 마치 남성과 같이 행동하는 것은 영혜빙에게 남성성의 발현으로 보인 게 아니라 세상 물정 모르는 치기 어린 행동으로밖에 비치지 않았다. 이로 인해 영혜빙은 방관주에게 약점으로 작용하는 남장여성의 행동을 단박에 간파함으로써 둘 사이의 관계 형성에서 주도권을 가지고 자신의 의도대로 관계 설정을 할 수 있다고 판단하게 된다.

㉰ 스스로 돌아보시어 여자의 식견을 어둡게 하지 마소서. 첩이 낭군께서 마음속으로 생각하는 일을 누설하지 않을 터이니, 첩마저 속이지는 마소서.[26]

㉱ 소첩이 만일 한림을 알지 못했다면 어찌 당돌하게 말씀을 올릴 수 있겠나이까? 그윽이 헤아려보니, 한림께서는 해와 달을 속이

---

26 〈방한림전〉, "스스로 도라보소 여주의 식견을 어둡게 말으쇼셔. 첩이 군주의 심수을 누셜치 안이리니, 너무 속이지 말으쇼셔."(122쪽)

고 세상을 기망하여 여자이면서도 남이 알아보지 못하도록 남자 옷
을 차려입었소. 그러한 사실을 잘 알고 있으니 사정을 한번 자세히
말씀해주시면 첩이 죽을때까지 저버리지 아니하리이다.[27]

　위의 예문 ㉰, ㉱에서 확인되듯이 영혜빙은 방관주가 남장여성임을 미리 다 알고 있으니 자신을 굳이 속일 필요가 없다며 방관주가 스스로 실토하도록 만든다. 그렇다면 영혜빙은 과연 방관주가 남장여성의 삶을 선택한 것을 충분히 이해했던 것일까? 그렇게 보이지는 않는 게 애당초 영혜빙이 방관주를 통해 얻고자 했던 의도는 결혼으로 속박되는 여성의 획일적이고 비주체적 삶에서 벗어나려는 것이었다. 그런데 그 해결 방식이 결혼으로 결혼을 벗어난다는 것[28]이니, 일면 모순적으로 비치기 마련이었다. 하지만 영혜빙은 본질적으로 여성이기 때문에 강요되는 여성성에 기반한 삶의 방식을 거부하고자 했다. 즉, 결혼 제도 자체가 아닌 결혼이라는 제도에 내포된 남성 중심적 억압 기제를 거부한 것이기에 결혼의 대상이 남성과 억압적 기제가 아니라면 오히려 결혼 제도로 편입은 가능한 방법으로 물망에 오를 수 있게 된다. 결혼이 당위로 요구되던 사회에서 역설적으로 결혼을 통해 여성이 자신에게 가해질 구속과 억압의 위계로부터 벗어날 수 있게 된다면 이것 보다 좋은 방어막은 없기 때문이다. 이런 계산에 딱 맞아떨어지는 대상이 바로 방관주였기 때

27　〈방한림전〉, "쇼첩이 만일 할임을 아지 못ᄒᆞᆫ즉 엇지 말이 당돌ᄒᆞ기의 밋츠릿고? 이윽이 혜아리ᄃᆡ 할임이 일월을 쇽이며 셰상을 긔망ᄒᆞ야 음양을 변챡ᄒᆞ시믈 아난니, ᄒᆞ번 ᄒᆡ셕ᄒᆞ신즉 쳡이 죵신토록 져ᄇᆞ리지 아니리이다."(124쪽)
28　이는 사회학에서 가족을 해석하는 시각에 '가족 이후에 가족이 오는 것'으로 바라보는 것을 떠올리게 하기도 한다. 이에 대해서는 엘리자베스 벡 게른스하임, 박은주 옮김, 『가족 이후에 무엇이 오는가?』, 새물결, 2005 참조.

문에 영혜빙은 방관주와의 혼인을 성사시키는 데 초점을 맞춘다.

영소저가 냉랭하게 말하길, "그래서는 아니 되나이다. 만약 그렇게 한다면 그대의 본색이 자연히 드러나 우리 부모님께서 알게 되어 좋지 않을 것이옵니다. 다만 우리가 부부의 예의를 차리면 될 뿐인데, 어찌 주저할 필요가 있겠습니까?"[29]

위의 대목은 방관주가 영혜빙과 속내를 확인한 뒤 둘 사이의 호칭을 형제로 하길 원하자, 오히려 그럴 경우 부모님을 비롯한 주변에 들킬 염려가 있으니, 부부의 예로 하자고 영혜빙이 설득하는 장면이다. 물론 둘의 관계는 본질적으로 '여성과 여성'이라는 동성으로 '남성과 여성'이라는 이성적 관계가 형성될 수 없다. 하지만 대외적으로 남편과 아내의 역할을 대리해야 하고, 두 사람이 목표로 하는 게 서로 방향이 다를지라도 여성이라는 성적 정체성과 여성에게 주어진 역할 정체성에 대한 반발과 거부라는 공동의 목표가 있기 때문에 상호 존재가 서로에게 필수적일 수밖에 없다는 점에서 둘 사이의 관계는 중요했다.

하지만 바로 이 지점에서 둘은 서로를 바라보는 시각을 달리하고 있는 게 여실히 확인되기도 한다. 아래 장면에서 이러한 시선의 불일치가 둘 사이의 충돌로 연결되고 있음을 알 수 있다.

㉺ 어사가 물러간 후 승상이 통천관을 쓰는데, 부인이 쌀쌀맞게

---

[29] 〈방한림전〉, "영쇼져 불열왈, 불연ᄒ여이다. 여ᄎ훈즉 ᄌ연이 누셜ᄒ여 부모 아르신즉 됴치 안이린니 다만 부부의 예를 ᄎ를 다음이라. 웃지 ᄌ져ᄒ미 잇시리요?"(125쪽)

웃으면서 말했다. "폐하께서 군자에게 상급하신 것을 아들과 그대는 나누어 가지되, 어찌하여 첩에게는 아무것도 주지 않나이까?"

승상이 웃으면서 말하길, '이것들은 모두 부인에게 쓸모없는 것이기에 주지 않았을 뿐이오. 하나 지금 부인이 몸에 걸치고 있는 것이 모두 내게서 나온 것이니, 그것만으로도 충분히 넉넉하다 할 것이오. 그런데 이렇듯 투정하시니 부인의 욕심이 지나치게 심하구려.'[30]

㉻ 부인이 가만히 웃으면서 말했다. "나에게 쓸모없는 것이 어찌 유독 그대에게만 쓸모가 있겠소? 그런데도 굳이 이렇게 쾌활한 척 하십니까?" 승상이 웃던 얼굴을 찡그리고 흥이 사그러들어 말했다. "부인은 더 이상 그런 말을 들먹이지 마오. 지금 사람들은 나를 어엿한 관료라 생각할지언정 그중에 특별히 의심하는 사람을 보지 못했소이다." 부인이 가만히 웃기만 했다.[31]

위의 예문 ㉺와 ㉻의 대화 속에서 방관주와 영혜빙이 서로를 바라보는 시선이 미묘하게 갈라지고 있는 게 감지된다. ㉺의 예문에서 아들인 낙

---

30 〈방한림전〉, "어스 디희ᄒᆞ야 쌍슈로 바다 공경ᄒᆞ야 물너나다. 통쳔관은 조가 쓰거날, 부인니 ᄂᆡ소왈, 군ᄌᆞ 상급 밧든 거슬 아ᄌᆞ와 그ᄃᆡ난 가지되, 첩의게난 밋치지 안이ᄒᆞ니 엇지요? 승상니 쇼왈, 이거슨 다 부인의게 당치 안이훈 비라. 가이 부인을 쥬지 안컨이와, 시방 부인 몸 우히 가진 위의 다 ᄂᆡ게셔 비로슨 비라. 흡독ᄒᆞ거날 투졍ᄒᆞ신니 욕심이 지즁ᄒ도다."(169쪽)
31 〈방한림전〉, "부인이 잠쇼왈, ᄂᆡ의 당치 안인 비 그디게 홀노 당할 비 잇스리요? 맛참니 져리 쾌훈 체 ᄒᆞ시나요? 승상니 웃던 미우을 ᄊᆡᆼ긔고 흥미 ᄉᆞ연ᄒᆞ야 왈, 부인은 들먹이지 말나. 시인이 날노ᄡᅥ 환ᄌᆞ라 할지언졍 궁곡히 의심치 안터이다. 부인니 잠쇼ᄒᆞ더라."(169쪽)

성과 상급을 나누는 방관주의 남성 중심적 태도를 본 영혜빙은 가부장적 태도를 체화한 모습에 냉소적으로 반응한다. 이는 쌀쌀하게 웃는 태도에서 엿보이는데, 그녀의 반응은 지극히 당연할 수밖에 없었다. 즉, 방관주와 동성 결혼을 감행한 궁극적 이유는 바로 남성의 소유물로 여성을 취급하는 제도적 폭력에 대한 반발에서 비롯된 것이었다. 때문에 둘 사이는 부부가 아닌 지기로 연결된 이른바 운명공동체나 마찬가지였는데, 그런 상대가 정말 자신이 남성인양 행동하는 것을 보니 영혜빙의 입장에선 냉소적 반응이 나올 수밖에 없었던 것이다. 때문에 ㉯의 예문에서 보이듯 영혜빙은 방관주에게 여성이라는 정체성을 환기시키는 것으로 방관주의 행동에 제동을 걸고, 이러한 반응에 방관주 또한 흥이 깨져 버려 영혜빙에게 발끈하는 태도로 부딪친다. 방관주가 정색한 것은 굳이 건드리고 싶지 않고 건드리지 않아도 되는 정체성을 평생 지기로 여기는 상대가 들춰내면서 가부장인 자신을 가르치려 든다는 생각이 들었기 때문이었다.

하지만 근본적으로 둘은 남성 중심적 세계로 편입하려는 욕망과 남성 중심적 세계에서 탈피하려는 욕망이 각자의 다른 목표를 달성하기 위해 느슨하게 연결된 공생관계였다. 이는 서로 다른 욕망이 강렬하게 충돌할 경우 언제든 노선을 달리할 수 있는 위험성이 감지된 관계이기도 했다. 하지만 둘은 결코 그런 위험한 선택을 감행하지 않는다. 그것은 내부적 갈등으로 둘의 관계가 파국으로 치닫게 되면 두 사람 모두 여성이라는 정체성에 강요된 강고한 권력에 굴복하는 삶으로 떨어지게 됨을 공통적으로 인식하고 있었기 때문이다.

방관주와 영혜빙의 정체성은 여성에게 폭력적으로 적용됨에도 불구하고 둘 사이의 대응 방식은 대척에 서 있다. 방관주는 여성 정체성 자체를 부정하고 남성 정체성을 자신에게 대입시켜 성 정체성을 대외적으로 확보하고 기득권에 편입되는 방식으로 결혼을 선택한다. 반면 영혜빙은 여성에게 강요된 정체성을 거부하되, 이를 대외적으로 은폐하기 위해 역설적으로 결혼 제도를 활용하는 방식을 선택한다. 이는 본질적으로 여성이란 성 정체성을 강고하게 규정하는 국가의 공식적 제도로 결혼이 운용되며, 제도에 담긴 폭력적 위계를 여성들이 인지하고 있음을 의미한다. 방관주와 영혜빙의 태도는 결혼 제도가 가진 권력의 위력을 여실히 보여주며, 이를 통해 결혼 제도와 여성 주체성의 관계를 되짚어 보게 만든다.

이때 중요한 것은 〈방한림전〉의 두 여성 주인공 방관주와 영혜빙의 관계가 상호의존성을 밑바탕에 깔고 있다는 점이다. 금슬우지와 종고지락을 나눌 지기의 대상으로 서로를 선택한 것, 관중과 포숙, 백아와 종자기, 삼국지의 세 주인공처럼 둘 사이를 규정한 것에서 볼 수 있듯이 둘의 관계는 상호절대적 지지에 기반한 희망의 연대를 지향한다. 이는 나약한 여성이라는 정체성이 부각된다는 점에서 역설적이긴 하나, 그 나약함으로 인해 상호의존성이 견인되고 역할을 부여받게 된다는 점에서 둘의 관계는 상호의존성의 측면에서 조명이 필요하게 된다.

3. 조건적 상호의존성으로서 주체되기와 살아남기의 의미

〈방한림전〉의 여성 주인공인 방관주와 영혜빙의 형상은 동성 간의 결혼임에도 불구하고 흡사 이성 간의 결혼에서 보이는 남편과 아내의 역할을 구분하고 있다. 방관주는 가문의 계승자이자 입신양명이라는 가문의 숙명을 짊어진 남성 정체성을 재현하는 역할을 수행해 나간다. 이러한 방관주의 행동은 철저하게 남성으로 체화되려는 의식이 강력하게 작동된 것에 해당된다. 하지만 육체로 확인되는 물리적 성별로 인해 남성이 될 수 없음을 자각하며, 이에 따라 철저하게 가문과 사회에서 요구하는 남성의 역할을 모방 수행하는 방식으로 남성 정체성을 대리해 나간다. 반면 영혜빙은 남성 중심적 사회에 대한 거부에서 비롯된 의식에 바탕을 두고 남성 중심적 세계관에 저항하는 방식으로 주체성을 설정해 나간다. 이런 점에서 방관주와 영혜빙은 여성이라는 정체성을 부정적으로 인식하는 점은 유사하나, 그것을 극복하여 새로운 주체성을 설정하는 방식에 있어서는 대립적 존재로 설정된다. 남성 모방과 남성 거부로 요약되는데, 이는 둘 사이의 관계가 '지기'를 표방함에도 불구하고 그것조차 궁여지책으로 마련된 명분일 뿐이며, 궁극적으로 둘 사이에는 화학적 결합이 힘든 간극이 존재함을 보여준다.

때문에 방관주와 영혜빙은 '여성'이라는 생물학적 조건에서 폭력적으로 다가오는 결혼 제도를 의식적으로 거부하고자 하지만, 자신들의 생존을 위한 수단으로 결혼 제도를 활용하는 조건적 결합방식을 시도한다. 이는 결혼 제도가 여성에게 폭력적으로 작동되는 상황 속에서 사회적 약자인 두 여성이 취할 수 있는 현실적 방법이기도 하다. 방관주와 영혜빙은 개별적 존재가 가진 의식의 대립에도 불구하고 기존 남성 가부장 중심 체제에 대항하기 위해 상호의존성을 적극적으로 견인해 나간다. 즉, 두 여성 주인공은 정체성에 가해진 억압과 위계를 인식하되 대응하는 방식이 대척적이긴 하나, 사회적 약자인 여성이 취할 수 있는 편입과 저항의 방식을 상호의존성을 활용해 새로운 주체로 변화하기 위한 수단으로 활용한다는 점이 특별한 것이다.

이런 점에서 상호의존성은 남성, 가부장, 결혼 제도 등 기득권 체제를 유지하는 제도와 인식에 반발, 저항하는 사회적 약자들의 공동체성이 발현되는 기제로 작동될 수 있다. 물론 상호의존성은 여성이 의도치 않은 성별 정체성으로 인해 나약하고 취약한 사회적 약자임을 인정하는 부정적 의미를 내포하고 있기도 하다. 하지만 사회적으로 부여된 약점을 인정하는 기표인 상호의존성은 역설적으로 방관주와 영혜빙이 연대를 결성하고 행동할 수 있게 만드는 중요한 계기가 된다. 그 경우 상호의존성은 기득권 남성 주체의 세계관을 극복, 돌파해 나가는 동력으로 전환되어 동질성에 기반한 새로운 주체성을 확립하는데 사용될 수 있다. 이럴 경우 주체성과 상호의존성은 서로 대타적이 아닌 매개적으로 활용이 가능하게 되며, 오히려 양립되지 않는 두 개념의 조합으로 새로운 주체성이 설정될 수 있게 된다.

문제는 상호의존성으로서 동성 결혼의 양상이 〈방한림전〉에서만 유일하게 등장하지는 않는다는 점이다. 이와 유사한 양상은 〈부장양문록〉을 통해서도 발견되는데, 둘 사이의 차이는 동성 결혼을 유지하느냐의 여부에 달려 있다. 〈방한림전〉의 두 주인공 방관주와 영혜빙은 여느 여성영웅소설의 주인공같이 각자 여성이라는 성정체성으로 복귀를 암묵적으로 강요받지 않는다. 물론 여성이라는 성정체성이 결국 밝혀지긴 하지만, 그럼에도 불구하고 두 사람은 동성 결혼을 주위에서 인정받고, 낙성이란 아들을 입양해 결혼까지 성사시킴으로써 부모의 역할을 충분히 수행한다.[32]

---

[32] 이 지점에서 영혜빙의 경우 여성다움과 여성적 가치를 옹호하고 계승한다는 점을 들어 '차이의 페미니즘'을 주장하는 것과 유사성을 띄고 있다고 해석하기도 한다. 이에 대해서는 박혜숙, 「여성영웅소설과 평등·차이·정체성의 문제」, 『한국 고전문학의 여성적 시각』, 소명출판, 2017, 99쪽 참조.

이러한 점에서 〈방한림전〉은 결혼 제도를 둘러싸고 작동되는 다양한 지점들 가운데 여성에게 가해지는 위계의 문제를 이야기하고 있다. 결혼 제도는 그녀들에게 대단히 위계적인 권력으로 인지됨에도 불구하고 여기서 벗어날 방법으로 결혼 제도를 선택하는 태도는 역설적이게도 결혼이란 제도가 가진 위계와 안전을 동시에 드러낸다. 방관주와 영혜빙은 결혼과 여성의 관계를 통해 제도가 인간에게 어떠한 의미로 다가오는지 되짚어 보게 하는 점에서 재조명될 필요가 있다.

Ⅳ. 맺음말

〈방한림전〉은 동성 결혼이라는 금기시된 소재를 전면에 드러냄으로써 중세적 지배 질서에 강한 충격을 던지는 작품으로 많은 관심을 받았다. 〈방한림전〉은 특히 신분제 계급 사회에서 국가의 존속에 기초적 토대를 제공하는 결혼 제도가 작중 두 여성에게 구속과 억압의 굴레로 작동하면서 빚어지는 고난과 고뇌의 흔적을 살펴볼 수 있다. 방관주와 영혜빙이 처한 각자의 삶은 중세 시대 여성에게 주어진 공통의 과제임과 동시에 여성으로써 어떻게 삶에 방향을 잡아야 될지 선택을 강요당하는 것을 보여주기도 한다. 즉, 방관주가 남성 정체성 모방을 통해 주체성을 전유하는 방식으로 삶의 방향을 정한 것과 영혜빙이 억압당하는 여성의 정체성 인식하고 이에 대한 거부와 저항을 통해 주체성을 획득해 나가고자 하는 방식으로 투영되는 것이다. 이는 결국 여성 앞에 주어진 삶의 선택지가 포섭되거나 거부하거나 둘 중에 하나로 귀결될 수밖에 없음을 의미한다. 결과지가 과연 여성을 위한 것인가? 여성의 주체성을 획득해 낼 수 있을까? 이런 측면에서 본다면 〈방한림전〉의 두 여성 주인공 방관주와 영혜빙은 여성의 주체성 획득이 여전히 난망하다는 점을 여실히 반영한 것으로 이해될 수 있다. 동성 결혼이라는 금기된 소재를 가져온 것 또한 여성을 둘러싼 위계적 환경이 그만큼 만만찮음을 역설적으로 보여주는 것에 해당된다.

  본고는 〈방한림전〉을 둘러싼 해석에 있어서 동성 결혼이라는 소재가 가지는 파급력과 젠더성으로 집중되는 해석에 대한 방향 전환을 요청하는 것에 해당된다. 오히려 위계로 존재하는 결혼 제도가 때론 안전을 확보하기 위한 완충지대로 재설정 될 수 있음을 환기시킨다. 〈방한림전〉의 두 주인공 방관주와 영혜빙은 주어진 정체성에서 끊임없이 벗어나고자 시도한다. 때론 그 방식이 편입과 저항이라는 이항대립일지라도 이는 결국 여성에게 주어진 억압과 구속에서 살아나 주체로 서기 위한 과정이라는 점에선 두 여성 모두에게 동일하다. 따라서 〈방한림전〉을 둘러싼 정체성과 주체성의 문제는 제도와의 관계 속에서 새롭게 접근하는 시도가 필요하며 본고는 이점을 중심으로 논의한 것에 해당된다. 물론 본고의 시각과 논의 또한 불편한 측면이 분명히 있을 것이나, 이에 대해서는 〈방한림전〉을 바라보는 관점의 전환과 새로운 논쟁을 촉발시키기 위한 시도의 일환으로 이해되기를 바란다.

참고문헌

1. 자료
이상구 옮김, 『방한림전』, 문학동네, 2017
장시광 옮김, 『방한림전』, 이담북스, 2016

2. 저서

김두헌, 『조선가족제도연구』, 을유문화사, 1949
김경미, 『플롯의 발견』, 이화여자대학교출판문화원, 2022, 194~220쪽.
박혜숙, 『한국 고전문학의 여성적 시각』, 소명출판, 2017, 101~102쪽.
조희웅, 『한국 고전소설사 큰사전』, 지만지, 2017.
엘리자베스 벡 게른스하임, 박은주 옮김, 『가족 이후에 무엇이 오는가?』, 새물결, 2005.

3. 논문

김정녀, 「〈방한림전〉의 두 여성이 선택한 삶과 작품의 지향」, 『반교어문연구』 21, 반교어문학회, 2006, 223~248쪽.
김하라, 「〈방한림전〉에 나타난 지기관계의 변모」, 『관악어문연구』27, 서울대 국어국문학과, 2002, 225~245쪽.
김현화, 「〈방한림전〉에 나타난 서사 전개의 특질과 의미」, 『한국언어문학』120, 한국언어문학회, 2022, 65~90쪽.
박길희, 「〈방한림전〉에 나타난 동성 결혼과 지기 그리고 입양에 담긴 의미와 그 위험성」, 『배달말』61, 배달말학회, 2017, 247~271쪽.
서신혜, 「개인의 아픔으로 읽는 〈방림전〉」, 『한국고전여성문학연구』20, 한국고전여성문학회, 2006, 275~299쪽.
양혜란, 「고소설에 나타난 조선조 후기사회의 성차별 의식 고찰 : 〈방한림전〉을 중심으로」, 『한국고전연구』4, 한국고전연구학회, 1998, 109~155쪽.
이상일, 「문학교육 제재로서 〈방한림전〉의 가치와 한계」, 『고전문학과 교육』 48, 한국고전문학교육학회, 2021, 45~77쪽.
이유경, 「여성영웅소설에 나타난 젠더 정체성 형성의 양상과 그 교육적 의미 -〈홍계월전〉과 〈방한림전〉을 중심으로-」, 『고전문학과 교육』43, 한국고전문학교육학회, 2020, 35~59쪽.
이유리, 「〈방한림전〉의 소수자 가족 연구」, 『한국문학논총』75, 한국문학회, 2017, 93~131쪽.

이지하, 「욕망주체로서의 방관주와 자기애의 미덕」, 『국제어문』82, 국제어문학회, 2019, 219~243쪽.
장시광, 「〈방한림전〉에 나타난 동성결혼의 의미」, 『국문학연구』6, 국문학회, 2001, 254~276쪽.
정병헌, 「〈방한림전〉의 비극성과 타자 인식」, 『고전문학과 교육』17, 한국고전문학교육학회, 2009, 373~399쪽.
조홍윤, 「〈방한림전〉에 나타난 젠더 문제의 맥락 연구」, 『한국고전연구』56, 한국고전연구학회, 2022, 163~194쪽.
조현우, 「〈방한림전〉에 나타난 갈등과 우울의 정체」, 『한국고전여성문학연구』33, 한국고전여성문학회, 2016, 97~132쪽.
차옥덕, 「〈방한림전〉의 구조와 의미 : 페미니즘적 시각을 중심으로」, 『고소설연구』4, 한국고소설학회, 1998, 113~169쪽.
최진경, 「여성영웅소설 교육 방안의 연구 -〈방한림전〉을 중심으로-」, 『한국어와 문화』31, 숙명여대 한국어문학연구소, 2022, 173~193쪽.
허순우, 「고전소설 〈방한림전〉의 교육적 함의」, 『영주어문』29, 영주어문학회, 2015, 163~196쪽.

우리의 '퀴어한' 검둥이
- 여성-되기의 정치성 -[*]

한우리[**]

1. 들어가며

    19세기 미국은 백인성과 얽힌 이성애규범성(heteronormativity)을 중심으로 가정과 개인이 재조직되던 시기이다. 그러나 동시에 이성애규범성이 제도화되면서 일상적 삶의 규준으로 자리잡는 과정은 다양한 저항과 반동을 불러일으킬 수밖에 없었다. 19세기 미국 문학은 이러한 과정에 필수적으로 수반되는 역동과 저항을 기록하는 장치로 읽을 수 있으며, 더 나아가 역사적인 제도화의 과정에서 비록 '공식적'으로 인정받지는 못했지만 당시에 가능했던 다양한 가능성을 등록하고 기억하는 장소로 읽을 수 있다. 특히 흑인 문학은 노예이거나 이제 막 노예 상태에서

---

[*] 이 글은 2022년 ELLAK 19세기영어권문학회 세션에서 발표한 것을 수정, 보완하여 『안과 밖』 54 (2023)에 실린 것이다. 글에 대해 중요하고도 건설적인 비평을 해주신 서주희, 강의혁 선생님과 익명의 심사위원 세 분께 감사드린다.

[**] 전남대학교 인문학연구원 HK교수

벗어난 흑인의 존재를 사회 변동기 미국에 각인시키며 다양한 질문을 던져왔으며, 당대의 이데올로기적 구조에서 명확한 해석이 불가능한 균열들을 만들어왔다. 흑인 문학에 새겨진 저항과 이로 인한 담론적 균열과 해방의 가능성은 지금 우리에게 새롭게 19세기 흑인 문학을 읽을 것을 요구하고 있다. 이 글은 퀴어의 관점에서 흑인 여성 작가 해리엇 윌슨(Harriet Wilson)의 소설 읽기를 시도하고 있으며, 이 자서전적 소설의 독해를 통해 당시 미국에서 형성 중에 있는 남성성, 여성성, 이성애규범성과 흑인성, 퀴어성이 어떻게 교직되고 있는지, 특히 흑인 여성의 젠더 수행이 지배적 이데올로기에 의해 규정되던 성적 규범과 협상하는 과정에서 어떻게 이를 교란하고 탈구시키는지를 살펴보는 것을 목적으로 한다.

퀴어 연구는 퀴어가 의미하는 바를 성관계를 맺는 방식에서가 아니라 삶에서 관계 맺는 다른 방식을 지칭하는 것으로 이해하며, 따라서 퀴어 친밀성, 퀴어 우정, 퀴어 네트워크는 이성애/동성애, 게이/레즈비언, 남성성/여성성의 이분법으로 소진될 수 없을 뿐 아니라, 이러한 이분법이 상정하는 이성애적 주체론를 넘어선 새로운 관계 형식에 대한 실천과 탐구로 이해한다.[1] 2005년 『소셜 텍스트』(*Social Text*)지 퀴어 특집호는 2000년대 초반까지의 퀴어 연구가 어떠한 관심사를 가지고, 어떤 개념적 역사를 거쳐 현재에 이르렀는지를 개괄한다. 이 저널의 편집자들은 퀴어 연구를 "주체 없는"(subjectless) 비평으로 정의한다.[2] 주체 없음이

---

[1] E. Patrick Johnson and Mag G. Henderson. "Introduction: Queering Black Studies/"Quaring" Queer Studies." *Black Queer Studies: A Critical Anthology* (Durham: Duke UP, 2005) 5면.

[2] David L. Eng, Judith Halberstam and José Esteban Muñoz. "What's Queer About Queer Studies Now?" *Social Text* 23.3-4 (2005) 3면.

란, 퀴어 연구에 적합한 주체 또는 대상이 있다는 전제를 거부하며, 퀴어를 정치적 지시대상물에 고정하지 않는 입장을 말한다. 이러한 의미에서 퀴어 연구는 단순히 소수자 집단에 관한 관용의 논리나 정치적 이익집단의 재현이길 거부하며 "규범화의 거대한 장"을 사회적 "폭력의 장"으로 초점 맞춘다.[3] 퀴어 연구는 '전략적 본질주의'의 역사적 필요성에도 불구하고 지속적으로 정체성 정치를 해체하며, '규범적이고 건강하며, 자연스러운' 주체를 생산하는 헤게모니적 사회구조로서 이성애규범성을 비판한다. 이 글 역시 해리엇 윌슨의 『우리의 검둥이; 혹은 자유인 흑인의 삶에 대한 스케치』(*Our Nig; or, Sketches from the Life of a Free Black* 1859, 이하 『우리의 검둥이』)가 이성애규범성을 초과하는 성적 실천을 서사화하고 있으며, 따라서 소설에서 드러난 다양한 젠더 수행의 핵심이 이성애적 정체성 규정을 불가능하게 하는 퀴어성을 중심으로 펼쳐져 있음을 논증하고자 한다.

『우리의 검둥이』는 노예 서사와 자서전, 가정소설 장르를 혼용하여 인종적 · 젠더적 질서가 복잡하게 교직 되어있는 남북전쟁 이전(Antebellum) 북부에서 계약하인(indentured servitude)으로 착취당하는 자유인 흑인 여성의 삶을 그린다. 이 소설의 강점으로 당대 사회의 이데올로기적 질서에 대한 통렬한 사회비판이 지적되어왔다. 널리 알려져 있듯, 19세기 미국은 자본주의의 발달과 더불어 노동분업이 젠더화되면서, 이를 토대로 여성의 영역으로서 '가정'과 남성적 '세계'가 대조적 위상을 얻는다. 부의 축적이 일어나는 시장이 인간의 이기심과 자기 이익 추구의 성향이 극대화되는 장소라면, 가정은 "사막의 오아시스"이자 "성소"

---

[3] Michael Warner, Ed. *Fear of a Queer Planet: Queer Politics and Social Theory* (Minnesota: U of Minnesota P, 1993) xxvi면.

이며, "공감과 무조건적 사랑이 예비된 곳"이다.[4] 이와 같은 "분리된 영역"(Separate spheres) 이데올로기는 19세기 미국에서 강한 영향력을 발휘한다. 사적 영역에서 여성은 아내이자 어머니로서 맡은 바 역할을 다할 것을 요구받았다.[5]

그러나 『우리의 검둥이』는 19세기 미국 여성에게 부과된 가정성과 진정한 여성성에 부합하지 않는 여성 인물들이 등장한다. 소설에서 백인 어머니 매그(Mag Smith)는 철없던 어린 시절 백인 남성 유혹자에게 몸을 맡겼다가 그에게 버림받는다. 혼전 임신으로 이웃들로부터 배척당한 매그는 아이를 잃고 경제적 어려움을 이기지 못해 흑인 남성 짐(Jim)과 결혼한다. 사회적으로 금기시되는 인종 간 성애(miscegenation)를 통해 스스로 경멸받는 지위로 "불명예의 사다리를 한 단계 더 내려선" 매그는 짐과의 사이에서 혼혈 여자아이 뮬라타(Mulatta)[6] 프래도(Frado)를 낳는다

---

[4] Nancy F Cott. *The Bonds of Womanhood: "Woman's Sphere" in New England, 1780-1835* (New Haven: Yale UP, 1997) 65~70면.

[5] 분리된 영역 이데올로기는 부르주아 백인 중산층 가정을 이상으로 삼고, 애정에 기초한 사적인 공간으로서 가정을 예찬하는 "가정성 숭배"(the cult of domesticity) 문화와 연동한다. 가정성 숭배의 문화에서 19세기 미국의 백인 여성은 경건함, 순결, 순종, 가정성이라는 네 가지 덕목을 통해 "진정한 여성성"(true womanhood)을 갖춰야 했다. Welter, Barbara. "The Cult of True Womanhood: 1820-1860." *American Quarterly* 18.2 (1966) 152면.

[6] 뮬라타는 흑백혼혈인을 일컫는 당대의 속어 "뮬라토"(mulatto)의 여성형 명사로서, 당나귀와 말 사이에서 태어난 잡종인 노새(mule)를 어원으로 한다. 윤조원의 지적처럼 뮬라토나 뮬라타는 명백히 인종비하적인 표현이기에 이를 그대로 사용하는 데에는 윤리적·정치적 부담이 따를 수밖에 없다. 하지만 그럼에도 "뮬라타라는 표현이 일종의 관습적 인물형이라 할 수 있는 비극적 혼혈여성을 지칭하는 어휘로 오늘날의 문학담론 및 대중매체에서도 지배적인 비평의 어휘로 널리 사용되고 있으며, 특정한 역사와 담론의 조건들을 반영하는 언어인 뮬라타가 지니는 흑백 혼종성의 정치적 문화적 성적 함의들을 혼혈여성이라는 다소 막연한 번역어가 온전히 전달하지 못한다고 판단"하였다는 윤조원의 말과 동의하며 같은 이유로 이 글

(13).[7] 예기치 않게 짐이 사망한 뒤 다시 형편이 어려워지자 매그는 짐의 동료였던 또 다른 흑인 남성 세스(Seth Shipley)와 살림을 합친다. 그마저 여의치 않자 매그는 하인을 자주 갈아치우는 것으로 소문이 자자한 벨몬트 부인(Mrs. Bellmont) 댁에 딸을 버리듯 맡기고 떠난다. 소설의 1장과 2장은 매그의 과거에서 시작해 딸인 프래도를 버리는 매그의 사정을 다룬다.

백인 여성이라면 응당 정숙하고, 경건하며, 순결해야 한다는 당대의 관념을 파격적으로 깨뜨리듯 매그는 계층 상승을 꿈꾸며 사랑에 빠지지만 도리어 몸을 '버리고' 백인 남성에게 버림받은 뒤 흑인 남성과 함께 사는 처지가 된다. 정숙하지 않은 백인 여성인 매그가 헌신적인 어머니가 되지 못한 것처럼, 프래도를 맡게 된 중산층 백인 여성 안주인 벨몬트 부인 또한 '진정한 여성성'의 덕목과는 한참 어긋나는 인물이다. 벨몬트 부인과 그녀의 딸 메리(Mary)는 가정적이고 온화하기는커녕, 어린 프래도를 걸핏하면 때리고 가학적으로 학대하는데 이 폭력이 어찌나 잔악한지 백인 남성인 벨몬트 씨(John Bellmont)와 그의 아들들이 프래도를 감쌀 정도이다. 이처럼 백인 여성이 아닌 백인 남성이 오히려 어린 흑인 노예 소녀의 보호자 역할을 맡는다는 점에서 『우리의 검둥이』는 기존의 백인 중심적 여성성이 함의하는 도덕적·기독교적 이상을 통렬하게 비판하

에서는 뮬라타라는 표현을 사용하기로 한다. 윤조원, 「19세기 미국흑인여성작가의 "비극적 뮬라타": 피부색과 장르의 정치학」, 『미국학논집』 48.2 (2016) 87면.

[7] Harriet E Wilson. *Our Nig; Or, Sketches from the Life of a Free Black, in a Two-story White House, North Showing That Slavery's Shadows Fall Even There By 'Our Nig'*. 1859. New York: Vintage, 1983. 앞으로 이 책의 인용은 괄호 속에 면수만 표기함.

는 소설로 읽혀왔다.[8] 르빈(Lois Leveen) 또한 『우리의 검둥이』에서 가정은 넓은 의미에서 국가를 상징하며, 특히 흰 이층집 백인 가정에서 학대받는 검은 아이는 각각 미국과 흑인을 은유한다고 본다.[9] 따라서 이 소설은 '가정성 숭배' 속에서 가정이 성스러운 피신처이자 안전한 장소로 전제되는 것을 의문시한다는 것이다. 그리고 과연 가정에서 누가 보호받을 수 있고 누가 보호받지 못하는지 질문한다. 이 글 역시 『우리의 검둥이』가 당대 사회의 이성애적 규범과 이로 인한 이분법적 질서를 비판하고 있다고 읽는 기존의 선행연구에 동의한다. 그러나 이 작품이 주로 역사적 접근법을 통해 모성과 가정을 중심으로 비평되어왔고, 주인공과 등장인물 간의 퀴어한 관계, 배경이 되는 시공간의 퀴어성에 관해서는 거의 논의된 바가 없다는 데 주목한다. 이 소설이 수행하는 비판의 핵심에는 이 소설의 다양한 등장인물들이 저마다 보여주는 젠더 수행과 위반이 있으며, 이는 퀴어의 정치학을 중심으로 한다. 바로 이 퀴어성이 일종의 정치적 원리로서 이 소설의 다양한 서사적 사건을 구조화하는 틀로 작용하고 있는 것이다.

---

[8] 예를 들어 Beth Maclay Doriani. "Black Womanhood in Nineteenth-Century America: Subversion and Self-Construction in Two Women's Autobiographies." *American Quarterly* 43.2 (1991) 199~222면; 강희. 「해리엇 윌슨의 『우리의 검둥이』: 여성 공간 그리고 몸」. 『영미문학교육』 16.3 (2012) 5~31면; 김민정. 「Gender, Racialization, and "Home": Harriet Wilson's *Our Nig; or, Sketches from the Life of a Free Black, in a Two-Story White House, North*」. 『미국학논집』 34.2 (2002) 97~120면 참조.

[9] Lois Leveen. "Dwelling in the House of Oppression: The Spatial, Racial, and Textual Dynamics of Harriet Wilson's *Our Nig.*" *African American Review* 35.4 (2001) 562~63면.

2. 남성을 위협하는 과잉 여성성

역사학자 낸시 콧(Nancy Cott)에 의하면, 1820~1830년 사이에 가정생활, 아이 양육, 여성의 역할에 관한 에세이, 설교, 소설, 시, 지침서가 출판시장에 쏟아져 나와 가정성 개념을 확립했다. 가정성 개념의 골자는 세속적인 세상과 가정을 전혀 다른 두 장소로 정립하는 데 있다. 나아가 시장 경제와 노동 그 자체가 가정과는 대조적인 위상을 갖는다고 본다. 1844년 맑스가 '노동의 소외'를 말하며 "노동자가 집에 있을 때 그는 노동하지 않는 것이며, 노동하고 있을 때는 집에 있는 것이 아니"라 말한 것은 노동 착취와 금전적 관계에 대항하는 것이야말로 가정성의 진수라는 당대의 이데올로기를 드러낸다.[10] 가정 내에서 아내는 "비도덕적인 상품 거래 투쟁의 격전지"인 세상을 "구원하는" 역할을 맡는다.[11] 이러한 이데올로기를 함축하는 가정소설은 "행복한 가정을 인간이 받을 수 있는 축복의 절정"으로 제시한다.[12] 베임(Nina Baym)에 의하면 "가정성은 삶의 모든 것에 질서를 부여하는 가치 도식으로서 미국 사회에 만연한 것으로 인식되던 착취와 돈의 윤리와 경쟁하며 제일 앞에 놓인다".[13] 이러한 설명에 따르면 가정성은 경제적 발달에 따른 자본가의 착취와 무한한 시장경쟁에 맞서 형성된 것이다. 경쟁에 지친 이들을 위무하고 감정적으로 안락을 주는 사적 공간으로서 가정은 돈, 착취, 축적과는 거리가 먼 장소이다. 그러나 정반대로 『우리의 검둥이』에 나타나는 가정의

---

[10] Cott, 앞의 책 68면 재인용.
[11] Cott, 앞의 책 98면.
[12] Nina Baym. *Woman's Fiction: A Guide to Novels by and about Women in America, 1820-70* (Urbana: U of Illinois P, 1993) 27면.
[13] Baym, 앞의 책 27면.

안주인 벨몬트 부인의 중요한 행동 동기는 경제적 축적 열망이다.

스턴(Julia Stern)은 윌슨의 소설에 나타난 가정 내의 학대가 가정성을 예찬하는 문화 그 자체를 비판하는 장치라고 지적한다. 스토(Harriet Beecher Stowe)가 『톰 아저씨의 오두막』(*Uncle Tom's Cabin* 1852)에서 퀘이커(Quaker) 교인 가정의 부엌을 마치 유토피아처럼 그려 미국의 도덕적 재생을 표현하고자 했다면, 윌슨은 이를 반박이라도 하듯 프래도가 벨몬트 부인에게 학대와 고문을 당하는 장소가 부엌임을 반복적으로 고발한다는 것이다.[14] 가정의 핵심 장소인 부엌이 학대의 장소가 될 때, 『톰 아저씨의 오두막』에 등장하는 북부의 교육받은 여성의 가정은 매일같이 노예제의 얼룩을 감추고 닦아내는 곳임이 암시된다. 특히 북부에서 온 오필리어(Ophelia)는 남부 가정의 무질서를 체계적으로 질서 있게 바꾼 가정 여성의 표본이다. 그녀가 살았던 뉴잉글랜드의 가정은 "질서 잡힌, 고요한, 영속적인, 불변하는 평온한 분위기" 속에서 모든 것이 제 자리에 놓여있다.[15] 그곳에서는 오후가 되면 아무런 할 일이 없다는 듯 어머니와 딸들이 바느질과 독서로 시간을 보낸다. 윌슨의 서술은 이와 같은 평온함이 어떠한 폭력을 전제로 하여 유지되는지 드러낸다.

>B부인이 주방 풍경을 보고 확실히 기쁘다는 인상을 받기란 불가능했다. 큰 소리를 내며 부엌에 들어와 호통을 치며 명령하면서 프래도가 잽싸게 움직이도록 갑자기 몇 번 후려친 다음, 자신의 철저

---

[14] Julia Stern. "Excavating Genre in *Our Nig.*" *American Literature* 67.3 (1995) 449면.

[15] Harriet Beecher Stowe. *Uncle Tom's Cabin* (New York: W. W. Norton, 1994) 135면.

한 살림 솜씨를 자축하면서 만족스러운 표정을 짓고 거실로 돌아오는 것이 그녀가 가장 좋아하는 운동이었다. (66)

벨몬트 부인의 가정은 이따금 프래도를 심하게 구타하는 것을 제외하면, 대체로 고요하고 질서 잡힌 곳일 수 있다. 벨몬트 부인과 딸 메리와 제인은 말끔한 집 안에서 바느질을 하거나 평온하게 거실에서 시간을 보낼 수 있다. 어쩌면 어머니와 딸들은 독서를 하거나 편지를 쓰고, 이웃과 자선 바자회를 도울지도 모른다. 주일에는 좋은 옷을 입고 프래도가 모는 마차를 타고 교회에 갈 것이다. 벨몬트 부인은 "자신의 철저한 살림 솜씨를 자축하면서 만족스러운 표정을" 짓는다. 학대와 착취는 "철저한 살림 솜씨"의 일부가 되고, "만족스러운" 일상의 그림자가 된다.

『우리의 검둥이』가 흥미로운 것은 백인 안주인 벨몬트 부인이 가정 여성으로서의 역할을 철저히 수행하면 할수록 오히려 가정성의 개념이 파괴되고, 여성성을 변형시킨다는 데 있다. 벨몬트 부인의 "철저한 살림 솜씨"는 프래도를 구타하고, 딸 제인을 결혼 시장의 상품으로 흥정하며, 자신을 나무라는 남편을 몰아세우는 솜씨이기도 하다. 벨몬트 부인의 가정은 사적 공간의 질서를 지배하는 가정성의 핵심이 경제적인 것, 즉 미국 사회에 만연한 착취와 돈의 논리임을 드러낸다. 나아가 인종 위계적 폭력과 사디즘적 공격성이 가정의 "평안함"을 위해 활용됨을 보여준다. 사회와 동일한 착취 및 폭력의 논리를 통해 구성된 가정을 체계적으로 관리하는 백인 안주인 벨몬트 부인은 남성적 권위를 비웃고, 종교를 배척한다. 그녀의 견해에 따르면, 아들 제임스(James)의 종교적 독실함은 프래도의 머릿속에 불필요한 생각을 집어넣으며, 흑인의 경우, 성경 읽기나 기도는 소용없는 짓에 불과하다(86; 88; 94). 그리고 프래도에게 "독실한 척 하는 것을 멈추지 않으면 죽을 때까지 채찍질할 것"이라고 위협한다(104).

다수의 노예 서사는 백인 남편이 흑인 여성 노예에게 성희롱과 성폭력을 행사하고, 이에 화가 난 백인 아내가 흑인 여성 노예를 모질게 대했음을 기록한다. 흑인 여성은 백인 남성과 백인 여성 모두에게 학대 받지만, 백인 여성의 학대는 남편의 성 학대에 따른 부수적인 것으로 설명되었다. 랜드리(Jordan H. Landry)는 이와 달리 『우리의 검둥이』가 백인 남성 학대자를 삭제함으로써 백인 여성이 흑인 여성에 대한 인종차별적 학대에 직접적 책임이 있음을 드러낸다고 지적한다. 백인 남성 학대자의 역할을 벨몬트 부인과 메리가 나눠 맡으면서 왜곡된 이성애적 욕망의 삼각형 안에서 백인 남성의 자리를 대신해 벨몬트 부인과 메리가 흑인 여성 프래도를 착취하는 역할을 맡는다. 백인 여성을 남편의 축첩에 의한 또 다른 희생자나 피해자로 보지 않고, 자연과 본성에 의해 흑인에게 '공감'하고 자연스럽게 노예제 폐지론자가 되는 존재가 아니며, 노예를 착취하고 학대하는 직접적인 가해자일 수 있고 이에 도덕적 책임을 져야 하는 행위자로서 분명하게 그려내는 것은 백인 여성을 억압적인 젠더 배치나 성 역할에 가두는 것이 아니라 재젠더화시킨다. 랜드리는 백인 여성을 재젠더화함으로써 관습적인 젠더 역할에서 벗어나는 흑인 여성의 모습 또한 정당화될 수 있다고 본다. 랜드리가 보기에 프래도는 백인 여성 학대자의 잔인한 공격성에서 벗어나고자 하는 최초의 흑인 여성 트릭스터(trickster)이다. 사디스틱한 백인 여성의 남성성에 반하여 흑인 여성의 남성성을 저항의 양식으로 활용한다는 것이다.[16] 그러나 이는 단

---

[16] H. Jordan Landry. "Bringing Down the House: The Trickster's Signifying on Victimization in Harriet E. Wilson's *Our Nig.*" *Callaloo* 36.2 (2013) 441~42면.

순한 해석에 그칠 수 있다. 프래도를 남성으로 취급함으로써 관습적 젠더 기대에 벗어나도록 하는 이가 바로 그녀를 학대하고 착취하는 벨몬트 부인이기 때문이다.

  이 글은 랜드리의 비평과 달리 백인 남성의 상징적 위치를 완전히 삭제할 수 없음에 초점 맞추고, 백인 여성 학대자 벨몬트 부인의 행위를 과잉 여성성과 연극성이 빚어내는 퀴어성의 일종인 캠프(camp)[17]로 이해한다. 또한 뒷장에서 흑인 여성의 남성성을 저항의 양식이 아니라 폭력적으로 강요받은 비존재 양식으로 설명할 것이다. 앞선 인용문에서 벨몬트 부인의 의례화된 반복적 행위는 연극 무대의 한 장면을 방불케 한다. 부엌을 한 바퀴 돌면서 기습적으로 프래도를 몇 번 후려치고 거실로 돌아오는 일련의 행위에서 벨몬트 부인의 모습은 자못 과장되어 있으며, 연극적이다. 자신의 완벽한 가정주부됨을 과시적으로 드러내는 여성은 가정성의 규범에 과도하게 충실함으로써 오히려 그 규범에 균열을 일으킨다. 과시적이고 위협적인 벨몬트 부인의 행위는 아이러니, 양성성, 연극성으로 점철된 인공적인 퍼포먼스에 가깝다. 일상을 연극화하는 벨몬트 부인은 가정 여성으로서 맡은 역할에 과도하게 충실함으로써 가정성이 어떻게 인종위계적 폭력에 근거하여 작동하는지 드러내며, 남성을 위협하는 과잉 여성성이라는 예상치 못한 효과를 낳는다.

---

[17] 잭 바부시코(Jack Babuscio)는 캠프가 아이러니, 심미주의, 연극성, 유머라는 네 가지 요소로 이루어지며, 사회적으로 억압받는 존재가 갖는 세상에 대한 의식과 감수성이 투사된 것이라 설명한다. Jack Babuscio. "The Cinema of Camp (aka Camp and the Gay Sensibility)." *Camp: Queer Aesthetics and the Performing Subject.* Ed. Fabio Cleto (Edinburgh: Edinburgh UP, 2022) 118면. 수잔 손택(Susan Sontag)에 의하면, 캠프의 본질은 "부자연스러움, 인공적이고 과장된 것에 대한 애정"이다. Sontag, Susan. "Notes On 'Camp'." 앞의 책, 53면.

3. 여성성을 패러디하는 남성들

벨몬트 부인과 달리 남편 존(John), 아들 잭(Jack)과 제임스는 프래도의 아픔에 공감하고 달래준다. 이들은 프래도의 상처에 붕대를 감아주지만, 구타가 시작되면 일어나 자리를 피해버린다(34: 36). 이러한 행태는 당대의 일부 노예제 폐지론자와 비견되기도 한다.[18] 특히 존은 프래도에게 그저 가능하면 맞지 말고 "피하라"고 조언할 뿐이다(104). 남성들은 노예와 다를 바 없는 프래도의 처지에 부당함을 느끼면서도 이를 막을 구체적인 방법을 제시하기 보다는 그저 '공감'하고 '항의'하는 데 그친다. 오히려 벨몬트 부인이 프래도 학대를 정당화하는 '이성적'이고 '합리적'인 이유로서 경제적 계산을 늘어놓는다. 이처럼 이 소설에는 남녀의 위치가 뒤바뀌며, 특히 존과 아들들은 남성적 '결단'을 할 수 있는 위치에 있음에도 여성성을 가장한다.

예를 들어 존은 아내가 프래도를 심하게 구타하는 것을 보면서도 누이의 방에 피신하여 자신의 책임을 방기한다.

> 애비가 자신의 방으로 들어올 때 우물대며 존이 따라 들어왔다. "뭐라고 말했니?" 애비가 물었다. "그 애가 다시 집에 안 돌아왔으면 한다고 말이야." "그럼 그 애는 어떻게 되든 상관없다고? 그런 뜻은 아니겠지" 누이가 말했다. "정말 그랬으면 해. 그 애는 성인 여자가 할 만큼의 일을 하고 있는데, 저렇게 걷어차이다니!" "왜 그렇게 되도록 내버려 두니, 존?" 누이가 물었다. "내가 뭘 할 수 있겠

---

[18] Hazel V Carby. *Reconstructing Womanhood: The Emergence of the Afro-American Woman Novelist* (New York: Oxford UP, 1987) 44면.

어? 여자가 지상을 다스리는데, 그게 전부지." "나도 나의 가정을 다스려야 할 것 같아, 존." "그러는 동안에는 지옥 속에 사는 거지." 존이 덧붙였다. 존은 이제 폭풍이 잠잠해지기를 기다리려고 헛간으로 어슬렁어슬렁 걸어 나갔다. (44)

존은 그저 눈앞에서 벌어진 일을 피하고 싶은 바람을 우물우물 내뱉는다. 프래도가 제 발로 나갔으면 하는 바람은 착취나 학대에 반대하면서도 프래도가 자신의 문제를 알아서 처리하기를 바라는 소극적 태도이다. 그는 적극적인 행위를 취하지 않고 누이의 방과 헛간으로 피신한다. "왜 그렇게 되도록 내버려두느냐"는 누이의 질문에 존은 "여자가 지상을 다스리고, 그 동안 지옥에서 사는 것"이라는 체념 섞인 발언으로 책임을 회피한다. 그러나 실제로 집안에서 그가 내리는 결정은 돌이킬 수 없고, 그의 말은 법에 가깝다. "집안에서 장황한 토론을 불러일으킨" 프래도의 교육 문제는 "마침내 벨몬트 씨가 프래도는 학교에 가야 한다고 단호하게 선포"함으로써 마무리 된다. "그는 집안에서 좀처럼 논쟁을 결정짓지 않는 사람"이지만 "그가 한 번 뱉은 말은 아무리 호소해도 바뀔 수 없었다." "그의 말은 법"과 다름없기 때문이다(30). 존은 여성이 지상을 다스린다고 말하지만, 사실상 중요한 결정을 내려야 할 때 단호하게 선포할 수 있는 인물이다. 같은 장면이 제인의 결혼에서도 반복된다. 벨몬트 부인의 판단은 거부되고 아버지의 선택에 따라 제인은 다른 이와 결혼한다(61). 벨몬트 부인은 위협적이지만, 그럼에도 가장인 남편의 권위를 받아들여야 한다.

마찬가지로 아들 제임스의 결정 또한 번복 불가능한 것으로서 벨몬트 부인이 수긍할 수밖에 없다.

어느 날, 제임스는 프래도에게 음식을 치우지 말고, 식탁에 앉아 먹으라고 일렀다. 그는 침착하지만 단호하게 말을 이었다. "이 애는 그럴 거예요, 어머니. 전 결정했어요. 얘는 열심히 일해요. 다 지켜봤어요. 이제 제가 머무는 동안, 얘는 여기 앉아서 우리가 먹는 것과 같은 음식을 먹을 거예요." 어머니의 검은 눈동자에서 튀어 오른 불꽃이 유일한 대답이었다. 벨몬트 부인은 자신이 이길 수 없음을 잘 알고 있을 때 반대하길 두려워했다. 그래서 검둥이만 따로 서서 먹거나 다른 음식을 먹지 않아도 되었다. (68)

벨몬트 부인은 자신이 대항할 수 없는 남성의 권위를 잘 알고 있기에, 아들의 말을 감히 물리치지 못한다. 이는 아무리 가학적인 백인 여성이라도 백인 남성의 상징적인 위치를 삭제하고 무소불위의 권력을 휘두르지는 못한다는 점을 가리킨다. 넘어설 수 없는 아버지의 권위는 말이 곧 법으로 통용되는 위치에서 나온다. 백인 여성과 흑인 여성 간의 관계는 상징적인 백인 아버지, 법, 국가의 영향력 아래에서 설명되어야 한다. 벨몬트 부인의 구타와 학대는 남편 존의 묵인으로 말미암아 강화된다. 흥미로운 것은 『우리의 검둥이』에서 아버지와 아들은 자신의 권위 없음을 과장하고, 여성적 역할을 자청한다는 데 있다. 벨몬트 부인이 연극조로 과잉 여성성을 드러내며 그녀에게 없는 '남성성'을 가장한다면, 존과 아들들은 수동적이며 권력 없는 '여성성'을 가장한다.

예를 들어, 제임스는 프래도에게 종교를 통해 자기 절제와 순응을 가르친다(50~51; 69). 『우리의 검둥이』는 신앙에 소극적이거나 비판적인 남성과 독실한 기독교인 여성이라는 쌍을 뒤집는다. 신앙보다는 이웃의 시선에만 신경 쓰는 어머니와 달리 "허약한" 아들 제임스는 가정적 가치와 신앙의 승리를 통해 세속적 고난을 넘어설 것을 강조한다. 그는 볼티모어의 부유한 아가씨와 결혼하여 집을 떠나지만 병에 걸려 다시 집에 돌아오는데, 침상에 누운 제임스의 모습은 마치 『톰 아저씨의 오두막』에 등장하는 어린 이바(Eva)와 유사해진다. "감상주의의 척도"[19]이자 19세기 미국 감상주의 소설의 가장 "원형적인" 장면[20]이라고 할 이바의 죽음은 『우리의 검둥이』에선 제임스의 죽음으로 변형되어 패러디된다. 제임스는 공적영역에서 행위하며 사업, 생산, 돈 벌기에 참여하는 것과 연루된 남성성이 아니라 침상에 누워 하나님에 대한 사랑을 고백하는 여성성과 연루된다. 프래도에게 착한 소녀가 되라고 당부하고 이바처럼 궁극적 순종으로서 죽음을 맞는 제임스는 전형적인 감상소설 속 여성 기독교인의 모습처럼 보인다.

소설은 프래도의 섹슈얼리티와 벨몬트가 남성들과의 성적 관계의 가능성에 대해 침묵하지만, 그럼에도 이들 간의 성적 긴장은 탐지 가능하다. 프래도는 제임스를 잃은 슬픔을 열정적으로 표현하며, 제임스가 묻힌 무덤에 함께 묻히기를 소망한다(96; 98; 101). 프래도의 애정에 제임스도 응답하는 것처럼 보인다. "제임스가 그 아이에 관해 퀴어한 생각을 갖지 않았으면" 좋겠다거나 "프래도를 남기고 죽어야만 한다는 것이 그를 괴롭히는 것 같다"는 관찰과 함께 남편에게 "그가 제정신 인지" 질문하는 벨몬트 부인의 말은 제임스와 프래도의 관계를 "바르지 않고" "기이한" 퀴어성으로 읽어낼 수 있게 한다(88). 결혼 대상으로서 결혼 거래

---

[19] Jane P Tompkins. *Sensational Designs: The Cultural Work of American Fiction, 1790-1860* (Oxford: Oxford UP, 1986) 127면.
[20] Ann Douglas. *The Feminization of American Culture* (New York: Macmillan, 1998) 3면.

에 아무런 가치를 갖지 못하는 프래도와 제임스 간에 암시되는 사랑은 제도나 규범이 인정하지 않는 위법한 사랑이다. 무엇보다 19세기 미국에서 인종간 성애는 동성애와 유사하게 죄악으로 취급되며 터부시되었다. 소머빌(Siobhan B. Somerville)은 동성애가 성적 행위를 넘어 정체성을 지칭하는 개념으로써 쓰인 것이 비교적 최근의 일임을 상기시키면서, 19세기 미국에서 등장한 '호모/헤테로 섹슈얼리티의 위기'가 흑인과 백인 사이의 가정된 경계와 인종을 정의하는 문제와 깊이 관련되어있다고 주장한다. 또한 뮬라토와 성적 도착자라는 두 몸이 두 가지 금지된 유형의 욕망인 인종간 성애와 동성애를 나타내는 '비정상적' 성적 대상 선택의 모델이 되었다고 설명한다.[21] 프래도와 잭 그리고 제임스 사이에서 암시되는 인종간 성애는 사회적 금기에 해당하는 일탈적 성애이다. 이는 지배적 젠더 배치와 성적 관계의 금기를 위반하는 퀴어성과 연결된다.

4. 프래도의 젠더 수행과 여성-되기의 정치성

『우리의 검둥이』에 나타나는 퀴어성은 주인공인 프래도의 젠더가 모호하게 그려진다는 데에서도 확인된다.

> 그녀의 겨울 외투는 한때 잭이 입던 낡은 오버코트와 선보닛이었다. 프래도의 옷차림은 학생들에게 즐거운 놀림거리였다. 그러나 검둥이가 쏘아붙이는 응수는 더욱 유쾌한 것이어서, 이들의 만족

---

[21] Siobhan B Somerville. *Queering the Color Line: Race and the Invention of Homosexuality in American Culture* (Durham: Duke UP, 2000) 34면.

스러움은 프래도를 "벨몬트 할머니"라고 부르는 데서 잘 드러났다. 이러한 일들은 검둥이를 힘들게 하진 않았지만 메리를 즐겁게 하지도 않았다. 프래도의 쾌활함은 매질이나 호된 꾸지람으로도 멈추지 않았다. (37~38)

몸에 맞지 않는 남성의 옷을 입고 틈이 날 때마다 쉴 새 없이 장난을 치는 프래도의 모습은 소녀보다는 소년에 가까워 보인다. 그녀의 복장과 말투에서 유래한 "벨몬트 할머니"라는 별명은 소년, 소녀, 할머니를 오가는 젠더 경계의 허구성을 암시하는 듯하다.[22] 프래도는 교사의 책상 서랍을 담배 연기로 가득 채워 선생을 놀라게 하거나(39), 잭을 위해 재밌는 말을 하는 전형적인 장난꾸러기이자 악동의 모습을 보인다(53; 79). 헛간 지붕 위에서 떨어지거나 양에게 받친다면 "목이 부러지거나" 죽을 수도 있었을 장난을 치면서(53-55), 프래도는 폐쇄적인 가정에서의 학대에서 벗어나 농장과 학교에서 활기를 얻는다. 프래도가 위험한 장난을 칠 때마다 잭과 농장의 일꾼들이 웃으며 환호하는 모습은 젠더 위반에 정신이 팔린 전형적인 톰보이(Tomboy)와 그에 대한 반응이다. 더불어 프래도는 친절한 제임스와 애비의 설득에도 불구하고 계속해서 종교에 의심을 품는다. 지옥과도 같은 삶에서 벗어나길 소망하면서도 기독교식 순종에 저항하는 어린 프래도는 '진정한 여성성'의 덕목에도 저항한다. 실상 뮬라타인 프래도는 백인이 아니라는 점에서 진정한 여성성의 덕목을 갖출 수 없는 인물이므로, 백인 여성이라는 원본을 패러디하는 '퀴어

---

22 젠더 경계의 허구성에 관한 더 자세한 논의는 Judith Butler. *Gender Trouble: Feminism and the Subversion of Identity* (New York: Routledge, 1999) 3장 4절 참조.

한' 존재로 간주될 수 있다. 프래도는 피부색과 신분적 지위에 의해 소위 '진정한 여성'이 될 수 없는 여성이기에 퀴어하다. 이는 프래도의 퀴어성이 "정체성으로 정의될 수 있는 것이 아니라 오로지 정체성에 혼란을 일으킴으로써만" 인식될 수 있음을 암시한다.[23] 퀴어성은 언제나 정체성의 범주를 넘어서기 때문이다.

그러나 여전히 프래도가 보이는 젠더 위반이 자발적 선택에 의한 수행으로 볼 수 있을지 검토가 필요하다. 비록 남자의 옷을 걸친 "벨몬트 할머니" 프래도가 남성성과 여성성의 구분뿐 아니라 인종간 성애의 경계를 교란시키는 인물이라 할지라도, 그녀의 복장 전환은 벨몬트 부인의 폭력적인 지시에서 비롯된 것이기 때문이다. 벨몬트 부인은 프래도의 반짝이는 검은 곱슬머리를 밀어버리고, 낡은 옷만을 입힘으로써 여성스러운 모습을 제거한다(68). 매그의 아이일 때부터 프래도는 "길고 곱슬거리는 검은 머릿결과 예쁘고 장난기 어린 눈망울이 억누를 수 없는 생기로 반짝였던" "아름다운 뮬라토"(17)였다. 처음 벨몬트 부인의 집에 왔을 때만 하더라도 "정말로 예쁘게 생겼고, 똑똑해 보이고, 그렇게 검은 편도 아닌"(25) 살결을 지녔던 모습이었지만, 벨몬트 부인의 지시로 프래도는 "해가 강력한 힘으로 어둡게 만들도록" 모자도 쓰지 못한 채 밖에서 일해야 했다(39). 잭은 집에 돌아와 머리카락이 잘린 프래도를 보고는 "곱슬머리가 어디로 갔는지" 묻는다. "너희 어머니가 잘라버렸어"라는 대답에 잭은 어머니 생각엔 "네가 더 예뻐질까봐 그런 거야. 옛이야기 같은 거지"(70)이라고 답한다. 예쁘고 똑똑한 프래도의 머리칼을 눈에 띄지 않도록 잘라내는 것은 딸의 미모를 질투하는 "옛이야기"의 계모

---

23 Lee Edelman. *No Future: Queer Theory and the Death Drive* (Durham: Duke UP, 2004) 17면.

처럼 소녀가 여성이 되지 못하게 방해한다. 낡은 옷을 걸친 노동에 찌든 소녀는 더 이상 "유혹의 대상이 되지 못한다"(69). 이는 그녀를 결혼 거래나 사랑의 교환경제에서 아무런 가치도 갖지 못하게 만든다. 프래도는 의도적으로 '여성이 되지 못하게' 방해 받는다.

여성은 결혼 시장에서 거래 대상이자 상품으로서 가치를 갖지만, 백인중심적 사회에서 흑인 여성은 오로지 노동력으로만 환산된다. 벨몬트 부인는 "다른 곳에서 쓸모를 찾을 수 없다면, 프래도에게서 돈이라도 쥐어짜낼 것"이라고 말한다(90). 프래도는 제인과 같이 결혼 거래의 교환물로서 아무런 가치도 갖지 못하기 때문이다. 프래도의 어머니 매그는 백인 여성으로서 거래 가치를 가졌으나 "그녀의 소중한 보석"인 처녀성을 저버리고(6), 그녀의 두 번째 "보물"인 흰 피부마저 생계를 위해 짐에게 팔아버린다(14). 화이트(Barbara A. White)의 지적처럼 결혼 시장에 중요한 가치를 갖는 백인 여성은 아무리 병약하고 부족해도 영민하고 건강한 흑인 여성보다 더 가치 있는 상품이 된다.[24] 동시에 이러한 점은 매그와 벨몬트 부인 또한 각각 경제적·사회적으로 남편에게 의존해야 하는 백인 여성의 취약성을 갖는다는 점을 드러낸다. 순결을 잃은 매그가 주변의 도움을 얻지 못해 결국 흑인 남성을 남편으로 맞아들이고 그의 보호에 의존해야 했던 것처럼, 벨몬트 부인 또한 프래도와 하인 위에 군림하더라도 겉으로는 남편의 말을 거역할 수 없다. 특히 벨몬트 부인이 남편의 남성성을 비웃는 장면이나 남편의 만류를 들은 날이면 프래도를 더욱더 심하게 매질하는 모습에서 그녀가 여성으로서 자신의 취약성을 인식하고 있으며, 이를 보상하기 위한 방편으로 프래도를 가학적으로 학

---

[24] Barbara A White. ""Our Nig" and the She-Devil: New Information about Harriet Wilson and the "Bellmont" Family". *American Literature* 65.1 (1993) 34면.

대한다고 유추할 수 있다.

한편 프래도는 지붕 위에 올라가거나 위험한 장난을 치며 몸을 자유롭게 쓰는데, 이를 통해 백인 여성과 달리 아이러니하게도 공간 이동의 자유와 성애가 다소간 허락된 어린 흑인 여성의 위치를 드러낸다.[25] 마음대로 헛간 지붕 꼭대기에 올라서거나 양을 몰아 내달리며 공간을 지배하는 힘, 복장 전환이 허가하는 신체적 자유, 위트를 통해 날카롭게 응수하는 프래도의 기지는 백인 여성에게 허락되지 않은 자질이기 때문이다. 벨몬트 부인의 매질은 프래도의 행실을 단속하려는 것이면서 동시에 여성성이 함의하는 제약에 대한 무의식적 반발을 드러낸다. 즉 벨몬트 부인은 이성애규범성과 결혼에 묶여야 하는 백인 여성의 모순적 한계 속에서 자유롭게 몸을 쓰는 프래도를 질투한다. 그러면서 벨몬트 부인은 프래도를 상대로 사디즘적 공격성과 인종차별적 폭력을 발휘하면서 백인으로서 특권과 계급적 우위를 확인하고자 한다.

나아가 프래도에게서 "돈을 쥐어짜내려는" 벨몬트 부인의 노력은 프래도를 혹사시킴으로써 그녀를 남성화한다. 벨몬트 부인은 프래도를 파괴 불가능한, 불사의 "검은 뱀"으로 취급함으로써 프래도의 '흑인성'을 '남성성'과 등치시킨다.

"당신도 알다시피 이런 검둥이들은 검은 뱀과 같아서, 죽일 수가 없다니까요. 만약 그 애가 그렇게 강하지 않았다면, 진작 죽어 나갔

---

[25] 19세기 미국, 특히 남부에서 백인 여성은 장식적인 레이스가 겹겹으로 붙은 옷차림을 했으며, 맨 팔과 다리를 대중의 시선에 노출하지 않아야 했다. 많은 경우 여성들은 남성의 에스코트를 받아야만 이동할 수 있었고 행동의 제약을 받았다. Deborah Grey White. *Ar'n't I a Woman?: Female Slaves in the Plantation South* (New York: W. W. Norton, 1999) 31면.

을 거예요. 다른 하녀들은 그 애가 하는 일의 반도 못할 게 분명해요."(88)

벨몬트 부인은 프래도만큼 여러 방면에서 — 남자, 소년, 청소부, 가정부 등등을 잘 해낼 수 있는 사람을 찾기 어려울 것이라고 느꼈다. (116)

프래도는 부엌일과 집안일을 하면서도 양 떼를 데려오거나 말을 다루고 마차를 몰아야 한다. 프래도는 남성의 할 일과 여성의 할 일을 떠맡음으로써 몇 명분의 노동을 하고 있다. 벨몬트 부인은 "다른 하녀들은 그 애가 하는 일의 반도 못할" 것이라고 말하며 프래도를 아무리 많이 착취하더라도 괜찮은 존재로 묘사한다. 프래도는 "죽일 수가 없는" "검은 뱀"이다. 어린 소녀가 아니라 '검은 팰러스', 즉 강인하며 인간 이상의 능력을 발휘하는 동물화되고 남성화된 존재이다. 이처럼 벨몬트 부인은 프래도를 여성이 아닌 남성화된 존재로 만들어내는데, 이는 프래도의 남성성을 주장함으로써 그녀를 학대하고 착취하는 것을 정당화 하기 위함이다. 이는 프래도로 하여금 젠더 규범의 인정을 받지 못하는 존재로 내몰아 '살아갈 수 없게' 만든다.

따라서 프래도가 남성화되는 것은 저항의 양식이 되기보다는, 파농(Frantz Fanon)이 말하는 "비존재의 지대"(a zone of nonbeing)로 내쫓겨 살도록 하는 것이다.[26] "극도로 황량하고 메말라"[27] 제대로 살아갈 수 없

---

26   Frantz Fanon. *Black Skin, White Masks*. Trans. Charles Lam Markmann (London: Pluto P, 2008) 6면.
27   Fanon, 앞의 책 6면.

는 비존재의 지대에 머무는 것은 사회적 인정 밖으로 내몰려 인식되거나 가시화되지 못함을 의미한다. 이들은 버틀러(Judith Butler)가 말하는 '살만한 삶'이 아닌 '살 수 없는 삶'을 영위하도록 내던져진다. 버틀러는 "때로는 한 개인에게 '인간됨'을 부여하는 하나의 관점이 다른 이들에게는 인간과 덜 된 인간 사이의 차이를 생산하면서 '인간됨'의 지위를 얻을 가능성을 박탈하게 하는 것이 될 수 있다"고 주장하며 어떤 인간이 덜된 인간이라는 "제한된 인정의 형태는 살 만한 삶(viable life)을 이끌지 못하며, 어떤 인간이 전혀 인간도 아니라고 인정된다면, 살 수 없는 삶(unlivable life)으로 몰고 갈 것"이라고 말한다.[28] 이상화된 인간의 신체를 지배하는 규범은 누가 인간이고 누가 인간이 아닌지, 어떤 삶이 좋은 삶이고 어떤 삶이 힘든 삶인지에 대한 차별적 의미를 생산한다.[29] 벨몬트 부인은 프래도를 평범한 여성이 아닌 존재로 규정함으로써, 사회적 인정 밖으로 밀어낸다.

프래도는 남성화된 여성으로는 제대로 살아갈 수 없다. 벨몬트 부인처럼 인종적·계급적 특권이 없는 프래도는 젠더 규범에의 인정마저 박탈된다면, 삶을 제대로 영위할 수 없다. 따라서 프래도는 그녀에게 폭력적으로 강요된 남성성에서 벗어나기 위해 여성으로서 인정받고, 여성으로서 누릴 수 있는 젠더의 특권을 요구한다. 이는 제인의 결혼에 관해 상세하게 서술하는 대목에서 잘 드러난다.

이제 모든 이들이 폭풍을 볼 수 있었다. 벨몬트 씨는 제인을 찾았다. 그녀는 아버지에게 자신이 헨리를 싫어한다고 말했고, 조지

---

[28] Judith Butler. *Undoing Gender* (New York: Routledge, 2004) 2면.
[29] Butler, 앞의 책 4면.

가 쓴 편지와 자신의 답장, 그가 자주 방문했던 이유에 대해 말했다. 아버지는 딸에게 스스로를 병들게 해선 안된다고 말했다. 그는 이토록 중요한 거래에 그녀의 **자유로운** 선택을 막아서도록 강요 받아선 안된다고 보았다. 그런 뒤 그는 두 젊은이를 찾아가 아버지로서 딸이 마음에 맞지 않는 결혼이 강제되는 꼴은 볼 수 없다고 말했다. **자유롭고** 자발적인 선택은 그녀의 건강에 매우 중요했다. 그녀는 **자유롭게** 선택할 수 있어야 한다. (60면, 강조는 인용자)

아버지인 존이 나서서 어머니와 딸, 두 남자 간의 관계를 정리함으로써 결국 제인은 자신이 사랑하는 남자와 결혼할 수 있었다. 이때 "자유로운"이라는 단어가 세 번 반복된다. 자유롭고 자발적인 선택이 가능한 백인 여성과 대조되는 예속된 처지인 프래도의 위치를 더욱 부각하기 위함이다. 이때 반복해서 "자유"를 강조하는 사람은 아버지 존인데, 이는 제인이 자유의지를 행사하고, 자유로운 선택에 따라 결혼할 수 있었던 것은 결국 아버지의 권위에 힘입은 것이라는 점을 드러낸다. 프래도의 고난과 큰 관련이 없음에도 불구하고 제인의 결혼은 소설에서 적지 않은 분량을 차지한다. 저자는 제인의 결혼이 어떻게 될지에 크나큰 관심을 가진 듯이 보인다. 이는 아버지의 상징질서가 안정적으로 작동하는 법과 관습 아래에서 여성이 누리는 젠더 특권에 대해 저자가 갈망하고 있음을 암시한다.

5. 다른 살기 양식의 가능성으로서 여성-되기

제인은 병약하고 우유부단하기 때문에 오히려 더 소중한 아내가 된다. 건강함이 아니라 병약함이 자산이 되는 이유는 제인이 지닌 흰 피부와 중산층이라는 계급 덕분이다. 즉 인종 및 계급적 특권과 맞물렸을 때 젠더 규범은 규범적 힘을 발휘하며, 누군가에게 자원이 될 수 있다. 같은 식으로 인종 및 계급적 특권이 허락되지 않은 프래도는 벨몬트 부인의 방해에도 불구하고 여성으로서 사회적 인정을 받으려 한다. 이미 부과된 젠더화된 삶의 양식에서 벗어나는 것은 사회적 인정에서 벗어나 사회적으로 존속 가능하지 않으며, 살만한 삶을 살 수 없도록 만들기 때문이다. 여성으로서 적절한 위치를 차지하는 것은 사회에서 그녀를 가시화시킨다. 프래도로 하여금 여성-되기의 방편이 되어 준 것이 글 읽기이다.

> 프래도는 점차 성숙한 여성이 되어 가고 있었고, 이전에 누렸던 이점을 더 이상 누릴 수 없음에도 불구하고 배운 것을 기억하며 그녀의 마음을 풍요롭게 만들려 노력하고 있었다. 그녀의 교과서는 지속적인 동반자가 되어 주었고, 그녀는 모든 여가를 책을 읽는 데 썼다. 수전은 프래도가 진전을 보이고 있음에 기뻐했고, 작은 책 몇 권을 주었는데, 이는 부과된 힘든 노동에 충분한 보상이 되어 주었다. 프래도는 항상 책을 가까이에 두었고, 책을 보면서 고된 노동에서 벗어나 영혼을 회복할 수 있었다. (115)

"성숙한 여성"으로 성장해가는 프래도는 책을 가까이하며 배우고 익히려 노력한다. 이는 사회로부터 여성 혹은 숙녀로서 인정받으려는 노력에 다름 아니다. 프래도는 교과서 읽기, 설교 듣기, 기도 등을 통해 사회규범이 인정하는 여성으로서 젠더화되고자 한다. 그리고 이는 성장 또는 성숙으로 그려진다. 도리아니(Beth Doriani)는 『우리의 검둥이』에 나타난 자서전적 글쓰기에 주목하면서 자서전 쓰기를 통한 자아의 형성과 여성의 자기 정의에 관해 논한다. 이에 대한 역사적 배경으로 1830~1850년대 출간된 여성을 위한 잡지, 연감, 종교적 글에 여성의 의무와 역할에 관한 글이 범람하였음을 지적한다.[30] 이는 여성의 글 읽기와 글쓰기를 통해 형성되는 여성의 자아 형성이란 관습적이고 사회적 젠더 기대에 부응하라는 요구와 떼어낼 수 없음을 암시한다.

그러나 앞서 언급한 바와 같이 그녀는 '진정한 여성성'을 갖춘 숙녀가 되기에는 지나치게 '퀴어'하다. 무엇보다 숙녀에 대한 규범 또한 프래도를 '살 수 없도록' 옥죄기는 매한가지이다. 버틀러는 이러한 교착 상태에 주목한다.

> 나는 인정 가능성 없이는 살아갈 수 없다고 느낀다. 하지만 나는 또한 나를 인정받게 만드는 그 관점이 나를 살 수 없게 만든다고 느낀다. 이 경계에서 비평이 나온다. 이러한 비평은 다른 살기 양식의 가능성을 열기 위해 삶을 제약하는 관점에 대한 심문으로 이해될 수 있다. (Butler 앞의 책, 4면)

프래도를 여성으로 인정하는 규범이 동시에 그녀를 '살 수 없게' 할 때, 그 지점에서 "비평" 즉, "다른 살기 양식의 가능성을 열기 위해 삶을 제약하는 관점에 대한 심문"이 시작된다. 『우리의 검둥이』의 마지막 장면은 여성에 관한 젠더 규범에 부합하고자 하는 흑인 여성에 관한 다른

---

[30] Doriani, 앞의 글 203면.

초상을 독자에게 제시한다. 많은 문학 작품에서 "이상화된 흑인 여성의 일부는 백인"으로 그려져 왔다.[31] "독실함, 순수함, 가정성, 연약함"을 지향하는 뮬라타는 백인화된 여성의 불완전한 모방으로 인해 비극적 운명에 처할 수밖에 없다. 그러나 프래도는 백인 여성처럼 되기를 소망하지 않으면서도 스스로의 '여성됨'을 주장한다. '진정한 여성성'을 모방하길 거부하는 여성은 스스로 일하고, 신뢰와 상호인정의 공동체 속에서 함께 살아가고자 한다. 이는 반쯤은 남성화되고, 퀴어이면서도 여성인 존재 또한 '살만한 삶'을 살 수 있음을 보여준다.

예를 들어 18살이 된 프래도는 계약 하인의 지위에서 벗어나 병약한 몸을 이끌고 독립한다. 11장은 독립 후 프래도가 어떻게 병마와 맞서 싸우며 살아남는지 자세히 묘사한다. 프래도는 노동력을 팔아 생계를 꾸려야 했기에, 자신의 쓸모를 입증하기 위해 작은 일도 버거운 건강 상태에서 무리하게 일하다가 크게 앓아눕는다. 마침내 돌이킬 수 없이 악화된 건강으로 인해 생계를 꾸릴 수 없게 되었을 때, 프래도는 회복될 때까지 쉴 수 있도록 벨몬트 가정에 요구한다.

> 하지만 프래도는 그들이 자신에게 머물 곳과 보살핌을 빚졌다고 확신했다. … 모두는 그녀의 건강이 악화되기 시작했던 곳이 쉴 곳이라고 생각했다. 그래서 그들은 한 번 더 그곳을 프래도의 쉼터로 삼고자 했다. (120~21)

프래도는 건강을 잃도록 착취와 학대를 당했던 벨몬트 가정이 자신에

---

[31] Doriani, 앞의 글 205면.

게 "머물 곳과 보살핌을 빚졌다"고 "확신"한다. 그리고 그곳이야말로 환자가 회복을 위해 쉴 곳이라고 여긴다. 자신을 돌봐달라고 요구하는 프래도는 자신의 손상이나 죽음이 손실로 인식되고 '살만한 삶'을 살 수 있는 권리를 주장하는 것이다. 프래도는 스스로를 보살핌받아 마땅한 권리를 지닌 주체로 여김으로써 자신의 삶을 제약하는 벨몬트 부인의 관점을 심문한다.

글을 쓰는 것 또한 같은 맥락에서 이해될 수 있다. 저자는 「서문」("Preface")에서 "일가친척으로부터 버림받고, 악화된 건강으로 일을 할 수 없어 자신과 아이의 생계를 위해 시험 삼아 (글을 쓰도록) 강제 되었다"라고 밝히고 있다. 비록 강제된 글쓰기이지만 삶의 어떤 사건은 소상히 밝히는 대신, 다른 사건은 의도적으로 "생략"했음을 밝히고 있기에 저자의 이야기는 "생애사"(narrative of life)가 아니라 편집된 "스케치"(sketches)가 된다. 또한 저자는 무엇보다 "자신의 유색인 형제들"이 자기 글의 "후원자"가 되길 청한다.

윌슨의 글은 동시대 다른 흑인 작가의 글과 달리, 백인 독자 또는 백인 노예제 폐지론자에게 호소하지 않는다. 흑인 독자와 유색인 형제들에게 책 판매를 호소하며 판매 대금으로 그녀와 그녀의 아들이 함께 살 수 있게 해달라고 요청한다. 그녀는 말이 잘 전달되고, 뜻이 읽히고, 신뢰받고, 나누고, 서로를 돌보는 흑인 공동체를 호출하며, 이들에게 말을 걸고 있다. 이는 그녀의 경험을 들어주고 공감하며 생략된 행간을 읽어 내 줄 수 있는 비평의 공동체를 향한 바람을 표현하는 것이다. 프래도는 숙녀로서의 기술인 바느질을 통해 생계를 독립적으로 꾸릴 수 있고, 믿고 신뢰할 수 있는 동료가 되어 서로 돌보는 공동체 안에 머물고 생존하고자 한다. 그것이 그녀를 잘 '살아갈 수' 있게 하기 때문이다. 이처럼 프래도의 성장과 여성-되기는 계급, 인종, 젠더의 범주가 얽힌 다른 위치의 여성-되기의 가능성을 조심스레 암시한다.

6. 나가며

이 글은 북부의 흰 이층집 벨몬트 가정을 노예제의 그늘 아래 젠더 체계가 형성 중에 있는 시공간으로 상정하고, 이러한 혼종적 시공간에서 나타나는 퀴어한 관계 및 배치들에 주목했다. 예를 들어 프래도는 여성이 관장하는 응접실과 부엌에서 일어나는 학대에서 벗어나길 소망하며, 남성들이 일하는 농장과 학교에서 즐거움을 얻는다. 벨몬트 부인은 자신의 매질을 나무라는 남편의 남성성을 비웃고, 어머니됨과 아내됨에 만족하지 않음으로써 형성 중인 젠더 체계를 위험에 빠뜨린다. 이처럼 소설에서 분리된 영역, 남성성과 여성성의 자질 또는 질서는 뒤바뀌거나 혼란스러워진다.

이와 같이 서사의 배경을 퀴어한 시공간으로 간주할 때, 『우리의 검둥이』는 헤게모니적 여성성으로서 젠더가 "간섭과 재의미화에 열려있는 진행 중인 담론적 실천"[32]임을 드러낸다. 다시 말해 생물학적 성이 아니라 특정한 인종과 신분에 속하며 특정 규범에 따른 젠더적 실천을 할 수 있는 여성만이 여성이라고 간주하는 사회에서 매그, 벨몬트 부인, 메리는 젠더규범과 불화하는 인물이다. 나아가 뮬라타 프래도는 백인성과 헤게모니적 여성의 덕목이 부재하기에 백인 여성이라는 원본을 패러디하는 '퀴어한' 존재로 간주될 수 있다. 프래도는 피부색과 신분적 지위

32　Judith Butler. *Gender Trouble: Feminism and the Subversion of Identity* (New York: Routledge, 1999) 43면.

때문에 이른바 '진정한 여성'이 될 수 없는 여성이기에 퀴어하다.

이러한 논지에서 이 글은 『우리의 검둥이』의 주인공 프래도가 '아직 여성 아닌 자'에서 '여성'으로 이행(transition)하는 과정을 담은 소설이라 평가한다. 또한 프래도가 여성으로 이행하는 과정에 무엇보다 글 읽기/글쓰기가 중요한 역할을 한다는 데 주목한다. 프래도는 숙녀의 예절과 행실에 관한 교본을 읽고 연마함으로써 여성이 '되고자' 한다. 프래도는 읽기를 통해 학습하고 모방함으로써 '아직 여성이 아닌 자'에서 '여성'이 되며, 이는 자서전적 소설 쓰기를 통해 흑인 여성 작가로서 자신을 발명하려는 저자 윌슨의 글쓰기 실천과 맞닿아 있다.

소설 속 인물들은 서로 간에 퀴어한 관계를 맺으며, 제도이자 실천으로서 이성애규범적 결혼의 취약성을 드러낸다. 어머니의 학대로부터 프래도를 감싸고 보호하려는 아들 제임스와 잭은 백인 남성임에도 여성적 자질을 나타낸다. 특히 백인 남성 제임스는 여성화된 기독교인과 같이 궁극적 순종으로서 죽음을 맞는다. 소설은 프래도의 섹슈얼리티와 벨몬트가 남성들 사이의 성적인 연루 가능성에 관하여 침묵하지만, 그럼에도 잭 또는 제임스와 프래도 간의 성적 긴장은 탐지 가능하다. 이러한 관계 분석은 당시의 헤게모니적 젠더 배치와 성적 관계의 금기를 위반하는 퀴어성을 드러낸다. 프래도는 백인 여성과 흑인 남성과의 관계에서 태어났으며, 그런 프래도와 백인 남성간의 성적 긴장은 당시 사회에서 '퀴어한' 관계로 여겨지는 인종간 성관계를 부각한다.

이와 같이 이 소설에서 묘사되고 있는 19세기의 계급화·인종화·젠더화된 뮬라타와 그녀가 맺는 관계들을 살피는 데 퀴어 비평이 적절한 이론적 틀이 될 수 있으나, 이에 관한 논의는 아직까지 미진한 편에 속한다. 이러한 관찰에 기반하여 이 글은 『우리의 검둥이』에서 헤게모니적 여성성의 변형과 등장인물 간의 퀴어한 관계 맺기 방식을 살펴보았다. 또한 백인 여성과는 다른 취급을 받으며 과도한 노동을 통해 '남성화'되도록 강요받는 흑인 여성이 사회적으로 인정받는 '여성'이 되고자 할 때 기존과는 다른 여성 주체의 가능성이 암시된다고 보았다. 이와 같은 읽기가 젠더 실천과 성적 배치에서 비이성애규범성을 드러내며, 이를 통해 젠더 구조를 변형시킬 가능성 또한 암시한다고 논함으로써 이 글은 『우리의 검둥이』가 흑인문학 전통에 기여하는 바를 재평가하고자 한다.

참고문헌

강희. 「해리엇 윌슨의 『우리의 검둥이』: 여성 공간 그리고 몸」. 『영미문학교육』 16.3(2012): 5-31.

김민정. 「Gender, Racialization, and "Home": Harriet Wilson's *Our Nig; or, Sketches from the Life of a Free Black, in a Two-Story White House, North*」. 『미국학논집』 34.2(2002): 97-120.

배윤기. 「윌슨의 『우리 검둥이』와 역객관화 전략」. 『미국학논집』 38.3(2006): 181-206.

여재혁. 「"우리의 검둥이"의 글쓰기: 흑백인간의 결혼, 가정폭력, 그리고 모성성: 『우리의 검둥이』를 중심으로」. 『영어영문학연구』 51.1(2009): 265-86.

현숙경. 「Genre Mixture and Reevaluation of Harriet Wilson's *Our Nig*」. 『현대영어영문학』 52.3 (2008): 247-62.

Armstrong, Nancy. *Desire and Domestic Fiction: A Political History of the Novel.* New York: Oxford UP, 1987.

Babuscio, Jack. "The Cinema of Camp (aka Camp and the Gay Sensibility)." *Camp: Queer Aesthetics and the Performing Subject.* Ed. Fabio Cleto.

Edinburgh: Edinburgh UP, 2022. 117-35.

Baym, Nina. *Woman's Fiction: A Guide to Novels by and about Women in America, 1820-70*. Urbana: U of Illinois P, 1993.

Butler, Judith. *Gender Trouble: Feminism and the Subversion of Identity*. New York: Routledge, 1999.

_____. *Undoing Gender*. New York: Routledge, 2004.

Carby, Hazel V.. *Reconstructing Womanhood: The Emergence of the Afro-American Woman Novelist*. New York: Oxford UP. 1987.

Cott, Nancy F. *The Bonds of Womanhood: "Woman's Sphere" in New England, 1780-1835*. New Haven: Yale UP, 1997.

Doriani, Beth Maclay. "Black Womanhood in Nineteenth-Century America: Subversion and Self-Construction in Two Women's Autobiographies." *American Quarterly* 43.2(1991): 199-222.

Edelman, Lee. *No Future: Queer Theory and the Death Drive*. Durham: Duke UP, 2004.

Fanon, Frantz. *Black Skin, White Masks*. trans. Charles Lam Markmann. London: Pluto P, 2008.

Landry, H. Jordan. "Bringing Down the House: The Trickster's Signifying on Victimization in Harriet E. Wilson's *Our Nig*." *Callaloo* 36.2(2013): 440-60.

Leveen, Lois. "Dwelling in the House of Oppression: The Spatial, Racial, and Textual Dynamics of Harriet Wilson's *Our Nig*." *African American Review* 35.4(2001): 561-80.

Somerville, Siobhan B. *Queering the Color Line: Race and the Invention of Homosexuality in American Culture*. Durham: Duke UP, 2000.

Sontag, Susan. "'Notes On "Camp"'." *Camp: Queer Aesthetics and the Performing Subject*. Ed. Fabio Cleto. Edinburgh: Edinburgh UP, 2022. 53-65.

Stern, Julia. "Excavating Genre in *Our Nig*." *American Literature* 67.3(1995):

439-66.

Rubin, Gayle. "The Traffic in Women: Notes on the "Political Economy" of Sex." *Toward an Anthropology of Women*. Ed. Rayna R. Reiter. New York: Monthly Review P. 1975, 157-210.

Welter, Barbara. "The Cult of True Womanhood: 1820-1860." *American Quarterly* 18.2 (1966): 151-74.

Wilson, Harriet E. *Our Nig; or, Sketches from the Life of a Free Black, In a Two-Story House, North. Showing that Slavery's Shadows Fall Even There By 'Our Nig'*. 1859. New York: Vintage, 1983.

전남대학교 인문학연구원 HK+ 가족커뮤니티사업단 연구총서 · 04

가족커뮤니티와 다성적 주체론

1판 1쇄 발행   2024년 2월 23일

지 은 이 | 우마 크리슈난 · 류도향 · 김지영 · 김미선 · 조상현 · 조호연 · 정희원 ·
　　　　　　 아담 브런 · 한의숭 · 한우리
펴 낸 이 | 김진수
펴 낸 곳 | 한국문화사
등   록 | 제1994-9호
주   소 | 서울시 성동구 아차산로49, 404호(성수동1가, 서울숲코오롱디지털타워3차)
전   화 | 02-464-7708
팩   스 | 02-499-0846
이 메 일 | hkm7708@daum.net
홈페이지 | http://hph.co.kr

ISBN   979-11-6919-185-2   93330

· 이 책의 내용은 저작권법에 따라 보호받고 있습니다.
· 잘못된 책은 구매처에서 바꾸어 드립니다.
· 책값은 뒤표지에 있습니다

오류를 발견하셨다면 이메일이나 홈페이지를 통해 제보해주세요.
소중한 의견을 모아 더 좋은 책을 만들겠습니다.